D1697838

Management, Rechnungslegung und Unternehmensbesteuerung

Schriftenreihe des Instituts für Betriebswirtschaftliche Steuerlehre
Helmut-Schmidt-Universität
Universität der Bundeswehr Hamburg

Herausgegeben von
Univ.-Prof. Dr. R. Federmann und Univ.-Prof. Dr. H.-J. Kleineidam

Band 30

Verrechnungspreise bei grenzüberschreitender Lizenzierung von Marken im Konzern

von

Dipl.-Kffr. Dr. Katrin Brändel,
Bsc in business administration, Steuerberaterin

ERICH SCHMIDT VERLAG

Bibliografische Information der Deutschen Nationalbibliothek

Die Deutsche Nationalbibliothek verzeichnet diese Publikation
in der Deutschen Nationalbibliografie;
detaillierte bibliografische Daten sind im Internet
über http://dnb.d-nb.de abrufbar.

Weitere Informationen zu diesem Titel finden Sie im Internet unter
ESV.info/978 3 503 12679 8

Zugl.: Hamburg, Helmut-Schmidt-Univ. –
Univ. der Bundeswehr Hamburg, Diss., 2010

Gedruckt mit Unterstützung
der Helmut-Schmidt-Universität
Universität der Bundeswehr Hamburg

ISBN 978 3 503 12679 8

ISSN 0948-7026

Druck und Bindung: Hubert & Co., Göttingen

Allen zum Dank,

besonders meinen Eltern.

Geleitwort des Mitherausgebers

Die Ermittlung von Verrechnungspreisen für die Überlassung immaterieller Wirtschaftsgüter im Konzern gewinnt in der betriebswirtschaftlichen Steuerlehre stetig an Bedeutung. Insbesondere die Beurteilung der mit der Lizenzierung von Marken verbundenen unterschiedlichen Sachverhaltsgestaltungen, die von der Überlassung des rechtlich geschützten Markenzeichens bis hin zur Überlassung des gesamten Markenkonzepts reichen können, stellt die Wissenschaft vor eine besondere Herausforderung.

Die vorliegende Arbeit nimmt diese an. Die Verfasserin zeigt eine Möglichkeit auf, wie die denkbaren Vertragsgestaltungen systematisiert und die identifizierten Verrechnungspreisobjekte unter Berücksichtigung der mit ihnen verbundenen Sachverhaltsgestaltungen innerhalb des Konzerns dem Grunde und der Höhe nach verrechnet werden können. Die ertragsteuerliche Behandlung der Lizenzgebühren sowie die Darstellung zur Erfüllung der Dokumentationsanforderungen runden diesen Lösungsansatz ab.

Mit der vorliegenden Arbeit wird ein umfassender und vor allem origineller Lösungsansatz für die Verrechnungspreisermittlung bei grenzüberschreitender Lizenzierung von Marken im Konzern präsentiert. Der Arbeit ist eine nachhaltige Beachtung in Wissenschaft und Praxis zu wünschen.

Hamburg, im Juni 2010   Hans-Jochen Kleineidam

Inhaltsübersicht

Inhaltsverzeichnis

Abkürzungsverzeichnis

Abs.	Absatz
AktG	Aktiengesetz
Anm.	Anmerkung
Art.	Artikel
AStG	Außensteuergesetz
Az.	Aktenzeichen
BB	Betriebs-Berater (Zeitschrift)
BFH	Bundesfinanzhof
BGB	Bürgerliches Gesetzbuch
BGBl.	Bundesgesetzblatt
BGH	Bundesgerichtshof
BMF	Bundesministerium der Finanzen
BR-Drs.	Bundesrats-Drucksache
BStBl.	Bundessteuerblatt
BT-Drs.	Bundestag Drucksache
bzw.	beziehungsweise
CAPM	Capital Asset Pricing Model
d.h.	das heißt
DB	Der Betrieb (Zeitschrift)
DBA	Doppelbesteuerungsabkommen
DBW	Die Betriebswirtschaft (Zeitschrift)
DRS	Deutscher Rechnungslegungs Standard
DStR	Deutsches Steuerrecht (Zeitschrift)
DStZ	Deutsche Steuer-Zeitung (Zeitschrift)
ebd.	ebenda
EFG	Entscheidungen der Finanzgerichte (Zeitschrift)
EG	Europäische Gemeinschaft
EGBGB	Einführungsgesetz zum Bürgerlichen Gesetzbuche

EGV	Vertrag zur Gründung der EG
Einl.	Einleitung
EStG	Einkommensteuergesetz
etc.	et cetera
EU	Europäische Union
EuGH	Europäischer Gerichtshof
f.	folgende
ff.	fortfolgende
FG	Finanzgericht
Fn.	Fußnote
FR	Finanz-Rundschau (Zeitschrift)
GAufzV	Gewinnabgrenzungsaufzeichnungsverordnung
gem.	gemäß
GEM	Gesellschaft zur Erforschung des Markenwesens
GfK	Gesellschaft für Konsumforschung
ggfs.	gegebenenfalls
GmbHG	Gesetz betreffend die Gesellschaft mit beschränkter Haftung
GmbHR	GmbH-Rundschau (Zeitschrift)
GMV	Gemeinschaftsmarkenverordnung
GRUR	Gewerblicher Rechtsschutz und Urheberrecht (Zeitschrift)
GRURInt	Gewerblicher Rechtsschutz und Urheberrecht Internationaler Teil (Zeitschrift)
GWA	Gesamtverband Kommunikationsagenturen
GWB	Gesetz gegen Wettbewerbsbeschränkungen
HGB	Handelsgesetzbuch
Hrsg.	Herausgeber(in)
i. Br.	im Breisgau
i.e.S.	im engeren Sinne
i.H.v.	in Höhe von

IRS	Internal Revenue Service
i.r.S.	im rechtlichen Sinne
i.S.d.	im Sinne des (der)
i.V.m.	in Verbindung mit
IDW	Institut der Wirtschaftsprüfer
insb.	insbesondere
IR Marke	International registrierte Marke
IStR	Internationales Steuerrecht (Zeitschrift)
i.w.S.	im weiten Sinne
KStG	Körperschaftsteuergesetz
lit.	Litera
LG	Landgericht
MA	Markenartikel (Zeitschrift)
MarkenG	Gesetz über den Schutz von Marken und sonstigen Kennzeichen
MDR	Monatsschrift für Deutsches Recht (Zeitschrift)
m.E.	meines Erachtens
Mrd.	Milliarden
MRL	Markenrichtlinie
m.w.N.	mit weiteren Nachweisen
n.F.	neue Fassung
Nr.	Nummer
NJW RR	Neue Juristische Woche Rechtsprechungsreport Zivilrecht (Zeitschrift)
NWB	Neue Wirtschaftsbriefe (Zeitschrift)
OECD	Organisation for Economic Cooperation and Development
OECD-MA	OECD-Musterabkommen zur Vermeidung der Doppelbesteuerung auf dem Gebiet der Steuern vom Einkommen und Vermögen
OLG	Oberlandesgericht
PIStB	Praxis Internationale Steuerberatung (Zeitschrift)

PVÜ	Pariser Verbandsübereinkunft zum Schutz des gewerblichen Eigentums
PWC	PricewaterhouseCoopers
Rdnr.	Randnummer
rechtl.	rechtlich
Rs.	Rechtssache
Rz.	Randziffer
S	Standard
S.	Seite(n), Satz, Sätze
sog.	so genannt(e/er/es)
StbJb	Steuerberater-Jahrbuch
StBg	Die Steuerberatung (Zeitschrift)
StBp	Die steuerliche Betriebsprüfung (Zeitschrift)
SWI	Steuer & Wirtschaft International (Zeitschrift)
Tz.	Textziffer
u.a.	und andere/unter anderem
US	United States
usw.	und so weiter
u.w.	und weitere
v.	vom, von
v.H.	vom Hundert
Verf.	Verfasser, Verfügung
VerwGr.	Verwaltungsgrundsätze
vgl.	vergleiche
VO	Verordnung
VWG	Verwaltungsgrundsätze
WB	Wertbeitrag
WIPO	Weltorganisation für geistiges Eigentum
wirtschaft.	wirtschaftlich

WM	Wertpapiermitteilungen: Zeitschrift für Wirtschafts- und Bankrecht (Zeitschrift)
WPg	Die Wirtschaftsprüfung (Zeitschrift)
WRP	Wettbewerb in Recht und Praxis (Zeitschrift)
z.B.	zum Beispiel
ZfB	Zeitschrift für Betriebswirtschaft (Zeitschrift)
Zfbf	Schmalenbachs Zeitschrift für betriebswirtschaftliche Forschung (Zeitschrift)
zstl.	zusätzlich

Abbildungsverzeichnis

Symbolverzeichnis

A	Ausgaben
a, α, β, l, m	Faktor für die relative Bedeutung, der jeweils den Wert zwischen 0 und 1 einnehmen kann
b	Gewinnaufteilungsschlüssel
ber	bereinigt
DL	Dienstleistung
DLÜ	Dienstleistung von übergeordnetem Wert
DLU	Dienstleistung von untergeordnetem Wert
e	Index der Maßnahmen
E	Einnahmen
ET	Entgelt
f	Anzahl an Erfolgsfaktoren
FG	Franchisegeber
FL	Fremdbezug der Leistung (Ganzheit der Leistung)
FN	Franchisenehmer
G	Gesamt
GA	Gewinnaufschlagssatz
H	Hybridunternehmen
HL	Herstellung der Ganzheit der Leistung
HM	Herstellung der Ganzheit der Marke
HV	Handelsvertreter
HVW	Halten und Verwalten
i	Kapitalisierungszinssatz
K	Kommissionär
L	Leistungsbezogen (Ganzheit der Leistung)
LG	Lizenzgeber
LN	Lizenznehmer
LW	Lizenzwert
m	Menge

M	Markenbezogen (Ganzheit der Marke)
Max	Maximalwert
Min	Mindestwert
MO	markenbezogen und obligatorisch
n	Dauer des Lizenzvertrages in ganzen Jahren
PS	Provisionssatz
PU	Produzierendes Unternehmen
R	Routineunternehmen
RL	Rücklizenz
S	Strategieträger
s, s_{VL}, s_{HL+VL}	leistungsbezogene Korrekturfaktoren
SLW	Stücklizenzwert
t	Zeitjahr
u	Faktor der Ursächlichkeit
ULW	Umsatzlizenzwert
v	markenbezogener Korrekturfaktor
VL	Vermarktung der Ganzheit der Leistung
VM	Vermarktung der Ganzheit der Marke
z	Anzahl an Maßnahmen
$\forall$	für alle

1 Einleitung

„Sturmwarnung für die Verrechnungspreise" betitelte die Zeitschrift „Der Steuerberater" im Jahre 2006 die Beilegung des „vermutlich grössten gerichtlichen Streitfalls der Steuergeschichte" zwischen der amerikanischen Steuerverwaltung (IRS) und dem Konzern GlaxoSmithKline.[1] Dieser Fall zeigt neben weiteren Streitfällen[2] und den jüngsten Gesetzesänderungen den Beginn eines neuen Zeitalters für die Bestimmung und Prüfung von Verrechnungspreisen an. In dieser Phase erlangt neben den konzerninternen Dienstleistungen besonders die Nutzung von immateriellen Wirtschaftsgütern eine wachsende Bedeutung, da mit diesen die schwerste Aufgabe für die Gestaltung internationaler Verrechnungspreise verbunden ist.[3]

Verrechnungspreisprobleme können durch konzerninterne Nutzungsüberlassungen immaterieller Wirtschaftsgüter vor allem dann ausgelöst werden, wenn es sich bei diesen um immaterielle Marketingwerte handelt, deren Entstehungsursache die erfolgreiche Marketingaktivität der jeweiligen Unternehmung ist.[4] Folglich werfen sie dann komplexe Verrechnungspreisfragen auf, wenn nicht ausschließlich der Inhaber des immateriellen Wirtschaftsgutes, sondern auch ein anderes konzerngebundenes Unternehmen die Marketingaktivität ausübt[5] und zur Entstehung oder Steigerung des immateriellen Marketingwerts beiträgt.[6] Dabei werden Marketing Intangibles in der Literatur bislang ausschließlich durch beispielhafte Aufzählungen als „[...] brands, trademarks, the local market position of a company or its products and know-how that surrounds a trademark such as knowledge of distribution channels and customer relationship"[7] erfasst, weil ihre exakte Definition bisher fehlt.

Marken sind nicht nur die bekannteste Ausprägung der Marketing Intangibles, sondern zugleich häufig die bedeutendsten Vermögenswerte der Unternehmen

---

[1] *Damji, S. / Raab, J.,* (Sturmwarnung), S. 1.

[2] Dies verdeutlichen insbesondere die Fälle DHL, Glaxo und Xilinx, vgl. dazu *Beuchert, T.,* (Verrechnungspreissystem), S. 605 ff.

[3] Vgl. *Damji, S. / Raab, J.,* (Sturmwarnung), S. 1.

[4] Vgl. *OECD,* (Verrechnungspreisgrundsätze), Anm. 6.2 und *Wündisch, K.,* (International Transfer Pricing), S. 70. Nach Ansicht des IRS sind dies sogar die damit verbundenen Ausgaben (vgl. *Levey, M. M. / v. Herksen, M. / Schnorberger, S. / Breckenridge, S. / Taguchi, K. / Dougherty, J. / Russo, A.,* (Marketing Intangibles), S. 2).

[5] Vgl. *OECD,* (Verrechnungspreisgrundsätze), Anm. 6.1 f.

[6] Vgl. *OECD,* (Verrechnungspreisgrundsätze), Anm. 6.36.

[7] *Levey, M. M. / v. Herksen, M. / Schnorberger, S. / Breckenridge, S. / Taguchi, K. / Dougherty, J. / Russo, A.,* (Marketing Intangibles), S. 2.

und nicht selten deren zentrale Werttreiber.[8] Dabei erlangt die Verrechnungspreispolitik neben der wertorientierten Markenpolitik[9] besondere Bedeutung für diese Unternehmen, weil die mangelnde Berücksichtigung der mit der konzerninternen Überlassung einer Marke verbundenen steuerlichen Folgen zu erheblichen wirtschaftlichen Schäden für einen Konzern führen kann. Dies belegt der mittlerweile beigelegte Rechtsstreit[10] zwischen dem britischen Unternehmen GlaxoSmithKline und dem amerikanischen Finanzamt über eine Steuer- und Zinsnachforderung in Höhe von 5,2 Mrd. US Dollar[11] allein infolge der Verrechnung einer nach Auffassung des Internal Revenue Services (IRS) der Höhe nach unangemessenen Lizenzgebühr für die Nutzungsüberlassung einer Marke eindrucksvoll. Ursache für die Korrektur der zwischen den Konzerneinheiten vereinbarten Verrechnungspreise war die unzureichende Berücksichtigung der Marketing Intangibles, für deren Entstehung auch der Wertbeitrag des Lizenznehmers verantwortlich war.

Die Vermeidung derartiger Streitfälle zwischen dem zuständigen Finanzamt, dem konzerngebundenen Lizenznehmer und verbundenen Lizenzgeber ist nur möglich, wenn fremdvergleichskonforme Entgelte zwischen den rechtlich selbstständigen Konzerneinheiten verrechnet werden. Ihre Ermittlung ist wesentlicher Bestandteil der vorliegenden Arbeit, deren Untersuchungsgegenstand die Lizenzierung der Marke im Konzern als Gegenstand der Außenwirtschaftstätigkeit eines inländischen Unternehmens über die nationalen Staatsgrenzen hinweg ist. Sie basiert auf einer rechtlichen Analyse der vertraglichen Gestaltungen, die mit der Lizenzierung der Marke im Konzern verbunden sein können, aus denen die zu untersuchenden Verrechnungspreisobjekte abgeleitet werden, welche anschließend fremdvergleichskonform zwischen dem Lizenznehmer und Lizenzgeber verrechnet werden.

Notwendige Voraussetzung für eine angemessene Verrechnungspreisfindung ist eine umfassende Darlegung zum Wesen und den Wirkungen einer Marke. Sie bildet den Ausgangspunkt der Arbeit. Daran anschließend erfolgt im dritten Kapitel eine Untersuchung des bewert- und bepreisbaren Verrechnungspreisobjektes, welche auf einer rechtlichen Betrachtung des Markenlizenzvertrags basiert und zur Unterscheidung zwischen einer Markenlizenz i.e.S. sowie i.w.S. führen wird.

---

[8]   Dies ergibt sich aus der Studie von *PWC / Sattler, H. / GfK* (Hrsg.), (Markenbewertung), S. 8.

[9]   Vgl. *Sattler, H.*, (Markenpolitik), S. 19 f.

[10] Vgl. *Beuchert, T.*, (Verrechnungspreissystem), S. 607.

[11] Für die Beendigung der Rechtssache im September 2006 musste die US Tochter eine Steuernachforderung in Höhe von 3,4 Mrd. US Dollar akzeptieren und auf eine Forderung gegenüber dem IRS in Höhe von 1,8 Mrd. US Dollar verzichten. Vgl. *Damji, S. / Raab, J.*, (Sturmwarnung), S. 1.

Im vierten Kapitel werden die identifizierten Verrechnungspreisobjekte zunächst dem Grunde und anschließend der Höhe nach auf Grundlage des Fremdvergleichsgrundsatzes betrachtet. Dabei steht die Ermittlung eines fremdvergleichskonformen Lizenzentgeltes im Mittelpunkt der Darstellung, deren ertragsteuerliche Behandlung Gegenstand des fünften Kapitels ist.

Im sechsten Teil der Arbeit wird aufgezeigt, wie die Untersuchungsergebnisse im Zuge des Aufbaus eines Dokumentationsmanagements für die Erfüllung der Dokumentationspflichten genutzt werden können und unter welchen Voraussetzungen die einzelnen Verrechnungspreismethoden Anwendung finden.

2 Grundlegung zum Wesen und den Wirkungen der Marke

2.1 Der Markenerfolgskettenansatz

Die Begriffsbestimmung der Marke findet ihren Ausgangspunkt in der Identifizierung ihrer wesentlichen Eigenschaften. Eine Markendefinition, die nicht die gesetzlichen Anforderungen an die rechtliche Schützbarkeit des Unterscheidungszeichens sowie die wirkungs- und erfolgsbezogene Sichtweise integriert, erfasst das Wesen einer Marke nicht. Auf dieser Feststellung gründend hat *Bruhn* in Zusammenarbeit mit der Gesellschaft zur Erforschung des Markenwesens e.V. eine Definition erarbeitet, wonach Marken als Leistungen verstanden werden, die neben einer unterscheidungsfähigen Markierung durch ein systematisches Absatzkonzept ein Qualitätsversprechen geben, das eine dauerhaft werthaltige, nutzenstiftende Wirkung erzielt und bei der relevanten Zielgruppe in Erfüllung der Kundenerwartungen einen nachhaltigen Erfolg im Markt realisiert bzw. realisieren kann.[12]

Die Besonderheit dieser Definition ist die Betrachtung der Marke entlang einer Erfolgskette, welche den dynamischen Prozess ihrer Entwicklung mit den Elementen der nicht-markierten Leistung, der markierten Leistung und der Marke unter Berücksichtigung der gesetzgeberischen und integrierten wirkungs- und erfolgsbezogenen Betrachtungsweise aufzuzeigen vermag.[13]

Die nachfolgende Abbildung zeigt diesen Prozess auf.

---

[12] Vgl. *Bruhn* in Zusammenarbeit mit der Gesellschaft zur Erforschung des Markenwesens e.V. (GEM) in: *Bruhn, M.*, (Marke), S. 28.

[13] Vgl. *Bruhn, M.*, (Begriffsabgrenzung), S. 16.

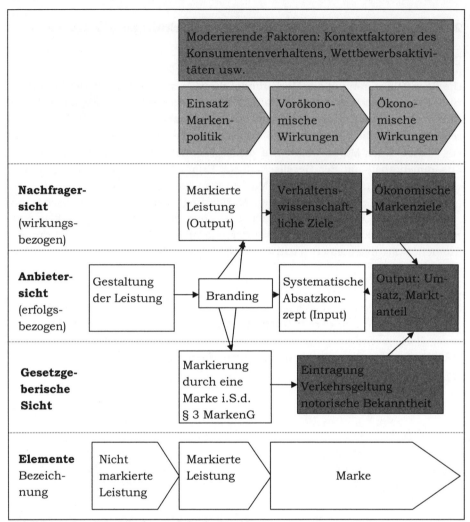

Abbildung 1:   Die Markenerfolgskette.[14]

---

[14]   *Bruhn, M.*, (Begriffsabgrenzung), S. 16. An einigen Stellen verkürzte Darstellung.

2.2 Die Elemente der Markenerfolgskette

Ausgangspunkt der Entstehung der Marke i.S.d. Markenerfolgskettenansatzes ist die **nicht markierte** Leistung, welche das materielle oder immaterielle Ergebnis eines Leistungs- oder Produktionsprozesses ist, bei welchem eine Austauschbeziehung zwischen Anbieter und Nachfrager mit dem Ziel der Wertschöpfung auf Anbieterseite und der Erzielung einer nutzenstiftenden Wirkung auf Nachfragerseite stattfindet.[15]

Soweit diese nicht markierte Leistung mit einem rechtlich geschützten Unterscheidungszeichen markiert wird, ohne die Anforderungen an eine Marke i.S.d. Markenerfolgskettenansatzes zu erfüllen, erreicht sie die nächste Entwicklungsstufe der **markierten Leistung**.

Gelingt es der markierten Leistung durch den Einsatz des systematischen Absatzkonzepts ein Qualitätsversprechen am Markt abzugeben, durch das sowohl verhaltensbezogene Wirkungen auf Seiten der Nachfrager als auch ökonomische Markenwirkungen auf Seiten der Anbieter erreicht werden können, erfüllt sie die Anforderungen an eine **Marke** i.S.d. Markenerfolgskettenansatzes.[16]

Nachfolgend wird das rechtlich geschützte Unterscheidungszeichen als **Marke i.r.S**[17] bezeichnet. Da die einzige Voraussetzung für ihre Entstehung die Gewährung des gesetzlichen Markenschutzes ist, ist sie stets rechtlich werthaltig, weil das Gesetz des jeweiligen Schutzstaats ihre positiven Benutzungs- und negativen Verbietungsrechte hoheitlich sichert. Dadurch entfaltet sie zugleich für den dynamischen Entwicklungsprozess der markierten Leistung zu einer Marke eine stabilisierende Wirkung, weil der rechtliche Schutz der Marke i.r.S. die ausschließliche Vereinnahmung der ökonomischen Markenwirkungen durch den Markeninhaber garantiert. Erfüllt die markierte Leistung schließlich die Anforderungen an eine Marke i.S.d. Markenerfolgskettenansatzes ist die Marke i.r.S. nicht nur rechtlich, sondern auch wirtschaftlich werthaltig, weil die ökonomischen Markenwirkungen selbst durch das Unterscheidungszeichen ausgelöst werden. Dabei wird das Ergebnis dieses Prozess, d.h. die markierte Leistung, welche sowohl verhaltensbezogene als auch ökonomische Markenwirkungen erzeugt, nachfolgend als **Marke** bezeichnet. Sie besteht aus einer **Ganzheit der Leistung** und einer **Ganzheit der Marke**, zu welcher stets die Marke i.r.S. gehört. Als Abgrenzungsmerkmal zwischen ihnen dient die Funktion der einzelnen

---

[15] Vgl. *Bruhn, M.*, (Begriffsabgrenzung), S. 20.

[16] Vgl. *Bruhn, M.*, (Begriffsabgrenzung), S. 16.

[17] Das *IDW* verwendet für diese Unterscheidung als Basis den fachlichen Fokus. Es unterscheidet zwischen einer rechtlichen und einer betriebswirtschaftlichen Definition. Erste entspricht der Marke i.r.S. und letztere der Marke i.S.d. Markenerfolgskettenansatzes (vgl. *IDW*, (IDW S 5), Rn. 55).

Ganzheit. Während der Ganzheit der Leistung die funktional notwendigen Bestandteile der markierten Leistung zuzuordnen sind, sind der Ganzheit der Marke die funktional nicht notwendigen zuzurechnen. Erste erzielt auf Seiten der Nachfrager einen funktionalen und letztere einen emotionalen Nutzen.[18]

2.3 Die gesetzgeberische Betrachtungsweise der Marke

Das Gesetz über den Schutz von Marken und sonstigen Kennzeichen vom 25. Oktober 1994 löste in Umsetzung der Ersten Richtlinie des Rates zur Angleichung der Rechtsvorschriften der Mitgliedstaaten über die Marken vom 21. Dezember 1988[19] das bis zu diesem Zeitpunkt gültige Warenzeichengesetz in der Fassung vom 2. Januar 1968 ab. Seitdem erkennt das Markengesetz die Multifunktionalität der Marke i.r.S.[20] und damit als ihre Aufgaben sowie Wirkungen im Wirtschaftsverkehr die Unterscheidungs-, Herkunfts-, Vertrauens-, Garantie-, Qualitäts-, Werbe-, Kommunikations-, Vertriebs- sowie Codierungsfunktion an, wodurch das Gesetz nicht mehr nur dem Schutz der Herkunftsidentität, sondern auch dem der Produktidentität dient.[21]

Grundfunktion eines jeden Kennzeichens ist die Unterscheidung. Dies lässt sich aus der gesetzlichen Umschreibung der Marke i.r.S. gem. § 3 Abs. 1 MarkenG als Zeichen, das geeignet ist, Waren oder Dienstleistungen von denen anderer Unternehmen zu unterscheiden, ableiten. Neben der Aufgabe die Unternehmensleistung von Dienstleistungen und Waren anderer Unternehmen zu unterscheiden und so ihre Herkunft sichtbar zu machen, identifiziert und individualisiert die Marke i.r.S. eine bestimmte Leistung auf dem Markt und ermöglicht so als produktidentifizierendes Unterscheidungszeichen die Kommunikation zwischen dem Anbieter und den Nachfragern.[22]

Gemäß § 3 Abs. 1 MarkenG gehören zu den die Marke i.r.S. identifizierenden Zeichen insbesondere Wörter, Abbildungen, Buchstaben, Zahlen, dreidimensionale Gestaltungen einschließlich der Form einer Ware oder ihrer Verpackung sowie sonstige Aufmachungen inklusive Farben und Farbzusammenstellungen. Da

---

[18]   Die Funktionen der einzelnen Ganzheiten werden später detailliert dargestellt.

[19]   EU Markenrechtsrichtlinie.

[20]   Vgl. *Fezer, K.-H.*, (MarkenG), Einl D MarkenG, Rn. 1 sowie *Fezer, K.-H.*, (Zeichen), S. 1 ff. Die bis dahin einzig anerkannte gesetzliche Funktion war die Unterscheidungsfunktion der Marke in ihren Konkretisierungen der Herkunfts- und als Element dieser der Vertrauensfunktion. Die Anerkennung der ökonomischen Funktionen spiegelt sich in den Elementen des Markengesetzes wie der Nichtakzessorietät der Marke, dem Schutz bekannter Marken, der Behandlung dieser als selbstständigen Vermögensgegenstand der Unternehmung und in ihrer freien Übertragbarkeit wider.

[21]   Vgl. *Fezer, K.-H.*, (MarkenG), Einl D MarkenG, Rn. 1 ff und 19.

[22]   Vgl. *Fezer, K.-H.*, (MarkenG), § 3, Rn. 15.

das Gesetz an dieser Stelle keine abschließende Aufzählung vorsieht, sind auch Geschmacks-, Tast- und Bewegungszeichen möglich.[23] Sind diese Zeichen geeignet, Waren und Dienstleistungen eines Unternehmens von denjenigen anderer Unternehmen zu unterscheiden, sind sie schutzfähig, wenn sie selbstständige, einheitliche und grafisch darstellbare Zeichen sind.[24]

Das Kriterium der Selbstständigkeit ist erfüllt, wenn die Marke i.r.S. kein funktional notwendiger Bestandteil der Leistung ist und sich von deren Wesen unterscheidet.[25] Deswegen sind Zeichen, die ausschließlich aus einer Form bestehen, welche durch die Art der Ware selbst bedingt ist, zur Erreichung einer technischen Wirkung erforderlich ist oder der Ware einen wesentlichen Wert verleiht, gem. § 3 Abs. 2 MarkenG nicht markenfähig.

Das Kriterium der Einheitlichkeit setzt voraus, dass die Marke als eine Einheit erkannt wird. Die Erfüllung dieses Kriteriums ist für die Einprägsamkeit des Unterscheidungszeichens von Bedeutung und ist dann nicht erfüllt, wenn die Nachfrager die visuellen oder auditiven Merkmale des Unterscheidungszeichens erst nach einem längeren Denkprozess als Einheit erfassen können.[26]

Das Kriterium der grafischen Darstellbarkeit setzt gem. § 8 Abs. 1 MarkenG eine zweidimensionale Wiedergabe der Marke i.r.S. im weiten Sinne beispielsweise durch Schaubilder, mathematische Funktionen, chemische Formeln, Notenbilder, Farbmuster oder die Umschreibung der Marke i.r.S. mit eindeutigen Symbolen voraus.[27]

Allgemeine Schutzvoraussetzung ist der Benutzungswille des präsumtiven Markeninhabers, die Marke i.r.S. im geschäftlichen Verkehr entweder selbst als produktidentifizierendes Unterscheidungszeichen zu verwenden oder sie durch Li-

---

[23] Vgl. *Hacker, F.* in: *Ströbele, P. / Hacker, F.*, (MarkenG), § 3, Rn. 26 ff. Diese Unterscheidungszeichen können anhand ihrer äußeren Form und den verschiedenen Sinnen des Menschen in Wort-, Bild-, Farb-, Hör- bzw. in Geruchs-, Geschmacks-, Tast- sowie Bewegungsmarken eingeordnet werden (vgl. *Fezer, K.-H.*, (MarkenG), § 3, Rn. 504).

[24] Das Markengesetz unterscheidet zwischen der abstrakten Markenfähigkeit, welche dem Unterscheidungszeichen zukommt, wenn es die genannte Unterscheidungsfunktion besitzt und als produktidentifizierendes und herkunftskennzeichnendes Unterscheidungsmittel dienen kann, und der konkreten Markenfähigkeit. Letztere ist dann gegeben, wenn das Zeichen diese Funktion für die konkrete Ware oder Dienstleistung besitzt, für welche die Marke i.r.S. geschützt werden soll. Vgl. *Fezer, K.-H.*, (MarkenG), § 3, Rn. 361, 366.

[25] Vgl. *Fezer, K.-H.*, (MarkenG), § 3, Rn. 334.

[26] Vgl. *Fezer, K.-H.*, (MarkenG), § 3, Rn. 321.

[27] Vgl. *Fezer, K.-H.*, (MarkenG), § 8, Rn. 15. Einzelheiten zur grafischen Darstellbarkeit regelt die Markenverordnung.

zenzierung oder Rechtsübertragung einem Dritten für diesen Zweck zuzuführen.[28]

Der Markenschutz selbst entsteht gem. § 4 MarkenG

- durch die Eintragung des Unterscheidungszeichens in das vom Patentamt geführte Register (sog. Registermarke[29]),

- durch die Erlangung der Verkehrsgeltung des Zeichens durch dessen Nutzung im geschäftlichen Verkehr[30] (sog. Benutzungsmarke) und

- durch die Erlangung der notorischen Bekanntheit des Unterscheidungszeichens gem. Art. 6bis der Pariser Verbandsübereinkunft[31] (sog. Notorietätsmarke).[32]

Der Markenschutz gewährt dem Markeninhaber ein positives Benutzungsrecht an der Marke i.r.s. sowie ein negatives Verbietungsrecht gegen die widerrechtliche Benutzung des Unterscheidungszeichens durch einen Dritten.[33] Er beträgt für eingetragene Marken gem. § 47 MarkenG grundsätzlich zehn Jahre und ist durch die Beantragung und Zahlung einer Gebühr gem. § 47 Abs. 3 MarkenG um jeweils weitere zehn Jahre verlängerbar, so dass sich eine Unsterblichkeit des Markenrechts einstellen kann, wenn keine Löschungsgründe dem Schutz der

---

[28] Vgl. *Fezer, K.-H.*, (MarkenG), § 3, Rn. 228 ff. Der Benutzungswille wird für anzumeldende Marken generell vermutet, ist aber widerlegbar.

[29] Gemäß dem Eintragungsprinzip entsteht der formelle Markenschutz der Marke durch die Eintragung dieser in das jeweilige Register beim Deutschen Patent- und Markenamt. Die Anforderungen für die Erlangung des materiellen Markenrechtes enthalten die Vorschriften §§ 7 bis 13 MarkenG. Das Eintragungsverfahren ist im Teil 3, der Verfahren in Markenangelegenheiten, Abschnitt 1, den §§ 32 bis 44 MarkenG geregelt. Als Rechtsinhaber gilt die Vermutung des in das Register beim Deutschen Patent- und Markenamt Eingetragenen (vgl. § 28 Abs. 1 MarkenG).

[30] Verkehrsgeltung wird erreicht, wenn ein nicht unerheblicher Teil der angesprochenen Verkehrskreise (meint in erster Linie die Abnehmer des Produktes bzw. der Dienstleistung) das Zeichen einem bestimmten Unternehmen zuordnet. Entscheidend ist also der Zuordnungsgrad (vgl. *Hacker, F.* in: *Ströbele, P. / Hacker, F.*, (MarkenG), § 4, Rn. 18 ff., 31 f.). *Giefers* nennt als Maß einen Bekanntheitsgrad von über 30 % bis ca. 50 % in den relevanten Verkehrskreisen (vgl. *Giefers, H.-W.*, (Markenschutz), S. 37). Solche Marken werden als Benutzungsmarken bezeichnet.

[31] Die Verweisung auf die Pariser Verbandsübereinkunft zum Schutz des gewerblichen Eigentums (PVÜ) bezieht sich auf die Begriffsdefinition der notorischen Bekanntheit, diese wird nach der deutschen Rechtsauffassung als eine gesteigerte Verkehrsgeltung verstanden, der mindestens einen Bekanntheitsgrad von 50 % in den relevanten Verkehrskreisen übersteigen muss (vgl. *Hacker, F.* in: *Ströbele, P. / Hacker, F.*, (MarkenG), § 4, Rn. 68 ff., 74).

[32] Durch die Eintragung erlangt der Markeninhaber ein formelles, ohne Eintragung, durch die entsprechende Benutzung oder die notorische Bekanntheit, ein materielles Markenrecht. Diese Rechte schließen sich nicht gegenseitig aus, sondern können kumulativ nebeneinander bestehen (vgl. *Fezer, K.-H.*, (MarkenG), § 4, Rn. 9 ff.).

[33] Vgl. *Fezer, K.-H.*, (MarkenG), § 4, Rn. 16.

Registermarke nach § 26 MarkenG entgegenstehen. Neben der mangelnden Benutzung der Marke i.r.s. innerhalb der fünf auf die Eintragung folgenden Jahre führen die Nichtigkeit wegen absoluter Schutzhindernisse nach § 50 MarkenG, das Bestehen älterer Rechte sowie der Verzicht auf den Markenschutz durch die Beantragung der Löschung durch den Markeninhaber nach § 48 MarkenG selbst zu einer Versagung des Markenschutzes. Davon abweichend ist der Markenschutz der markenfähigen Benutzungsmarke von ihrer Verkehrsgeltung und der der Notorietätsmarke von ihrer notorischen Bekanntheit i.S.d. Art. 6bis PVÜ abhängig.[34]

Der Schutzbereich der Marke i.r.s. beschränkt sich auf das Gebiet der Bundesrepublik Deutschland, nach deren Recht sie als Immaterialgut begründet ist. Internationaler Markenschutz kann nur durch ein Bündel an nationalen Schutzrechten, deren Wirkung jeweils territorial begrenzt ist, hergestellt werden. Dafür bieten das Madrider Markenabkommen und Protokoll zum Madrider Markenabkommen Erleichterungen, indem sie die Registrierung der im Ursprungsland geschützten Marke i.r.s. bei dem Internationalen Büro der Weltorganisation für geistiges Eigentum (WIPO)[35] in Genf ermöglichen, wodurch gleichzeitig mehrere nationale Schutzrechte für die international registrierte Marke i.r.s.[36] für die jeweiligen Verbandsstaaten erlangt werden.[37] Davon abweichend gewährleistet ausschließlich die Registrierung einer sog. Gemeinschaftsmarke bei dem zuständigen Harmonisierungsamt für den Binnenmarkt in Alicante/Spanien ein gemeinschaftsweites, übernationales und einheitliches Markenrecht. Durch den Erlass der Verordnung des Rates vom 20. Dezember 1993 über die Gemeinschaftsmarke untersteht dieses Schutzrecht einem unmittelbar in allen Mitgliedstaaten geltenden Gemeinschaftsrecht, welches die Einheitlichkeit für die räumliche Wirkung der Gemeinschaftsmarke i.r.s. innerhalb des gesamten Gebiets der Europäischen Union, für die Erlangung des Schutzes und den Untergang der Markenrechte gewährleistet und durch den Grundsatz der freien Übertragbarkeit der Marke i.r.s. sowie der Koexistenz des Gemeinschaftsmarkenrechts und den

---

[34] Vgl. *Fezer, K.-H.*, (MarkenG), § 4, Rn. 127.

[35] Die Weltorganisation für geistiges Eigentum wurde als für alle internationalen Übereinkommen auf dem Gebiet des gewerblichen, literarischen und künstlerischen Eigentums zuständige Dachorganisation durch das Übereinkommen zur Errichtung der Weltorganisation für geistiges Eigentum am 14. Juli 1967 gegründet (vgl. *Fezer, K.-H.*, (MarkenG), Int MarkenR, Rn. 16). Ihr kommt vor allem die Aufgabe der Verwaltung der PVÜ und die Fortentwicklung des Konventionssystems, d.h. des Verbandsrechts, zu (*Drexl, J. in: Sonnenberger, H. J.* (Hrsg.), (Internationales Wirtschaftsrecht), IntImmGR, Rn. 19).

[36] Diese werden auch verkürzt als IR Marken bezeichnet.

[37] Vgl. *Fezer, K.-H.*, (MarkenG), Einl F MarkenG, Rn. 4 ff. Im nationalen Recht ist dies gesetzlich in den §§ 107 bis 125 MarkenG kodifiziert.

nationalen Kennzeichnungsrechten geprägt ist.[38] Die für die Umsetzung der Gemeinschaftsmarkenverordnung notwendigen Anpassungen des deutschen Gesetzes enthält der dritte Abschnitt des fünften Teils des Markengesetzbuches.

2.4 Die Integration der Nachfrager- und Anbietersicht

Die Definition von *Bruhn* berücksichtigt neben der gesetzgeberischen Betrachtungsweise der Marke auch die Nachfrager- und Anbietersicht als Ergebnis der Integration der wirkungs- und erfolgsbezogenen Ansätze.

Der wirkungsbezogene Ansatz betrachtet die Marke aus Sicht der Nachfrager. Als einer der Begründer dieses Ansatzes fasst *Berekoven* all das als Marke auf, was die Nachfrager als solche erachten[39] oder bezeichnen[40]. Sie ist „ein in der Psyche des Konsumenten verankertes, unverwechselbares Vorstellungsbild von einem Produkt, einer Dienstleistung, einer Produktfamilie, einem Unternehmen oder einem sonstigen Träger (Person, Institution, Nation etc.)"[41]. Da die Marke in den Köpfen der Verbraucher entsteht, entscheidet allein deren Wahrnehmung über die Eigenschaft einer markierten Leistung als Marke.[42] Dabei kann das im Kopf des Nachfragers verankerte Wissen über eine Marke als das Gedächtnisbild, das durch die Informationsaufnahme und deren Verarbeitung zugleich erzeugt und verändert wird, durch die Wissensstruktur in ihren Dimensionen der Markenbekanntheit und des Markenimages operationalisiert und entweder durch Markenschemata oder semantische Netzwerke[43] illustriert werden.[44]

Der erfolgsbezogene Ansatz betrachtet die Marke aus Sicht des Anbieters und erkennt eine Marke erst dann als solche an, wenn sie über eine hinreichend erfolgreiche Durchsetzung am Markt verfügt. *Bruhn* verlangt im Rahmen seiner Definition eine Durchsetzung, die sich sowohl auf die verhaltensbezogenen Größen der Markenbekanntheit und des Markenimages als auch auf die ökonomischen Größen des Marktanteils und des Distributionsgrades beziehen.[45] *Berekoven* hat bereits in seiner Schrift aus dem Jahre 1961[46] auf den Erfolg als eines der bedeutenden Wesensmerkmale der Marke hingewiesen. Die Marke sei dem-

---

[38] Vgl. *Fezer, K.-H.*, (MarkenG), Einl F MarkenG, Rn. 4 ff.

[39] Zitiert in: *Bruhn, M.*, (Marke), S. 13.

[40] Vgl. zitiert in: *Steinmann, S.*, (Marke), S. 13.

[41] *Steinmann, S.*, (Marke), S. 6.

[42] Dieser Zusammenhang entspricht dem vereinfachten Markenentstehungsprozess, vgl. *Steinmann, S.*, (Marke), S. 7.

[43] Zu weiteren Informationen siehe *Steinmann, S.*, (Marke), S. 46 ff.

[44] Vgl. *Steinmann, S.*, (Marke), S. 42 ff.

[45] Vgl. *Bruhn, M.*, (Marke), S. 18.

[46] *Berekoven, L.*, Die Werbung für Investitions- und Produktionsgüter, ihre Möglichkeiten und Grenzen, München 1961.

nach eine „Erscheinung, die den Erfolg zum wesentlichen Inhalt hat"[47], deren Entstehung ihren Ausgangspunkt in der Wahrnehmung der Nachfrager findet und dafür deren allgemeine Anerkennung[48] benötigt.[49]

Die Definition von *Berekoven* verdeutlicht die Notwendigkeit der Integration des wirkungs- und erfolgsbezogenen Ansatzes. Sie hebt hervor, dass die Wahrnehmung der Nachfrager Voraussetzung für die Verwirklichung der erfolgsbezogenen Zielsetzung des Anbieters ist. Ohne das im Kopf des Nachfragers verankerte unverwechselbare Vorstellungsbild kann eine Marke nicht entstehen. Gleichzeitig kann sich dieses Gedächtnisbild ohne die Einflussnahme des Anbieters auf die Wahrnehmung der Nachfrager nicht entwickeln.

Folglich kann eine Marke nur dann entstehen, wenn die Markenpolitik des Anbieters die Wahrnehmung der Nachfrager durch die Verwirklichung von verhaltensbezogenen Zielgrößen derart beeinflusst, dass sie zu der von dem Anbieter erwünschten Reaktion veranlasst werden und dieser dadurch ökonomische Markenwirkungen durch eine Einnahmenveränderung realisieren kann. Soweit die verhaltensbezogenen Wirkungen als Voraussetzungen für die Verwirklichung der erfolgsbezogenen Größen vorliegen, erfüllt die markierte Leistungen die Anforderungen an eine Marke i.S.d. Markenerfolgskettenansatzes, weil sie „bei der relevanten Zielgruppe in der Erfüllung der Kundenerwartungen [einen] nachhaltige[n] Erfolg im Markt realisier[en] wird bzw. realisier[en] kann, der sich ausdrückt in der Erzielung eines hohen Bekanntheitsgrades, eines positiven Images, eines klaren und eigenständigen Bildes von der Marke, einer hohen Wertschätzung, einer hohen Kundenzufriedenheit und –bindung sowie eines ökonomischen Erfolgs"[50].

Die für den dynamischen Markenentstehungsprozess notwendige Integration der Anbieter- und Nachfragerseite zeigt die folgende Abbildung unter Berücksichtigung der Elemente der Markenerfolgskette auf.

---

47 *Berekoven, L.,* (Marke), S. 45.

48 Als Synonyme für die Anerkennung der Gesamtheit der Nachfrager werden in der Literatur auch die Begriffe der Verkehrsgeltung, des Vertrauens und der allgemeinen Verbreitung verwendet.

49 Vgl. *Berekoven, L.,* (Marke), S. 44 ff.

50 *Bruhn, M.,* (Marke), S. 21.

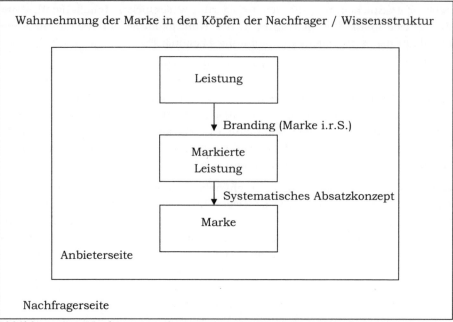

Abbildung 2: **Markenentstehungsprozess unter Berücksichtigung der Integration des wirkungs- und erfolgsbezogenen Ansatzes.**

2.5 Die Entstehung der Marke entlang der Markenerfolgskette

Die Integration der wirkungs- und erfolgsbezogenen Ansätze hat aufgezeigt, dass die Entstehung der Marke von den markenpolitischen Bemühungen des Anbieters abhängig ist. Sie kann nur dann entstehen, wenn dieser die Marke i.r.S. als absatzpolitisches Instrument wählt und ein systematisches Absatzkonzept für die Beeinflussung der Wahrnehmung der Nachfrager erarbeitet.

2.5.1 Die Marke als absatzpolitisches Instrument

Der Absatz als betriebliche Hauptfunktion umfasst alle Aktivitäten, die auf die Leistungsverwertung durch das Angebot der eigenen Leistung in Geschäftsbereichen jenseits von Arbeits- und Finanzmärkten gerichtet sind.[51] Angetrieben von dem Primat des Absatzes[52] bieten sich dem Anbieter die Möglichkeiten der Strategie der Marktanpassung und der aktiven Marktbeeinflussung als eine konsequente Ausrichtung der Unternehmenspolitik an den Anforderungen des Ab-

---

[51]   Vgl. *Wöhe, G.*, (Grundlagen), S. 379 f., *Schneider, D.*, (Betriebswirtschaftslehre II), S. 58.

[52]   Der Absatz wird zum Unternehmensengpass und damit nach dem von *Gutenberg* konzipierten ‚Ausgleichsgesetz der Planung' zum Ausgangspunkt der kurzfristigen Unternehmensplanung (vgl. *Wöhe, G.*, (Grundlagen), S. 381).

satzmarktes an. Diese Akzentuierung umschließt der Begriff des Marketing,[53] der dem dualen Konzept der marktorientierten Unternehmensführung[54] als gleichberechtigte Unternehmensfunktion und als Leitkonzept des Managements zu verstehen ist.[55]

Für die Überwindung der Absatzwiderstände sowie die Verstärkung der eigenen Wettbewerbsposition bieten sich dem Anbieter absatzpolitische Instrumente, zu denen der Einsatz der Marke[56] als übergreifendes und integriertes Absatzkonzept[57] gehört. Markenpolitik umschließt aus wirkungs- und erfolgsbezogener Betrachtungsweise[58] nicht nur das Tätigkeitsfeld des Einsatzes des Unterscheidungszeichens, sondern „sämtliche kurz- und langfristig orientierten [...] Maßnahmen der markenführenden Institutionen (Hersteller, Handel, Dienstleister, Non-Profit-Organisationen), die darauf abzielen, Leistungen als Marke aufzubauen und im Markt erfolgreich durchzusetzen, um markenpolitische Ziele zu erreichen"[59].

Aus Sicht des Nachfragers umfassen sie die wirkungsbezogenen Ziele des Qualitätsversprechens, der Markenbekanntheit, -loyalität, -sympathie und des Markenimages sowie aus Sicht des Anbieters die erfolgsbezogenen Ziele des Marktanteils, Markenwerts und der Profitabilität sowie die notorische Bekanntheit, Unterscheidungskraft oder die Verkehrsgeltung der Marke i.r.S., soweit sie Voraussetzung für den hoheitlichen Schutz des Unterscheidungszeichens sind.[60]

---

[53] Vgl. *Berekoven, L.*, (Absatzwirtschaft), S. 51.

[54] Der Begriff geht auf *Meffert* (1994) zurück. Neben diesem klassischem Marketingansatz besteht die Möglichkeit Marketing zum einen als „Generic Konzept" (*Kotler*), ein Konzept zur Gestaltung von Austauschprozessen *aller* Art, was der weiten Begriffsfassung entspricht, oder zum anderen als Konzept der reinen Absatzgestaltung (enge Begriffsfassung) aufzufassen (vgl. beispielsweise *Nieschlag, R. / Dichtl, E. / Hörschgen, H.*, (Marketing), S. 13 ff.). Der herrschenden Meinung der Literatur, dem Konzept der marktorientieren Unternehmensführung, (so u.a. *Bruhn, Meffert, Nieschlag, Dichtl, Hörschgen*) wird hier gefolgt. Dabei wird der Begriff des Absatzes mit Marketing i.S.d. gleichberechtigten Unternehmensfunktion gleichgestellt.

[55] Vgl. *Bruhn, M.*, (Grundlagen), S. 13 f.

[56] Vgl. *Wöhe, G.*, (Grundlagen), S. 435.

[57] Vgl. *Meffert* zitiert in: *Bruhn, M.*, (Begriffsabgrenzung), S. 26.

[58] Für den Anknüpfungspunkt der Markenpolitik gibt es unterschiedliche Ansätze (Funktions-, Entscheidungs-, Identitäts-, Identitätsorientierter sowie den Strategischen, Informationsökonomischen und Verhaltenswissenschaftlichen Ansatz), die allerdings nur differenzierte Betrachtungsweisen darstellen und daher nicht konkurrierend sind (vgl. *Baumgarth, C.*, (Markenpolitik), S. 21 ff.). Im Folgenden wird in Anlehnung an *Meffert* (vgl. *Meffert, H.*, (Markenführung), S. 293) der identitätsorientierte Ansatz aus der entscheidungsorientierte Betrachtungsweise zugrunde gelegt.

[59] *Bruhn, M.*, (Begriffsabgrenzung), S. 26.

[60] Vgl. *Bruhn, M.*, (Markenpolitik), S. 181.

15

2.5.2 Das systematische Absatzkonzept

Ziel der Markenpolitik ist die Entwicklung der markierten Leistung zu einer Marke. Dafür sind markenpolitische Bemühungen notwendig. Diese beinhaltet das sog. systematische Absatzkonzept, welches die Festlegung der Markenstrategie und Markenidentität, die Positionierung der Marke, die Auswahl und Gestaltung des Branding sowie den Einsatz der Marketinginstrumente voraussetzt.[61] Zentrale Aufgabe der Markenpolitik ist die aktive Gestaltung der Wissensstrukturen der Nachfrager,[62] weil diese wirkungsbezogene Zielgröße Voraussetzung für die Entstehung der Marke und damit für den ökonomischen Erfolg der markenführenden Institution ist.

Ausgangspunkt der Gestaltung der Wissensstruktur ist die Festlegung der Markenidentität als eine in sich widerspruchsfreie und geschlossene Gesamtheit von Merkmalen einer Marke, welche sie dauerhaft von anderen Marken unterscheidbar macht.[63] Sie ist das Selbstbild der Marke,[64] welches, wie in der nachfolgenden Abbildung aufgezeigt, von der Markenphilosophie geprägt ist, und zum Aussagenkonzept der Markenpolitik wird, zu einem Fundament, an dem sich alle weiteren Maßnahmen zu orientieren haben.[65]

---

[61] Vgl. *Baumgarth, C.*, (Markenpolitik), S. 129 ff.

[62] Vgl. *Sattler, H. / Völckner, F.*, (Markenpolitik), S. 53.

[63] Vgl. *Meffert, H.*, (Markenführung), S. 300.

[64] Während *Meffert*, wie in der Abbildung 3, von dem Selbstbild der Markenidentität spricht, bezeichnet *Sattler* die Markenidentität als das Selbstbild der Marke (vgl. *Sattler, H. / Völckner, F.*, (Markenpolitik), S. 53). Dem wird nachfolgend gefolgt.

[65] Vgl. *Meffert, H.*, (Markenführung), S. 301, *Sattler, H. / Völckner, F.*, (Markenpolitik), S. 53. Die Markenidentität ist Inhalt des identitätsorientierten Ansatzes der Markenpolitik.

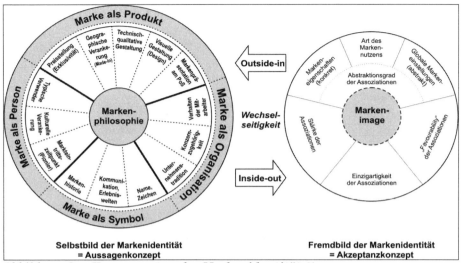

Abbildung 3: Komponenten der Markenidentität.[66]

Neben der Festlegung der Markenidentität gilt es, den langfristigen Verhaltens-plan der Marke im dreidimensionalen Wettbewerb zu bestimmen. Die Marken-strategie[67] legt im horizontalen Wettbewerb fest, ob die Marke als Einzel-, Mehr-, Familien- oder Dachmarke, im vertikalen Wettbewerb als Handels-, Hersteller- oder Gattungsmarke sowie im grenzüberschreitenden Wettbewerb international einheitlich oder verschieden geführt werden soll.[68]

Unter Berücksichtigung der Anzahl der Leistungen, die unter ein- und demsel-ben Unterscheidungszeichen geführt werden, wie viele markierte Leistungen pro Produktmarkt angeboten, ob eine Kombination mehrerer Unterscheidungszei-chen in Betracht gezogen, die markierte Leistung international oder ausschließ-lich national angeboten, diese über die Zeit weiterentwickelt oder die markierte Leistung als klassische Handelsmarke vertrieben werden sollen, sind die mar-kenbezogene Integrations-, Mehrmarken-, Markenkombinations-, Internationale, Markenevolutions- und Handelsmarkenstrategie zu unterscheiden.[69]

---

[66]   *Meffert, H.*, (Markenführung), S. 302.

[67]   Markenstrategien legen die Beziehung zwischen der Marke i.r.S. und der Leistung fest (vgl. *Baumgarth, C.*, (Markenpolitik), S. 142).

[68]   Vgl. *Meffert, H.*, (Markenführung), S. 309. Für die Schaffung einer neuen Marke ist daneben die Möglichkeit des Markentransfers und des Co-Branding gegeben.

[69]   Vgl. *Sattler, H. / Völckner, F.*, (Markenpolitik), S. 85.

Die Umsetzung des Selbstbildes der Marke beginnt mit der Festlegung der Markenpositionierung,[70] deren zentrale Aufgabe die aktive Gestaltung der Stellung einer Marke im jeweils relevanten Markt ist.[71] Die Grundidee der Positionierung ist eine klare Fokussierung auf wenige, relevante Eigenschaften, die letztlich zu einer klaren Positionierung der Leistung führt, die passend zu dem Unternehmen langfristig gestaltet wird, für den Nachfrager relevant ist, von diesem auch subjektiv wahrgenommen wird und zudem die Abgrenzung von der Konkurrenz ermöglicht.[72] Sie ist die Leitidee, die die Stoßrichtung des Einsatzes der gesamten Marketinginstrumente vorzugeben vermag.[73] Dieser Marketing-Mix umfasst „jene Kombination der nach außen gerichte[n] absatzpolitischer Instrumente mit deren Hilfe die Unternehmung versucht, in unmittelbarere Weise ihre Beziehungen zu den für sie absatzbedeutsamen Marktteilnehmern zu gestalten"[74].

Dabei impliziert der Begriff des Marketing-Mix die Integration der gesamten absatzpolitischen Instrumente, die den operativen Bereich des Marketing kennzeichnen. Die bekannteste Kategorisierung dieser ist die Typisierung von *Mc Carthy* und seinen sog. „4P's", dem Price, Place, Promotion und Product.[75] In Anlehnung an dessen Untergliederung werden in der deutschsprachigen Literatur die Begriffe der Produkt-, Preis-, Kommunikations- und Distributionspolitik verwendet.

Dem Einsatz der Marketinginstrumente vorgelagert ist die Markierung der Leistung, die wie die folgende Abbildung verdeutlicht, gemeinsam mit den absatzpolitischen Instrumenten die schrittweise Entstehung der Marke entlang der Markenerfolgskette bedingt.

---

[70] Dabei gilt es, die Positionierung als aktive Gestaltung der Stellung der Marke von der passiven Positionierung, die sie ohne zu tun der markenführenden Institutionen erhalten kann, abzugrenzen.

[71] Vgl. *Baumgarth, C.,* (Markenpolitik), S. 129.

[72] Vgl. *Esch, R.,* (Markenpositionierung), S. 134. Die Gestaltung der Markenpositionierung wird anhand ihrer zentralen Dimensionen festgelegt. Die Positionierungsdimension entspricht zumeist dem Markenimage. Die Positionierungsentwicklung determiniert den zeitlichen Verlauf der Positionierung der Marke. Vgl. *Sattler, H. / Völckner, F.,* (Markenpolitik), S. 58.

[73] Vgl. *Becker, J.,* (Positionierung), S. 26.

[74] *Kühn,* (Marketing), S. 5.

[75] Auf dieser Kategorisierung aufbauend verwenden einige Autoren den Drei- oder Fünf-Instrumenten-Ansatz, erste subsumieren die Preis- und Produktpolitik unter eine Entscheidungsdisziplin als Angebotspolitik, letztere behalten die ursprüngliche Unterteilung bei und betrachten zusätzlich den Faktor der Personalpolitik.

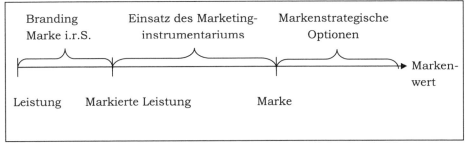

Abbildung 4:   Der Markenentstehungsprozess aus Sicht des Anbieters.

Ausgangspunkt der Markenschöpfung bildet das Branding als Prozess, der neben der Setzung eines unterscheidungsfähigen, einheitlichen, selbstständigen und grafisch darstellbaren Zeichens „alle Maßnahmen zur Gestaltung eines Angebotes, die dazu geeignet sind, das Angebot aus der Masse gleichartiger Angebote herauszuheben und eine eindeutige Zuordnung des Angebots zu einer konkreten Marke ermöglich[t]"[76] umfasst. Als Brandingelemente sind für die Markierung der Leistung der Markenname, Slogan oder Jingle, das Logo, Symbol oder Design sowie die Verpackung und Charaktere der Marke geeignet. Daneben bieten sich zahlreiche Möglichkeiten der Markenanreicherung durch Sponsoring, die Nutzung neutraler Quellen wie beispielsweise die Testergebnisse der Stiftung Warentest, die zusätzliche Markierung mit dem Firmennamen, die Ausgestaltung der Absatzkanäle sowie das Co-Branding an.[77]

Die Umsetzung der Markenidentität obliegt dem Einsatz der Marketinginstrumente, welche die Erzeugung des Fremdbildes der Marke als das Bild erwirken, welches die Nachfrager als Ergebnis der Wahrnehmung, Dekodierung und Akzeptanz der Marke in Form von Wissensstrukturen bilden. Das Fremdbild stellt letztlich das Ergebnis des Ressourceneinsatzes der markenführenden Institution dar, es zeigt die Akzeptanz des eigenen Aussagenkonzeptes auf und begründet die Entstehung der ökonomischen Markenwirkungen sowie der Marke zugleich.[78]

Optional verfügt der Markeninhaber über die Möglichkeit, bisher nicht realisierte Handlungen durchzuführen. Zu diesen sog. markenstrategischen Optionen gehören die Ausdehnungen der Marke auf neue Leistungen, andere geografische Märkte, Distributionskanäle, Kundensegmente und Kooperationspartner.[79] Die bedeutendsten Markentransferstrategien sind der räumliche und der sachliche Markentransfer. Neben der Integration zweier Leistungen unter eine Marke i.r.S.

---

[76] *Langner, T.,* (Branding), S. 5. Definition in Anlehnung an die Definition von *Esch* und *Langner.*

[77] Vgl. *Baumgarth, C.,* (Markenpolitik), S. 115.

[78] Vgl. *Meffert, H.,* (Markenführung), S. 301 sowie die Abbildung 3.

[79] Vgl. *Kaufmann, G. / Sattler, H. / Völckner, F.,* (Markenstrategische Optionen), S. 245.

durch die Markierung einer anderen bislang nicht mit dem Unterscheidungszeichen markierten Leistung im Wege des sachlichen Markentransfers kann die Marke i.r.S. oder die markierte Leistung im Wege der räumlichen Dehnung auch auf andere, ggfs. internationale, geografische Märkte transferiert werden. Alternativ kann auch ein kombinierter sachlicher und räumlicher Markentransfers durchgeführt werden.[80]

2.6 Die Wirkungsweise der Marke

Die Integration der wirkungs- und erfolgsbezogenen Ansätze der Marke verdeutlicht die Notwendigkeit der Verwirklichung von verhaltensbezogenen Markenwirkungen als Voraussetzung für die Realisierung der ökonomischen Markenwirkungen. Deswegen können die ökonomischen Zielgrößen nur mittelbar über die Verwirklichung der verhaltensbezogenen Ziele erreicht werden.[81]

Zielsetzung der Markenpolitik ist die aktive Gestaltung der Wissensstrukturen der Nachfrager in ihren Dimensionen der Markenbekanntheit und dem Markenimage durch den gezielten Einsatz des systematischen Absatzkonzeptes. Das dadurch verwirklichte Markenwissen ist der Schlüssel zum Markenerfolg,[82] weil die Marke allein in den Köpfen der Verbraucher entsteht und dieses das in den Köpfen der Nachfrager verankerte Vorstellungsbildung der Marke widerspiegelt. Gleichzeitig beeinflusst die Wissensstruktur weitere verhaltensbezogene Leistungtreiber unmittelbar, welche die ökonomischen Markenwirkungen beeinflussen.[83]

Neben der Markenbekanntheit,[84] welche die Fähigkeit des Nachfragers sich entweder an ein Markenzeichen zu erinnern (Brand Recall) oder dieses wieder zu erkennen (Brand Recognition) und sodann einer oder mehrerer Produktkategorie/n zuzuordnen umfasst, und dem Markenimage, das der Kenntnis des Unterscheidungszeichens in Form der Markeneinstellung[85] einen Inhalt vermittelt,[86]

---

80 Vgl. *Sattler, H. / Völckner, F.*, (Markenpolitik), S. 87, 91, 141.

81 Vgl. *Esch, R.*, (Markenführung), S. 57.

82 Vgl. *Esch, R.*, (Markenführung), S. 59.

83 Vgl. *Esch, R.*, (Markenführung), S. 74 ff.

84 Für die Operationalisierung dieser kann auf die Markenbekanntheitspyramide von *Aaker* mit den Dimensionen „Marke ist unbekannt", „passive Markenbekanntheit", „aktive Markenbekanntheit", „intensive aktive Markenbekanntheit" und „dominierende Marke" zurückgegriffen werden. Vgl. *Esch, R.*, (Markenführung), S. 67.

85 *Sattler* setzt das Markenimage mit der Markeneinstellung gleich. Dem wird hier gefolgt.

86 Dieser Wert kann beispielsweise durch das Multiattributmodell von *Fishbein*, durch die Messung der kognitiven (belief, das Ausmaß des Zspruches der jeweiligen Assoziationen von seiten des Konsumenten) und der affektiven Bestandteile (die Be-

kann die Markensympathie in das in Abbildung 5 dargestellte Wirkungsmodell integriert werden. Da dieser Leistungstreiber, welcher zumeist als Dimension des Markenimages betrachtet wird, allein durch das häufige Zusammentreffen der Marke und der Nachfrager auf Grund eines Mere-Exposure-Effektes entsteht und dadurch bei diesen Vertrauenswürdigkeit und Sympathie hervorruft, resultiert dieser einerseits aus der Markenbekanntheit und wirkt andererseits als Einflussfaktor auf das Markenimage zugleich.[87]

Daneben sind die Markenloyalität und die Markenbindung, die stets über eine Einstellungsdimension und demnach über eine gefühlsmäßige Bindung zur Marke verfügen, von besonderer Bedeutung für den ökonomischen Erfolg der Marke. Dabei setzt die Entstehung der Markenloyalität im Gegensatz zu der der Markenbindung eine Nutzung der markierten Leistung voraus, so dass Nachfrager auch dann eine hohe Bindung zur Marke haben können, wenn sie die mit ihr markierte Leistung noch nie benutzt haben.[88] Dabei werden diese Komponenten wesentlich durch das Markenvertrauen, die Markenzufriedenheit, das Markenimage sowie die Markensympathie beeinflusst.

Markenvertrauen zeigt die Verlässlichkeit der Marke für den Nachfrager an und führt deswegen zu einer Reduzierung seines Kaufrisikos. Ebenso wie das Markenvertrauen kann sich die Markenzufriedenheit erst infolge der Nutzung der markierten Leistung einstellen und den Wiederkauf der Marke beeinflussen. Dabei ergibt sich diese aus dem Soll-Ist-Vergleich zwischen den Markenerfahrungen und den subjektiven Erwartungen der Nachfrager.[89]

Diese verhaltensbezogenen Größen ermöglichen die Verwirklichung der ökonomischen bzw. erfolgsbezogenen Ziele der Unternehmen, die sich durch den Erst- und Wiederkauf der markierten Leistung durch einen Mengen- und/oder Preiseffekt monetär auswirken und nachhaltig den mit dem Unterscheidungszeichen verbundenen Markenwert[90] steigern.[91]

Die nachfolgende Abbildung zeigt diesen Wirkungszusammenhang auf.

---

wertung / Wahrnehmung dieser als gute oder schlechte Elemente der Marke) operationalisiert werden (vgl. *Sattler, H.*, (Markenpolitik), S. 139).

[87] Vgl. *Esch, R.*, (Markenführung), S. 73.

[88] Vgl. *Esch, R.*, (Markenführung), S. 74. Als Beispiele sind Ferrari Fans vorstellbar.

[89] Vgl. *Esch, R.*, (Markenführung), S. 74.

[90] *Sattler, H.*, (Markenbewertung), S. 20.

[91] Vgl. *Esch, R.*, (Markenführung), S. 77.

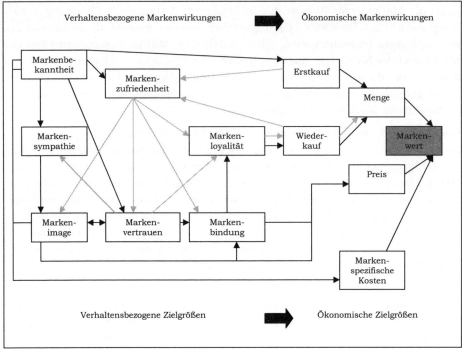

Abbildung 5: Zusammenhang der verhaltensbezogenen und ökonomischen Wirkungen der Marke.[92]

---

[92] *Esch, R.*, (Markenführung), S. 73 unter der Bezeichnung „Zielsystem zur Markenanavigation".

3 Das Verrechnungspreisobjekt

Die Nichtakzessorietät[93] der Marke begründet ihre Eigenschaft als selbstständigen Vermögenswert der Unternehmung und die ihrer freien Übertragbarkeit. Dies eröffnet dem Markeneigner verschiedene Formen für ihre Verwertung und Benutzung, wie die unbeschränkte Rechtsübertragung, die Markenpacht, das Markenleasing, das Markenfranchising, den Markennießbrauch, die Sicherungsübertragung und Verpfändung sowie die Lizenzierung der Marke i.r.S.[94]

Für die Lizenzierung der Marke i.r.S. stehen dem Markeninhaber verschiedene vertragliche Gestaltungsmöglichkeiten zur Verfügung. Entgegen der Markenlizenz i.e.S., welche dem Lizenznehmer ausschließlich die positiven Benutzungsrechte an dem rechtlich geschützten Unterscheidungszeichen gewährt und marken- sowie leistungsbezogene Restriktionen enthält, beinhaltet die Markenlizenz i.w.S. ein Leistungspaket. Diese vertragliche Gestaltung ermöglicht dem Lizenznehmer die Ausübung der Markenrechte und die Verwertung des systematischen Absatzkonzepts des Lizenzgebers zugleich.

Die nachfolgende Beschreibung dieser vertraglichen Gestaltungen, die mit der Nutzungsüberlassung der Rechte an einer Marke i.r.S. innerhalb eines Konzerns einhergehen können, ist notwendige Voraussetzung für deren jeweilige steuerliche Beurteilung als bewert- und bepreisbares Verrechnungspreisobjekt.[95]

3.1 Die Markenlizenz i.e.S.

Durch die Umsetzung der Markenrichtlinie[96] in nationales Recht enthält das deutsche Gesetz erstmals eine gesetzliche Regelung der Markenlizenz. Gemäß § 30 MarkenG kann das durch Eintragung, Benutzung oder notorische Bekanntheit einer Marke i.r.S. begründete Recht für alle oder für einen Teil der Waren

---

[93] Die Akzessorietät beschreibt das rechtliche Verhältnis der Marke zum Unternehmen des Markeninhabers. Dabei begründet die Nichtakzessorietät die Unabhängigkeit des Unterscheidungszeichens von dem jeweiligen Geschäftsbetrieb des Markeneigners und damit die freie Übertragbarkeit der Marke i.r.S. unabhängig von dem Geschäftsbetrieb (Grundsatz des freien Rechterwerbs und der freien Rechtsübertragung). Allerdings besteht eine gewisse Akzessorietät, weil die Marke i.r.S. Waren und Dienstleistungen kennzeichnen muss, die allerdings nicht dem Geschäftsbetrieb des Markeninhabers zuzurechnen sein müssen. Dieses Verhältnis der Marke zu dem Unternehmen wird als Konnexität, als rechtliche Beziehung der Marke als Unterscheidungszeichen zu einem Unternehmen, bezeichnet. Vgl. *Fezer, K.-H.*, (MarkenG), § 3, Rn. 179 ff., 202.

[94] Vgl. *Fezer, K.-H.*, (MarkenG), § 27, Rn. 41 ff.

[95] Vgl. *Kleineidam, H.-J.*, (Internationale Einkunftsabgrenzung), S. 858.

[96] Die Lizenz ist in Art. 8 MRL ausschließlich für Registermarken geregelt. Insofern enthält die Umsetzung eine Erweiterung des Anwendungsbereiches sowie eine Konkretisierung der Rechte des Lizenznehmers in den Absätzen 3 bis 5.

oder Dienstleistungen, für welche die Marke i.r.S. Schutz genießt, Gegenstand von ausschließlichen oder nicht ausschließlichen Lizenzen für das Gebiet der Bundesrepublik Deutschland insgesamt oder einen Teil dieses Gebietes sein.

3.1.1 Die Lizenz

Eine Lizenz ist ein vertraglich eingeräumtes Nutzungsrecht, welches die Erlaubnis des Rechtsinhabers oder eines Berechtigten zur Benutzung dieses Immaterialgüterrechtes an den Lizenznehmer enthält, ohne dass eine Eigentumsübertragung zu Lasten des Lizenzgebers stattfindet.[97] Gegenstand der beschränkten Rechtsübertragung sind gem. § 30 Abs. 1 MarkenG die positiven Benutzungsrechte an einer Marke i.s.d. § 4 MarkenG, d.h. an einer Benutzungs-, Notorietäts- oder Registermarke.

3.1.2 Die Lizenzarten

Über das ihm gewährte subjektive Ausschließlichkeitsrecht, welches jedem anderen Eingriffe in sein Markenrecht verbietet, sie von dem Recht der Benutzung seiner Marke i.r.s. ausschließt und dieser Identitäts-, Verwechslungs- und Bekanntheitsschutz gewährt, kann der Markeneigner frei durch die Vergabe einer Nutzungserlaubnis verfügen.[98] Dieses umschließt die positiven Benutzungsrechte

- der Produktmarkierung, welches das Anbringen des Zeichens auf Waren, deren Aufmachung und Verpackungen beinhaltet,

- der Vermarktung, welches es erlaubt, die Waren unter dem Zeichen anzubieten, in den Verkehr zu bringen oder die Waren zu den genannten Zwecken zu besitzen sowie Waren unter dem Zeichen sowohl ein- als auch auszuführen, und

- der Werbung, welches die Benutzung des Zeichens in Geschäftspapieren oder in der Werbung erlaubt.[99]

Stellt die Nutzungserlaubnis auf die Markierung einer materiellen Leistung ab, kann die Lizenz sowohl einheitlich über alle positiven Benutzungsrechte als auch getrennt für das Produktmarkierungs- und das Vermarktungs- sowie Werberecht erteilt werden. Stellt sie hingegen auf die Markierung einer immateriellen Leistung ab, ist eine getrennte Vergabe der positiven Benutzungsrechte nicht mög-

---

[97] Vgl. *Hacker, F.* in: *Ströbele, P. / Hacker, F.*, (MarkenG), § 30, Rn. 4.

[98] Vgl. *Fezer, K.-H.*, (MarkenG), § 14, Rn. 9.

[99] Vgl. § 14 Abs. 3 Nr. 1 bis 5 MarkenG.

lich, weil die Markierung und die Vermarktung der Dienstleistung einheitlich erfolgen.[100]

In Abhängigkeit von dem Umfang der Lizenz werden die folgenden Lizenzarten unterschieden.

3.1.2.1 Die Produktmarkierungslizenz

Mit der Vergabe einer Produktmarkierungslizenz erhält der Lizenznehmer das Recht, das hoheitlich geschützte Unterscheidungszeichen auf die von ihm selbst hergestellte materielle Leistung, deren Aufmachung oder Verpackung anzubringen und somit eine körperliche Verbindung zwischen seiner Ware und der Marke i.r.S. herzustellen.[101]

Ihre Vergabe ist innerhalb des Konzernverbundes notwendig, wenn die konzerngebundene Produktionsgesellschaft mit der Herstellung einer materiellen Leistung und ihrer Markierung mit einer nicht in ihrem Eigentum befindlichen Marke i.r.S. beauftragt wird. Ohne die entsprechende Nutzungserlaubnis würde die Markierung der Ware eine Markenrechtsverletzung i.S.d. § 14 Abs. 2 MarkenG auslösen.

3.1.2.2 Die Vermarktungslizenz

Das Vermarktungsrecht erlaubt es dem Lizenznehmer, die nicht selbst hergestellte materielle Leistung unter dem Zeichen des Markeninhabers anzubieten, sie in den Verkehr zu bringen oder sie zu den genannten Zwecken zu besitzen sowie die materielle Leistung unter dessen Zeichen sowohl ein- als auch auszuführen.[102]

Dabei umfasst das Anbieten jede Handlung, die darauf abzielt, einem anderen an der markierten Leistung das Eigentum oder die Möglichkeit ihrer Benutzung zu verschaffen.[103] Das Inverkehrbringen übergibt die markierte Leistung für ihren Absatz in den geschäftlichen Verkehr, wodurch sich das Vermarktungsrecht des Markeninhabers erschöpft und der sich anschließende Weitervertrieb der markierten Leistung durch andere Unternehmen grundsätzlich keine rechtsverletzende Benutzungshandlung mehr darstellt.[104] Solange die markierte Leistung den internen Unternehmensbereich nicht verlassen hat und keine Marktbezie-

---

[100] Die Lizenzierung der Marke i.r.S. zur Markierung, Vermarktung und Bewerbung von Dienstleistungen wird aus Vereinfachungsgründen in dieser Arbeit nicht explizit betrachtet.

[101] Vgl. *Fezer, K.-H.,* (MarkenG), § 14, Rn. 843 ff.

[102] Vgl. *Fezer, K.-H.,* (MarkenG), § 14, Rn. 850 ff.

[103] Vgl. *Hacker, F.* in: *Ströbele, P. / Hacker, F.,* (MarkenG), § 14, Rn. 114.

[104] Vgl. *Fezer, K.-H.,* (MarkenG), § 14, Rn. 850 ff. Zur Frage der Erschöpfung, vgl. § 24 MarkenG.

hungen außerhalb des Unternehmens begründet werden, steht das Recht zum Anbieten, Besitzen und Inverkehrbringen der markierten Ware ausschließlich dem Vermarktungslizenznehmer zu. Die Vergabe dieser Lizenz ist somit immer dann notwendig, wenn das Vermarktungsrecht des Markeneigners noch nicht erschöpft ist und der Lizenznehmer die von ihm nicht hergestellte und mit der Marke i.r.S. markierte Leistung vermarkten möchte.[105]

Mit der Hereinnahme der Vermarktungslizenz[106] geht die Vermarktung der materiellen Leistung durch den Lizenznehmer einher. Für die Umsetzung des damit verbundenen indirekten Absatzes über selbstständige Konzerneinheiten kommen als Absatzmittler Handelsvertreter, Kommissionäre und Eigenhändler bzw. Handelsbetriebe in Betracht.[107]

Der Handelsvertreter ist ein selbstständiger Gewerbetreibender, der ständig damit betraut ist, für einen anderen Unternehmer Geschäfte zu vermitteln oder in dessen Namen abzuschließen, und in Form der Absatzmittlung und Absatzförderung für das verbundene Unternehmen in Wahrung dessen Interessen ein Geschäft besorgt.[108]

Dabei ist diese Vertriebsform die funktionsschwächste und risikoärmste Ausgestaltung der Vertriebsfunktion,[109] weil sie regelmäßig nicht den Verkauf, sondern nur die Vertragsvermittlung beinhaltet.[110] Neben dem Marketing und der Präsentation der Leistung gehören die händlerischen Abstimmungsaufgaben der

---

[105] Vgl. *Fezer, K.-H.*, (MarkenG), § 14, Rn. 470 ff. Dies ist insbesondere für die Fälle entscheidend, in denen der Hersteller die Ware markiert, aber nicht in den Verkehr bringen darf (ebd., Rn. 472).

[106] In der Literatur wird diese Lizenzart als Vertriebslizenz bezeichnet. Sie ist eine vertragliche Vereinbarung, die dem Lizenznehmer die Benutzung des Kennzeichens entweder für die Markierung der Leistung des Lizenzgebers selbst oder für das Inverkehrbringen der markierten Leistung erlaubt (vgl. *Fezer, K.-H.*, (MarkenG), § 24, Rn. 167). Spezielle Formen der Vertriebslizenz sind die Einfuhr- und Ausfuhrlizenz, die immer dann erforderlich sind, wenn in dem zu beliefernden Land ein Schutzrecht besteht und der Lieferant die Leistung nicht von dem Schutzrechtsinhaber bezogen hat (vgl. *Stumpf, H. / Groß, M,* (Lizenzvertrag), Rn. 30). Soweit sich die Vertriebslizenz nur auf die Vermarktung der Leistung bezieht, finden sich in der Literatur die Begriffe der Verkaufs- und Handelslizenz (vgl. *Engler, G.* in: *Vögele, A. / Borstell, T. / Engler, G.*, (Verrechnungspreise), Rn. P 314).

[107] Vgl. *Heinen, E.*, (Betriebswirtschaftslehre), S. 136 f.

[108] Vgl. *Martinek, M.* in: *Martinek, M. / Semler, F.-J. / Habermeier, S.*, (Vertriebsrecht), § 3, Rn. 13. Zur Gestaltung des Handelsvertretervertrages, vgl. *Flohr, E.* in: *Martinek, M. / Semler, F.-J. / Habermeier, S.*, (Vertriebsrecht), § 2, Rn. 13 ff. Gesetzlich definiert ist der Handelsvertreter in § 84 HGB.

[109] Vgl. *Baumhoff, H.*, (Einkunftsabgrenzung), Rn. C 384.

[110] Vgl. *Roser, F.*, (Vertriebskonzepte), S. 145.

Markterschließungs-, Marktbeobachtungs- und Kundenberatungsfunktion[111] dazu, wobei sich das Risiko des Handelsvertreters auf seinen eigenen Geschäftserfolg beschränkt. Weil dieser in die Vertriebsorganisation des verbundenen Unternehmers integriert ist, verfügt der Auftraggeber über die Möglichkeit, dem Handelsvertreter die Preise und Geschäftsbedingungen vorzuschreiben und dient diesem zur Sicherstellung eines Anweisungsvertriebs.[112]

Gemäß § 383 Abs. 1 HGB ist Kommissionär, wer es gewerbsmäßig übernimmt, Waren oder Wertpapiere für Rechnung eines anderen in eigenem Namen zu verkaufen.[113] Wer damit ständig unter den Bedingungen eines Kommittenten, zu dem von diesem vorgegebenen Preisen und Konditionen betraut ist,[114] ist Kommissionsagent.[115]

Mit der Kommission sind insgesamt drei Rechtsverhältnisse verbunden. Neben dem eigentlichen Kommissionsvertrag, in welchem sich der Kommissionär zum Abschluss von Geschäften in seinem Namen für fremde Rechnung verpflichtet, das mit einem Dritten abgeschlossene Ausführungsgeschäft und die Übertragung des Erlangten an den Kommittenten im Wege des Abwicklungsgeschäfts.[116] Sein Funktionsumfang erstreckt sich auf die Produktvermarktung und damit insbesondere auf das Marketing, die Produktauswahl und -platzierung, die Vertragsabwicklung, die Fakturierung, das Forderungsmanagement sowie unter Umständen auf die Auslieferung, die Garantie und die After-Sale Abwicklung. Ebenso wie der Handelsvertreter trägt er für die von ihm übernommenen Funktionen im Innenverhältnis[117] nicht die Risiken.[118] Gemäß § 396 HGB bekommt der Kommis-

---

[111]   Vgl. *Martinek, M.* in: *Martinek, M. / Semler, F.-J. / Habermeier, S.*, (Vertriebsrecht), § 3, Rn. 13.

[112]   Vgl. *Martinek, M.* in: *Martinek, M. / Semler, F.- J. / Habermeier, S.*, (Vertriebsrecht), § 3, Rn. 14.

[113]   Im vorliegenden Fall kommt nur eine Verkaufs- und keine Einkaufskommission in Betracht.

[114]   Vgl. *Hopt, K.* in: *Baumbach, A. / Hopt, K.*, (HGB Kommentar), § 383, Rn. 3.

[115]   Der Kommissionär, wie er im Handelsgesetzbuch definiert ist, wurde von dem Gesetzgeber nicht als Absatzmittler konzipiert, da er entgegen dem Handelsvertreter nicht ständig mit der Absatzmittlung betraut ist. Als Begriff für den Absatzmittler hat sich der des Kommissionsagenten durchgesetzt. Vgl. *Martinek, M.* in: *Martinek, M. / Semler, F.-J. / Habermeier, S.*, (Vertriebsrecht), § 3, Rn. 12. Da im Außenverhältnis eine Kommission vorliegt, wird nachfolgend ausschließlich der Begriff des Kommissionärs verwendet.

[116]   Vgl. *Hopt, K.* in: *Baumbach, A. / Hopt, K.*, (HGB Kommentar), § 383, Rn. 1. Zur Ausgestaltung des Kommissionsvertrages, vgl. *Flohr, E.* in: *Martinek, M. / Semler, F.- J. / Habermeier, S.*, (Vertriebsrecht), § 27, Rn. 25 ff.

[117]   Für die Beurteilung des Kommissionärs gilt zu beachten, dass insbesondere die Bewertung der übernommenen Risiken im Innen- und Außenverhältnis voneinander abweichen. Da er im eigenen Namen auftritt, scheint er die Risiken der Absatzfunktion zu übernehmen. Für die steuerliche Beurteilung ist allein die Funktions-

sionär nach Ausführung des Geschäfts ebenso wie der Handelsvertreter nach § 87 HGB als Tätigkeitsvergütung eine erfolgsabhängige Provision[119] von seinem Auftraggeber, welche vom Umsatz und/oder erzielten Verkaufsgewinn abhängig ist.[120]

Entgegen diesen beiden Vertriebsformen agiert der Eigenhändler bzw. der Vertragshändler[121] in eigenem Namen auf eigene Rechnung und erwirbt das Eigentum an der zu veräußernden Ware, wodurch er letztlich eigene Waren verkauft und die damit zusammenhängenden rechtlichen und wirtschaftlichen Absatzrisiken auch selber trägt. Die übernommenen Funktionen umfassen den Aufgabenbereich der Warenwirtschaft, d.h. des Einkaufs und der Lagerhaltung sowie die Logistik, die Finanzierung, die Produktvermarktung, die Marketingentscheidung und die Produktauswahl sowie die Vertragsabwicklung mit den dazu gehörigen Risiken.[122]

3.1.2.3 Die Werbelizenz

Die Hereinnahme einer Werbelizenz ist für jede Handlung, die auf den Absatz der mit einer nicht im eigenen Eigentum stehenden Marke i.r.s. markierten Leistung abstellt, notwendig, wenn die markierte Leistung noch nicht in den Verkehr gebracht wurde.[123] Erst infolge der Erteilung des Werberechts kann das konzerngebundene Unternehmen das Unterscheidungszeichen in Geschäftspapieren sowie in der Werbung benutzen. Dabei sind als Geschäftspapiere alle Schriftstü-

---

und Risikobetrachtung im Innenverhältnis relevant und für dieses ist Handelsvertreterrecht anzuwenden. Vgl. *Martinek, M.* in: *Martinek, M. / Semler, F.-J. / Habermeier, S.*, (Vertriebsrecht), § 3, Rn. 12, ebenso *Schmidt, K.*, (Handelsrecht), S. 758.

[118] Vgl. *Roser, F.*, (Vertriebskonzepte), S. 151.

[119] Etwas anderes gilt, wenn diese als abhängige Vertreter für ein Unternehmen tätig werden. In diesen Fällen führen sie unter der Erfüllung weiterer Bedingungen zur Begründung einer Vertreterbetriebsstätte (vgl. dazu u.a. *Endres, D.*, (Vertreterbetriebsstätte), IStR 1996, S. 1 – 5). Diese Problematik wird für die gesamte Arbeit ausgeschlossen.

[120] Vgl. § 87 und 396 HGB. Beide Vorschriften verlangen eine erfolgsabhängige Vergütung, vgl. u.a. *Hopt, K.* in: *Baumbach, A. / Hopt, K.*, (HGB Kommentar), § 87, Rn. 2.

[121] Im Gegensatz zum Eigenhändler ist der Vertragshändler ebenso wie der Kommissionsagent und der Handelsvertreter fest in das Vertriebssystem des verbundenen Unternehmens eingegliedert. Dieser Charakterisierung zufolge ist der Vertriebsvertrag ein Mischvertrag, der Kaufelemente und handelsvertreterähnliche Dienstleistungselemente enthält. Der Vertragshändler vertreibt regelmäßig Markenwaren. Vgl. *Schmidt, K.*, (Handelsrecht), S. 758 ff.

[122] Vgl. *Roser, F.*, (Vertriebskonzepte), S. 151.

[123] Das Werberecht bleibt auch nach dem Inverkehrbringen der Leistung bestehen. Es gilt allerdings nicht mehr gegenüber den Händlern für die markierte Originalleistung. Vgl. *Fezer, K.-H.*, (MarkenG), § 14, Rn. 956.

cke, die ausschließlich für den Gebrauch im geschäftlichen Verkehr bestimmt und an einen größeren Personenkreis gerichtet sind, wie beispielsweise Faxe, Emails, Prospekte, und als Werbemittel beispielsweise Anzeigen in Zeitungen, Werbefilme, Lichtreklame und Werbeplakate zu erfassen.[124]

Für die weitere Betrachtung wird das Werberecht als Bestandteil der Vermarktungslizenz betrachtet, da die Werbung wesentliches Element der Vertriebstätigkeit ist.

3.1.2.4 Die einheitliche Markenlizenz

Die einheitliche Markenlizenz[125] überlässt dem Lizenznehmer die Gesamtheit der positiven Benutzungsrechte, wodurch dieser die von ihm selbst hergestellte materielle Leistung mit der Marke i.r.s. des Markeneigners markieren und als markierte Leistung anschließend anbieten, in den Verkehr bringen, zu den genannten Zwecken besitzen und sowohl ein- als auch ausführen darf.

Innerhalb des Konzernverbundes ist die Erteilung einer einheitlichen Markenlizenz nur dann notwendig, wenn der Lizenznehmer nicht Markeninhaber der Marke i.r.s. ist, mit welcher er die Leistung markieren und unter welcher er sie anschließend vermarkten möchte.

3.1.3 Der Lizenzvertrag

3.1.3.1 Rechtsnatur

Der Lizenzvertrag ist ein Gebrauchsüberlassungsvertrag besonderer Art, der im Gesetz nicht ausdrücklich geregelt ist und zugleich Elemente eines Rechtskaufs, Mietvertrages, Gesellschaftsvertrages und Pachtvertrages enthält.[126]

Seiner Rechtsnatur nach ist zwischen der einfachen Markenlizenz als schuldrechtliche Verpflichtung zur Gebrauchsüberlassung der Marke i.r.s. und einer dinglichen Markenlizenz an einem Markenrecht zu unterscheiden.[127] Die Frage der Dinglichkeit, welche dem Lizenznehmer die Möglichkeit der Rechtsdurchsetzung gegenüber Dritten aus seinem Benutzungsrecht an der Marke heraus zuspricht, wird in der Literatur kontrovers diskutiert und führt letztlich zu dem

---

[124] Vgl. *Fezer, K.-H.*, (MarkenG), § 14, Rn. 952.

[125] Für diese Lizenzart wird in der Literatur die Bezeichnung der Herstellungslizenz verwendet, welche dem Lizenznehmer ebenfalls die Markierung der Leistung erlaubt und regelmäßig das Recht der Vermarktung der markierten Leistung umfasst. Vgl. u.a. *Engler, G.* in: *Vögele, A. / Borstell, T. / Engler, G.*, (Verrechnungspreise), Rn. P 311 ff.

[126] Vgl. *Fezer, K.-H.*, (MarkenG), § 30, Rn. 1, *Hacker, F.* in: *Ströbele, P. / Hacker, F.*, (MarkenG), § 30, Rn. 1.

[127] Vgl. *Fezer, K.-H.*, (MarkenG), § 30, Rn. 7.

Ergebnis, dass selbst unter Nichtzusprechung dieser Eigenschaft der Lizenzvertrag über ein rein schuldrechtliches Recht hinaus „dingliche Züge"[128] besitzt.[129] Da die Differenzierung zwischen beiden rechtlichen Ausgestaltungen letztlich nur den Umfang der eingeräumten Rechte des Lizenzgebers und vor allem des Lizenznehmers problematisiert,[130] hat diese Unterscheidung keine weitere praktische Relevanz.[131] Sie unterstreicht jedoch die Eigenschaft des Lizenzvertrages als Vertrag sui generis.[132]

3.1.3.2 Möglichkeiten und Grenzen der Vertragsgestaltung

Für den Markenlizenzvertrag i.S.d. § 30 MarkenG besteht innerhalb der kartellrechtlichen und warenverkehrsrechtlichen Grenzen des GWB und EG grundsätzlich Vertragsfreiheit.[133] Die teilweise lückenhaften Regelungen des Markengesetzes sind durch weitere Gesetzesvorschriften zu ergänzen.[134]

Die Nutzungserlaubnis kann durch die Gestaltung des markenlizenzrechtlichen Vertragsinhalts sowohl

- zeitlich,

- räumlich,

- sachlich als auch

- personal

---

[128] *Plaß, G.*, (Rechtsstellung), S. 1034. *Fezer* spricht von dinglichen Wirkungen eines Verfügungsgeschäftes, das regelmäßig bei Markenlizenzen vorliegt (vgl. *Fezer, K.-H.*, (MarkenG), § 30, Rn. 7).

[129] Die Dinglichkeit verneinend, vgl. u.a. *Plaß, G.*, (Rechtsstellung), S. 1033 ff., *Hacker, F.* in: *Ströbele, P. / Hacker, F.*, (MarkenG), § 30, Rn. 12 ff., *Ingerl, R. / Rohnke, C.*, (MarkenG), § 30, Rn. 8; bejahend, vgl. u.a. *Fezer, K.-H.*, (MarkenG), § 30, Rn. 8.

[130] Nach *Fezer* führt die Dinglichkeit der Markenlizenz zu drei Rechtswirkungen: Die markenrechtlichen Ansprüche i.S.d. § 30 Abs. 2 Nr. 1 bis 5 MarkenG, die Erhebung der Markenverletzungsklage durch den Lizenznehmer mit Zustimmung des Lizenzgebers sowie der Sukzessionsschutz der Lizenz gem. § 30 Abs. 5 MarkenG. Vgl. *Fezer, K.-H.*, (MarkenG), § 30, Rn. 8.

[131] Vgl. *Fammler, M.*, (Markenlizenzvertrag), S. 5.

[132] Vgl. *Plaß, G.*, (Rechtsstellung), S. 1034.

[133] Vgl. *Fezer, K.-H.*, (MarkenG), § 30, Rn. 6.

[134] Dazu gehören die allgemeinen Vorschriften über Rechtsgeschäfte (§§ 104 bis 183 BGB), die Regelungen über das allgemeine Vertragsrecht (§§ 241 ff. BGB), im Falle eines gegenseitigen Vertrages die allgemeinen schuldrechtlichen Vorschriften über Austauschverträge, u.a. die Regelungen zur Unmöglichkeit, den Verzug sowie die Grundsätze über die positive Vertragsverletzung (vgl. *Fezer, K.-H.*, (MarkenG), § 30, Rn. 37).

beschränkt werden.[135] So kennt das Markengesetz die ausschließliche und die nicht ausschließliche[136] sowie die territorial beschränkte und nicht beschränkte Lizenz, die für alle oder nur für einen Teil der Waren oder Dienstleistungen, für welche die Marke Schutz vermittelt, vergeben werden kann.[137] Darüber hinaus kann die Lizenz hinsichtlich ihrer zeitlichen Geltung beschrieben werden, wonach die Gebrauchsüberlassung mit Zeitablauf oder durch Kündigung endet.[138] Diese in § 30 Abs. 2 MarkenG exemplarisch genannten zulässigen Einschränkungen[139] der Lizenzvergabe begründen im Falle ihrer Verletzung markenrechtliche Ansprüche des Lizenzgebers gegen den Lizenznehmer, sofern die entsprechende Regelung nicht zulässigerweise vertraglich abgedungen wurde.[140]

Daneben sind weitere Einschränkungen der Lizenz denkbar, deren Verletzung allerdings rein schuldrechtliche Ansprüche zufolge haben, wie Gebietsschutz- und Ausschließlichkeitsabreden, Preisbindungs- und Meistbegünstigungsklauseln, Nichtangriffsabreden, Exportbeschränkungen sowie Wettbewerbsverbote zu Lasten des Lizenznehmers. Ihre Zulässigkeit steht unter dem Vorbehalt kartellrechtlicher Schranken.[141]

---

[135] Vgl. *Fezer, K.-H.*, (MarkenG), § 30, Rn. 11 - 15. Dabei sind besonders die räumlichen und personellen Einschränkungen für den Markeneigner von Vorteil (*Beschorner, D.* / *Stehr, C.*, (Internationalisierung), S. 319).

[136] Die Unterscheidung beider Ausprägungen gründet auf der personellen Geltung der Markenlizenz und der Vergabe dieser an nur einen oder mehrere Lizenznehmer innerhalb desselben Lizenzgebiets (vgl. *Fezer, K.-H.*, (MarkenG), § 30, Rn. 15).

[137] Vgl. § 30 Abs. 1 MarkenG.

[138] Eine alleinige bzw. ausschließliche Lizenz liegt immer dann vor, wenn allein der Lizenznehmer das Unterscheidungszeichen im Geltungsbereich der Marke benutzen darf. Behält sich der Lizenzgeber in diesen Fällen ein eigenes Nutzungsrecht vor, liegt eine einfache Lizenz vor. Sind mehrere Lizenznehmer befugt das Recht innerhalb desselben Lizenzgebietes zu nutzen, spricht man von einer nicht ausschließlichen. Diese Lizenz kann für eine einzelne Person, einen Betrieb oder den gesamten Konzern bestellt werden, für alle oder einzelne Waren bzw. Dienstleistungen, für die die Marke Schutz genießt, für das gesamte oder Teile des Schutzgebietes, für eine gewisse Zeit oder für unbestimmte Dauer. Vgl. *Fezer, K.-H.*, (MarkenG), § 30, Rn. 15.

[139] Möglich sind Einschränkungen hinsichtlich der Dauer des Lizenzvertrages, der von der Eintragung erfassten Form, der Art der Dienstleistungen oder Waren, für die Markenschutz besteht, des Gebietes und der Qualität.

[140] Vgl. *Fezer, K.-H.*, (MarkenG), § 30, Rn. 8.

[141] Vgl. *Fammler, M.*, (Markenlizenzvertrag), S. 5. Mit Wirkung der EG-Kartellverordnung (VO [EG] Nr. 1/2003) und der 7. GWB-Novelle vom 07.07.2005 besteht im Bereich der vertikalen und horizontalen Wettbewerbsbeschränkungen kein eigenständiges deutsches Kartellrecht mehr (vgl. Vgl. *Bechthold, R.* / *Buntscheck, M.*, (Kartellrecht), S. 2966). Die Neufassung des Gesetzes gegen Wettbewerbsbeschränkung enthält in Anlehnung an Art. 81 EGV nicht mehr diese Differenzierung und verbietet unter der Prämisse der Spürbarkeit, welche als ungeschriebenes Tatbestandsmerkmal gilt (vgl. *Hacker, F.* in: *Ströbele, P.* / *Hacker, F.*, (MarkenG), § 30,

Kartellrechtsneutral ist der Bestand der Marke, d.h. alle spezifischen Gegenstände des Markenrechtes, die für die Erfüllung ihrer Funktionen, vor allem ihrer Herkunfts- und Qualitätsfunktion,[142] und für ihren Schutz vor rufbeeinträchtigenden Maßnahmen notwendig sind. So können Qualitätssicherungs-, Bezugsbindungs-, Lizenzvermerk-, Vertriebsförderungs-, Verkaufsförderungs- und Werbeklauseln als Marketingklauseln sowie Markenbenutzungs-, Geheimhaltungs-, Mindestmengen- und Klauseln über den Ausschluss einer Unterlizenzierung unter diesem Gesichtspunkt Vertragsbestandteil einer Markenlizenz i.e.S. sein.[143]

Dies gilt jedoch nicht für Preisbindungen, Gebietsbeschränkungen hinsichtlich des Vertriebes der markierten Leistung, nicht notwendige Bezugsbindungen, spürbare Nichtangriffsklauseln[144] sowie (Mindest-)Mengenbeschränkungen.[145] So stellen Gebietsausschließlichkeits-, Preisbindungs-, Wettbewerbsverbots- und Kundenvorbehaltsklauseln sowie Nichtangriffsabreden grundsätzlich Wettbewerbsbeschränkungen i.S.d. Art. 81 EGV dar, welche den Wettbewerb beeinträchtigen, aber nicht den Bestand der Marke schützen, deswegen nicht zulässig und folglich nichtig sind.[146]

Für den Markenlizenzvertrag besteht grundsätzlich Formfreiheit, solange er keine Schriftformklausel enthält. Die Eintragung der Lizenz in das Register des Deutschen Marken- und Patentamts ist nicht möglich.[147]

Rn. 93), gem. § 1 GWB alle Vereinbarungen, Beschlüsse und Verhaltensweisen, die geeignet sind, den zwischenstaatlichen oder innerstaatlichen Wettbewerb zu beschränken. Im Falle von zwischenstaatlichen Beschränkungen ist neben § 1 GWB Art. 81 EGV entsprechend anzuwenden. Beide Regelungen enthalten als Rechtsfolge die Nichtigkeit der getroffenen Vereinbarungen. Vgl. *Hacker, F.* in: *Ströbele, P. / Hacker, F.*, (MarkenG), § 30, Rn. 80 ff. Neben der Möglichkeit der Einzelfreistellung gilt die Gruppenfreistellung für Markenlizenzverträge i.S.d. Art. 81 Abs. 3 EGV und § 2 Abs. 1 GWB nur, wenn es sich bei dieser um eine Nebenabrede handelt (vgl. ebd.).

[142] Der Vertriebsweg zählt nicht zu den Qualitätsmerkmalen einer Marke. Sie können Vertragsbestandteil sein, erwirken bei Verstoß gegen sie jedoch keine markenrechtlichen Ansprüche. Vgl. *Ingerl, R. / Rohnke, C.*, (MarkenG), § 30, Rn. 43.

[143] Vgl. *Fezer, K.-H.*, (MarkenG), § 30, Rn. 61 ff.

[144] Eine Nichtangriffsklausel setzt den Verzicht des Lizenznehmers gegen den Bestand der Marke, insbesondere durch die Beantragung ihrer Löschung nach § 54 MarkenG oder die Erhebung einer Löschungsklage gem. § 55 MarkenG, vorzugehen voraus (vgl. *Ingerl, R. / Rohnke, C.*, (MarkenG), § 30, Rn. 42).

[145] Vgl. *Hacker, F.* in: *Ströbele, P. / Hacker, F.*, (MarkenG), § 30, Rn. 96 ff.

[146] Vgl. *Fezer, K.-H.*, (MarkenG), § 30, Rn. 71 ff.

[147] Vgl. *Fezer, K.-H.*, (MarkenG), § 30, Rn. 71 ff. Etwas anderes gilt für die Lizenzierung einer Gemeinschaftsmarke. Sie kann auf Antrag in das Register für Gemeinschaftsmarken eingetragen werden, vgl. Art. 22 Abs. 5, 83 Abs. 1 Gemeinschaftsmarkenverordnung.

3.1.3.3 Gegenstand der Markenlizenz

Gegenstand der Markenlizenz sind die positiven Benutzungsrechte an der Marke i.r.S. als gesetzlich geschütztem Unterscheidungszeichen.

Neben den wesentlichen Merkmalen der Markenlizenz,

- der Immaterialität als Eigenschaft der Marke und der Lizenz,

- der Art der Lizenz (alleinige, einfache, nicht ausschließliche),

- ihrer geografischen und

- sachlichen Ausgestaltung (Produktmarkierungs-, Vermarktungs- und die einheitliche Lizenz),

- den damit einhergehenden markenstrategischen Optionen,

- den Rechten und Pflichten der Vertragsparteien,

- der Markenform (Produkt-, Dach-, Firmenmarke),

- ihren bisherigen und zukünftigen Funktionen (Herkunfts-, Unterscheidungszeichen),

- ihrem personellen Wirkungskreis,

- der durch sie zu markierenden Leistung sowie

- ihre Übertragbarkeit (Markenlizenzwert, personeller Wirkungskreis),

kennzeichnen den Markenlizenzvertrag die darin enthaltenen marken- und leistungsbezogenen Vereinbarungen, die zumeist in Form von Restriktionen getroffen werden.

Markenbezogene Lizenzvereinbarungen beziehen sich ausschließlich auf die Ausübung der erteilten positiven Benutzungsrechte i.S.d. § 14 MarkenG. Darunter fallen insbesondere die Restriktionen, welche der Lizenzgeber an die Benutzung seines gesetzlich geschützten Unterscheidungszeichens im Rahmen der Ausübung des Produktmarkierungs-, Vermarktungs- und Werberechtes knüpft. Dazu gehört insbesondere die Art und Weise, in der die Marke i.r.S. an der Leistung, deren Verpackung und Aufmachung sowie auf Geschäftspapieren angebracht oder in der Werbung verwendet werden darf.[148]

Inhaltlich beziehen sich produktbezogene Lizenzvereinbarungen auf die markierte oder die zu markierende Leistung. Ein wesentlicher Vertragsbestandteil sind dabei jene Vereinbarungen, welche die Einhaltung eines Mindestqualitätsstan-

---

[148] Vgl. *Fezer, K.-H.*, (MarkenG), § 30, Rn. 14.

dards vertraglich festschreiben, damit die Marke weiterhin ihr Qualitätsversprechen am Markt abgeben kann.[149]

3.1.3.4 Rechtswirkungen

Für die Darstellung der Rechtswirkungen auf Seiten des Lizenznehmers und des Lizenzgebers soll die Unterteilung in eine rein schuldrechtliche Gebrauchsüberlassung und eine dingliche Markenlizenz unabhängig von der Beurteilung der Rechtsnatur der Markenlizenz beibehalten werden. Die im Lizenzvertrag enthaltenen Vereinbarungen schreiben die Rechte und Pflichten beider Vertragsparteien fest. Dabei ist der Vertrag ein Dauerschuldverhältnis,[150] das eine „dauernde Pflichtanspannung der Vertragspartner über die gesamte Vertragslaufzeit hinweg bewirkt"[151] und gleichzeitig ein Vertrauensverhältnis zwischen ihnen begründet.[152]

3.1.3.4.1 Lizenzgeber

3.1.3.4.1.1 Rechte

Neben dem Anspruch auf Zahlung der vereinbarten Lizenzgebühr kann der Lizenzgeber aus einer schuldrechtlichen Gebrauchsüberlassung weitere schuldrechtliche Ansprüche aus positiver Vertragsverletzung und aus einer dinglichen Markenlizenz markenrechtliche Ansprüche, die in § 30 Abs. 2 MarkenG abschließend festgeschrieben sind, geltend machen.[153] Demnach kann der Lizenzgeber bei Verstößen des Lizenznehmers gegen

- die Dauer des Lizenzvertrages,
- die von der Eintragung erfasste Form, in der die Marke i.r.S. genutzt werden darf,
- die Art der Waren oder Dienstleistungen,
- das Gebiet, für welches der Markenschutz besteht sowie
- die vereinbarte Qualität

seine Rechte nach §§ 14 ff. MarkenG[154] durchsetzen. Wichtigste Folge einer solchen Rechtsverletzung ist das Nichteintreten der Erschöpfung des Markenrechts,

---

[149] Vgl. *Fezer, K.-H.*, (MarkenG), § 30, Rn. 14.

[150] Vgl. *Stumpf, H. / Groß, M.*, (Lizenzvertrag), Rn. 36.

[151] *Kleineidam, H.-J.*, (Rechnungslegung), S. 72.

[152] Vgl. *Portner, R.*, (Gewinnabgrenzung), S. 358.

[153] Vgl. *Fezer, K.-H.*, (MarkenG), § 30, Rn. 27 f.

[154] Bei Rechtsverletzung gegen die Markenidentität oder die Produktidentität der Marke i.r.S. hat der Markeneigner nach § 14 Abs. 5 MarkenG einen Unterlassungsan-

weil diese unter dem Vorbehalt der rechtmäßigen Ausübung des dinglichen Markenrechts steht.[155]

3.1.3.4.1.2 Pflichten

Die Hauptpflicht des Lizenzgebers besteht in der Zurverfügungstellung der Nutzungsmöglichkeit des Rechtes und, sofern eine ausschließliche Lizenz vorliegt, in der Unterlassung der eigenen Nutzung.[156] Im Falle einer rein schuldrechtlichen Gebrauchsüberlassung ist der Lizenzgeber verpflichtet, die Nutzung der Marke zu dulden, wohingegen er im Falle einer dinglichen Markenlizenz durch die Bestellung eines dinglichen Rechtes zugleich über sein Markenrecht verfügt.[157]

Darüber hinaus hat er regelmäßig für die Aufrechterhaltung des Markenschutzes und die Verteidigung der lizenzierten Marke zu sorgen.[158] Demnach bestehen seine Nebenpflichten einerseits aus Unterlassungspflichten und andererseits aus Schutz- und Förderungspflichten.[159]

3.1.3.4.2 Lizenznehmer

3.1.3.4.2.1 Rechte

Der Lizenznehmer erhält ein positives Benutzungsrecht an der Marke i.r.S. innerhalb der vertraglich vereinbarten Schranken. Zusätzlich kann er - begründet in der Dinglichkeit seines Rechtes - markenrechtliche Ansprüche durch Beitritt zur Klage des Lizenzgebers gem. § 30 Abs. 4 MarkenG oder durch die Erhebung einer solchen mit Zustimmung des Markeninhabers gem. § 30 Abs. 3 MarkenG erwirken.

Darüber hinaus besteht für die dingliche Markenlizenz gem. § 30 Abs. 5 MarkenG ein Sukzessionsschutz, demzufolge die dinglichen Rechte des Lizenznehmers von einer späteren Rechtsübertragung i.S.d. § 27 MarkenG oder einer

---

spruch, nach § 14 Abs. 6 MarkenG einen Schadensersatz- und einen Bereicherungsanspruch (vgl. *Hacker, F.* in: *Ströbele, P. / Hacker, F.*, (MarkenG), § 14, Rn. 194 ff).

[155] Vgl. *Fezer, K.-H.*, (MarkenG), § 30, Rn. 25.

[156] Als Enthaltungspflicht bezeichnet (vgl. *Hacker, F.* in: *Ströbele, P. / Hacker, F.*, (MarkenG), § 30, Rn. 43 f.).

[157] Vgl. *Fezer, K.-H.*, (MarkenG), § 30, Rn. 38.

[158] Vgl. *Hacker, F.* in: *Ströbele, P. / Hacker, F.*, (MarkenG), § 30, Rn. 45.

[159] Vgl. *Fezer, K.-H.*, (MarkenG), § 30, Rn. 38.

weiteren Lizenzerteilung unberührt bleiben.[160] Regelmäßig eröffnet die Lizenzhereinnahme die Möglichkeit der Vergabe von Unterlizenzen.[161]

3.1.3.4.2.2 Pflichten

Die Hauptpflicht des Lizenznehmers besteht in der Zahlung des Entgelts in der jeweils vereinbarten Form entweder als Umsatz-, Stück-, Pauschal-, Gewinn-,[162] Mindestlizenz oder als periodische Lizenzgebühr.

Zudem eröffnen die vertraglichen Vereinbarungen weitere Nebenpflichten wie beispielsweise die Pflicht zur Verbesserung des Lizenzgegenstandes, zur Erfüllung der Produktions- und Vertriebsbeschränkungen,[163] die sich nach Unterlassungs- sowie Schutz- und Förderungspflichten unterscheiden lassen.[164] Die Erteilung einer ausschließlichen Markenlizenz begründet i.d.R. zusätzlich eine Ausübungspflicht des Benutzungsrechts, da nur die Nutzung durch den Lizenznehmer als rechtserhaltende Benutzung i.S.d. § 26 Abs. 2 MarkenG die im Markengesetz vorgesehene Schrankenwirkung wegen fehlender Benutzung verhindern kann.[165]

3.1.3.5 Besonderheiten grenzüberschreitender Vereinbarungen

Das internationale Immaterialgüterrecht[166] ist durch das Territorialitätsprinzip und das Schutzlandprinzip geprägt. Obwohl in der Literatur die Bedeutung des Territorialitätsprinzips als kollisionsrechtliche Anknüpfung für die Bestimmung

---

[160] Vgl. *Hacker, F.* in: *Ströbele, P. / Hacker, F.*, (MarkenG), § 30, Rn. 71 f.

[161] Davon ist auszugehen, wenn es sich um eine ausschließliche Lizenz handelt und keine gegenteiligen vertraglichen Vereinbarungen vorliegen (vgl. *Ingerl, R. / Rohnke, C.*, (MarkenG), § 30, Rn. 14).

[162] Bei diesen Zahlungsmodalitäten hat der Lizenznehmer dem Lizenzgeber Rechnung zu legen, so dass dem Lizenzgeber die Überprüfung der Richtigkeit der erbrachten Lizenzgebühr ermöglicht wird (vgl. *Ingerl, R. / Rohnke, C.*, (MarkenG), § 30, Rn. 41).

[163] Vgl. *Stumpf, H. / Groß, M*, (Lizenzvertrag), Rn. 166 ff.

[164] Vgl. *Fezer, K.-H.*, (MarkenG), § 30, Rn. 39.

[165] Vgl. *Stumpf, H. / Groß, M*, (Lizenzvertrag), Rn. 149.

[166] Inhalt des Immaterialgüterrechts, auch als Recht des geistigen Eigentums bezeichnet, sind subjektive Rechte, die an unkörperlichen Gütern bestehen und einen selbstständigen Vermögenswert haben (vgl. *Guntz, D.*, (Rechtswörterbuch), Immaterialgüterrechte, S. 674). Darunter sind zum einen Urheberrechte und denen verwandte Rechte sowie zum anderen gewerbliche Schutzrechte, d.h. Erfindungs- und Kennzeichenrechte, zu subsumieren (vgl. *Drexl, J.* in: *Sonnenberger, H. J.* (Hrsg.), (Internationales Wirtschaftsrecht), IntImmGR, Rn. 2). *Drexl* beschreibt die Aufgabe des Internationalen Immaterialgüterrechtes als die Leistung eines Beitrages zum Funktionieren der internationalen Wettbewerbsordnung, vor allem durch Zuweisung des Sachverhaltes zur maßgebenden Rechtsordnung, ohne dabei die Entscheidungen des nationalen Gesetzgebers unter Berücksichtigung der völkerrechtlichen Vorgaben in Frage zu stellen (vgl. *Drexl, J.* in: *Sonnenberger, H. J.* (Hrsg.), (Internationales Wirtschaftsrecht), IntImmGR, Rn. 5).

der anzuwendenden Rechtsordnung bei Sachverhalten mit Auslandsbezug strittig ist,[167] besteht Einigkeit darüber, dass das Immaterialgüterstatut des Schutzlandes für alle Rechtsfragen gelten muss, welche die Entstehung, den Umfang, die Dauer, den Inhalt und die Beendigung des Schutzrechtes selbst sowie alle Rechtsfolgen seiner Verletzung betreffen.[168] Verantwortlich dafür ist die Entstehung des Schutzrechts durch den hoheitlichen Verleihungsakt in seiner nationalen Begrenztheit.[169] Dahingehend besteht für den obligatorischen Teil internationaler, schuldrechtlicher Verträge und damit für alle Fragen, welche deren Entstehung, Inhalt, Durchführung und Beendigung betreffen, freie Rechtswahl.[170]

Diese differenzierte Betrachtungsweise gilt grundsätzlich auch für multinationale Rechtsüberlassungen, weil diese gemäß der Bündeltheorie als Ansammlung nationaler Markenrechte zu betrachten sind. Entsprechend dem Schutzlandprinzip erstreckt sich deren Schutzbereich auf das Territorium ihres jeweiligen Schutzlandes. Folglich gelten für alle Regelungen, die das Schutzrecht des jeweiligen Staates selbst betreffen, deren jeweilige Rechtsnormen. Ausschließlich für die weiteren Vertragsbestandteile kann ein einheitliches Vertragsstatut vereinbart

---

[167] Strittig ist die Frage des kollisionsrechtlichen Inhalts des Territorialitätsgrundsatzes. Soweit diese Eigenschaft abgedungen wird, ist die kollisionsrechtliche Anknüpfung im Schutzlandprinzip zu finden, das als Umsetzung eines sachrechtlichen Territorialitätsprinzips fungiert (vgl. *Fezer, K.-H.*, (MarkenG), MarkenG Einl, Rn. 161).
Anders *Drexl*: Er erkennt dem Territorialitätsprinzips lediglich sachrechtliche Relevanz zu, was insoweit von Bedeutung ist, als erst das Kollisionsrecht die Anwendung des Sachrechts bestimmt. So kommt es auch zur Anwendung des Schutzlandprinzips, wenn das Schutzland gar nicht dem Territorialitätsgrundsatz folgt. Selbst wenn der Territorialitätsgrundsatz die Anwendung des Schutzlandprinzips demnach nicht begründen kann, so erkennt *Drexl* die enge Verbindung der beiden Prinzipien an, obwohl diese nicht normativ zwingend ist. Vgl. *Drexl, J.* in: *Sonnenberger, H. J.* (Hrsg.), (Internationales Wirtschaftsrecht), IntImmGR, Rn. 13.

[168] Vgl. *Fezer, K.-H.*, (MarkenG), MarkenG H Einl, Rn. 19.

[169] Vgl. *Fezer, K.-H.*, (MarkenG), MarkenG H Einl, Rn. 7.

[170] Vgl. Art. 27 EGBGB. Sollten die Vertragsparteien ein solches Vertragsstatut nicht vereinbart haben, findet gem. Art. 27 Abs. 1 EGBGB das Statut desjenigen Staates Anwendung, zu dem die engste Verbindung besteht. Danach ist der objektive Schwerpunkt des Rechtsgeschäftes festzustellen, der je nach vertraglicher Ausgestaltung der Sitzort des Lizenznehmers oder -gebers, das Schutzland, ggfs. das gemeinsame Heimatrecht oder der Gerichtsort sein kann (vgl. *Fezer, K.-H.*, (MarkenG), Einl H MarkenG, Rn. 61 f.).
Im Ergebnis führt die Trennung in einen schuldrechtlichen (Verpflichtungsgeschäft) und einen dinglichen (Verfügungsgeschäft) Vertragsbestandteil zur Aufspaltung des anzuwendenden Rechts (sog. Spaltungstheorie). Etwas anderes gilt, wenn der Schwerpunkt des Vertrages dem Schutzland zugewiesen wird (vgl. dazu *Fezer, K.-H.*, (MarkenG), MarkenG H Einl, Rn. 56 f. und *Beier, F.-K.*, (Internationale Markenlizenzverträge), S. 303 ff.). Diese Zuweisung kann auch auf Basis der Ausweichklausel des Art. 28 Abs. 5 EGBGB erfolgen.

werden.[171] Eine Ausnahme besteht nur für die Gemeinschaftsmarke, da für ihren Schutz ein gemeinschaftsweites Recht gilt.

3.2 Die Markenlizenz i.w.S.: Markenfranchising

Stellen die vertraglichen Vereinbarungen nicht nur auf die Nutzungsüberlassung der Marke i.r.S. ab, sondern umfassen weitere leistungs- und markenbezogene Bestandteile, liegt ein Markenfranchising vor. Hier gehört die Markenlizenz i.e.S. zu einem Leistungspaket, dem sog. Franchise, das dem Franchisenehmer im Zuge des Franchisevertrages zur Verfügung gestellt wird, damit er die mit der Marke i.r.S. markierte Leistung nach den Vorstellungen des Franchisegebers zu einer Marke entwickeln kann.

3.2.1 Franchising

Franchising ist ein unbestimmter Rechtsbegriff, für den mehrere Definitionen vorhanden sind. So erfasst ihn der deutsche Franchiseverband als ein vertikal-kooperativ organisiertes Absatzsystem rechtlich selbstständiger Unternehmen auf Basis eines Dauerschuldverhältnisses.[172] Durch den Franchisevertrag[173] gestattet der Franchisegeber dem Franchisenehmer gegen unmittelbare oder mittelbare finanzielle Vergütung zum Zwecke der Vermarktung bestimmter Waren und/oder Dienstleistungen ein Franchise zu nutzen.[174] Dabei haben die vertraglichen Vereinbarungen „die Benutzung eines gemeinsamen Namens oder Zeichens sowie die einheitliche Aufmachung der vertraglich bezeichneten Geschäftslokale und/oder Transportmittel, die Mitteilung von Know How durch den Franchisegeber an den Franchisenehmer, eine fortlaufende kommerzielle oder technische Unterstützung des Franchisenehmers durch den Franchisegeber während der Laufzeit der Vereinbarung"[175] zum Inhalt. So kann das Franchise, das Gegenstand der Vereinbarungen ist, selbst als eine „Gesamtheit von Rechten an gewerblichem oder geistigem Eigentum wie Warenzeichen, Handelsnamen, Ladenschilder, Gebrauchs- und Geschmacksmuster, Urheberrechte, Know How oder Patente, die zum Zwecke des Weiterverkaufs von Waren oder der Erbringung von Dienstleistungen an Endverbraucher genutzt wird"[176] definiert werden.

---

[171] Vgl. *Fezer, K.-H.*, (MarkenG), MarkenG H Einl, Rn. 58 ff.

[172] Vgl. *Engler, G.* in: *Vögele, A. / Borstell, T. / Engler, G.*, (Verrechnungspreise), Rn. P 461.

[173] Vgl. *Engler, G.* in: *Vögele, A. / Borstell, T. / Engler, G.*, (Verrechnungspreise), Rn. P 461.

[174] Vgl. *Giesler, P. / Nauschütt, J.*, (Grundlagen Franchise), Rn. 33.

[175] *Giesler, P. / Nauschütt, J.*, (Grundlagen Franchise), Rn. 33.

[176] Diese Definition enthält ebenfalls die Verordnung Nr. 4087 / 88 der EU-Kommission vom 30.11.1988. Vgl. *Engler, G.* in: *Vögele, A. / Borstell, T. / Engler, G.*, (Verrechnungspreise), Rn. P 461.

3.2.2 Markenfranchising

Im Allgemeinen bezeichnet der Begriff des Franchising ein „besondere[s] System für den Vertrieb von Waren und Dienstleistungen"[177]; Markenfranchising im Speziellen das besondere System für den Vertrieb von markierten Leistungen, wobei durch deren Markierung mit einem rechtlich geschützten Unterscheidungszeichen, der Marke i.r.s., und anschließender Vermarktung unter Verwendung eines systematischen Absatzkonzeptes eine Marke entwickelt werden soll. So bedeutet Franchising im Allgemeinen die Reproduktion einer Idee[178] und Markenfranchising die Reproduktion einer Marke.

Damit liegt ein Markenfranchisingvertrag nicht bereits dann vor, wenn der Franchisegeber dem Franchisenehmer die Benutzung seiner Marke i.r.s. über die Dauer des Franchisevertrages erlaubt,[179] sondern erst, wenn er dem Franchisenehmer neben den positiven Benutzungsrechten an der Marke i.r.s. ein Leistungspaket zur Verfügung stellt, welches dieser benötigt, um eine identische[180] Leistung am Markt anzubieten und diese zu einer vergleichbaren Marke zu entwickeln. So umfasst das Franchise ein Konglomerat artverschiedener Leistungen bestehend aus Rechten an gewerblichem und geistigem Eigentum wie Warenzeichen, Handelsnamen, Ladenschilder, Gebrauchs- und Geschmacksmuster, Urheberrechten, Know How, Patenten und Dienstleistungen,[181] die alle für die Verwirklichung des Markenfranchising notwendig sind.

3.2.3 Leistungspaket

Ziel des Markenfranchising ist die Entwicklung der markierten Leistung zu einer Marke durch den Franchisenehmer unter Verwendung des systematischen Absatzkonzeptes des Franchisegebers. Dafür stellt der Franchisegeber diesem neben den positiven Benutzungsrechten an der Marke i.r.s. ein Leistungspaket als Konglomerat verschiedener Einzelleistungen[182] zur Verfügung.

---

[177] *Skaupy, W.,* (Franchise-Vertrag), S. 113.

[178] Vgl. *Kieser, W.,* (Franchising), S. 112.

[179] Vgl. *Fezer, K.-H.,* (MarkenG), § 27, Rn. 51. *Fezer* zufolge liegt ein Markenfranchisevertrag, der regelmäßig Vertragsbestandteil des Franchisevertrages über den Vertrieb von Waren oder die Erbringung von Dienstleistungen sein wird, bereits dann vor.

[180] I.d.R. wird der Franchisegeber bereits eine markierte Leistung zu einer Marke auf einem anderen Markt entwickelt haben. Nur in Ausnahmefällen wird er das Konzept auch auf eine andere Leistung übertragen.

[181] Vgl. u.a. *Kubitschek, C.,* (Erfolgsfaktoren), S. 672 f.

[182] Vgl. *Kleineidam, H.-J.,* (Lizenzen), S. 109. Als Beispiele für den Inhalt des Vertragsgegenstandes nennt *Kleineidam* die Übertragung von Prototypen, Konstruktionszeichnungen und Rezepturen, technische Produktanweisungen, Werbekonzeptionen sowie Mitarbeiterschulungen.

In Anknüpfung an die Elemente des Markenerfolgskettendefinitionsansatzes von *Bruhn* enthält dieses Leistungspaket eine Herstellerlizenz für die Herstellung oder den Fremdbezug der Leistung, eine Markenlizenz i.e.S. für Erlaubnis zur Markierung der Leistung und Vermarktung der markierten Leistung sowie das systematische Absatzkonzept des Franchisegebers für die Entwicklung der markierten Leistung entlang der Markenerfolgskette zur Marke. Darüber hinaus kann das Leistungspaket optional Unterstützungsdienstleistungen sowie die Lieferung der materiellen Leistung selbst beinhalten.

Obligatorische Bestandteile des Leistungspaketes sind demnach neben der Hersteller- und Markenlizenz i.e.S. das systematische Absatzkonzept des Franchisegebers und optionale Elemente die Erbringung von Dienstleistungen sowie, in Abhängigkeit von der vorliegenden Art des Markenfranchising, die Lieferung der materiellen Leistung.

Dabei können die obligatorischen Bestandteile des Leistungspaketes in funktional notwendige und nicht notwendige Elemente unterteilt werden. Zu ersteren gehören ausschließlich die Bestandteile, welche sich wie die Herstellerlizenz auf die Herstellung und Vermarktung der Ganzheit der Leistung, und zu letzteren, welche sich wie die Markenlizenz i.r.S. und das systematische Absatzkonzept auf die Herstellung und Vermarktung der Ganzheit der Marke beziehen.

Die nachfolgende Abbildung veranschaulicht den Zusammenhang zwischen den funktional notwendigen und nicht notwendigen Bestandteilen des Leistungspakets und den Elementen des Markenerfolgskettenansatzes. Im Anschluss daran werden die einzelnen obligatorischen und fakultativen Bestandteile des Leistungspaketes vorgestellt.

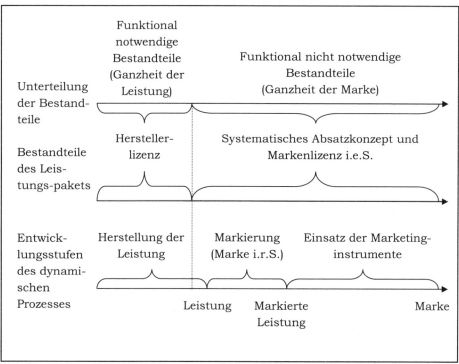

Abbildung 6:   Obligatorische Bestandteile des Leistungspakets.[183]

3.2.3.1 Herstellerlizenz

Die Herstellerlizenz umfasst alle Leistungen, die der Franchisenehmer für die Herstellung der materiellen[184] oder das Anbieten der immateriellen Ganzheit der Leistung benötigt, so dass diese alle dafür notwendigen Rechte, Anweisungen, Rezepturen und technisches Know How enthalten kann. Soweit der Franchisenehmer allerdings die Leistung von einem dritten Unternehmen erwirbt, beschränkt sich die Herstellerlizenz auf die Umschreibung der wesentlichen Leistungsmerkmale, zu denen unter anderem die Qualität, Bestandteile, Mindestgröße, Verpackungseigenschaften und der Preis der Ganzheit der Leistung zählen.

---

[183] Die senkrechte gestrichelte Linie verdeutlicht, dass die Leistung auch nicht funktional notwendige Leistungsmerkmale umfasst, die nicht Gegenstand der Herstellerlizenz sind.

[184] Der Begriff der Herstellerlizenz bezieht sich im Regelfall ausschließlich auf das Recht, die materielle Leistung selbst herzustellen. Vgl. *Engler, G. in: Vögele, A. / Borstell, T. / Engler, G.*, (Verrechnungspreise), Rn. P 311.

3.2.3.2 Markenlizenz i.e.S.

Für die Markierung der selbst hergestellten oder von einem anderen Unternehmen erworbenen Leistung und für die Vermarktung der materiellen Leistung benötigt der Franchisenehmer die Erlaubnis des Franchisegebers zur Benutzung der Marke i.r.S. Stellt der Franchisenehmer die Leistung selbst her und vermarktet sie anschließend, ist die Vergabe einer einheitlichen Vermarktungslizenz notwendig; bezieht er sie als bereits markierte Leistung von einem anderen Unternehmen als dem Markeneigner, ist die Vergabe einer Produktmarkierungslizenz an das herstellende Unternehmen durch den Franchisegeber oder den Franchisenehmer[185] sowie die Erteilung einer Vermarktungslizenz an den Franchisenehmer notwendig.

3.2.3.3 Systematisches Absatzkonzept

Die Markierung und Gestaltung der Leistung nach den Vorstellungen des Franchisegebers erfordert die Zurverfügungstellung seines systematischen Absatzkonzeptes, das die Markenidentität, die Markenstrategie, die Markenpositionierung und die Maßnahmen der Markenpolitik wie das Design und die Farbgebung der Leistung, die Gestaltung ihrer Verpackung, die Markensignale oder –slogans, die Preiserlebnisse, die Gestaltung der Distributionswege sowie der Kommunikations- und Preisstrategie beinhaltet.[186]

Damit umfasst das systematische Absatzkonzept vor allem das markenbezogene Know How des Franchisegebers als die Summe seiner gesetzlich nicht geschützten betriebswirtschaftlichen, kommerziellen und technischen Kenntnisse und Erfahrungen über die Herstellung und Vermarktung der markierten Leistung sowie den Einsatz und die Verwendung der marketingpolitischen Instrumente,[187] die bislang für den Franchisenehmer nicht bekannt und/oder zugänglich waren. Da das Wissen dem Begünstigten infolge der Überlassung bekannt wird und nicht wieder entzogen werden kann, ist eine zeitlich begrenzte Überlassung von Know How grundsätzlich nicht möglich und eine Unterscheidung zwischen der Überlassung und Übertragung des Know How hinfällig.[188]

3.2.3.4 Dienstleistungen

Überlässt der Franchisegeber nicht nur sein Know How, sondern wendet dieses innerhalb seines eigenen Tätigkeitsbereiches an und stellt dieses in Form von Ar-

---

[185] In diesem Fall hat der Franchisenehmer eine einheitliche Markenlizenz erhalten, die ihn gleichzeitig zur Vergabe einer Produktmarkierungslizenz befugt.

[186] Vgl. 2.5.2.

[187] Vgl. *Martinek, M.*, (Moderne Vertragstypen), S. 211.

[188] Vgl. *Portner, R.*, (Verrechnungspreise), S. 85 f. unter Verweis auf das BFH v. 27.04.1977, BStBl. II 1977, S. 623 f.

beitsergebnissen, Empfehlungen, Vorschlägen usw. dem Franchisenehmer zur Verfügung, so liegt die Erbringung einer Dienstleistung in administrativer, kaufmännischer, technischer Art oder in Finanzdienstleistungen vor.[189] Soweit diese durch den Markenlizenzvertrag schuldrechtlich veranlasst sind, sind diese separat zu verrechnen.[190]

3.2.3.5 Lieferung der materiellen Leistung

Soweit der Franchisenehmer die materielle Leistung nicht selbst herstellt, bezieht er diese extern von einem konzerngebundenen oder ungebundenen Unternehmen. Sollte der Franchisegeber ihm diese liefern, hat der Franchisenehmer diesem neben der Lizenzgebühr und dem Entgelt für die Erbringung der Dienstleistungen auch eines für deren Lieferung zu entrichten.

3.2.3.6 Rechtliche Würdigung des Franchisevertrages

3.2.3.6.1 Rechtsnatur

Die Rechtsnatur des Markenfranchisevertrages als juristisch-vertragstechnische Umsetzung einer betriebswirtschaftlichen Marketingtechnik[191] entspricht der eines Misch- bzw. Typenkombinationsvertrages, der sich aus unterschiedlichen Vertragstypen des Schuldrechtes zusammensetzt.[192] Nach Auffassung von *Skaupy* umfasst dieser neben den fakultativen Elementen der Geschäftsbesorgung sowie den miet-, options- und finanzvertraglichen Vereinbarungen die obligatorischen Elemente des Lizenz-, Know How- und Handelsvertretervertrages.[193] Obwohl die Frage der Rechtsnatur nicht abschließend geklärt ist, kann festgestellt werden, dass der Franchisevertrag als Mischvertrag ein Austauschvertrag mit Dauerschuldcharakter ist, der als Rahmenvertrag zum Abschluss weiterer Verträge wie Abnahme- oder Schulungsverträge verpflichten kann.[194]

3.2.3.6.2 Rechtswirkungen

Der Franchisevertrag schreibt die Rechte und Pflichten der Vertragsparteien fest, die aus den typischen Merkmalen der Franchisesysteme wie der dauerhaften Zusammenarbeit rechtlich selbstständiger Unternehmen, der vertikal organisierten Systemstruktur, der Einräumung eines bedingten Nutzungsrechtes gegen

---

[189] Vgl. *Portner, R.*, (Verrechnungspreise), S. 86.

[190] Vgl. *Baumhoff, H.* in: *Flick, H. / Wassermeyer, F. / Baumhoff, H.*, (Außensteuerrecht), § 1, Anm. 630.

[191] Vgl. *Martinek, M, / Wimmer-Leonhardt, S.*, (Markenlizenzvertrag), S. 207.

[192] Vgl. *Martinek, M.*, (Moderne Vertragstypen), S. 37.

[193] Vgl. *Martinek, M.*, (Moderne Vertragstypen), S. 37.

[194] Vgl. *Dvorak, J.*, (Franchising), S. 116 f.

Entgelt, den vereinbarten Weisungs- und Kontrollrechten des Franchisegebers insbesondere die Verpflichtung des Franchisenehmers zu den einzelnen, festgelegten Handlungsanweisungen zählen.[195]

Der Franchisegeber hat dem Franchisenehmer das gesamte Franchise für ein benanntes Vertragsgebiet zur Verfügung zu stellen, welches diesem die Vermarktung und Entwicklung der markierten Leistung zur Marke ermöglicht. Zudem ist er verpflichtet, die ihm zustehenden Kontroll- und Weisungsrechte auszuüben, den Franchisenehmer beispielsweise durch Schulungen oder Beratungsleistungen zu unterstützen, sowie berechtigt, die vereinbarte Franchisegebühr zu vereinnahmen.[196] Darüber hinaus hat er als Markeninhaber für den Schutz des Markenrechtes zu sorgen.

Der Franchisenehmer hat die Aufsicht des Franchisegebers zu dulden, diesem die vereinbarte Gebühr zu zahlen, die vereinbarten Vorschriften beispielsweise bezüglich der Markierung der Leistung einzuhalten sowie die eingegangenen Verpflichtung beispielsweise in Form von Abnahme- und Marketingklauseln zu erfüllen und insbesondere die Entwicklung der markierten Leistung zu einer Marke zu unterstützen.[197]

3.2.3.7 Arten des Markenfranchise

Als Arten des Markenfranchise können das Produkt-, Dienstleistungs- und Vertriebsfranchising unterschieden werden.

3.2.3.7.1 Produktfranchising

Gegenstand des Produktfranchising ist eine materielle Leistung, welche der Franchisenehmer nach den Vorstellungen des Franchisegebers entweder selbst herstellt und markiert oder als materielle Leistung bezieht und selbst markiert und die markierte Leistung anschließend unter der Marke i.r.S. des Franchisegebers nach dessen Vorstellungen vermarktet. Für die Entwicklung der markierten Leistung zur Marke verwendet der Franchisenehmer das systematische Absatzkonzept des Franchisegebers.

3.2.3.7.2 Dienstleistungsfranchising

Gegenstand des Dienstleistungsfranchising ist die immaterielle Leistung, welche der Franchisenehmer unter der Marke i.r.S. des Franchisegebers und Verwen-

---

[195] Vgl. *Marx, J. F.*, (Franchising), S. 1442.

[196] Vgl. *Flohr, E. / Schulz, A. / Wessels, A. M.*, (Franchisevertrag), S. 192 ff.

[197] Vgl. *Skaupy, W.*, (Franchise-Vertrag), S. 116.

dung dessen systematischen Absatzkonzeptes erbringt und anbietet. Wesentliche Komponente des Franchise ist das dem Franchisenehmer überlassene Wissen.[198]

3.2.3.7.3 Vertriebsfranchising

Die Gestaltungen des Vertriebsfranchising zielen ausschließlich auf den Vertrieb von markierten Leistungen unter der Marke i.r.S. ab,[199] welche i.d.R. weder der Franchisenehmer noch der Franchisegeber herstellen. Dabei verwendet der Franchisenehmer für die Entwicklung der markierten Leistung zur Marke ebenfalls das systematische Absatzkonzept des Franchisegebers. Insoweit unterscheiden sich diese Gestaltungen nicht von denen des Produktfranchising.[200]

3.3 Überblick der Verrechnungspreisobjekte

Zusammenfassend sind in Abhängigkeit von den beiden Markenlizenzverträgen insgesamt vier unterschiedliche Verrechnungspreisobjekte für die steuerliche Beurteilung von konzerninternen Markenrechtsüberlassungen denkbar. Während die Markenlizenz i.e.S., die in Abhängigkeit von ihrer sachlichen Einschränkung in die Produktmarkierungs-, Vermarktungs- und einheitliche Markenlizenz unterschieden wird, ausschließlich die positiven Benutzungsrechte an der Marke i.r.S. sowie ggfs. produkt- und markenbezogene Restriktionen beinhaltet, umfasst die Markenlizenz i.w.S. gerichtet auf die Reproduktion der Marke ein Leistungspaket, das die Markenlizenz i.e.S., die Herstellerlizenz, das systematische Absatzkonzept des Markeneigners und ggfs. Dienstleistungen sowie die Lieferung der materiellen Leistung enthält.

Die nachfolgende Abbildung ermöglicht einen systematischen Überblick über die nachfolgend zu untersuchenden Verrechnungspreisobjekte.

---

[198] Vgl. *Dvorak, J.,* (Franchising), S. 116 f.

[199] Vgl. *Giesler, P. / Nauschütt, J.,* (Typologisierung), Rn. 37.

[200] Vgl. *Dvorak, J.,* (Franchising), S. 116 f.

45

Alternative 1: Markenlizenz i.e.S.
(Nutzungsüberlassung der positiven Benutzungsrechte an der Marke i.r.S.)

Vermarktungslizenz	Produktmarkierungs-lizenz	Einheitliche Markenlizenz
Inverkehrbringen bereits markierter Leistungen unter Berücksichtigung der rechtlichen Organisationsformen:	Markierung der selbst hergestellten Leistung mit der Marke i.r.S.	Markierung und Vermarktung der eigenen Leistung des Lizenznehmers

- Handelsvertreter,
- Kommissionär,
- Eigenhändler

auf einem identischen oder neuen Absatzmarkt

Alternative 2: Markenlizenz i.w.S.
(Zurverfügungstellung eines **Leistungspakets**, das neben der Markenlizenz i.e.S. u.a. das **Absatzkonzept** des Markeninhabers beinhaltet.)

Produktfranchising	Dienstleistungsfranchising	Vertriebsfranchising

Abbildung 7:   Überblick über die Verrechnungspreisobjekte.

4 Die steuerliche Beurteilung der Markenlizenz auf Grundlage des Fremdvergleichs

Die Notwendigkeit der Verrechnung der konzerninternen Lizenzvergabe unter Berücksichtigung des Fremdvergleichsgrundsatzes resultiert aus der zivilrechtlichen Selbstständigkeit der einzelnen Konzernunternehmen und deren damit einhergehender Steuersubjekteigenschaft, wonach sie selbst die Bezugspunkte der Einkünfteermittlung sind.[201] Darum basiert die Gewinnabgrenzung innerhalb des Konzerns[202] nicht auf dem Prinzip der wirtschaftlichen, sondern auf dem der selbstständigen Einheit.[203]

Dieser Betrachtungsweise zufolge sind die einzelnen Konzerneinheiten als von einander unabhängige Unternehmen zu behandeln, deren Verbundenheit sich allein auf den konzerninternen Leistungsaustausch beschränkt.[204] Diese Unabhängigkeit spiegelt sich nicht nur in der gesonderten Gewinnermittlung, sondern auch in der Bewertung der konzerninternen Lieferungen und Leistungen wider, indem die zu verrechnenden Entgelte, die Konzernverrechnungspreise,[205]

---

[201] Die Einkunftsabgrenzung ist demnach von prinzipieller Natur und nicht nur für internationale Sachverhalte von Bedeutung (vgl. dazu u.a. *Schaumburg, H.*, (Internationales Steuerrecht), Rn. 18.67). Kapitalgesellschaften haben darüber hinaus das Trennungsprinzip zu berücksichtigen, aus dem selbst die gesonderte Einkünfteermittlung abgeleitet werden kann (vgl. *Schaumburg, H.*, (Grundsätze), S. 1 f., *Baumhoff, H.*, (Einkunftsabgrenzung), C 224).

[202] Der Konzern ist gem. § 18 AktG als eine Zusammenfassung rechtlich selbstständiger Unternehmen unter einheitlicher Leitung zu definieren (vgl. dazu u.a. *Hüffer, U.*, (Aktiengesetz), § 18, Rn 1 ff.). In Erfüllung der genannten Tatbestandsmerkmale des § 18 AktG können die Konzernunternehmen gem. § 15 AktG als verbundene Unternehmen bezeichnet werden. Die *OECD* definiert im Rahmen ihrer Verrechnungspreisgrundsätze Unternehmen dann als verbunden, wenn sie die Bedingungen des Art. 9 Abs. 1 Buchstabe a und b des Musterabkommens erfüllen (vgl. *OECD*, (Verrechnungspreisgrundsätze), Vorwort, Anm. 11). Demnach sind Unternehmen verbunden, wenn ein anderes Unternehmen mittel- oder unmittelbar an ihrer Geschäftsleitung, der Kontrolle oder dem Kapital des Unternehmens beteiligt ist oder, wenn dieselben Personen an mehreren Unternehmen in dieser Weise beteiligt sind. Namentlich sind dies Mutter- und Tochtergesellschaften sowie Gesellschaften unter gemeinsamer Kontrolle (vgl. Art. 9 Abs. 1 OECD-MA und der dazugehörige OECD-Kommentar Grundsatz).

[203] International anerkannt und normiert in Art. 9 OECD-MA ist ausschließlich das Prinzip der selbstständigen Einheit. Zum Spannungsfeld zwischen diesen beiden Prinzipien, vgl. *Oestreicher, A.*, (Spannungsfeld), S. 1 ff.

[204] Vgl. *Oestreicher, A.*, (Gewinnabgrenzung), S. 12.

[205] Per Definition erfasst der Begriff des Verrechnungspreises den Wertansatz von Gütern und Dienstleistungen, die entweder innerhalb eines Unternehmens oder innerhalb eines Unternehmensverbundes ausgetauscht werden. Durch seine Vereinfachungs-, Kontroll-, organisatorische Lenkungs- und Erfolgsermittlungsfunktion stellt der Konzernverrechnungspreis aufgrund seines erfolgswirksamen Einflusses und der daraus folgenden steuerlichen Relevanz eine Sonderform der Erfolgs-

frei von Leistungsungleichgewichten vereinbart werden, die ihre Ursache in den gesellschaftsrechtlichen Beziehungen der beteiligten Geschäftspartner haben. Für die damit verbundene Beurteilung der konzernintern vereinbarten Verrechnungspreise dient das dealing at arm's length Prinzip. Diesem Fremdvergleichsgrundsatz zufolge sind den konzerninternen Geschäftsbeziehungen die Bedingungen zugrunde zu legen, die zwischen fremden Dritten unter den Regeln des freien marktwirtschaftlichen Tausches tatsächlich vorliegen oder vorliegen würden.[206] Sollte der tatsächliche oder hypothetische Fremdvergleich aufzeigen, dass die getroffenen Vereinbarungen von diesen abweichen, sind die vereinbarten Entgelte zu korrigieren. Zugleich verdeutlicht diese Vorgehensweise die Charaktere der Einkünftezuordnungsnormen als Einkünfte*korrektur*normen.[207]

Mit dieser Betrachtungsweise gehen zwei wesentliche Problemfelder einher. Zum ersten werden infolge der Nichtbeachtung der wirtschaftlichen Einheit des Konzerns die damit verbundenen Synergieeffekte und Skalenvorteile ebenso wie die Einsparung von Transaktionskosten als Wettbewerbsvorteile vernachlässigt.[208] Somit können dadurch veranlasste Mehrgewinne erst gar nicht entstehen, was die Vorteilhaftigkeit des Konzerns negiert und in der Praxis entweder zur mehrfachen oder zur fehlenden Besteuerung dieser Mehrgewinne führt.[209] Zum zweiten ist damit das Problemfeld der Bestimmung des „richtigen" Marktpreises[210] verbunden, der die Unabhängigkeit der konzerngebundenen Unternehmen im Rahmen der Gewinnermittlung umsetzt und eine Doppelbesteuerung verhindert sowie die Steuersubstrate der beteiligten Steuerhoheiten sichert.[211]

---

ermittlungsfunktion dar. Er verkörpert denjenigen Wertansatz, der als effektiv geschuldetes Entgelt für den konzerninternen Leistungsaustausch geschuldet wird. Vgl. *Baumhoff, H.*, (Einkunftsabgrenzung), C 225 f.

[206] Vgl. *Baumhoff, H.*, (Einkunftsabgrenzung), C 230 b.

[207] Diese Eigenschaft gilt sowohl für uni- als auch für bilaterale Regelungen. Vgl. *Schaumburg, H.*, (Internationales Steuerrecht), Rn. 18.67.

[208] Folglich kommt es zur Besteuerung fiktiver Erfolge, was dem Verhältnismäßigkeitsgrundsatz in Gestalt des Prinzips der Besteuerung der individuellen Leistungsfähigkeit widerspricht (vgl. *Baumhoff, H.*, (Einkunftsabgrenzung), C 270).

[209] Dieses Problem erkannte die *OECD* in ihren Verrechnungspreisgrundsätzen für multinationale Unternehmen und Steuerverwaltungen mit dem Hinweis, es gäbe keine objektiven Kriterien, die die Integration der bereits aufgeführten Vorteile dem jeweiligen verbundenen Unternehmen zuordnen könne.

[210] Gleichwohl es den einen richtigen Preis nicht geben kann, vgl. dazu BFH v. 17.10. 2001, I R 103 / 00, BStBl. II 2004, S. 171. In diesem Urteil weist der BFH daraufhin, dass die ggfs. bestehende Bandbreite angemessener Verrechnungspreise zu Gunsten des Steuerpflichtigen auszulegen ist (vgl. dazu *Schmidt, L.*, (Vertriebstochtergesellschaft, S. 4).

[211] Vgl. *Wassermeyer, F.*, (Verrechnungspreise), S. 65, *Endres, D. / Oestreicher, A.*, (Ergebnisabgrenzung), S. 2, *Oestreicher, A.*, (Gewinnaufteilung), S. 76 f.

Trotz dieser Problemfelder ist der Fremdvergleichsgrundsatz die Maxime der Verrechnungspreisermittlung.[212] Die international anerkannte, wenn auch umstrittene[213] Möglichkeit der direkten transaktionsbezogenen[214] Gewinnabgrenzung auf Basis des Fremdvergleichsgrundsatzes ist in Art. 9 OECD-MA manifestiert. Als Maßstab für die internationale Verrechnungspreisermittlung soll der Grundsatz nach Übereinkunft der OECD-Mitgliedstaaten für steuerliche Zwecke sowohl von den Steuerverwaltungen als auch von den multinationalen Unternehmen einheitlich ausgelegt werden.[215] Mit dem Schreiben zu den Grundsätzen der Prüfung der Einkunftsabgrenzung bei international verbundenen Unternehmen ist die deutsche Finanzverwaltung dieser Aufforderung nachgekommen.[216]

Nach deutschem internationalen Steuerrecht kommen als Einkünftekorrekturnormen die verdeckte Gewinnausschüttung, die verdeckte Einlage, die Vorschrift des § 1 AStG sowie die abkommensrechtlichen Gewinnkorrekturvorschriften in Betracht, welche im wesentlichen Art. 9 Abs. 2 OECD-MA entsprechen[217].[218] Für

---

[212] Dies ist aus der OECD-Richtlinie 1995/96 abzuleiten (vgl. *Baumhoff, H.,* (Einkunftsabgrenzung), C 230 b).

[213] Vgl. u.a. *Endres, D. / Oestreicher, A.,* (Ergebnisabgrenzung), S. 1.

[214] Alternativ könnte zur Anpassung der Konzernunternehmen an unabhängige Unternehmen für die Verteilung der Erfolge der internen Leistungen und Lieferungen auf die Nettoerfolge der einzelnen Konzerneinheiten abgestellt werden. In der Praxis wenden nahezu alle Staaten die transaktionsbezogene Methode an. Vgl. *Oestreicher, A.,* (Gewinnabgrenzung), S. 32. Diese Methode schließt zugleich eine gerechte Aufteilung der strategischen Rente globaler Unternehmenspolitik aus (vgl. dazu *Kleineidam, H.-J.,* (Fremdvergleichsgrundsatz), S. 726).

[215] Vgl. *Baumhoff, H.,* (Einkunftsabgrenzung), C 232 unter Hinweis auf die *OECD,* (Verrechnungspreisgrundsätze), Anm. 1.

[216] Diese Grundsätze haben ebenso wie die OECD-Richtlinie 1995/96/97, die den Bericht des Steuerausschusses der *OECD* aus dem Jahre 1979 über Verrechnungspreise und Multinationale Unternehmen ablöst, lediglich Richtliniencharakter, entfalten aber aufgrund ihrer entscheidenden Rolle bei der Überprüfung der Verrechnungspreise eine tragende Rolle im Rahmen der internationalen Einkunftsabgrenzung. Die Richtlinien der *OECD* können nur dann zur Konkretisierung der Grundsätze herangezogen werden, soweit die entsprechende Regelung in das betreffende Doppelbesteuerungsabkommen übernommen wurde. Das Schreiben der Finanzverwaltung ist nur für die deutsche Finanzverwaltung verpflichtend und entfaltet damit für den Steuerpflichtigen Rechtssicherheit bezüglich der Auslegung der entsprechenden Grundsätze durch die Finanzverwaltung.

[217] Art. 9 Abs. 2 OECD-MA enthält eine Gewinnberichtigungsklausel, deren Anwendung ein fremdvergleichswidriges Entgelt voraussetzt. Da Doppelbesteuerungsabkommen selbst keine Rechtsgrundlage für die Gewinnberichtigung darstellen, richtet sich deren Durchführung nach innerstaatlichem Recht. Demnach ist Art. 9 OECD-MA lediglich eine Erlaubnisnorm (vgl. *Wassermeyer, F.,* (Fremdvergleichsmaßstäbe), S. 157).

[218] Vgl. *Baumhoff, H.,* (Einkunftsabgrenzung), C 232. Dabei findet § 1 AStG nach dem Subsidaritätsverhältnis nur Anwendung, wenn keine verdeckte Gewinnausschüttung oder Einlage vorliegt (vgl. u.a. *Wehnert, O. / Wellens, L.,* (Verrechnungspreise),

die Konkretisierung des Fremdvergleichs nach innerstaatlichem Recht kann davon ausgegangen werden, dass der den unterschiedlichen Einkünftekorrekturnormen zugrunde liegende Fremdvergleichsgrundsatz auf Ebene der Tatbestandsvoraussetzungen einheitlich ausgelegt werden kann, obwohl sie auf Grund der ungleichen Bewertungsmaßstäbe in den Rechtsfolgen zu einer Gewinnkorrektur in unterschiedlichen Umfang führen.[219]

Seine Grundlage hat der Fremdvergleichsgrundsatz im Veranlassungsprinzip, da dieser stets die Veranlassung einer Leistung durch eine Einkunftsquelle verlangt, indem er eine Abgrenzung derjenigen Leistungen, die betrieblich bedingt sind, von denjenigen anstrebt, die ihre Ursache im Gesellschaftsverhältnis der verbundenen Unternehmen haben.[220]

Objektiver Bezugspunkt des Fremdvergleichs ist die Rechtsfigur des ordentlichen und gewissenhaften Geschäftsführers,[221] der in Ausübung der verkehrsüblichen Sorgfalt die Geschäfte anhand seiner individuellen Zielfunktion, welche der Prämisse der Gewinnmaximierung untersteht, als Entscheidungsträger der Unternehmung betriebswirtschaftlich aus Sicht der betreffenden Unternehmung beurteilen muss.[222]

Diese Rechtsfigur ist ohne Rechtsgrundlage. Sie wurde durch die ständige Rechtsprechung des BFH zur verdeckten Gewinnausschüttung und verdeckten Einlage erstmals durch Urteil vom 16.03.1967 aus dem Handels- und Gesellschaftsrecht ins Steuerrecht übernommen.[223] In diesem Urteil weist der BFH darauf hin, dass

---

Rn. 93 sowie *Wassermeyer, F.* in: *Flick, H. / Wassermeyer, F. / Baumhoff, H.*, (Außensteuerrecht), § 1, Anm. 77).

[219] Vgl. dazu *Wassermeyer, F.*, (Fremdvergleichsmaßstäbe), S. 157 ff., *Wassermeyer, F.*, (Einkünftekorrekturnormen), S. 636 ff.

[220] Vgl. *Wassermeyer, F.*, (Fremdvergleichsmaßstäbe), S. 161.

[221] Vgl. *Wassermeyer, F.*, (Justitiable Verrechnungspreise), S. 126 f und 133.

[222] Versteht man die Betriebswirtschaftslehre als Entscheidungslehre, so sind die Höhe des Verrechnungspreises als Entscheidungstatbestand und der ordentliche Geschäftsleiter als rational handelnder Entscheidungsträger zu verstehen, der unter Beachtung des erwerbswirtschaftlichen Prinzips als oberste Maxime des unternehmerischen Handelns nach Gewinnmaximierung als Zielgröße strebt, von welcher er nur kurzfristig zu Zwecken der Markteinführung, -erschließung und –sicherung von Leistungen abweichen würde, so dass er diejenige Handlungsalternative aus seinem Entscheidungsfeld wählen muss, die seine originäre und von der Konzernzugehörigkeit unbeeinflusste Zielvorstellung am besten erfüllen kann. Vgl. *Baumhoff, H.*, (Verrechnungspreise für Dienstleistungen), S. 114 ff.

[223] Vgl. *Wassermeyer, F.*, (Justitiable Verrechnungspreise), S. 126 f. *Wassermeyer* schreibt die Erfindung des ordentlichen und gewissenhaften Geschäftsleiters *Döllerer* zu, der diesen aus den §§ 93 Abs. 1 S. 1 AktG und 43 Abs. 1 GmbHG ableitete, verweist allerdings darauf, dass die Rechtsprechung des BFH diesen Maßstab von Anfang an losgelöst, d.h. abstellend auf ein verschuldensunabhängiges Verhalten, von diesen Normen verwendet hat. Aus diesen Normen kann aber zugleich die Begrenzung des Ermessensspielraums des Entscheidungsträgers abgeleitet werden,

neben der Gewährung eines Vermögensvorteils weitere Voraussetzung für die Annahme einer verdeckten Gewinnausschüttung ist, dass ein „ordentlicher und gewissenhafter Geschäftsleiter den Vorteil, der dadurch der Gesellschafterin erwächst, einer Person, die nicht ihr Gesellschafter ist, nicht gewährt hätte"[224] und erst damit die widerlegbare Vermutung für die Veranlassung im Gesellschaftsverhältnis begründet ist.[225]

Für die betriebswirtschaftliche Beurteilung ist dem Geschäftsleiter ein angemessener Ermessensspielraum zu gewähren, innerhalb dessen seine Entscheidungen steuerlich anzuerkennen sind.[226] Die damit verbundenen Anforderungen an die Denkfigur des ordentlichen und gewissenhaften Geschäftsleiters sind einzelfallspezifisch unter Berücksichtigung der Größe, Funktion, Art und Marktsituation der jeweiligen Unternehmung zu beurteilen. Dabei wird angenommen, dass er rational agiert und keine Preise akzeptiert, die auch nur teilweise zu unentgeltlichen Leistungen seiner Unternehmung führen. Da sein Handlungsrahmen maßgeblich durch die Bestimmung von Preisgrenzen beeinflusst wird, ist sein Handlungsrahmen nicht aus rechtlicher,[227] sondern aus betriebswirtschaftlicher Sicht insbesondere durch die Grundsätze der ordnungsgemäßen Unternehmensführung[228] begrenzt. Einen uniformen ordentlichen und gewissenhaften Geschäftsleiter kann es demnach ebenso wenig wie den richtigen Fremdpreis geben.[229]

---

da beide Rechtsgrundlagen auf die fahrlässige oder vorsätzliche Pflichtverletzung abzielen, die dann nicht gegeben ist, wenn der Geschäftsleiter die verkehrsübliche Sorgfalt beachtet, die als Handlungsprämisse der Rechtsfigur unterstellt wird.

224 BFH v. 16.03.1967, I 261/63, BStBl. III 1967, S. 626.

225 Vgl. *Wassermeyer, F.*, (Grundsatzüberlegungen), S. 161.

226 Vgl. *Baumhoff, H.* in: *Flick, H. / Wassermeyer, F. / Baumhoff, H.*, (Außensteuerrecht), § 1, Anm. 124.

227 Dafür bestünde die Möglichkeit der Übernahme zivilrechtlicher Schadensersatzansprüche aus den §§ 93 AktG und 43 GmbHG in das Steuerrecht. Diese Haltung wird in der Literatur abgelehnt, vgl. dazu *Borstell, T.* in: *Vögele, A. / Borstell, T. / Engler, G.*, (Verrechnungspreise), C 42 ff, ebenso *Baumhoff, H.*, (Verrechnungspreise für Dienstleistungen), S. 125 ff.

228 Aus betriebswirtschaftlicher Sicht ist der Ermessungsspielraum als Freiheitsgrad innerhalb des Entscheidungsfeldes des ordentlichen und gewissenhaften Geschäftsleiters zu charakterisieren, in dem diejenige Handlungsalternative dominiert, die zu einer Optimierung seiner Zielvorstellung führt (vgl. *Baumhoff, H.*, (Verrechnungspreise für Dienstleistungen), S. 120). Der Verhaltensmaßstab der ordnungsgemäßen Unternehmensführung umfasst die Sicherung von Vorteilen der Unternehmung als auch die Abwehr von Schäden innerhalb der zu erreichenden Ziele (vgl. *Baumhoff, H.*, (Verrechnungspreise für Dienstleistungen), S. 121 f.). Konkret umfasst dies die wirtschaftliche Informationsbeschaffung und –auswertung, eine rationale Auswahl unter Berücksichtigung aller verfügbaren Entscheidungsmöglichkeiten und ein vernünftiges Risikoverhalten (ebd., S. 125).

229 Vgl. *Borstell, T.* in: *Vögele, A. / Borstell, T. / Engler, G.*, (Verrechnungspreise), C Rn. 23 f. Diesen Spielraum erkennt neben der Finanzverwaltung, die für dessen Wahrnehmung allerdings voraussetzt, dass der gesamte Gestaltungsrahmen den Gepflo-

Allerdings ist die einseitige Betrachtung des Rechtsgeschäfts aus Sicht eines ordentlichen und gewissenhaften Geschäftsleiters vor allem angesichts der Forderung nach einer einheitlichen Auslegung des Fremdvergleichsgrundsatzes für die Angemessenheitsbeurteilung der Verrechnungspreise ungenügend. Dies erkannte der BFH in ständiger Rechtsprechung erstmals mit Urteil vom 17. Mai 1995 an.[230] Dort stellte der BFH fest, dass auch die Sichtweise eines objektiven Dritten als Vertragspartner in den Fremdvergleich mit einzubeziehen sei, um dadurch die gesellschaftsrechtlich bedingte Akzeptanz vom Verhalten Dritter abweichender Bedingungen vermeiden zu können, auch wenn diese für die zu betrachtende Unternehmung vorteilhaft sind.[231]

Demnach besteht der vom BFH in ständiger Rechtsprechung entwickelte Grundsatz des Fremdvergleiches aus drei Prüfungsparametern: dem formellen Fremdvergleich, der nur auf beherrschende Gesellschafter Anwendung findet, dem materiellen Fremdvergleich i.e.S., der für die Beurteilung der Angemessenheit auf den ordentlichen und gewissenhaften Geschäftsleiter abzielt, und dem materiellen Fremdvergleich i.w.S., der für die Beurteilung der Üblichkeit[232] auf den objektiven Vertragspartner abstellt.[233]

Ergebnis dieser Rechtsprechung ist die Referenzfigur des doppelten ordentlichen und gewissenhaften Geschäftsleiters, die zudem als Zeichen für eine einheitliche Auslegung des Fremdvergleichsgrundsatzes für alle Einkünftekorrekturnormen gewertet werden kann. Nur durch die Verdoppelung der Rechtsfigur kann dieser objektive Maßstab den Anforderungen aller Gewinnberichtigungsnormen genügen,[234] weil die Regelungen des § 1 AStG und die des Art. 9 OECD-MA explizit die Vertragspartner in ihre Betrachtung einbeziehen.[235]

---

genheiten des Betriebs, der Branche oder des allgemeinen Geschäftsverkehrs entspricht (VWG-Einkunftsabgrenzung 1983, Tz. 2.1.8.), auch die Rechtsprechung an, die von einem kaufmännischen Ermessensspielraum spricht, wobei das Handeln des Geschäftsleiters an den Gegebenheiten des jeweiligen Unternehmens auszurichten ist (BFH v. 16.04.1980, I R 75/78, BStBl. II 1981, S. 492).

[230] BFH v. 17.05.1995, I R 147/93, BStBl. II 1996, S. 204 f.

[231] Vgl. *Gosch, D.*, (BFH und Fremdvergleich), S. 2.

[232] Das Kriterium der Üblichkeit verfügt über keine absolute, sondern vielmehr über eine indizielle Wirkung. So führt ein Abweichen von dem Üblichen zur widerlegbaren Vermutung der gesellschaftsrechtlich bedingten Veranlassung und zur Umkehr der Beweislast. Unterbleibt eine Darlegung der Gründe für das Abweichen, so richtet sich die Besteuerung nach dem widerlegbar Vermuteten. Vgl. hierzu *Wassermeyer, F.* in: *Flick, H. / Wassermeyer, F. / Baumhoff, H.*, (Außensteuerrecht), § 1, Anm. 106.3.

[233] Diese Merkmale sind die „vGA-Fremdvergleichs-Bestandteile", vgl. *Gosch, D.*, (BFH und Fremdvergleich), S. 3.

[234] Vgl. dazu u.a. *Baumhoff, H.*, (Einheitlicher Fremdvergleichsgrundsatz), S. 643 f., *Wassermeyer, F.* u.a. in: *Wassermeyer, F.*, (Fremdvergleichsmaßstäbe), S. 168,

Gleichzeitig wird durch den Einbezug der Vertragspartner der vermisste natürliche Interessensgegensatz der anbietenden und nachfragenden Seite fiktiv hergestellt. Aus betriebswirtschaftlicher Sicht stehen sich demnach zwei unabhängige Geschäftspartner gegenüber, wodurch eine der Grundbedingungen von Preisbildungsprozessen erfüllt ist.[236]

Die Ermittlung der Verrechnungspreise für die konzerninternen Leistungen unter Berücksichtigung des Fremdvergleichsgrundsatzes erfolgt zunächst dem Grunde und anschließend der Höhe nach.

Wassermeyer, F., (Grundsatzüberlegungen), S. 157, *Wassermeyer, F.* in: *Flick, H. / Wassermeyer, F. / Baumhoff, H.,* (Außensteuerrecht), § 1, Anm. 114.

[235] So fordert § 1 AStG Bedingungen, die voneinander unabhängige *Dritte* unter gleichen oder ähnlichen Verhältnissen vereinbart hätten. Art. 9 OECD-MA stellt direkt auf das Verhalten *beider* verbundener Unternehmen ab.

[236] Vgl. *Borstell, T.* in: *Vögele, A. / Borstell, T. / Engler, G.,* (Verrechnungspreise), C Rn. 57 f.

4.1 Die Verrechnung der Markenlizenz dem Grunde nach

Für die Verrechnung der Markenlizenz dem Grunde nach werden die Markenlizenz i.e.S. sowie die Markenlizenz i.w.S. getrennt voneinander betrachtet.

4.1.1 Die Markenlizenz i.e.S.

Grundvoraussetzung für die Verrechnung einer Markenlizenz i.e.S. dem Grunde nach ist ein rechtlich wirksamer Lizenzvertrag.[237] Deswegen sind die vertraglichen Vereinbarungen zwischen den Beteiligten einer rechtlichen Analyse zu unterziehen.[238] In diese Untersuchung sind neben den Kernelementen des Markenlizenzvertrages alle Vertragsbestandteile einzubeziehen, die geeignet sind, sich als entgeltdeterminierende Faktoren auf die Verrechnung der Markenlizenz der Höhe nach auszuwirken.

Zu diesen entgeltdeterminierenden Faktoren zählen insbesondere die Vereinbarungen, die eine Werterosion der Marke verhindern sollen, indem sie beiden Vertragsparteien einerseits Pflichten auferlegen und andererseits Restriktionen erteilen. Als vertragliche Vereinbarungen sind beispielsweise Restriktionen bezüglich der Produkteinführung auf andere Absatzmärkte, der Positionierung der markierten Leistung, der zulässigen Vertriebswege, der Überprüfung und Genehmigung von markenwertbeeinflussenden Maßnahmen, der Mindestvorgaben für Marketingausgaben des Lizenznehmers für das lizenzierte Produkt und der einzuhaltenden Qualitätsstandards denkbar. Zudem sind Vereinbarungen über die Kostenbeteiligungen des Lizenznehmers und die Verpflichtung des Lizenzgebers für die Aufrechterhaltung der Marke wahrscheinlich.[239]

Die Benennung des Vertragsgegenstandes sowie die Prüfung der Markeninhaberschaft gem. § 7 MarkenG,[240] der Angaben über die Art und die Eigenschaften des Schutzrechtes sind Voraussetzung für die rechtliche Überprüfung, ob dem Lizenznehmer der Lizenzgegenstand in sachlicher, lokaler und zeitlicher Hinsicht auch tatsächlich zur Verfügung steht, die Ausgestaltung des Vertrages den recht-

---

237   Einzelheiten betreffend, vgl. 3.1.3. Damit wird zugleich der formalen Anforderung der im Voraus getroffenen klaren und eindeutigen Vereinbarungen Rechnung getragen (vgl. VWG-Einkunftsabgrenzung 1983, Tz. 1.4.1).

238   Vgl. *Dürrfeld, A. / Wingendorf, P.*, (Lizenzierung), S. 464. Die Autoren bezeichnen diese als „legal audit".

239   Vgl. *Roeder, A.* in: *Becker, H. / Kroppen, H.-K.* (Hrsg.), (Handbuch Verrechnungspreise), OECD-Verrechnungspreisgrundsätze, Tz. 6.9, Anm. 5.

240   Die Markeninhaberschaft von eingetragenen und angemeldeten Marken können sowohl natürliche, juristische als auch Personengesellschaften übernehmen, soweit sie mit der Fähigkeit ausgestattet sind, Rechte zu erwerben und Verbindlichkeiten einzugehen. Dabei ist derjenige Markeninhaber, zu dessen Gunsten die Eintragung beantragt wurde (Anmelder).

lichen Möglichkeiten entspricht und weder gegen das Kartellrecht verstößt noch nichtige Vertragsbestandteile enthält.[241]

Anschließend ist zu überprüfen, ob die Marke i.r.S. als Lizenzgegenstand werthaltig[242] ist. Dabei setzt die Eigenschaft der Werthaltigkeit voraus, dass die Marke i.r.s. einen eigenständigen Wert entfalten kann, der sich nicht erst durch die Erzielung von Absatzsteigerungen und/oder einer Erhöhung des Marktanteils ergibt, sondern bereits aus ihrer Eignung, eine solche Wirkung herbeizuführen.[243] Da ihr diese Eignung durch die Gewährung des gesetzlichen Schutzes in Anerkennung ihrer Funktion als Unterscheidungszeichen und als produktidentifizierendes Zeichen zugesprochen wird, verfügt sie über diese Eigenschaft stets, wenn sie hoheitlich geschützt ist. Folglich entsteht die geforderte rechtliche[244] Werthaltigkeit regelmäßig[245] bereits mit Eintragung des Unterscheidungszeichens in das Markenregister,[246] weil der Markeneigner ab diesem Zeitpunkt jedem nicht Berechtigten die Benutzung seiner Marke i.r.S. untersagen kann.

Da sich das subjektive Ausschließlichkeitsrecht und die negativen Verbietungsrechte des Markeninhabers gem. § 24 Abs. 1 MarkenG allerdings durch das erste Inverkehrbringen der markierten Leistung im Inland, einem der übrigen EU-Mitgliedstaaten oder einem anderen Vertragsstaat des Abkommens über den Europäischen Wirtschaftsraum durch ihn oder mit seiner Zustimmung[247] erschöpfen, kann der Markeninhaber infolge der Erschöpfung des Markenrechtes den Weitervertrieb der in den Verkehr gebrachten unveränderten Originalware innerhalb des Territoriums des Europäischen Wirtschaftsraumes, mit dem regel-

---

[241] Vgl. *Engler, G.* in: *Vögele, A. / Borstell, T. / Engler, G.*, (Verrechnungspreise), Rn. P 352 f.

[242] Das Kriterium der Werthaltigkeit hat der BFH mit Urteil v. 09.08.2000 eingeführt (vgl. BFH v. 09.08.2000, I R 12/99, BStBl. II 2001, S. 140 – 141).

[243] BFH v. 09.08.2000, I R 12/99, BStBl. II 2001, S. 140 – 141.

[244] Da sich die Werthaltigkeit, die Voraussetzung für die Verrechnung dem Grunde nach ist, ausschließlich auf den hoheitlichen Schutz der Marke bezieht, wird diese als rechtliche Werthaltigkeit bezeichnet.

[245] Etwas anderes gilt nur im Falle von Notorietäts- und Benutzungsmarken, vgl. 2.3.

[246] Vgl. zustimmend: *Baumhoff, H.*, (Einkunftsabgrenzung), Rn. C 397, *Engler, G.* in: *Vögele, A. / Borstell, T. / Engler, G.*, (Verrechnungspreise), Rn. P 327. Für diese Auslegung spricht auch das Urteil des Finanzgericht Münchens v. 01.03.2005, Az. 6 K 696/02, FG Report 2005, S. 34. In diesem wurde die Werthaltigkeit der Marke verneint, weil der Lizenzgeber nicht über das subjektive Ausschließlichkeitsrecht verfügen konnte. Insoweit waren die Grenzen des Markenrechtes überschritten.

[247] Das Inverkehrbringen durch den Lizenznehmer wird dem Markeninhaber durch die Annahme seiner Zustimmung zugerechnet (vgl. *Fezer, K.-H.*, (MarkenG), § 24, Rn. 25). Regelmäßig wird auch das Inverkehrbringen durch ein verbundenes Unternehmen als Zustimmung gewertet, insoweit wird von der wirtschaftlichen Einheit des Konzerns ausgegangen (Rechtsprechung des EuGH, vgl. *Sack, R.*, (Erschöpfungsgrundsatz), S. 550 ff.).

mäßig die positiven Benutzungsrechte der Vermarktung und Werbung, nicht hingegen die der Markierung auf den Dritten übergehen, nicht versagen.[248]

Voraussetzung für diese Rechtsfolge ist das Inverkehrbringen der markierten Leistung, das als markenrechtserschöpfende Benutzungshandlung gilt, durch die die Originalware zum Zwecke des Absatzes in den freien Wettbewerb und damit außerhalb des Machtbereichs des Unternehmens[249] gelangt, und keine berechtigten Gründe i.S.d. § 24 Abs. 2 MarkenG vorliegen, die die Widersetzung des Markeninhabers ermöglichen.[250]

Die Prüfung der Voraussetzung des Inverkehrbringens erscheint dabei insbesondere für die Vergabe einer Vermarktungslizenz notwendig, weil sie nur dann dem Grunde nach steuerlich entgeltpflichtig sein kann, wenn die Marke i.r.S. rechtlich werthaltig ist **und** die konzerngebundene Unternehmung für die Vermarktung und Bewerbung der markierten Leistung tatsächlich der Nutzungserlaubnis des Markeneigners bedarf, weil das Markenrecht noch nicht erschöpft ist.[251]

Nach herrschender Meinung in Rechtsprechung und Literatur führen konzerninterne Veräußerungen[252] der Leistungen allerdings nicht zur markenrechtlichen Erschöpfung des Schutzrechtes,[253] weswegen die Überlassung der steuerlich ent-

---

[248] Damit umschreibt der Begriff der Erschöpfung bildhaft, dass der Markeninhaber den Weitervertrieb der unveränderten Originalleistung nach ihrem Inverkehrbringen nicht mehr verhindern kann. Nur insoweit erschöpfen sich die Rechte des Markeninhabers, darüber hinaus verbleiben ihm die positiven Benutzungsrechte und negativen Verbietungsrechte an der Marke i.r.S. Vgl. *Fezer, K.-H.*, (MarkenG), § 24, Rn. 7d ff.

[249] Diese Voraussetzung ist nicht erfüllt, wenn die Ware sich noch innerhalb des unternehmensinternen oder konzerninternen Geschäftsbetriebs oder innerhalb eines Vertriebsbindungssystems befindet.

[250] Vgl. *Bayreuther, F.*, (Erschöpfung), S. 351 ff. und *Fezer, K.-H.*, (MarkenG), § 24, Rn. 7d ff. Der Erschöpfungsgrundsatz gilt nur für Waren und nicht für Dienstleistungen, vgl. ebd., Rn. 8.

[251] Voraussetzung für die Verrechnung dem Grunde nach ist damit die rechtliche Werthaltigkeit der Marke i.r.S. und der sich aus ihrem Schutz ergebenden Rechte des Markeninhabers. Die damit verbundene Unterscheidung ist notwendig, da die Marke i.r.S. auch nach der Erschöpfung der Rechte rechtlich werthaltig ist, demnach weiterhin hoheitlich geschützt ist, weil sich die Wirkung der Erschöpfung ausschließlich auf den Weitervertrieb der unveränderten, in den Verkehr gebrachten markierte Leistung beschränkt.

[252] Da die Erschöpfungswirkung stets eine Veräußerung der markierten Ware als das Inverkehrbringen der Marke voraussetzt, stellt sich die Frage der Erschöpfung dann nicht, wenn der Markeneigner einen Handelsvertreter oder Kommissionär mit dem Vertrieb seiner markierten Leistung durch die Vergabe einer Vermarktungslizenz beauftragt, da diese im Gegensatz zum Eigenhändler nicht das Eigentum an dieser erwerben. Somit ist die Werthaltigkeit der Marke i.r.S. in diesem Fall unstrittig.

[253] Vgl. u.a. *Sack, R.*, (Erschöpfungsgrundsatz), S. 553. Ebenso *Hacker, F.* in: *Ströbel, P. / Hacker, F.*, (MarkenG), § 24, Rn. 23 unter Verweis auf zahlreiche Urteile, *Eng-*

geltpflichtig bleibt.[254] Denn für die Erfüllung des Kriteriums des Inverkehrbringens ist eine Änderung der Gewaltverhältnisse notwendig, durch die der die Ware erwerbende Dritte vom Willen des Markeninhabers rechtlich und wirtschaftlich unabhängig wird.[255]

Soweit die Marke i.r.S. rechtlich werthaltig ist, die Markenrechte noch nicht erschöpft sind und der Lizenzvertrag rechtlich wirksam, kann die Nutzungserlaubnis dem verbundenen Unternehmen unter den gleichen Umständen und Bedingungen wie fremden Dritten überlassen werden. In diesen Fällen ist die Markenlizenz i.e.S. dem Grunde nach steuerlich entgeltpflichtig.

Etwas anderes gilt nur dann, wenn der Markenname mit dem Firmen- bzw. Konzernnamen identisch ist. Denn in diesen Fällen ist zwischen der nicht entgeltfähigen Nutzungsüberlassung des Firmennamens, die als Rückhalt im Konzern[256] gilt und ihre Ursache in dem gesellschaftsrechtlichen Verhältnis der Vertragspartner hat, und der entgeltfähigen Nutzungsüberlassung des Markennamens auf Basis der jeweiligen Funktion des Namens zu unterscheiden. Dabei werden die beiden geschützten Rechte als autonom verwertbare Rechte betrachtet, die es ermöglichen, den Konzernnamen entweder als handelsrechtlichen Firmennamen oder als markenrechtliches Unterscheidungszeichen für die Identifikation der Unternehmensleistung zu benutzen.[257]

Demnach ist die Überlassung der Marke i.r.S., obwohl sie rechtlich werthaltig ist und die Rechte an ihr noch nicht erschöpft sind, nur möglich, wenn der Firmenname in seiner Funktion wirtschaftlich hinter die des werthaltigen Markennamens zurücktritt. Andernfalls ist die Aufteilung des Entgeltes in einen verrechenbaren und nicht verrechenbaren Anteil notwendig.[258]

---

ler, G. in: *Vögele, A. / Borstell, T. / Engler, G.*, (Verrechnungspreise), Rn. P 317 und 329.

[254] Vgl. hierzu *Engler, G.* in: *Vögele, A. / Borstell, T. / Engler, G.*, (Verrechnungspreise), Rn. P 315 ff. Die deutsche Finanzverwaltung geht scheinbar davon aus, dass das Verbringen innerhalb des Konzerns bereits die Erschöpfung des Markenrechtes bedingt. Diese Haltung ist aus Tz. 3.1.2.3 VWG 1983 abzuleiten (vgl. *Engler, G.* in: *Vögele, A. / Borstell, T. / Engler, G.*, (Verrechnungspreise), Rn. P 316).

[255] Vgl. *Fezer, K.-H.*, (MarkenG), § 24, Rn. 7d ff.

[256] Vgl. VWG-Einkunftsabgrenzung 1983, Tz. 6.3.2. Die Nutzungserlaubnis für den Firmennamen wird von der Finanzverwaltung als Akt der Dotation, der dem Aufgabenbereich der Gesellschafter obliegt und allein durch das Gesellschaftsverhältnis veranlasst ist (vgl. *Böcker, H.*, (Internationale Lizenzen), S. 160), angesehen.

[257] Vgl. Anmerkung zum BFH Urteil v. 09.08.2000, I R 12/99, BStBl. II 2001, S. 140 - 141: Firmennamensgleiches Warenzeichen hat vermarktungsfähigen Eigenwert, IStR 2001, S. 56 sowie *Baumhoff, H.*, (Lizenzzahlungen), S. 533 f und *Borstell, T. / Wehnert, O.*, (Lizenzzahlungen), S. 128.

[258] Vgl. *Jacobs, O. H.*, (Internationale Unternehmensbesteuerung), S. 1065. Dies klarstellend der BFH mit Urteil v. 09.08.2000, I R 12/99, BStBl. II 2001, S. 140 - 142.

Abweichend davon ist die Verrechnung einer Marke i.r.S. nach Auffassung der deutschen Finanzverwaltung dann dem Grunde nach nicht steuerlich entgeltpflichtig, wenn die materielle Leistung unter Nutzung eines Schutzrechts hergestellt wird. Ihr an den Erwerb anschließender Ge- oder Verbrauch soll nicht als Nutzung eines Wirtschaftsgutes anzusehen sein.[259] Diese Argumentation der deutschen Finanzverwaltung ist in mehrerlei Hinsicht strittig und letztlich nicht haltbar.[260]

Denn erstens geht die deutsche Finanzverwaltung scheinbar davon aus, dass das konzerninterne Verbringen der markierten Leistung bereits die Erschöpfung des Markenrechtes bedingt. Wie bereits dargelegt, widerspricht diese Auffassung der herrschenden Meinung der Rechtsprechung und Literatur nur dann nicht, wenn das herstellende Unternehmen selbst die markierte Leistung nicht nur an konzerngebundene, sondern auch an ungebundene Unternehmen verbringt.[261]

Zweitens verneint die Auffassung der Finanzverwaltung eine getrennte Verwertung der positiven Benutzungsrechte der Produktmarkierung und Vermarktung dem Grunde nach, was nicht sachgerecht sein kann, soweit die negativen Verbietungsrechte des Markeneigners noch nicht erschöpft und damit die Benutzungsrechte selbst noch rechtlich werthaltig sind.[262]

Demnach wäre eine Verrechnung der Vermarktungslizenz dem Grunde nach nur dann nicht anzuerkennen, wenn die produzierende Gesellschaft die von ihr hergestellte und markierte Leistung auch in den Verkehr bringen würde. Da diese Rechtsfolge allerdings den Willen des Markeneigners voraussetzt,[263] die markierte Leistung in den Verkehr zu lassen und dadurch seine tatsächliche und rechtliche Verfügungsgewalt aufzugeben, kann die Erschöpfungswirkung nicht eintreten, wenn das herstellende Unternehmen ausschließlich eine Produktmarkierungsli-

---

[259] Vgl. *Dahnke, H.*, (Lizenzzahlungen), S. 167 f., VWG-Einkunftsabgrenzung 1983, Tz. 3.1.2.3.

[260] Vgl. hierzu *Engler, G.* in: *Vögele, A. / Borstell, T. / Engler, G.*, (Verrechnungspreise), Rn. P 316.

[261] In diesen Fällen ist von einer Erschöpfung des Markenrechts auszugehen. Vgl. hierzu *Engler, G.* in: *Vögele, A. / Borstell, T. / Engler, G.*, (Verrechnungspreise), Rn. P 318 unter Verweis auf die Urteile des BGH v. 31.01.1958, I ZR 182/56, NJW 1958, S. 789 und v. 20.02.1986, I ZR 105/84, MDR 1986, S. 730. In diesen Fällen verbraucht das herstellende Unternehmen sowohl das Markierungs- als auch das Vermarktungsrecht, wodurch sich diese erschöpfen.

[262] Diese Auffassung ebenfalls ablehnend, vgl. *Becker, H.* in: *Becker, H. / Kroppen, H.-K.* (Hrsg.), (Handbuch Verrechnungspreise), Verwaltungsgrundsätze zur Einkunftsabgrenzung, Anm. 5.1.2. Auch er geht von der mangelnden Erschöpfung bei Lieferung innerhalb des Konzerns aus. Ebenso erkennt die *OECD* an, dass die getrennte Verwertung der Herstellung einer markierten Ware und ihre Verwertung insbesondere im internationalen Handel durchaus üblich geworden sind (vgl. *OECD*, (Verrechnungspreisgrundsätze), Anm. 6.11.

[263] Vgl. *Fezer, K.-H.*, (MarkenG), § 24, Rn. 7 d.

zenz erteilt bekommt. Denn durch die Beschränkung der Nutzungserlaubnis des Lizenznehmers auf die Markierung der Leistung kommt der für die Erschöpfungswirkung notwendige Wille des Markeninhabers gerade nicht zum Ausdruck. Deswegen ist die Belieferung der vermarktenden Konzerneinheit durch das produzierende Unternehmen i.d.R. nicht als markenrechtserschöpfende Benutzungshandlung anzusehen, so dass das Vermarktungsrecht des Markeneigners rechtlich werthaltig und nicht erschöpft ist, folglich Gegenstand einer Vermarktungslizenz sein kann.

Etwas anderes kann auch dann nicht gelten, wenn der Markeneigner sein Markierungsrecht selbst benutzt und ausschließlich das Vermarktungsrecht einem konzerngebundenen Unternehmen zur Nutzung überlässt, das als Vertriebsgesellschaft von dem Willen des Markeneigners abhängig ist,[264] weil allein die Verbringung innerhalb des konzerninternen Geschäftsverkehrs oder Vertriebsbindungssystems keine Erschöpfung des Markenrechts bedingt.[265]

Zusammenfassend ist die Direktive der Finanzverwaltung bezüglich der Verneinung der Verwertung der Produktmarkierungs-, Vermarktungs- und Werberechte und der Auffassung zur Erschöpfungswirkung des Verbringens innerhalb des Konzerns abzulehnen. Vielmehr ist sie dahingehend auszulegen, dass eine Mehrfachverrechnung der einzelnen positiven Benutzungsrechte der Markierung, Vermarktung und Werbung unter Berücksichtigung ihrer jeweiligen Erschöpfung nicht erfolgen darf.

Sollte demnach der Lizenznehmer zur Herstellung, Markierung, Vermarktung und zum Inverkehrbringen der markierten materiellen Leistung befugt sein, erschöpft sich infolge der Veräußerung der markierten Leistung durch ihn regelmäßig das Markenrecht des Markeneigners. Soweit der Lizenznehmer oder der Markeneigener allerdings lediglich das Produktmarkierungsrecht verwerten, ist das Vermarktungsrecht nicht erschöpft und kann Gegenstand einer Vermarktungslizenz sein, die dem Grunde nach steuerlich entgeltpflichtig ist, wenn die weiteren Voraussetzungen vorliegen.

Die *OECD* stellt in ihren Verrechnungspreisgrundsätzen diesbezüglich fest, dass es dafür keinen allgemein anwendbaren Grundsatz geben dürfte, außer dem, der eine Doppelbelastung verhindert.[266] Zudem erkennt die *OECD* die getrennte Verwertung der Benutzungsrechte durch die Feststellung an, dass die Lizenzvergabe für die Verwertung der Marke im internationalen Handel durchaus üblich geworden ist.[267]

---

264 Vgl. *Fezer, K.-H.*, (MarkenG), § 24, Rn. 7 d.
265 Vgl. *Fezer, K.-H.*, (MarkenG), § 24, Rn. 7 d.
266 Vgl. *OECD*, (Verrechnungspreisgrundsätze), Anm. 6.17.
267 Vgl. *OECD*, (Verrechnungspreisgrundsätze), Anm. 6.17.

Alleiniges Kriterium der Verrechnung einer Markenlizenz i.e.S. dem Grunde nach ist die rechtliche Werthaltigkeit der positiven Benutzungsrechte an der Marke i.r.S., die sich durch das erstmalige Inverkehrbringen der markierten Leistung erschöpfen. Soweit die Marke i.r.S. rechtlich werthaltig sowie der Lizenzvertrag zivilrechtlich wirksam ist, die einzelnen Benutzungsrechte noch nicht erschöpft sind und kein Rückhalt im Konzern vorliegt, ist ihre konzerninterne Überlassung steuerlich entgeltpflichtig.

4.1.2 Die Markenlizenz i.w.S.

Die Markenlizenz i.w.S. kann als Leistungsbündel lizenziert und durch eine einheitliche Globallizenzgebühr verrechnet werden, wenn die dem Franchisenehmer überlassenen und von ihm genutzten Wirtschaftsgüter eine technische oder wirtschaftliche Einheit darstellen und die Notwendigkeit für eine Aufteilung des Gesamtentgeltes nicht besteht.[268]

Dabei ist die Verrechnung einer einheitlichen Gebühr grundsätzlich nur dann möglich, wenn der Franchisegeber dem Franchisenehmer ausschließlich die auf die Entwicklung der markierten Leistung zu einer Marke gerichteten immateriellen Wirtschaftsgüter zur Nutzung überlässt und diesem weder die materielle Leistung liefert noch für diesen Dienstleistungen erbringt. Andernfalls sind die dafür zu entrichtenden Entgelte separat zu verrechnen, weil sie nicht als Gegenleistung für die Nutzungsüberlassung der immateriellen Wirtschaftsgüter gezahlt werden und damit keine Lizenzgebühren darstellen.[269]

Die nicht obligatorischen Bestandteile des Leistungspaketes sind steuerlich entgeltpflichtig, wenn die Dienstleistung auf schuldrechtlicher Basis erbracht wird und für das leistungsempfangende Unternehmen einen wirtschaftlichen Wert schafft,[270] der seine eigene Geschäftsposition stärkt, und die Lieferung der materiellen Leistung im betrieblichen Eigeninteresse des Franchisenehmers auf schuldrechtlicher Basis erfolgt.

Die obligatorischen Bestandteile des Leistungspaketes sind eine wirtschaftliche Einheit, weil ihre Nutzungsüberlassung auf die Entwicklung der markierten Leistung zu einer Marke gerichtet ist und stets die Benutzungsrechte an der Marke i.r.S. umfassen. Somit können die Nutzungsüberlassungen der leistungs-

---

[268] Vgl. *Böcker, H.*, (Internationale Lizenzen), S. 157 f. Eine solche Notwendigkeit ergibt sich zum Beispiel im Falle der Anwendung eines Abkommens zur Vermeidung der Doppelbesteuerung, wenn Dienstleistungen Bestandteil des Leistungspaketes sind, da die dafür bezahlten Entgelte keine Lizenzgebühren sind.

[269] Für die Abgrenzung empfiehlt es sich, die Dienstleistungen gesondert im Markenlizenzvertrag i.w.S. festzuhalten. Vgl. u.a. *Kaminski, B.* in: *Strunk, G. / Kaminski, B. / Köhler, S.*, (Außensteuergesetz), § 1, Rn. 363.

[270] Vgl. *Baumhoff, H.*, (Einkunftsabgrenzung), Rn. C 406.

und markenbezogenen immateriellen Wirtschaftsgüter einheitlich als Leistungsbündel verrechnet werden.[271] Deswegen erscheint für deren Verrechnung dem Grunde nach ein rechtlich wirksamer Markenlizenzvertrag i.e.S. ausreichend, so dass für sie dieselben Anforderungen wie für die Markenlizenz i.e.S. gelten. Eine Überprüfung der einzelnen neben der Marke i.r.S. zur Nutzung überlassenen immateriellen Wirtschaftsgüter wie des Know How oder der Patente kann demnach unterbleiben.

Etwas anderes gilt allerdings für jene Fälle, in denen Einzellizenzen verrechnet werden oder die Finanzbehörden für die Angemessenheitsprüfung die Aufspaltung des Gesamtentgeltes in die einzelnen Komponenten verlangen[272].[273] Dann sind insbesondere die Rezepturen, Patente, technischen Verfahren sowie das technische und betriebswirtschaftliche Know How separat hinsichtlich ihrer Verrechenbarkeit dem Grunde nach zu überprüfen. Dabei gilt für das Know How, dass dieses grundsätzlich nur dann dem Grunde nach verrechnet werden kann, soweit dessen Inhalt nicht offenkundig bekannt ist.[274]

---

[271] Vgl. *Jacobs, O. H.*, (Internationale Unternehmensbesteuerung), S. 1053.

[272] Vgl. *Jacobs, O. H.*, (Internationale Unternehmensbesteuerung), S. 1054.

[273] Vgl. VWG-Einkunftsabgrenzung 1983, Tz. 5.1.2.

[274] Vgl. *Böcker, H.*, (Internationale Lizenzen), S. 159. Zur Verrechnung einer separaten Lizenz der Höhe nach, vgl. *Finsterwalder, O.*, (Verrechnungspreise), S. 357 f.

4.2 Die Verrechnung der Markenlizenz der Höhe nach

Für die Verrechnung der dem Grunde nach steuerlich entgeltpflichtigen Markenlizenz i.e.S. und i.w.S. sind i.d.R. aufgrund der Individualität der Marke und der vertraglichen Gestaltungen der Markenlizenz zwischen den verbundenen Unternehmen die Anwendungsvoraussetzungen für den tatsächlichen Fremdvergleich nicht erfüllt.[275] Demnach verbleibt nur die Durchführung eines hypothetischen Fremdvergleichs.[276]

Nach *Wassermeyer* ist dieser als ein Denkmodell zu verstehen, welches durch Nachdenken die Bedingungen aufdecken soll, die untereinander unabhängige Unternehmen vereinbart bzw. sich auferlegt hätten. Demnach ist für die Ermittlung dieser Vergleichsbasis auf das Soll-Verhalten ordentlicher und gewissenhafter voneinander unabhängiger Geschäftsleiter abzustellen, die sich innerhalb des Vernünftigen sowie Üblichen verhalten und alle Umstände der Geschäftsbeziehung kennen.[277] Die aus deren Verhalten ableitbaren Hilfskriterien setzen grundsätzlich an einer objektiven Betrachtungsweise der tatsächlich getätigten einzelnen Geschäftsbeziehung an, die vorerst[278] frei von subjektivem Wissen, persönlichen Irrtümern und Entschuldigungsgründen ist.[279] Ziel dieses Denkmo-

---

[275] Der tatsächliche Fremdvergleich setzt eine Vergleichsgröße voraus, so dass entweder Lizenzgebühren für vergleichbare Markenlizenzen zwischen nicht verbundenen Unternehmen bekannt sind oder der Lizenzgeber selbst vergleichbare Lizenzen auch an nicht verbundene Unternehmen vergibt.

[276] § 1 Abs. 3 Satz 5 AStG schreibt die Durchführung eines hypothetischen Fremdvergleichs für Geschäftsbeziehungen zwischen nahe stehenden Personen i.S.d. § 1 Abs. 2 AStG vor, wenn keine eingeschränkt vergleichbaren Fremdvergleichswerte festgestellt werden können. In Kenntnis aller wesentlichen Umstände der Geschäftsbeziehung sind dafür auf Grundlage einer Funktionsanalyse und der innerbetrieblichen Planrechnungen der Mindestpreis des Leistenden und der Höchstpreis des Leistungsempfängers zu ermitteln, wobei die beiden im Sinne der Grundsätze ordentlicher und gewissenhafter Geschäftsleiter handeln müssen. Dabei wird der Einigungsbereich durch deren jeweilige Gewinnerwartungen bestimmt (vgl. § 1 Abs. 1 Satz 2 und 3, Abs. 3 Satz 5 bis 6 AStG).

[277] Damit wird zugleich den gesetzlichen Anforderungen Rechnung getragen, insbesondere § 1 Abs. 1 Satz 1 f. AStG, § 8 Abs. 2 Satz 3 KStG.

[278] Die subjektiven Momente sind erst im Rahmen der Darlegungen des einzelnen Steuerpflichtigen zu berücksichtigen, mit denen er sich gegen die widerlegbare Vermutung, dass sein Handeln von dem eines ordentlichen und gewissenhaften Geschäftsleiters abweicht, wehren kann (vgl. *Wassermeyer, F.* in: *Debatin, H. / Wassermeyer, F.,* (DBA), Art. 9 MA, Rn. 125 sowie *Wassermeyer, F.,* (Verdeckte Gewinnausschüttung, S. 2467 f.). Die Objektivität wird erreicht, weil der Sachverhalt nicht aus Sicht des betreffenden Steuersubjekts gewertet wird, sondern aus Sicht eines ordentlichen und gewissenhaften Geschäftsleiters, gleichwohl sie dadurch stets subjektiv ist.

[279] Vgl. *Wassermeyer, F.* in: *Debatin, H. / Wassermeyer, F.,* (DBA), Art. 9 MA, Rn. 125 sowie *Wassermeyer, F.,* (Verrechnungspreise), S. 135.

dells ist die Ermittlung der Lizenzgebühr, die ihrer Höhe nach angemessen ist, weil sie fremdvergleichskonform ist.

Ausgangspunkt[280] ihrer Ermittlung ist die Einnahmenveränderung des Lizenznehmers, welcher dieser maximal als Lizenzentgelt an den Lizenzgeber entrichten könnte, ohne sich durch die Lizenzhereinnahme wirtschaftlich schlechter zu stellen, als wenn er auf die Hereinnahme verzichtet hätte. Dabei entspricht die Einnahmenveränderung den markenbezogenen Einnahmen, welche der Lizenznehmer in Form der ökonomischen Markenwirkungen durch die Vermarktung der markierten Leistung vereinnahmen kann. Ihre Ermittlung ist Gegenstand der Einnahmenveränderung.

Auf Grundlage der gesamten ökonomischen Markenwirkungen ist aus Sicht des Lizenznehmers und aus Sicht des Lizenzgebers zu beurteilen, ob eine Zurechnung der gesamten Einnahmenveränderung des Lizenznehmers infolge der Zahlung einer Lizenzgebühr in Höhe der ökonomischen Markenwirkungen sachgerecht oder eine andere, davon abweichende Zurechnung der Einnahmen notwendig erscheint. Die dafür zentrale Frage ist, wie die markenbezogene Einnahmenveränderung fremdvergleichskonform zwischen dem Lizenznehmer und dem Lizenzgeber aufgeteilt werden muss. Die Angemessenheit der Aufteilung setzt die Entwicklung eines sachgerechten Aufteilungsmaßstabes voraus, welcher eine verursachungsgerechte Aufteilung der Wertschöpfung entsprechend der Wertbeiträge des Lizenznehmers und Lizenzgebers ermöglicht. Einen davon abweichenden Maßstab[281] würden ordentliche und gewissenhafte Geschäftsleiter nicht anerkennen, weil sie sich gegenseitig wirtschaftliche Vorteile[282] ermöglichen würden, die fremde Dritte nicht ohne entsprechende Gegenleistung gewähren. Die Ermittlung dieses Aufteilungsmaßstabes, der zu dem markenbezogenen Korrekturfaktor v verdichtet wird, ist Gegenstand der Einnahmenzurechnung. Seine Ermittlung setzt die Identifikation der Ursachen-Wirkungsbeziehung der Wertbei-

---

[280] Diese Einnahmenveränderung, d.h. die Erwartung eines solchen Nutzens, wird als Voraussetzung für die Bereitschaft des Lizenznehmers zur Zahlung einer Lizenzgebühr sowie als Indiz für ein eigenes betriebliches Interesse angesehen (vgl. VWG-Einkunftsabgrenzung 1983, Tz. 5.1.1 und *OECD,* (Verrechnungspreisgrundsätze), Anm. 6.14). Während die rechtliche Werthaltigkeit der Marke i.r.S. die Verrechnung der Markenlizenz dem Grunde nach prägt, determiniert die wirtschaftliche Werthaltigkeit der Marke ihre Verrechnung der Höhe nach. Dabei wird die rechtliche Werthaltigkeit selbst nicht als entgeltdeterminierender Faktor berücksichtigt, weil sie selbst nicht zur Einnahmenveränderung auf Seiten des Lizenznehmers führt.

[281] Als Beispiele sind Aufteilungsmaßstäbe denkbar, welche auf einer pauschalen Festsetzung, der Wettbewerbsstärke oder der Verhandlungsmacht der Beteiligten basieren.

[282] Der wirtschaftliche Vorteil entspricht der Einnahmenveränderung.

träge der Beteiligten für die Einnahmenveränderung sowie anschließend die Berücksichtigung der markenbezogenen Ausgaben des Lizenznehmers voraus.[283]

In die Einnahmenzurechnung einbezogen werden dabei nur die markenbezogenen Ausgaben des Lizenznehmers, die ihm für die markenbezogenen Einnahmen entstanden sind, welche aufgrund der erfolgsverursachenden Eigenaktivität des Lizenzgebers diesem zuzurechnen sind. Eine Berücksichtigung seiner weiteren Ausgaben sowie der Ausgaben des Lizenzgebers erscheint nur ausnahmsweise notwendig, weil diese i.d.R. für die Aufteilung der markenbezogenen Einnahmenveränderung nicht relevant sind. Für sie sind ausschließlich die Wertbeiträge des Lizenzgebers und Lizenznehmers maßgeblich. Somit erfolgt die Ermittlung des markenbezogenen Korrekturfaktors v auf zwei Stufen, an welche anschließend der Wert der Lizenz in Höhe der markenbezogenen Einnahmenveränderung, für welche der Wertbeitrag des Lizenzgebers kausal ist, abzüglich ökonomischer Markenwirkungen in Höhe der für deren Verwirklichung auf Seiten des Lizenznehmers entstanden markenbezogenen Ausgaben ermittelt werden kann. Die Verrechnung der Lizenzgebühr ist anschließend auf Basis dieses Lizenzwertes unter Berücksichtigung der Entgeltform und der Zahlungsmodalitäten möglich.

Auf dieser Methodik basiert die Ermittlung der Lizenzgebühr sowohl für die einheitliche Markenlizenz, die Vermarktungs- und die Produktmarkierungslizenz als auch für die Markenlizenz i.w.S. Außer für die einheitliche Markenlizenz ist diese Methodik darüber hinaus auch für die Ganzheit der Leistung anzuwenden, weil diese vertraglichen Gestaltungen sie einbeziehen. So hat der Lizenznehmer im Falle der Vermarktungslizenz die markierte Leistung des Lizenzgebers selbst oder eines anderen Unternehmens in dessen Auftrag zu vermarkten, im Falle der Produktmarkierungslizenz entweder die Leistung des Lizenzgebers oder eine Leistung eines anderen Unternehmens in dessen Auftrag herzustellen sowie zu markieren und im Falle eines Markenfranchising die Leistung im Auftrag des

---

[283] Die Zurechnung setzt nicht an dem markenbezogenen Überschuss an, welchen der Lizenznehmer erzielen kann. Dies ist notwendig, weil die markenbezogenen Ausgaben des Lizenznehmers sowohl für die Einnahmen entstehen können, für die sein Wertbeitrag verantwortlich ist, als auch für die, welche dem Lizenzgeber zuzurechnen sind. Damit kann zugleich gewährleistet werden, dass die Ausgaben des Lizenznehmers nicht insgesamt und in jedem Fall die Lizenzgebühr mindern. Dies setzt der Fremdvergleichsgrundsatz voraus, weil der Lizenzgeber eine Minderung der Lizenzgebühr nicht akzeptieren kann, wenn für diese die Ausgaben des Lizenznehmers kausal sind, von deren Wirkungen dieser selbst nicht profitieren kann oder deren Verausgabung dieser für nicht notwendig erachtet. Gleichzeitig setzt er voraus, dass der Lizenznehmer die Ausgaben trägt, die für die markenbezogenen Einnahmen entstanden sind, die ihm zuzurechnen sind, weil sein Wertbeitrag für diese kausal ist. Deswegen dürfen diese die Lizenzgebühr nicht mindern.

Franchisegebers ggfs.[284] herzustellen, zu markieren und zu vermarkten sowie zu einer Marke zu entwickeln[285] und kann zusätzlich eine leistungsbezogene Einnahmenveränderung verwirklichen. Als Gegenleistung hat er dem Lizenzgeber neben der markenbezogenen Lizenzgebühr im ersten Fall ein Entgelt für die Lieferung der materiellen Leistung und im letzten Fall dem Franchisegeber ggfs. ein Entgelt für die Lieferung der materiellen Leistung, die Herstellerlizenz und die von diesem erbrachten Dienstleistungen zu entrichten.[286] Maximal kann dieses bzw. können diese seiner gesamten leistungsbezogenen Einnahmenveränderung entsprechen. Da auch für die Verwirklichung der leistungsbezogenen Einnahmen der Wertbeitrag des Lizenz- bzw. Franchisenehmers und des Lizenz- bzw. Franchisegebers verantwortlich sind, erfolgt eine verursachungsgerechte Aufteilung der Einnahmen aus Sicht der beiden ordentlichen und gewissenhaften Geschäftsleiter. Sie zielt auf die Ermittlung eines angemessenen, leistungsbezogenen Aufteilungsmaßstabs s ab, welcher i.d.R. die Bewertung der erfolgsverursachenden Tätigkeit des Lizenz- bzw. Franchisenehmers voraussetzt, weil er von dem Lizenz- bzw. Franchisegeber mit diesen Tätigkeiten beauftragt wurde. Diese Betrachtungsweise basiert auf der Annahme, dass der Lizenz- bzw. Franchisenehmer nur dann den Auftrag annimmt, wenn er eine angemessene Gegenleistung in Form einer Einnahmenzurechnung dafür enthält, und der Lizenz- bzw. Franchisegeber dies als ordentlicher und gewissenhafter Geschäftsleiter als beauftragendes Unternehmen anerkennt. Dementsprechend ist die Bewertung der Tätigkeit des Lizenz- bzw. Franchisegebers nur dann notwendig, wenn er und nicht der Lizenz- bzw. Franchisenehmer ausnahmsweise das beauftragte Unternehmen ist, weil beispielsweise er selbst nur als Routineunternehmen oder der Lizenz- bzw. Franchisenehmer als Strategieträger agiert.

Die Verrechnung der Markenlizenzen i.e.S. und i.w.S. der Höhe nach erfolgt damit durch eine angemessene Aufteilung der gesamten Einnahmenveränderung des Lizenz- bzw. Franchisenehmers, welche dieser infolge der Lizenzhereinnahme durch die Verwertung der markierten Leistung vereinnahmen kann. Sie basiert auf einer einheitlichen Betrachtung der **Einnahmenveränderung** und der **Einnahmenzurechnung** aus Sicht beider Vertragsparteien, womit implizit unterschiedliche Erwartungen bezüglich der Einnahmenveränderung auf Seiten des Lizenz- bzw. Franchisenehmers und des Lizenz- bzw. Franchisegebers ebenso wie

---

[284] Die Herstellung und Markierung der Leistung kommt nur bei einem Produktfranchising in Betracht. Bei einem Dienstleistungsfranchising erbringt der Franchisenehmer die immaterielle Leistung und markiert sie dabei; bei einem Vertriebsfranchising bezieht er diese bereits als markierte Leistung von einem anderen Unternehmen.

[285] Letzte Aufgabe beeinflusst die Höhe der markenbezogenen Lizenzgebühr.

[286] Im Falle der Produktmarkierungslizenz hat der Lizenznehmer selbst kein weiteres Entgelt zu entrichten.

unterschiedliche Aufteilungsmaßstäbe für die Einnahmenzurechnung ausgeschlossen sind.

Die zweistufige Betrachtung umfasst in Abhängigkeit der vorliegenden Lizenzart neben der **Ganzheit der Marke**, die alle funktional nicht notwendigen Bestandteile der Leistung beinhaltet, auch die **Ganzheit der Leistung**, wenn sich die vertraglichen Vereinbarungen oder die vom Lizenz- bzw. Franchisenehmer zu erfüllenden Aufgaben zugleich auf die funktional notwendigen Bestandteile der Leistung beziehen. Als Abgrenzungskriterium für die beiden Ganzheiten wird die Funktion der jeweiligen Sachgesamtheit verwendet, die entweder auf die Erzielung eines funktionalen oder eines emotionalen Nutzens abstellen.

In diesem Zusammenhang erfolgt die Bewertung der Ganzheit der Leistung und damit die der **leistungsbezogenen Einnahmenveränderung** durch eine ausgabenbasierte Bewertung des Grundnutzens der Leistung, welche die Aufteilung der gesamten leistungs- und markenbezogenen Einnahmen durch die Ermittlung eines leistungsbezogenen Aufschlagssatzes ermöglicht. Dabei resultiert diese Vorgehensweise aus der Markenfähigkeit des Unterscheidungszeichens, wonach die Marke stets der funktional nicht notwendige Bestandteil der markierten Leistung ist.

Die Bewertung der **markenbezogenen Einnahmenveränderung** basiert auf der integrierten wirkungs- und erfolgsbezogenen Betrachtungsweise der Marke, weswegen für die Bewertung der Marke nur Bewertungsverfahren empfohlen werden, welche die verhaltensbezogenen Markenwirkungen als Voraussetzung für ihre ökonomischen Markenwirkungen anerkennen und den Markenwert als Summe aller zukünftigen, diskontierten Überschüsse[287] verstehen. Der Wirkungszusammenhang zwischen den verhaltensbezogenen Größen in Gestalt der Wissensstrukturen der potentiellen Nachfrager kann sich insbesondere in jenen Fällen, in denen sich der personelle Wirkungskreis des Unterscheidungszeichens auf Grund der sachlichen, räumlichen und zeitlichen Einschränkungen der Nutzungserlaubnis verändert, deutlich auf den wirtschaftlichen Wert der Marke innerhalb dieses Geltungsbereiches der Lizenz auswirken, weil die Nachfrager in diesem über andere Wissensstrukturen als außerhalb verfügen können. Deswegen stellt die Bewertung der Marke als Voraussetzung für die Ermittlung der markenbezogenen Einnahmenveränderung auf die Ermittlung des **Markenlizenzwerts** ab, dessen Bewertung explizit die rechtlichen Rahmenbedingungen des Markenlizenzvertrages berücksichtigt.

Gegenstand der **Einnahmenzurechnung** ist grundsätzlich die Bewertung der erfolgsverursachenden Eigenaktivität des Lizenz- bzw. Franchisenehmers. Nur in

---

[287] Vgl. *Esch, R.,* (Markenführung), S. 59. Diese Bewertungsverfahren ermöglichen die Ermittlung der markenbezogenen Einnahmen und Ausgaben, gleichwohl sie auf die Ermittlung der Überschüsse abstellen.

Ausnahmefällen, in denen der Lizenz- bzw. Franchisegeber ausschließlich in Gestalt einer Lizenzverwertungsgesellschaft agiert, ist seine Eigenaktivität zugleich Gegenstand der Einnahmenzurechnung und wird durch die Berücksichtigung des Mindestwerts der markenbezogenen Lizenz vergütet.

Die **leistungsbezogene Einnahmenzurechnung** berücksichtigt die vom Lizenz- bzw. Franchisenehmer ausgeübten Funktionen der Herstellung, Markierung und Vermarktung der materiellen Leistung unter Berücksichtigung seiner handelsrechtlichen Ausgestaltung sowie seiner Funktions- und Risikodichte, wonach er entweder in Gestalt eines Routine-, Hybridunternehmens oder Strategieträgers agieren kann. Dabei wird davon ausgegangen, dass der Lizenz- bzw. Franchisegeber ihn mit diesen Tätigkeiten beauftragt. Die Zurechnung zu Gunsten des Lizenz- bzw. Franchisenehmers umfasst stets seine damit verbundenen leistungsbezogenen Ausgaben und einen angemessenen Gewinnaufschlag, andernfalls[288] die ihm nach Abzug aller fremdbezogener Leistungen verbleibende Residualgröße.

Die **markenbezogene Einnahmenzurechnung** berücksichtigt neben den obligatorischen markenbezogenen Ausgaben des Lizenz- bzw. Franchisenehmers dessen markenpolitischen Wertbeitrag, der eine anteilige Zurechnung der daraus resultierenden ökonomischen Markenwirkungen zu seinen Gunsten rechtfertigen kann, soweit sein Wertbeitrag für die Entstehung und Wirkung der Marke ursächlich ist.

Die Identifikation des Kriteriums der Ursächlichkeit ist Aufgabe der Analyse der Marke, die den Wirkungszusammenhang zwischen den markenpolitischen Bemühungen der Beteiligten, den daraus resultieren Erfolgsfaktoren der Marke und deren Anteil an den ökonomischen Markenwirkungen untersucht. Dafür werden die einzelnen markenpolitischen Instrumente im Rahmen der **Markenbildungsanalyse** unter Berücksichtigung der operativen, finanziellen und konzeptionellen Ebene der Markenpolitik den beteiligten Vertragspartnern entweder anteilig oder einem von ihnen vollumfänglich zugerechnet. Anschließend werden im Rahmen der **Markenerfolgsfaktorenanalyse** die Wissensstrukturen der Nachfrager innerhalb des sachlichen, räumlichen und zeitlichen Geltungsbereiches der Markenlizenz untersucht und abschließend der Wirkungszusammenhang zwischen den einzelnen Maßnahmen, den daraus resultierenden verhaltensbezogenen und dadurch möglichen ökonomischen Markenwirkungen im Rahmen der **Markenbeitragsanalyse** hergestellt.

Durch die mathematische Verdichtung der Ursächlichkeit zu einem Faktor, der einen Wert zwischen null und eins einnehmen kann, ist die Aufteilung der

---

[288] Dies gilt, wenn der Lizenznehmer als Strategieträger zu charakterisieren ist.

markenbezogenen Einnahmenveränderung möglich, die den gesamten ökonomischen Markenwirkungen entspricht.

Dabei erscheint die Durchführung der **Analyse der Marke** allerdings nur dann notwendig, wenn der Lizenz- bzw. Franchisenehmer mindestens in Gestalt einer Hybridunternehmung[289] und der Lizenzgeber[290] nicht in Gestalt einer Lizenzverwertungsgesellschaft agieren und eine Veränderung der verhaltensbezogenen Markenwirkungen während der Lizenzlaufzeit stattfindet, für die der Wertbeitrag des Lizenz- bzw. Franchisenehmers kausal sein kann. Etwas anderes gilt ausschließlich für die Fälle der Vertragsverlängerung.

Unabhängig davon besteht für den Lizenz- bzw. Franchisenehmer allerdings ein Anspruch auf Zurechnung der Einnahmen in Höhe der markenbezogenen Ausgaben, die ihm obligatorisch für die Unterstützung des Wertbeitrags des Lizenz-bzw. Franchisegebers entstehen und von deren ökonomischen Markenwirkungen er selbst nicht profitieren kann. In Ausnahmefällen erhöhen sich der Anspruch des Franchisenehmers um eine Vergütung für die Herstellung, Markierung und Vermarktung der Ganzheit der Marke sowie der Anspruch des Lizenz- bzw. Franchisenehmers um einen **Ausgleichsanspruch i.S.d. § 89 b HGB**. Für den Lizenz-bzw. Franchisegeber besteht ein derartiger Anspruch auf Zurechnung der markenbezogenen Einnahmen in Höhe seiner um einen geringen Gewinnaufschlag erhöhten Ausgaben lediglich in den Fällen, in jenen er ausschließlich in Gestalt einer **Lizenzverwertungsgesellschaft** agiert, die im Auftrag des Lizenz- bzw. Franchisenehmers das Halten und Verwalten des Schutzrechtes übernimmt.[291] Die Umsetzung dieser Mindestansprüche der jeweiligen Parteien werden durch den **Maximal-** und den **Mindestwert der Lizenz** garantiert.

Diese Vorgehensweise der markenbezogenen Einnahmenveränderung und Einnahmenzurechnung ist grundsätzlich für alle Sachverhaltsgestaltungen der Vergabe einer konzerninternen Markenlizenz anwendbar. Unabhängig davon, in welchen Funktionen der Lizenz- bzw. Franchisenehmer und Lizenz- bzw. Franchise-

---

[289] Die mit der Analyse der Marke einhergehende Aufteilung der markenbezogenen Einnahmen ist grundsätzlich nur dann notwendig, wenn die beteiligten Parteien auf Grundlage ihres Funktions- und Risikoumfangs geeignet sind, einen solchen Wertbeitrag zu erbringen, der verhaltensbezogene Markenwirkungen als Voraussetzungen für die ökonomischen Markenwirkungen verursachen kann.

[290] Sollte der Franchisegeber in Gestalt einer Lizenzverwertungsgesellschaft agieren, kann durch die Überlassung des systematischen Absatzkonzepts dennoch die Notwendigkeit für die Durchführung einer Analyse gegeben sein. Dies gilt ausnahmsweise auch für den Lizenzgeber, wenn er Einfluss auf die konzeptionelle Ebene der Markenpolitik nehmen kann.

[291] Sollte die Gesellschaft die Markenrechte im Auftrag eines anderen konzerngebundenen Unternehmens halten und verwalten, so hat sie diesem gegenüber einen Anspruch auf die Vergütung der Mindestlizenz, weil dieses Unternehmen Empfänger der von der Lizenzverwertungsgesellschaft erbrachten Dienstleistung ist.

geber agieren, ob sie tatsächlich einen Wertbeitrag für die Entstehung und Wirkung der Marke erbringen, welcher ursächlich für ihre ökonomischen Markenwirkungen ist, ob die Marke i.r.S. zum Zeitpunkt der Lizenzvergabe ausschließlich rechtlich oder bereits wirtschaftlich werthaltig war und ob sich ihr ökonomischer Wert während der Lizenzlaufzeit verändert. Daneben verdeutlicht sie die Notwendigkeit der Aufteilung der ökonomischen Markenwirkungen und ermöglicht diese, indem sie einen Ansatz für die Ermittlung der Ursächlichkeit der Wertbeiträge der beteiligten Vertragspartner liefert und durch die Analyse der Marke die Verdichtung zu einer Kennzahl ermöglicht. Durch die davon abhängige Behandlung der markenbezogenen Ausgaben des Lizenz- bzw. Franchisenehmers wird zudem gewährleistet, dass dieser nur die Ausgaben für die Maßnahmen übernimmt, von deren Wirkung er durch die Zurechnung der ökonomischen Markenwirkungen auch profitieren kann, so dass er gerade nicht die Ausgaben trägt, welche vom Lizenz- bzw. Franchisegeber zu übernehmen sind.

Durch die Zurechnung der **Rücklizenz** zu Gunsten des Lizenz- bzw. Franchisenehmers wird diesem die Möglichkeit eingeräumt, einen markenbezogenen Gewinn[292] zu erwirtschaften, wenn seine markenbezogenen Ausgaben, die ihm für die Verwirklichung der ausschließlich ihm zuzurechnenden markenpolitischen Maßnahmen entstanden sind, die aus diesen resultierende markenbezogene Einnahmenveränderung nicht übersteigen. Dadurch wird ihm ebenso wie dem Lizenz- bzw. Franchisegeber keine Garantie auf einen markenbezogenen Gewinn gegeben.

Obwohl diese Vorgehensweise die fremdvergleichskonforme Verrechnung aller mit der Nutzungsüberlassung einer Marke i.r.S. im Konzern verbundener Verrechnungspreisobjekte prinzipiell ermöglicht, beweisen die diesem Modell innewohnenden kritische Elemente sowie die damit verbundenen Problemfelder, dass die Verrechnungspreisgestaltung keine exakte Wissenschaft sein kann[293].

Dies belegen insbesondere das mit der Ermittlung der Einnahmenveränderung verbundene Bewertungs- und Prognoseproblem, weil die Vorhersage zukunftsbezogener Größen stets von vollständigen Informationen ausgehen muss und ausschließlich unter Unsicherheit erfolgen kann, sowie das mit der sachgerechten Einnahmenzurechnung zwischen den Beteiligten verbundene Isolierungs-, Operationalisierungs- und Zuordnungsproblem. Denn sie setzt voraus, dass die marken- von den leistungsbezogenen Einnahmen exakt isoliert werden können,

---

[292] Nachfolgend wird der Gewinnbegriff als Synonym für den des Überschusses verwendet. Er entspricht der Differenz zwischen den markenbezogenen Einnahmen und den jeweiligen Ausgaben, die auf den Zeitpunkt der Lizenzvergabe abgezinst sind. Seine Ermittlung erfolgt damit unabhängig von den konkreten Zahlungsmodalitäten, die aufgrund der zusätzlichen Berücksichtigung des Zahlungszeitpunktes seine Höhe beeinflussen.

[293] Vgl. *OECD*, (Verrechnungspreisgrundsätze), Anm. 1.12.

gleichzeitig die Erfolgsfaktoren der Einnahmenveränderung benannt, ihre relative Bedeutung für den ökonomischen Erfolg der Marke bewertet, quantifiziert und über die für ihre Entstehung kausalen Maßnahmen den Beteiligten zugerechnet werden können, obwohl die Erfolgsfaktorenforschung selbst unter eklatanter Erfolglosigkeit leidet[294].

Kritische Elemente des vorliegenden Modells sind daher insbesondere die Quantifizierung der Ursachen und Wirkungsbeziehung zwischen den markenpolitischen Bemühungen, die Bewertung der leistungsbezogenen Einnahmen durch die Bewertung des Grundnutzens der Leistung, die Bewertung der markenbezogenen Einnahmenveränderung durch die Ermittlung des Markenlizenzwertes, die damit verbundene Prognose der marken- und leistungsbezogenen Ausgaben, die Identifikation der markenbezogenen Einnahmen, die Gegenstand der Aufteilung sein können, und die notwendige Klassifikation der markenbezogenen Ausgaben. Gleichzeitig beinhalten insbesondere die Bemessung der zu gewährenden Gewinnaufschläge, die Durchführung der Analyse der Marke und die damit verbundene Ermittlung des Kriteriums der Ursächlichkeit, die insbesondere die Gewichtung der operativen und finanziellen Ebene gegenüber der konzeptionellen Ebene sowie der Bedeutung der einzelnen Maßnahmen für die Entstehung der Erfolgsfaktoren und deren Bedeutung für die ökonomischen Markenwirkungen voraussetzt, sowie die Abgrenzung zwischen Routine-, Hybrid- und Strategieunternehmen subjektive Momente, weil sie letztlich aus der Perspektive eines ordentlichen und gewissenhaften Geschäftsleiters beurteilt werden.

Gleichwohl ist diese Methodik für eine sachgerechte Verrechnung der Verrechnungspreisobjekte der Höhe nach geeignet, weil es für deren Verrechnung erstmals hinreichend konkretisierte und fundierte Grundsätze zur Verfügung stellt. Sie ermöglicht, dem „theoretisch exakt nicht lösbare[n] Problem" mit einer „wirtschaftlich sinnvolle[n] Näherungslösung"[295] zu begegnen, die praktisch umsetzbar erscheint, weil sie nicht an der Realität zerbricht und deswegen ohne Wert für diese ist[296].

---

[294] Zu dieser Aussage, vgl. *Nicolai, A. / Keiser, A.,* (Erfolgsfaktorenforschung), S. 580 ff. Eine exakte Berechnung des Erfolgsbeitrags eines einzelnen Erfolgsfaktors für den Erfolg des Unternehmens oder der Unternehmensleistung ist nicht möglich (vgl. *Kleineidam, H.-J.,* (Lizenzen), S. 113).

[295] *Kleineidam, H.-J.,* (Lizenzen), S. 113.

[296] Nach *Kaminski* ist ein Lösungsansatz, der in der Realität scheitern muss, ohne Wert. Vgl. *Kaminski, B.,* (Verrechnungspreisbestimmung), S. 555.

4.2.1 Die Markenlizenz i.e.S.

Als Ausprägungen der Markenlizenz i.e.S. werden zunächst die einheitliche Markenlizenz und anschließend die Vermarktungs- sowie die Produktmarkierungslizenz betrachtet.

4.2.1.1 Die einheitliche Markenlizenz

Die Verrechnung der dem Grunde nach steuerlich entgeltpflichtigen einheitlichen Markenlizenz erfolgt nach der Sachverhaltsanalyse durch ein zweistufiges Verfahren, wonach für die Ermittlung der Lizenzgebühr zunächst eine Bewertung der Einnahmenveränderung und dann eine Einnahmenzurechnung vorzunehmen ist.

4.2.1.1.1 Sachverhaltsanalyse

In Abhängigkeit von den in dem sachlichen und räumlichen Geltungsbereich der Lizenz möglichen verhaltensbezogenen Wirkungen ist die Marke i.r.S., deren positiven Benutzungsrechte Gegenstand der einheitlichen Markenlizenz sind, in diesem Geltungsbereich stets rechtlich und ggfs. auch wirtschaftlich werthaltig. Unter Berücksichtigung der Werthaltigkeit der Marke i.r.S. zum Zeitpunkt der Lizenzvergabe und deren Entwicklung über die gesamte Vertragslaufzeit sind für die nachfolgend aufgeführten vier Varianten jeweils vier Ausprägungen denkbar. Diese sind in der nachfolgenden Abbildung skizziert.

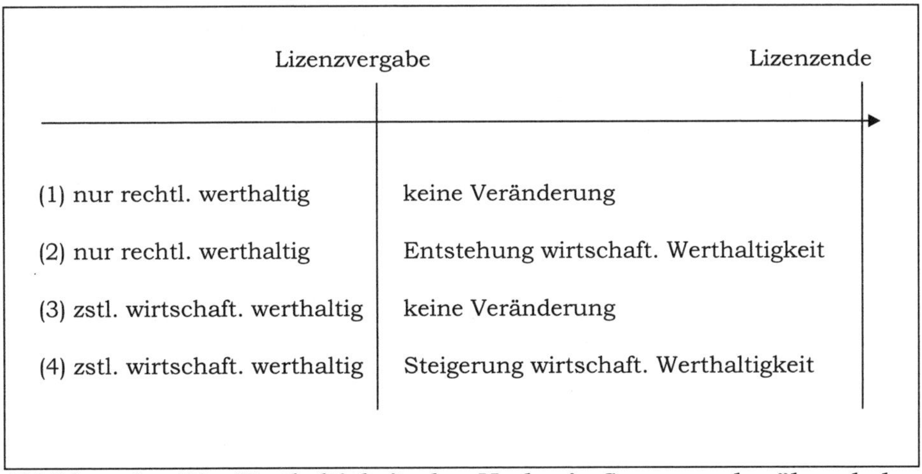

Lizenzvergabe	Lizenzende
(1) nur rechtl. werthaltig	keine Veränderung
(2) nur rechtl. werthaltig	Entstehung wirtschaft. Werthaltigkeit
(3) zstl. wirtschaft. werthaltig	keine Veränderung
(4) zstl. wirtschaft. werthaltig	Steigerung wirtschaft. Werthaltigkeit

Abbildung 8: Die Werthaltigkeit der Marke i.r.S. vor und während der Lizenzvergabe.

In dem ersten Sachverhalt ist die Marke i.r.S. sowohl zum Zeitpunkt der Lizenzvergabe als auch während der Laufzeit der Lizenz ausschließlich rechtlich werthaltig, weil weder der Lizenznehmer noch der Lizenzgeber den Aufbau der markierten Leistung zu einer Marke anstreben, sich aber vorsorglich die Rechte an dem Unterscheidungszeichen hoheitlich gesichert haben. In der Praxis wird diese Vorgehensweise bei sog. No Name Produkten[297] angewendet. Hingegen ist die Marke i.r.S. in dem zweiten Sachverhalt zwar zum Zeitpunkt der Lizenzvergabe ausschließlich rechtlich, hingegen zum Ende der Vertragslaufzeit auch wirtschaftlich werthaltig, weil sie den Nachfragern ein Qualitätsversprechen geben kann, das bei diesen eine dauerhaft werthaltige, nutzenstiftende Wirkung erzielt und in Erfüllung ihrer Kundenerwartungen einen nachhaltigen Erfolg am Markt realisiert bzw. realisieren kann. Derartige Gegebenheiten können sich beispielsweise infolge eines räumlichen Transfers der Marke i.r.S. auf ein neues Absatzgebiet, in denen die potentiellen Nachfrager bislang über keine Wissensstrukturen über die Marke i.r.S. verfügen, oder infolge des erstmaligen gezielten Aufbaus der markierten Leistung zu einer Marke in diesem Absatzgebiet ergeben. In dem dritten Sachverhalt verfügt die Marke i.r.S. über die Eigenschaft der wirtschaftlichen Werthaltigkeit bereits zum Zeitpunkt der Lizenzvergabe, weil die Nachfrager schon über eine Wissensstruktur in ihren Dimensionen der Markenbekanntheit und dem Markenimage verfügen, verändert diesen Wert aber im Gegensatz zum vierten zu betrachtenden Sachverhalt über die Lizenzdauer nicht.

Auf Grund der sachlichen und räumlichen Einschränkungen der einheitlichen Markenlizenz bezieht sich die Nutzungserlaubnis in Abhängigkeit von der bisherigen Verwertung[298] des Markenrechts entweder auf

- eine identische Leistung auf einem identischen Absatzgebiet,[299]

- eine identische Leistung auf einem neuen Absatzgebiet (New Market Brand Extension),

- eine andere Leistung auf einem identischen Absatzgebiet (New Product Brand Extension) oder

- eine andere Leistung auf einem neuen Absatzgebiet (kombinierte New Market und Product Brand Extension).[300]

---

[297] No Name Produkte bzw. Handelsmarken sind markierte Leistungen, die nicht durch ein systematisches Absatzkonzept am Markt durchgesetzt werden. In der Unternehmenspraxis werden die klassischen Handelsmarken allerdings durch Eigenmarkenpolitik des Handels mittlerweile zu Marken entwickelt. Vgl. dazu u.a. *Becker, J.*, (Markenstrategien), S. 659.

[298] Insoweit wird als Verwertung die tatsächliche Ausübung der positiven Benutzungs- und nicht nur die der negativen Verbietungsrechte verstanden.

[299] Identität liegt dann vor, wenn die zu markierende Leistung in dem relevanten Lizenzgebiet bereits unter Verwendung der Marke i.r.S. markiert und die Marke i.r.S. bereits auf dem vertraglich vereinbarten Absatzgebiet vermarktet wurde.

[300] Diese Unterscheidung basiert auf den markenstrategischen Optionen, die mit der Lizenzvergabe verbunden sein können. Vgl. dazu *Sattler, H. / Völckner, F.*, (Markenpolitik), S. 88 ff sowie *Völckner, F. / Sattler, H.*, (Markentransfererfolg), S. 669 ff.

Dementsprechend strebt der **Lizenzgeber** in der ersten Alternative eine Einstellung seines Engagements[301] und in den anderen drei Varianten eine Verwirklichung der markenstrategischen Möglichkeiten[302] zur Gestaltung des Markentransfers an, den er allerdings nicht selbst, sondern über ein mit ihm verbundenes Unternehmen[303] durchführen möchte. Dafür muss er diesem konzerngebundenen Unternehmen, welches über eine eigene materielle Leistung verfügt, eine einheitliche Markenlizenz erteilen.

In der ersten Alternative entscheidet sich der Markeninhaber, die Herstellung und Vermarktung seiner materiellen Leistung nicht mehr selbst zu übernehmen, sondern diese in Zukunft über ein mit ihm verbundenes Unternehmen durchzuführen, wobei er sich beispielsweise auf Grund von Risikoüberlegungen das Markenrecht zurückbehält. Derartige Sachverhalte sind in der Unternehmenspraxis vorzufinden, wenn der außerhalb des Lizenzgebietes ansässige Markeneigner die markierte materielle Leistung nicht mehr direkt, sondern indirekt über eine lokale innerhalb des Lizenzgebietes ansässige konzerngebundene Produktionsgesellschaft herstellen und vermarkten möchte.[304]

In den weiteren Sachverhalten ist die Vergabe einer einheitlichen Markenlizenz auf die Durchführung von Markentransfers gerichtet.

Eine New Market Brand Extension liegt dabei dann vor, wenn die markierte Leistung auf einem geografischen Markt vermarktet werden soll, auf welchem die Marke i.r. S. bislang nicht verwertet worden ist. Räumliche Markentransfers sind zum Beispiel dann vorstellbar, wenn eine markierte Leistung nicht mehr ausschließlich im Land A, sondern zukünftig auch im Land B vertrieben werden soll. Für die Durchführung dieser markenstrategischen Option wird der Markeneigner

---

Unter Berücksichtigung der mit der Nutzungsüberlassung der Marke i.r.S. verbundenen markenstrategischen Optionen sowie der Ausprägung der Werthaltigkeit der Marke i.r.S. zum Zeitpunkt der Lizenzvergabe und dem Lizenzende können mit der Vergabe einer einheitlichen Markenlizenz insgesamt sechzehn unterschiedliche Sachverhaltskonstellationen einhergehen.

[301] Dies kann nur gelten, weil es sich bei der hier betrachteten Markenlizenz um eine ausschließliche Lizenz handelt. Die Aufgabe des Engagements erstreckt sich allerdings nur auf deren sachlichen und räumlichen Geltungsbereich, so dass der Lizenzgeber die Marke i.r.S. auch in anderen geografischen Räumen weiterhin selbst verwerten kann.

[302] Vgl. dazu 2.5.2 Das systematische Absatzkonzept.

[303] Gründe könnten dafür die von dem Markeninhaber präferierte lokale Präsenz vor Ort sowie Risikoüberlegungen sein, die ihn dazu veranlassen, den Markentransfer nicht von dem Unternehmen, das die Markenrechte hält und verwaltet, durchführen zu lassen.

[304] Dies setzt voraus, dass der Lizenznehmer über eine eigene materielle Leistung verfügt. Sofern dieser anderenfalls die materielle Leistung des Lizenzgebers herstellen und vermarkten sollte, ist die Vergabe einer Markenlizenz i.w.S. erforderlich.

einer konzerngebundenen Unternehmung eine einheitliche Markenlizenz für das neue Absatzgebiet erteilen.

Eine New Product Brand Extension liegt dann vor, wenn die Marke i.r.S. für die Markierung und Vermarktung einer neuen materiellen Leistung im Land A verwertet wird, in dem bislang nur andere mit der Marke i.r.S. markierte Leistungen vertrieben worden sind. Sachliche Markentransfers führen zum Beispiel die Sportmarken Adidas und Nike durch, wenn sie neue T-Shirts oder Schuhe in dem Land A anbieten, oder die Marke Nivea, die neben Haut- nun auch Haarpflegeprodukte auf einem identischen Markt anbietet.

Eine kombinierte New Market und Product Brand Extension liegt hingegen dann vor, wenn der sachliche und räumliche Markentransfer miteinander kombiniert werden. Dabei wird die neue markierte Leistung durch den Lizenznehmer auf einem aus Sicht der Marke i.r.S. neuen geografischen Absatzmarkt vermarktet. Ein solcher Markentransfer ist zum Beispiel dann denkbar, wenn ein neues Absatzgebiet zugleich mit einer neu entwickelten materiellen Leistung bearbeitet werden soll, weil die bisherige materielle Leistung auf diesem Absatzmarkt keinen Erfolg haben würde.

Der Lizenzgeber ermöglicht dem Lizenznehmer einen wirtschaftlichen Vorteil, wenn die Marke i.r.S. innerhalb des Geltungsbereiches der Lizenz wirtschaftlich werthaltig ist, weil der Lizenznehmer dann die ökonomischen Markenwirkungen durch die Vermarktung seiner nun markierten Leistung erzielen kann. Einen solchen Vorteil, würden sich fremde Dritte nicht unentgeltlich gewähren. Um die Fremdvergleichskonformität zu wahren, verlangt der Lizenzgeber in Höhe dieses wirtschaftlichen Vorteils ein Lizenzentgelt. Dieses umfasst die Einnahmenveränderung, die der Lizenznehmer ausschließlich aufgrund des Wertbeitrags des Lizenzgebers erzielen kann, also die ökonomischen Markenwirkungen, für die nicht sein eigener Wertbeitrag kausal ist. Wird dieser Anteil der gesamten Einnahmenveränderung zu dem Korrekturfaktor v verdichtet, entspricht die Entgeltforderung des Lizenzgebers

$$\sum_{t=1}^{n} E_t^M * (1+i)^{-t} * (1-v)$$

mit $\quad E^M$ = markenbezogenen Einnahmen des Lizenznehmers,

$\quad$ i $\quad$ = Kapitalisierungszinssatz,

$\quad$ t $\quad$ = Zeitjahr,

$\quad$ n $\quad$ = Lizenzdauer in ganzen Zeitjahren,

$\quad$ v $\quad$ = markenbezogene Korrekturfaktor, $0 \le v \le 1$.

Der **Lizenznehmer**, welcher selbst über eine materielle, aber nicht markierte Leistung verfügt, möchte diese infolge der Lizenzhereinnahme als markierte Leistung vermarkten, weil er entweder

- den Erfolg seiner materiellen Leistung allein durch die Partizipation an den ökonomischen Markenwirkungen kurzfristig steigern möchte, ohne dafür selbst Investitionen in die Erarbeitung einer unterscheidungsfähigen Markierung, ihre Anmeldung zum Markenregister und Entwicklung zu einer Marke tätigen zu müssen, oder aber

- die ihm auf Grund seiner Konzernverbundenheit auferlegte Verpflichtung erfüllen möchte, derzufolge er die Leistung in Zukunft mit der Marke i.r.S. des Markeneigners vermarkten muss.

Damit er sich durch die Lizenzhereinnahme wirtschaftlich nicht schlechter stellt, als wenn er auf ihre Hereinnahme verzichten und seine materielle Leistung weiterhin als nicht markierte Leistung vermarkten würde, darf die dafür als Gegenleistung zu entrichtende Lizenzgebühr nur den zusätzlichen Einnahmen entsprechen, die er allein auf Grundlage der ihm überlassenen Marke i.r.S. und nicht auf Grundlage seines eigenen Wertbeitrages verwirklichen kann. Als ordentlicher und gewissenhafter Geschäftsleiter wird er deswegen seine Einnahmenveränderung bewerten und eine Einnahmenzurechnung zu seinen Gunsten prüfen. Dabei wird er sich alle ökonomischen Markenwirkungen zurechnen, für die sein Wertbeitrag verantwortlich ist, sowie Einnahmen in Höhe der Ausgaben zurechnen, welche ihm für die Einnahmenveränderung entstehen, für die sein Wertbeitrag nicht kausal ist. Wird für diese Korrektur ein entsprechender Faktor v verwendet, entspricht der Lizenzwert, der Grundlage für die Verrechnung der Lizenzgebühr ist, den um diesen Korrekturfaktor verminderten ökonomischen Markenwirkungen in Höhe von

$$\sum_{t=1}^{n} E_t^M * (1+i)^{-t} * (1-v).$$

Damit setzt die Fremdpreisermittlung aus der Sicht beider Geschäftsleiter eine Betrachtung der Einnahmenveränderung des Lizenznehmers, die durch die Bewertung der Marke i.r.S. möglich ist, sowie eine Einnahmenzurechnung unter Berücksichtigung der Wertbeiträge der an dem Wertschöpfungsprozess Beteiligten sowie eine abschließende Berücksichtigung der markenbezogenen Ausgaben voraus. Im Ergebnis können so die Gewinne[305] ermittelt werden, die der Lizenz-

---

[305] Als Synonym wird für den Begriff Überschuss der Gewinnbegriff verwendet. Der Gewinn wird unter der Annahme, dass der Lizenzwert bereits zum Zeitpunkt der Lizenzvergabe an den Lizenzgeber gezahlt wird, ermittelt. Erfolgt eine Zahlung über die Lizenzdauer hinweg, ergeben sich aufgrund der zu zahlenden Zinsen Abweichungen.

nehmer und Lizenzgeber infolge der Hereinnahme bzw. Vergabe der einheitlichen Markenlizenz verwirklichen können.

Dafür ist u.a. im Rahmen der Einnahmenveränderung eine Bewertungsmöglichkeit für die Marke i.r.S. zu identifizieren und anschließend im Rahmen der Einnahmenzurechnung ein sachgerechter Aufteilungsmaßstab für die mit der Marke i.r.S. verbundenen ökonomischen Wirkungen zu erarbeiten.

4.2.1.1.2 Einnahmenveränderung

Voraussetzung für die Ermittlung des Werts der Lizenz ist die Ermittlung der ökonomischen Markenwirkungen, die der auf den Bewertungszeitpunkt t mit einem markenindividuellen Kapitalisierungszinssatz i abgezinsten markenbezogenen Einnahmenveränderung des Lizenznehmers entsprechen, welche dieser über die gesamte Lizenzdauer n durch die Vermarktung der markierten Leistung in Höhe von

$$\sum_{t=1}^{n} E_t^M * (1+i)^{-t}$$

vereinnahmen kann.

Für die Bewertung der Marke stehen verschiedene monetäre und nicht monetäre Bewertungsverfahren zur Verfügung, die auf die Ermittlung des Markenwerts abstellen. Ein für die Bewertung der Einnahmenveränderung des Lizenznehmers geeignetes Verfahren wird anschließend detailliert dargestellt. Dabei zielt dieses auf die Bewertung des Markenlizenzwertes ab.

4.2.1.1.2.1 Der Wert der Marke

Ziel der Bewertung einer Marke ist die Bestimmung des Markenwertes als denjenigen Wert, der mit ihrem Namen oder Symbol verbunden ist, und zumeist als inkrementaler Vergleichswert zu einer technisch gleichwertigen namenlosen Leistung[306] aufgefasst wird.[307]

Aus erfolgsbezogener Betrachtungsweise ist der Markenwert „der Barwert aller zukünftigen [...] Überschüsse, die der Eigentümer aus der Marke erwirtschaften kann"[308]. Hingegen aus der wirkungsbezogenen Sicht „das Ergebnis unterschiedlicher Reaktionen von Konsumenten auf Marketing-Maßnahmen einer Marke im

---

[306] Als Vergleichswert kommen sowohl nicht markierte Leistungen als auch mit einem ausschließlich rechtlich werthaltigen Unterscheidungszeichen markierte Leistungen in Betracht, weil diese keine ökonomischen Markenwirkungen hervorrufen können.

[307] Vgl. *Sattler, H.,* (State of the Art), S. 34.

[308] *Esch, R.,* (Markenführung), S. 59.

Vergleich zu identischen Maßnahmen einer fiktiven Marke aufgrund spezifischer, mit der Marke im Gedächtnis gespeicherten Vorstellungen"[309].

Unter Berücksichtigung der wirkungs- und erfolgsbezogenen Betrachtungsweise der Marke, die sowohl dem Markenerfolgskettenansatz als auch der Erklärung der Wirkungsweise der Marke zugrunde liegt, ist auch der Markenwert in Anbetracht dieser integrierten Betrachtungsweise der Marke zu definieren. Demzufolge ist der Markenwert „[...] die Gesamtheit aller positiven und negativen Vorstellungen, die im Konsumenten ganz oder teilweise aktiviert werden, wenn er das Warenzeichen wahrnimmt und die sich in ökonomischen Daten des Markenwettbewerbs spiegeln"[310].

Da die verhaltensbezogenen Markenwirkungen Voraussetzung für die Verwirklichung der ökonomischen Markenwirkungen sind, kommen für die Bewertung der Marke ausschließlich konsumentenorientierte Verfahren in Betracht. Diese können in Anlehnung an die Elemente des neobehavioristischen SOR-Paradigmas[311] in organismusorientierte, die sich überwiegend auf die nicht beobachtbaren intrapersonalen verhaltensbezogenen Wirkungen beziehen, und responseorientierte Verfahren eingeordnet werden, welche die nicht beobachtbaren Reaktionen einbeziehen, sich allerdings auf die beobachtbaren Reaktionen konzentrieren.[312]

Eine weitere Möglichkeit der Kategorisierung der vorhandenen Bewertungsverfahren bieten die Eigenschaften ihrer Ergebnisse, die zugleich die Methodik der Bewertungsverfahren beschreiben. Demnach werden insbesondere organismusorientierte Verfahren zu nicht monetären und responseorientierte zu monetären Er-gebnissen führen, wobei hybride Verfahren ebenso möglich sind.

Nicht monetäre Bewertungsansätze zielen häufig auf eine organismusorientierte verhaltensbezogene Erklärung der Entstehung des Markenwertes ab.[313] Durch eine Beschreibung des Markenwissens und seiner Dimensionen sowie die Operationalisierung der Wissensstrukturen erfassen diese Bewertungsmodelle den psy-

---

[309] *Esch, R.*, (Markenführung), S. 59.

[310] *Schultz, R. / Brandmeyer, K.* in: *Echterling, J. / Fischer, M. / Kranz, M.*, (Markenstärke), S. 6. Die Autoren unterscheiden eine enge, sich lediglich auf die ökonomische Betrachtung der Marke beziehende, und eine weite Begriffsauffassung, welche die Integration gewährleistet.

[311] Das neobehavioristische SOR-Paradigma erklärt menschliches Verhalten durch einen beobachtbaren Reiz, der als Stimulus (S) auf das Individuum (O) wirkt und eine dadurch induzierte ebenfalls beobachtbare Reaktion (R) auslöst. Dabei wirkt die Marke i.r.S. als Stimulus (S) auf die Nachfrager (O), die in Abhängigkeit von ihren Wissensstrukturen mit der gewünschten Reaktion durch den Kauf oder Wiederkauf der markierten Leistung (R) reagieren. Vgl. *Kroeber-Riel, W. / Weinberg, P. / Gröppel-Klein, A.*, (Konsumentenverhalten), S. 17 f.

[312] So auch *Echterling, J. / Fischer, M. / Kranz, M.*, (Markenstärke), S. 8.

[313] Vgl. *Farsky, M. / Sattler, H.*, (Bewertung), S. 222.

chologischen oder verhaltenswissenschaftlichen Markenwert[314] oder die Markenstärke,[315] die das aus der gefühls- und verstandesmäßigen Wertschätzung einer Leistung in den Köpfen der Verbraucher resultierende „Ergebnis der psychischen Reaktion der Nachfrager auf alle Marketing-Maßnahmen"[316] verkörpern.

Auch wenn sich verhaltensbezogene Bewertungsmodelle[317] für die Erklärung des zukünftigen Markenerfolges sowie für die Durchführung eines Benchmarkings eignen, sind sie für die Bestimmung des Wertes einer Marke nicht zweckmäßig.[318] Dieser lässt sich nicht nur durch die Identifikation seiner Werttreiber und Entwicklungstendenzen sowie durch die Erklärung von Ursachen-Wirkungsbeziehungen, sondern durch den zukünftig erwarteten Nutzen, der mit der Verwertung der Marke verbunden ist, bestimmen. Für die Erfüllung dieser Aufgaben sind die verhaltensorientierten Verfahren, selbst wenn sie die erfolgsbezogene Perspektive integrieren, nicht geeignet.[319]

Demnach ist die Markenstärke eine wesentliche Determinante für das Verhalten der Nachfrager, die den monetären Markenwert stärkt.[320] Sie dient als Erklärung für einen hohen oder niedrigen Markenwert, dessen Triebfeder das Markenwissen ist.[321]

---

[314]   *Sattler, H.*, (Markenbewertung), S. 22. *Keller* verwendet alternativ den Begriff des kundenorientierten Markenwerts (vgl. *Keller, K. L.*, (Markenwert) S. 1308 ff.).

[315]   Vgl. *Högl, S. / Twardawa, W. / Hupp, O.*, (Key Driver), S. 38.

[316]   *Högl, S. / Twardawa, W. / Hupp, O.*, (Key Driver), S. 38.

[317]   Für eine umfangreiche Darstellung psychografischer bzw. verhaltensorientierter Bewertungsansätze, vgl. z.B. *Bentele, G. / Buchele, M.-S. / Hoepfner, J. / Liebert, T.*, (Markenwert), S. 103 – 146.

[318]   Vgl. *Sattler, H.*, (Grundlagen), S. 26.

[319]   Dieser Meinung schließt sich auch das *IDW* an. Die reinen verhaltensbezogenen Verfahren seien zwar für die Bestimmung der Positionierung und die Erklärung der Wirkungsweise einer Marke geeignet, allerdings nicht als eigenständige Bewertungsverfahren zur Ermittlung von Markenwerten (vgl. *IDW*, (IDW S 5), Rn. 70).

[320]   Vgl. *Högl, S. / Hupp, O. / Maul, K. H. / Sattler, H.*, (Geldwert), S. 41.

[321]   Vgl. *Esch, R.*, (Markenführung), S. 63.

Für die monetäre Bewertung immaterieller Wirtschaftsgüter[322] kommen grundsätzlich marktpreis-,[323] kosten-[324] und ertargswertorientierte[325] Bewertungsverfahren in Betracht. Zu letzteren zählen die Methode der unmittelbaren Cash Flow Ermittlung,[326] die Methode der Lizenzpreisanalogie,[327] die Mehrgewinn-[328] sowie

---

[322] Trotz ihrer enormen wirtschaftlichen Bedeutung existiert für immaterielle Wirtschaftsgüter bislang kein einheitlich anerkannter Definitionsansatz (vgl. *Arbeitskreis „Immaterielle Werte im Rechnungswesen" Schmalenbach-Gesellschaft für Betriebswirtschaft e.V.*, (Immaterielle Werte), S. 990, *Kaufmann, L. / Schneider, Y.*, (Intangibles), S. 23 ff. sowie *Müller, C.*, (Intangibles), S. 3 f.). Vielmehr wird versucht sie mit Hilfe einer Negativabgrenzung zu den materiellen Werten (physische Substanz) und den finanziellen Werten (monetärer Charakter) einer Unternehmung als nicht monetäre Werte ohne physische Substanz, die in der Verfügungsmacht des Unternehmens stehen und zur Herstellung von Produkten oder dem Erbringen von Dienstleistungen entgeltlich an Dritte überlassen werden oder für eigene Zwecke genutzt werden können, beschreibend zu erfassen. Sie sind wirtschaftliche Güter, die beispielsweise als Recht, Prozess, Verfahren, Beziehung, Wissen, Informationen oder als Gedanken Eingang in den Leistungsprozess finden. Vgl. *IDW*, (IDW S 5), Rn. 3, DRS 12, Tz. 7, H 5.5 EStH, *Kußmaul, H.*, (Immaterielles), Stichwort 73.

[323] Der Wert der Marke leitet sich aus den beobachtbaren Marktpreisen ab, so dass die Anwendung dieser Methode einen aktiven Markt voraussetzt. Ist ein solcher nicht vorhanden, verbleibt die Möglichkeit der Analogiemethode, die wiederum entsprechende Vergleichsdaten voraussetzt, die regelmäßig nicht vorhanden oder nicht öffentlich zugänglich sein werden. Deswegen kann die Marktpreismethode i.d.R. nicht zur Anwendung kommen. Vgl. dazu u.a. *IDW*, (IDW S 5), Rn. 18 ff., *Hommel, M. / Buhleier, C. / Pauly, D.*, (Bewertung von Marken), S. 372.

[324] Kostenorientierte Verfahren sind vergangenheitsorientierte Verfahren, ohne Nutzen- und Zukunftsorientierung. Sie bestimmen den Wert der Marke auf Grundlage der Kosten, die entweder für ihre Reproduktion oder ihre Wiederbeschaffung notwendig sind. Diese Methode ist lediglich für Plausibilitätsüberlegungen oder für die Ableitung von Preisuntergrenzen geeignet. Vgl. *IDW*, (IDW S 5), Rn. 48 ff.

[325] Diese Verfahren gründen auf der Annahme, dass das Bewertungsobjekt in der Lage ist, zukünftige Erfolgsbeiträge in Form von Cash Flow zu generieren. Demzufolge entspricht der Wert der Marke der Summe der zukünftigen Überschüsse, die auf den Bewertungsstichtag abzuzinsen sind, und durch die Nutzung der Marke über ihre wirtschaftliche Nutzungsdauer hinweg erzielt werden können. Für die Bewertung stehen vier Methoden zur Verfügung, die gleichwertig sind, wenn nicht beispielsweise in Einzelfällen spezifische Informationen fehlen. Vgl. *IDW*, (IDW S 5), Rn. 28.

[326] Diese Methode knüpft an markenspezifische Zahlungsüberschüsse an, welche isoliert erzielt werden und direkt aus der Unternehmensrechnung oder –planung abgeleitet werden können. Der Markenwert ergibt sich durch ihre Kapitalisierung mit einem markenindividuellen Kapitalisierungssatz. Vgl. *Hommel, M. / Buhleier, C. / Pauly, D.*, (Bewertung von Marken), S. 373.

[327] Die Methodik der Lizenzpreisanalogie setzt den Markenwert anhand der Bewertung einer fiktiven Alternative, der Lizenzierung, fest. Sie wird vor allem in der Rechtsprechung für die Quantifizierung von Schadensersatzansprüchen, die dem Markeninhaber aufgrund von Markenrechtsverletzungen zustehen, verwendet (vgl. (vgl. *Joppich, B. / Nestler, A.*, (Lizenzpreisanalogie), S. 1411). *Castedello* und *Schmusch* bewerten die Lizenzpreismethode als die denkbar einfachste, aber gleichzeitig umstrittenste Methode (vgl. *Castedello, M. / Schmusch, M*, (Markenbewertung), S. 351).

die Residualwertmethode[329].[330] Da die Anwendungsvoraussetzungen marktpreis-
orientierter Verfahren i.d.R. nicht erfüllt sind und kostenorientierten Verfahren
die Nutzen- und Zukunftsorientierung fehlt, sind für die Bewertung der Marke
die kapitalwertorientierten Verfahren, vorzugsweise die Mehrgewinnmethode, geeignet.[331]

4.2.1.1.2.2 Der Markenlizenzwert

Die Wirkungsweise einer Marke kann auf Grundlage des neobehavioristischen
SOR-Paradigmas verdeutlicht werden, welches menschliches Verhalten durch einen beobachtbaren Reiz, der als Stimulus auf das Individuum wirkt, und eine
dadurch induzierte ebenfalls beobachtbare Reaktion erklärt. Durch die Integration des Organismus als intervenierende Variable zwischen dem Reiz und der Reaktion werden nicht beobachtbare Variablen als mögliche Verhaltenserklärungen
in den Prozess einbezogen.[332]

---

[328] Die Mehrgewinnmethode basiert auf der Fähigkeit der Marke, durch die Erzielung
eines Preis- und/oder Mengeneffektes spezifische Überschüsse zu erzielen, und
ermittelt den Markenwert als inkrementalen Wert zu einer Referenzleistung. Die
dafür notwendigen Daten können entweder direkt aus den unternehmensinternen
Daten entnommen, durch entsprechende direkte und indirekte Befragungen der
Nachfrager oder durch die Ermittlung eines hedonischen Preises, eines markenkor-
rigierten Umsatzes oder Gewinns ermittelt werden. Vgl. dazu ausführlich *Sattler, H.*,
(State of the Art), S. 42 ff. sowie *Farsky, M. / Sattler, H.*, (Bewertung), S. 233 f., *IDW*,
(IDW S 5), Rn. 61.

[329] Die Residualwertmethode findet Anwendung, wenn die Marke ihre Wirkung nur im
Verbund mit weiteren immateriellen Wirtschaftsgütern entfalten kann. In diesen
Fällen entspricht der Wert der Marke dem Betrag, der sich nach Abzug fiktiver Nut-
zungsentgelte für die einzelnen Güter im Falle ihrer Lizenzhereinnahme oder ihres
Leasing von dem gesamten erzielbaren Cash Flow ergibt. Vgl. *IDW*, (IDW S 5), Rn.
36 ff. und 67.

[330] Vgl. *IDW*, (IDW S 5), Rn. 18. Für eine ausführliche Darstellung zur Bewertung von
immateriellen Wirtschaftsgütern, vgl. *Boos, M.*, International Transfer Pricing: The
Valuation of Intangible Assets, London / New York 2003 sowie *IDW*, IDW Standard:
Grundsätze zur Bewertung immaterieller Vermögenswerte, IDW Fachnachrichten
2007, S. 610 – 619, *Hommel, M. / Buhleier, C. / Pauly, D.*, Bewertung von Marken
in der Rechnungslegung – eine kritische Analyse des IDW ES 5, BB 2006, S. 371 –
377.

[331] Vgl. *IDW*, (IDW S 5), Rn. 59, 61.

[332] Vgl. *Kroeber-Riel, W. / Weinberg, P. / Gröppel-Klein, A.*, (Konsumentenverhalten), S.
17 f.

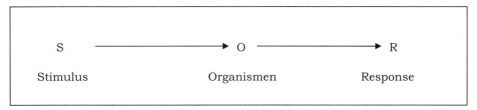

Abbildung 9:   Neobehavioristische S-O-R Paradigma.

Übertragen auf den Sachverhalt der Lizenzierung wirkt das gesetzlich geschützte Unterscheidungszeichen als Stimulus auf die potentiellen Nachfrager und ruft in Abhängigkeit von deren Wahrnehmung eine Reaktion hervor, die idealtypisch zu den erwünschten ökonomischen Markenwirkungen führt. Durch das SOR-Modell wird deutlich, dass die wirtschaftliche Werthaltigkeit der Marke i.r.S. ausschließlich in den Köpfen der Verbraucher entsteht, weil allein deren jeweilige Wahrnehmung über deren Reaktionen entscheiden kann. Da die Nachfrager nur auf konditionierte Reize reagieren werden, kann für die ökonomischen Markenwirkungen nicht allein das rechtlich geschützte Unterscheidungszeichen, sondern vielmehr die markierte Leistung, „die durch ein systematisches Absatzkonzept im Markt ein Qualitätsversprechen abgibt, das eine dauerhaft werthaltige, nutzenstiftende Wirkung erzielt und bei der relevanten Zielgruppe in Erfüllung der Kundenerwartungen einen nachhaltigen Erfolg im Markt realisiert bzw. realisieren kann"[333], verantwortlich sein.[334]

Die Theorie der klassischen Konditionierung geht auf Iwan Petrowitsch Pawlow (1849 -1936) zurück, der die Lehre der bedingten Reflexe entwickelte, indem er unkonditionierte mit konditionierten Reizen kombinierte. Als Versuchsobjekte dienten ihm Hunde, denen er ihre Nahrung, auf die sie naturgemäß mit Speichelausfluss reagieren, nur noch in Verbindung mit dem Läuten einer Klingel verabreichte. Im Verlauf seines Experiments konnte er feststellen, dass diese in Erwartung ihrer Nahrung bereits auf das Klingelzeichen mit Speichelausfluss reagierten und die Klingel nicht mehr als unkonditionierten, sondern als konditionierten Reiz wahrnahmen.[335]

Damit vergleichbar sind die Funktionsweise der Markenpolitik sowie die damit verbundene Wirkung des rechtlich geschützten Unterscheidungszeichens. Denn während die Marke i.r.S. für die Nachfrager zunächst einen ihnen unbekannten Reiz darstellt, wird sie durch die Beeinflussung ihrer Wissensstrukturen zu einem konditionierten Reiz, der als Stimulus auf die Nachfrager wirkt, eine entsprechende Reaktion auslöst und der Marke i.r.S. einen wirtschaftlichen Wert vermittelt. Gleichzeitig wird durch diese Theorie deutlich, dass der wirtschaftli-

---

333   *Bruhn, M.*, (Marke), S. 28.
334   Vgl. *Steinmann, S.*, (Marke), S. 25.
335   Vgl. *Steinmann, S.*, (Marke), S. 25.

che Wert der Marke i.r.S. maßgeblich von ihrem personellen Wirkungskreis, den Organismen, abhängig ist.[336]

Die Abhängigkeit des wirtschaftlichen Werts der Marke i.r.S. von ihrem personellen Wirkungskreis begründet, dass die Bewertung der markenbezogenen Einnahmenveränderung nicht auf Grundlage des Markenwertes erfolgen darf, weil sich der personelle Wirkungskreis der Marke i.r.S. infolge der Lizenzvergabe regelmäßig[337] aufgrund der sachlichen, räumlichen und zeitlichen Einschränkungen der Lizenz verändert.[338] Deswegen ist Ziel der Bewertung der Marke i.r.S. ausschließlich „… die Gesamtheit aller positiven und negativen Vorstellungen, die im Konsumenten ganz oder teilweise" innerhalb des sachlichen, räumlichen und zeitlichen Geltungsbereiches der Nutzungserlaubnis „aktiviert werden, wenn er das Warenzeichen wahrnimmt und die sich in ökonomischen Daten"[339] dieses räumlichen Geltungsbereiches der Lizenz spiegeln.

Dieser **Markenlizenzwert**[340] entspricht dem an die vertraglichen Bedingungen der Nutzungserlaubnis angepassten Wert, der dem Namen oder Symbol der Marke i.r.S. innerhalb des sachlichen, räumlichen und zeitlichen Geltungsbereiches der Lizenz verbunden ist.[341] Er umfasst die auf den Bewertungsstichtag abgezinsten ökonomischen Markenwirkungen, welche der Lizenznehmer infolge der Vermarktung der markierten Leistung allein als Folge der Lizenzhereinnahme in

---

[336]   Diese Erkenntnis ist insoweit von Bedeutung, weil sie verdeutlicht, warum der Wert einer Marke i.r.S. in zwei unterschiedlichen räumlichen Geltungsbereichen stark differieren kann. So kann beispielsweise die Marke Adidas in Amerika einen enormen wirtschaftlichen Wert entfalten, weil die Nachfrager über hinreichende Wissensstrukturen verfügen, allerdings in der Antarktis gar keinen.

[337]   Zumindest stets infolge eines räumlichen Markentransfers.

[338]   Die Veränderung tritt i.d.R. durch die genannten Einschränkungen der Lizenz ein, in deren Folge der Lizenznehmer die Marke i.r.S. als Stimulus nur gegenüber einem Teil des bisherigen personellen Wirkungsbereiches einsetzen kann, für welchen die Marke i.r.S. bislang einen unkonditionierten Reiz darstellt.

[339]   *Schulz, R. / Brandmeyer, K.* in: *Echterling, J. / Fischer, M. / Kranz, M.*, (Markenstärke), S. 6.

[340]   Die Idee der Verwendung dieses Begriffes knüpft an die Arbeit von *Ludewig, D.* (vgl. *Ludewig, D.*, Markenlizenzwert, Göttingen 2006) an. Dieser definiert den Markenlizenzwert aus Sicht des Lizenznehmers als relativen Wert als (Netto-)nutzen, den die Markenlizenz für den Lizenznehmer erbringt, und misst diesen in Anlehnung an die Make or Buy Entscheidung (vgl. *Ludewig, D.*, (Markenlizenzwert), S. 119 f.). Die reine nutzenorientierte Perspektive der Preisbestimmung, die auf den Lizenznehmer beschränkt ist, soll hier nicht als Definitionsgrundlage verwendet werden. Vielmehr soll der verwendete Begriff die Diskrepanz zwischen dem Wert der Marke und ihrem Wert als Lizenzgegenstand verdeutlichen. Dessen Wertbestimmung knüpft somit an die Ermittlung eines lizenzspezifischen Markenwertes an, der nur die mit der vertraglichen Vereinbarung verbundenen Wirkungen erfasst.

[341]   Vgl. *Sattler, H.*, (State of the Art), S. 34.

Form einer **markenbezogenen Einnahmenveränderung**[342] verwirklichen kann. Da die Markenlizenz regelmäßig sachlich, räumlich und zeitlich beschränkt ist, weil sie auf die Durchführung eines räumlichen und/oder sachlichen Markentransfers abstellt, entspricht der Markenlizenzwert nur einem Anteil des Markenwerts.

4.2.1.1.2.3 Die Bewertung der ökonomischen Markenwirkungen

Mit der Ermittlung des Markenlizenzwerts sind vier zentrale Markenbewertungsprobleme verbunden.[343]

Das erste Problem ist die Identifikation und Quantifizierung der sog. Brand Value Driver, die als nicht monetäre Größe die Markenstärke prägen und den monetären Wert der Marke determinieren. Sie sind insbesondere für die Markenführung, die Ursachenanalyse der Markenentstehung und die effektive Markenwertsteuerung relevant, wobei besonders der Nachweis ihrer Wirkung schwierig ist.[344]

Das zweite wesentliche Markenbewertungsproblem ergibt sich, weil der Markenlizenzwert ausschließlich den Wert umfasst, der unter Berücksichtigung der vertraglichen Vereinbarungen mit dem Unterscheidungszeichen verbunden ist. Deswegen dürfen in seine Ermittlung ausschließlich die Einnahmen einbezogen werden, die spezifisch auf die Marke zurückzuführen sind. Dies setzt die Abgrenzung der leistungs- und markenspezifischen Einnahmen voraus.[345]

Das dritte Markenbewertungsproblem geht mit der Prognose der Einnahmen einher, welche der Lizenznehmer über die Lizenzdauer erzielen kann. Die Berücksichtigung der mit der Marke i.r.S. verbundenen markenstrategischen Optionen stellt das vierte zentrale Bewertungsproblem dar,[346] welches für die Bewertung der Einnahmenveränderung des Lizenznehmers an dieser Stelle keine Bedeutung erlangt, weil die Lizenzierung i.d.R. selbst eine markenstrategische Option des Markeneigners ist, die bereits Gegenstand der Bewertung ist, und die Durchführung weiterer Markentransfers durch den Lizenznehmer für die Betrachtung ausgeschlossen sind.

Die nachfolgende Abbildung zeigt die bereits dargestellten Problemfelder auf. Sie sind die Komponenten einer sachgerechten Markenlizenzwertmessung.

---

[342] Der Markenlizenzwert umfasst damit nicht die markenbezogenen Ausgaben und unterscheidet sich somit i.d.R. von dem Markenwert, der den markenbezogenen Überschuss meint.

[343] Diese Darstellung knüpft an *Sattler, H.,* (State of the Art 2005), S. 6 ff. und damit an die Bewertung des Markenwertes an.

[344] Vgl. *Sattler, H.,* (State of the Art 2005), S. 6.

[345] Vgl. *Sattler, H.,* (State of the Art 2005), S. 6.

[346] Vgl. *Sattler, H.,* (State of the Art 2005), S. 6 f.

Abbildung 10: Grundprobleme und Komponenten einer Markenlizenzwert-messung.[347]

Nach Auffassung von *Sattler* sind die zahlreichen in der Literatur vorgeschlage-nen Bewertungsmöglichkeiten[348] zwar für die Lösung der dargestellten Grund-probleme der Markenwertmessung prinzipiell geeignet, greifen dabei allerdings häufig nur einzelne der genannten Problemfelder auf.[349] Aufbauend auf dieser Einschätzung hat er für die Bewertung des Markenwerts als den Kapitalwert aller zukünftiger markenspezifischer Überschüsse in Zusammenarbeit mit der *Gesell-schaft für Konsum (GfK)* und dem Unternehmen *PricewaterhouseCoopers* einen Markenbewertungsansatz entwickelt, der die genannten Kriterien erfüllt.

Da dieses Bewertungsmodell den Markenwert als Summe aller markenspezifi-scher, auf den Bewertungsstichtag abgezinsten Überschüsse versteht, dafür die markenbezogenen Einnahmen und Ausgaben isoliert, die Langfristigkeit der Be-wertung sowie die integrierte wirkungs- und erfolgsbezogene Betrachtungsweise der Marke berücksichtigt, wird dieses für die Bewertung des Markenlizenzwertes zugrunde gelegt und nachfolgend dargestellt.[350] Als Ergebnis ermöglicht das Ver-

---

[347] *Sattler, H.*, (State of the Art), S. 39, angepasst an die Bewertung des Markenlizenz-wertes.

[348] Vgl. 4.2.1.1.2.1 Der Wert der Marke. Für einen Überblick, vgl. *Bentele, G. / Buchele, M.-S. / Hoepfner, J. / Liebert, T.*, (Markenwert), Markenwert und Markenwerteer-mittlung. Eine systematische Modelluntersuchung und -bewertung, 3. Auflage, Wiesbaden 2009.

[349] Vgl. *Sattler, H.*, (State of the Art), S. 40.

[350] Die folgende Darstellung basiert auf der Veröffentlichung des Bewertungsmodells durch die Arbeitsgruppe, vgl. dazu *Högl, S. / Hupp, O. / Maul, K. H. / Sattler, H.*, (Geldwert), S. 37 ff. Sie wird an die Bewertung des Markenlizenzwertes angepasst.

fahren die Bewertung der markenbezogenen Einnahmenveränderung des Lizenznehmers als die ökonomischen Markenwirkungen in Höhe von

$$\sum_{t=1}^{n} E_t^M * (1+i)^{-t} \, ,$$

welche der Lizenznehmer über die Lizenzdauer n verwirklichen kann, sowie der damit in wirtschaftlichem Zusammenhang stehenden diskontierten markenbezogenen Ausgaben in Höhe von

$$\sum_{t=1}^{n} A_t^M * (1+i)^{-t}$$

und die Ermittlung des markenspezifischen Kapitalisierungszinssatzes i.

Kernelemente des Bewertungsverfahrens sind die psychologische Markenstärke,[351] die markenspezifischen Einnahmen und Ausgaben sowie Risiko und sonstige Elemente wie der rechtliche Schutz des Unterscheidungszeichens, welche im Markenisolierungs-, Markenprognose- und Markenrisikomodul berücksichtigt werden.

Ausgangspunkt der Bewertung ist die Bestimmung der psychologischen Markenstärke bzw. die Messung des verhaltensbezogenen Markenwerts, der sich nach Auffassung der Arbeitsgruppe als Prognoseinstrument für die zukünftige Entwicklung der ökonomischen Markenwirkungen bewährt hat. Dabei wird durch die Berücksichtigung der psychologischen Markenstärke zugleich eine Erklärung der Entstehung des monetären Markenwertes ermöglicht, so dass nicht nur seine Entstehungsursache identifiziert, sondern auch seine Veränderung im Zeitablauf gemessen werden kann.

Die Messung des verhaltensbezogenen Markenwerts, der aufgrund seiner Entstehungsursache auch als Share of Soul bezeichnet wird, erfolgt mittels eines von der *Gesellschaft für Konsumforschung* entwickelten Brand Potential Index. Er misst insgesamt zehn Facetten, zu denen die Kaufabsicht, die Markenbekanntheit, die Markenloyalität, die Mehrpreisakzeptanz, die Uniqueness, die wahrgenommene Qualität, die Markensympathie, das Markenvertrauen sowie die Markenidentifikation und die Bereitschaft zur Weiterempfehlung gehören, durch die Befragung der Nachfrager über ihre emotionale Einstellung gegenüber der Marke und ihre Verhaltensabsichten. Das Ergebnis wird zu einer Kennzahl operationalisiert, die als psychologische Markenstärke die Markenlizenzbewertung beeinflusst. Damit beschränkt sich dieser Ansatz nicht nur auf die konzeptionelle Beschreibung und Messung der Markenstärke, sondern sucht den Zusammen-

---

So wird u.a. das Dehnungspotential der Marke nicht berücksichtigt und nicht von Einzahlungen, sondern von Einnahmen ausgegangen.

[351] Diese kann auch als verhaltensbezogener Markenwert bezeichnet werden.

hang zwischen den verhaltens- und den erfolgsbezogenen Komponenten des Markenwertes. Diesen Wirkungszusammenhang zeigt die nachfolgende Abbildung auf.

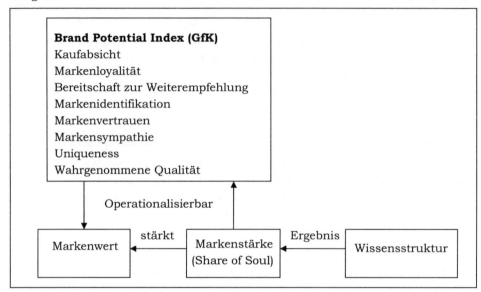

Abbildung 11: Zusammenhang der Markenstärke, des Markenwerts und der Wissensstruktur.

Ausgangspunkt für die Darstellung dieser Ursachen-Wirkungs-Beziehung bildet das von der *Gesellschaft für Konsumforschung* entwickelte Generelle Marketing-Wirkungsmodell, welches auf der Prämisse gründet, dass der Brand Potential Index einen stark positiven Einfluss auf das Verhalten der Nachfrager und somit auf den Marktanteil selbst hat.[352] Dafür wird das Verhalten der Nachfrager durch den First Choice Buyer-Anteil abgebildet, der als Indikator für die Markenbindung und somit für den langfristigen Markenerfolg steht,[353] so dass der Brand Potential Index als Vorlaufindikator für den Markenerfolg verwendet werden kann.[354]

---

[352] Nach eigenen Angaben hat sich die Fähigkeit des Brand Potential Index als Prognoseinstrument für die Entwicklung zukünftiger Marktanteile und anderer panelgestützt gemessener Erfolgsindikatoren bewährt (vgl. *Högl, S. / Hupp, O. / Maul, K. H. / Sattler, H.*, (Geldwert), S. 43, *Högl, S. / Twardawa, W. / Hupp, O.*, (Key Driver), S. 40).

[353] Vgl. *Högl, S. / Twardawa, W. / Hupp, O.*, (Key Driver), S. 47.

[354] *Högl, S. / Twardawa, W. / Hupp, O.*, (Key Driver), S. 44.

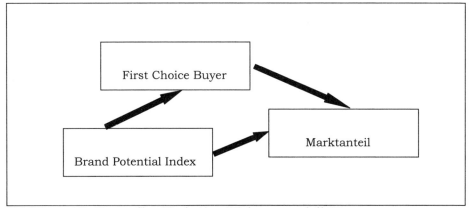

Abbildung 12: Generelles Marketing-Wirkungsmodell.[355]

Damit integriert dieses Modell die Erkenntnis, dass sich der unterschiedliche Erfolg einer Marke durch ihre unterschiedliche Wahrnehmung ergibt. Es verbindet somit die psychologische Komponente des Share of Soul mit der erfolgsorientierten Determinante des First Choice Buyer-Anteils und des Markenerfolgs. Damit wird der Integration der wirkungs- und erfolgsbezogenen Betrachtungsweise der Marke und vor allem der schrittweisen Entstehung ihres Erfolges Rechnung getragen. Daneben ermöglicht dieses Modell die Integration der Marketinginstrumente und wird somit in seiner Aussagefähigkeit gestärkt.

Die in der nachfolgenden Abbildung dargestellten Einflussmöglichkeiten der Marketinginstrumente auf den Brand Potential Index und die First Choice Buyer begründet die *GfK* mit ihren Verbraucherpanels des GfK Panal Services sowie repräsentativ angelegten Grundlagenforschungen. Sie führten zu dem Ergebnis, dass der Werbung die überragende Bedeutung für eine langfristig erfolgreiche Markenführung zukommt.[356]

---

[355] *Högl, S. / Twardawa, W. / Hupp, O.*, (Key Driver), S. 47. Die Pfeile bilden die positive Wirkung der jeweiligen Faktoren auf die anderen Elemente ab.

[356] Diese Erkenntnisse sind Ergebnis der Studie "So wirkt Werbung in Deutschland", vgl. dazu *Haller, P.*, (Geldwert), S. 8 ff.

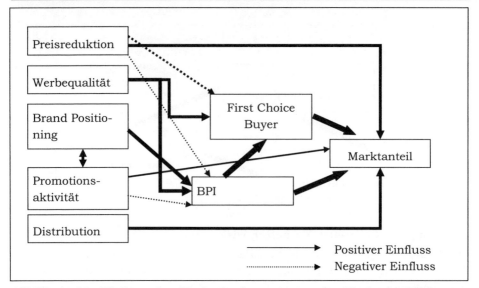

Abbildung 13: Einfluss der Marketinginstrumente im Marketing-Wirkungsmodell.[357]

Anschließend erfolgt die Berücksichtigung der anderen Kernelemente in verschiedenen Modulen. Die Ermittlung der markenspezifischen Einnahmen ist Aufgabe des *Markenisolierungsmoduls,* das entweder auf der Identifikation realer markenspezifischer Einnahmen oder auf der Abgrenzung der markenspezifischen von den gesamten Einnahmen basiert. Da erstere eine Referenzleistung voraussetzt, damit aus dem Vergleich mit einer vergleichbaren nicht markierten Leistung die markenspezifischen Mengen- und/oder Preiseffekte ermittelt werden können, ist regelmäßig nur die letztere Methode anwendbar. Bei dieser ergeben sich die markenspezifischen Einnahmen als Residualgröße aus den gesamten Einnahmen abzüglich der markenfremden Einnahmen, welche auf leistungsbezogene Promotions-, Produkt- und Distributionseffekte zurückzuführen sind. Ihre Separierung erfolgt entweder mittels einer Conjointanalyse[358] oder wird mit Hilfe von Paneldaten durch ein statistisch mathematisches Modell ermittelt. Dies gilt für die Ausgaben entsprechend.

---

[357] *Högl, S. / Twardawa, W. / Hupp, O.,* (Key Driver), S. 49. Die Stärke der Pfeile drückt zudem das Beeinflussungspotential aus. Für weitere Einzelheiten siehe ebd.

[358] Conjointanalysen sind Methoden der Datenerhebung, welche aus den globalen Präferenzurteilen der Befragten gegenüber Alternativen sowohl ihre Gesamtnutzenwerte als auch ihre intervallskalierten Gesamtnutzenwerte schätzen. Dafür werden die Leistungen als Angebotsalternativen, als Bündel nutzenstiftender Eigenschaften, verstanden, deren Gesamtnutzen sich linear-additiv aus den Teilnutzen der einzelnen Eigenschaften zusammensetzt. Vgl. dazu *Böhler, H. / Scigliano, D.,* (Conjointanalyse), S. 101 ff.

Die auf diese Weise ermittelten markenspezifischen Größen dienen als Grundlage für die Prognose der zukünftigen Einnahmen und Ausgaben der nachfolgenden Jahre.[359] Die Bewältigung dieser Aufgabe obliegt im Rahmen des *Markenprognosemoduls* Experten,[360] die auf Basis der Entwicklung der Umsätze, der Marktanteile, der Marktvolumina, der Markenstärke und der relevanten Konkurrenz eine Schätzung der zukünftigen Entwicklung der Einnahmen und Ausgaben unter Berücksichtigung verschiedener Szenarien ableiten sollen. Ergebnis der Prognose ist die Einschätzung der Umsätze, Marktanteile und Marktvolumina für jeweils eine positive und eine negative Entwicklung unter Berücksichtigung der jeweiligen Eintrittswahrscheinlichkeit der Szenarien. Für den Zeitraum, der sich an den Prognosezeitraum von maximal drei bis fünf Jahren anschließt, ist ein Durchschnittsbetrag zu schätzen, der das erwartete Wachstum in dieser Periode widerspiegelt.

Um die mit der Bewertung der Marke verbundene Unsicherheit zu reduzieren, beinhaltet dieses Modell abschließend ein *Simulationsmodul*, das zweifach von Bedeutung sein soll. Zum einen sollen die Veränderungen wichtiger Stellgrößen wie beispielsweise der psychologischen Markenstärke und deren Auswirkungen auf den monetären Markenwert aufgezeigt und zum anderen durch eine Risikoanalyse die Zuverlässigkeit des ermittelten Markenwertes dargestellt werden. Durch diese Analyse sollen einerseits die Durchrechnung alternativer Bewertungsszenarien möglich sein sowie andererseits die mit der Bewertung einhergehende Unsicherheit in Form von Wahrscheinlichkeitsaussagen quantifiziert werden. Dafür werden den unsicheren Bewertungsfaktoren des Bewertungsmodells wie beispielsweise dem zukünftigen Marktanteil Eintrittswahrscheinlichen zugerechnet, wobei die einzelnen Schätzungen in die Berechnung eingehen und einen bestmöglichen Schätzwert ergeben.[361]

Die Diskontierung der gesamten markenspezifischen Einnahmen und Ausgaben setzt die Ermittlung eines markenindividuellen Kapitalisierungszinssatzes im Rahmen des *Markenrisikomoduls* voraus.[362] Ausgangspunkt der Ermittlung des

---

[359] Die Prognose soll für die nächsten drei bis fünf Jahre erfolgen, wobei die Lizenzdauer zu berücksichtigen ist.

[360] Das Expertenteam setzt sich aus Mitgliedern des Bewertungsteams, dem Management des Auftraggebers und unabhängigen Gutachtern zusammen.

[361] Als Ergebnis ist beispielsweise die Aussage möglich, dass der Markenwert mit einer Wahrscheinlichkeit von 90 % nicht den Wert x übersteigen wird.

[362] Die Aufgabe des Kapitalisierungszinssatzes ist es, den Opportunitätsüberlegungen des Lizenznehmers Rechnung zu tragen und seine Zeitpräferenzen abzubilden (vgl. *Adam, D.*, (Investitionscontrolling), S. 77). Zur Bestimmung des Kapitalisierungszinssatzes wird im Folgenden das Capital Asset Pricing Model verwendet, auf welches sich die Arbeitsgruppe bezieht. In diesem stellt die erwartete Rendite einer vergleichbaren Kapitalanlage am Kapitalmarkt die Opportunität des Lizenznehmers dar.

Diskontierungssatzes ist die Ermittlung des Zinssatzes einer risikolosen Kapitalanlage, deren Laufzeit der Lizenzdauer entspricht. Dieser ist um einen Zuschlag zu erhöhen, welcher das mit der Vermarktung der Marke verbundene Risiko auf Seiten des Lizenznehmers vergütet. Die Höhe dieser Risikoprämie kann mit dem Capital Asset Pricing Model (CAPM) ermittelt werden.[363]

Ungeachtet der bestehenden Vorbehalte gegen dieses Modell,[364] gewährleistet die damit verbundene Vorgehensweise die Bestimmung eines objektiven Zuschlags[365] ohne willkürliche Festlegungen.[366] Mit diesem kann erklärt werden, welchen Preis Investoren im Kapitalmarktgleichgewicht unter stark vereinfachenden modellmäßigen Bedingungen für die Übernahme von Risiken verlangen.[367] Wesentliche Prämissen des Modells sind, dass sich die Marktteilnehmer im Sinne der Portfoliotheorie verhalten, d.h. riskoavers sind und ausschließlich in effiziente Portefeuilles investieren, sie alle dieselben Erwartungen über das Risiko und die Rendite aller Wertpapiere haben und auf dem Kapitalmarkt unbeschränkt entweder risikoloses Geld anlegen oder Kredite zu einem einheitlichen Zinssatz R_f aufnehmen können.[368] Da die Anleger homogene Erwartungen haben, ist die Effizienzlinie[369] für alle gleich. Für welche Anlagemöglichkeit sich der einzelne Investor entscheidet, ist vom Ausmaß seiner Risikoaversion abhängig. Dabei werden rational handelnde Anleger das gesamte Kapital in einen Mischportefeuille investieren, welcher sich aus der risikolosen Anlage und dem Wertpapierportefeuille zusammensetzt.[370] Die einzelnen effizienten Mischportefeuilles können auf einer Gerade, der sog. Kapitalmarktlinie, abgebildet werden.[371] Sie verdeutlicht, dass zwischen der Rendite und dem Risiko ein linearer Zusammenhang besteht und die Übernahme des zusätzlichen Risikos mit dem Faktor

---

[363] Vgl. *IDW*, (IDW S 1), S. 1320 ff.

[364] Die Vorbehalte richten sind vor allem gegen die unrealistischen Modellannahmen, vgl. u.a. *Schneider, D.*, (Betriebswirtschaftslehre II), S. 225, 228, *Wöhe, G.*, (Grundlagen), S. 686.

[365] Dieser Zuschlag ist objektiv, weil ein höheres Risiko durch einen höheren Zuschlag als ein geringeres vergütet wird. *Hering* bezeichnet diesen als „pseudo-objektiven Wert", weil er auf „subtile Weise kapitalmarkttheoretisch begründet wird" (*Hering, T.*, (Investitionstheorie), S. 283, 288).

[366] Vgl. *Högl, S. / Hupp, O. / Maul, K. H. / Sattler, H.*, (Geldwert), S. 61.

[367] Vgl. *Wöhe, G.*, (Grundlagen), S. 680.

[368] Vgl. *Wöhe, G.*, (Grundlagen), S. 680 f.

[369] Auf der Effizienzlinie liegen alle effizienten Portefeuilles, welche durch die Mischung der riskanten Wertpapiere bei gegebener Kapitalausstattung verwirklicht werden können.

[370] Vgl. *Wöhe, G.*, (Grundlagen), S. 683.

[371] Vgl. *Perridon, L. / Steiner, M. / Rathgeber, A.*, (Finanzwirtschaft), S. 264.

$$\frac{(RM_E - R_f)}{r_M},$$

mit RM$_E$ = Rendite des Marktportefeuille,

(RM$_E$ – R$_f$) = Marktrisikoprämie,

r$_M$ = Risiko des Marktportefeuille,

R$_f$ = Zinssatz der risikolosen Kapitalanlage

vergütet wird.[372] Die von dem Investor erzielbare Rendite entspricht unter Berücksichtigung seiner Risikobereitschaft r$_P$

$$R_f + \frac{(RM_E - R_f)}{r_M} * r_P.$$

Die Kapitalmarktlinie dient der Ableitung der Kapitalmarktkosten, nicht aber der Kosten der einzelnen risikobehafteten Kapitalanlage. Die Bestimmung des Preises dieser Investition im Marktportefeuille versucht das Modell der Wertpapierlinie, das Capital Asset Pricing Model. Die Möglichkeit besteht, weil jede Kapitalanlage Gegenstand des Marktportefeuilles ist und sein Wert als Relation zu diesem abgebildet werden kann. Die Wertpapierlinie gibt an, dass die erwarteten Renditeforderungen für die risikobehaftete Kapitalanlage im Kapitalmarktgleichgewicht der risikolosen Rendite zuzüglich einer Risikoprämie entspricht, welche sich aus dem Marktpreis für das übernommene Risiko auf dem Kapitalmarkt multipliziert mit der Risikohöhe ergibt.

Die dafür zu ermittelnde Risikohöhe wird als Beta-Faktor bezeichnet, der sich aus der Kovarianz zwischen den Renditeerwartungen der Kapitalanlagemöglichkeit und des Marktportefeuilles, geteilt durch die Varianz der Renditeerwartungen des Marktportefeuilles ergibt. Er beeinflusst direkt die Renditeforderung und beträgt für risikolose Kapitalanlagen null sowie für risikoreiche maximal eins. Dabei berücksichtigt der Beta-Faktor ausschließlich systematische Marktrisiken wie beispielsweise Konjunkturschwankungen, die in einem effizienten Marktportefeuille nicht durch Diversifikation der Kapitalanlagen eliminiert werden können.[373]

Für die Ableitung des Beta-Faktors werden i.d.R. Vergleichsunternehmen aus derselben Branche herangezogen, wobei auf die Erfolgsschwankungen des gesamten Unternehmens abgestellt wird. So hängt der Zuschlagssatz i.d.R. von der Kapitalstruktur, der Anlagenintensität oder dem Kapitalumschlag ab.[374] Zu über-

---

[372] Vgl. *Wöhe, G.*, (Grundlagen), S. 683 f.

[373] Vgl. *Perridon, L. / Steiner, M. / Rathgeber, A.*, (Finanzwirtschaft), S. 265 f.

[374] Sofern für den Lizenznehmer keine Kapitalmarktdaten zur Verfügung stehen, wird der Beta-Faktor unter Zuhilfenahme einer sog. Peer Group ermittelt. Diese umfasst

prüfen ist jedoch, ob diese Faktoren, welche die Höhe des Risikos für eine Investition in das jeweilige Unternehmen determinieren, auch den Markenlizenzwert beeinflussen. Vielmehr ist davon auszugehen, dass das Risiko des Lizenznehmers von markenspezifischen Faktoren beeinflusst wird.[375] Zu diesen gehören alle verhaltensbezogenen Größen wie die Positionierung,[376] die Markenstärke, die Markenbekanntheit und das Markenimage sowie alle erfolgsbezogenen Indikatoren wie die historische Entwicklung der markenspezifischen Umsätze, die Entwicklung der Markenanteile des markennutzenden Unternehmens und seiner Konkurrenten, die Distributionsstärke sowie die Wiederkaufraten der materiellen Leistung.

Demnach sollten als Referenzgrößen Unternehmen herangezogen werden, welche vergleichbare Marken für die Vermarktung ihrer Leistungen verwerten. Für diese ist jeweils der sog. markenindivuelle Risiko-Score zu ermitteln, welcher der Summe der einzelnen, nach ihrer relativen Bedeutung gewichteten Ausprägungen der verhaltens- und erfolgsbezogenen Größen entspricht.[377] Der ermittelte Risiko-Score, welcher umso höher ist, je geringer das Risiko ist, wird durch Interpolation auf den bekannten Beta-Wert vergleichbarer Unternehmen in Abhängigkeit von dem Risiko vergleichbarer Marken übertragen.[378]

Dem *IDW* zufolge können für die Ermittlung des risikoangepassten Kapitalisierungszinssatzes ergänzende markenspezifische Risikozu- oder –abschläge notwendig sein, deren Basis zu erläutern ist. Dabei sei besonders darauf zu achten, dass markenspezifische Risiken nicht mehrfach bei den markenspezifischen

---

sämtliche börsennotierte Unternehmen, die sich durch eine vergleichbare operative Tätigkeit und Unternehmensgröße auszeichnen sowie für ihre Leistungserstellung oder Positionierung neben der Marke gleichwertige immaterielle Wirtschaftsgüter einsetzen. Hilfsweise kann auf börsennotierte Unternehmen einer vergleichbaren Branche abgestellt werden. Wirtschaftsgutspezifische Abweichungen der Risikostruktur des zu bewertenden immateriellen Wertes im Vergleich zur Peer Group sind durch Zu- oder Abschläge zu berücksichtigen, die beispielsweise durch rechtliche Aspekte und markenstrategische Optionen begründet sein können. Vgl. *IDW*, (IDW S 5), Rn. 41 ff. und 74 ff.

[375] Vgl. *Högl, S. / Hupp, O. / Maul, K. H. / Sattler, H.,* (Geldwert), S. 61 ff.

[376] Durch die Berücksichtigung der Positionierung der Marke wird verhindert, dass beispielsweise die Marke BMW mit den Marken Nissan und Hyundai verglichen wird, obwohl diese derselben Branche angehören. Vgl. *Högl, S. / Hupp, O. / Maul, K. H. / Sattler, H.,* (Geldwert), S. 64.

[377] Die Auswahl und Gewichtung der Faktoren erfolgt auf Basis von Expertenbefragungen.

[378] Beträgt die Marktrisikoprämie z.B. 5 % und der Beta-Faktor des vergleichbaren, börsennotierten Unternehmens 0,7, beträgt der maximale Risikozuschlag 3,5. Dieser wird für die Marke gewährt, welche den geringsten Risiko-Score aufweist. Beträgt dieser 0, beträgt der Zuschlagssatz 3,5. Die weiteren Werte werden durch Interpolation ermittelt. Vgl. dazu für den Biermarkt die Untersuchung von *Sattler,* vgl. *Högl, S. / Hupp, O. / Maul, K. H. / Sattler, H.,* (Geldwert), S. 65 ff.

Ergebnissen und dem Risikozuschlag erfasst werden. So kann beispielsweise der rechtliche Schutzumfang einer Marke sowie der geplante Markentransfer einen Einfluss auf das markenspezifische Risiko haben, insbesondere im Fall der Lizenzierung, bei welchem die Dauer der Nutzungsüberlassung i.d.R. vom Lizenzgeber abhängig ist oder ein Markentransfer angestrebt wird.[379]

In einer Formel ausgedrückt setzt sich der Diskontierungszinssatz[380] wie folgt zusammen:

$$i = R_f + (RM_E - R_f) * \beta$$

mit R_f = Zinssatz einer risikolosen Alternativanlage,

RM_E = Rendite des Marktportefeuille,

$(RM_E - R_f)$ = Marktrisikoprämie,

β = Beta-Faktor.

4.2.1.1.3 Einnahmenzurechnung

Ziel der Einnahmenzurechnung ist die Ermittlung des Werts der Lizenz in Höhe von

$$\sum_{t=1}^{n} E_t^M * (1+i)^{-t} * (1-v).$$

Für seine Bestimmung ist der Korrekturfaktor v zu ermitteln, der sowohl die verursachungsgerechte Aufteilung der ökonomischen Markenwirkungen zwischen dem Lizenznehmer und Lizenzgeber als auch die Berücksichtigung der markenbezogenen Ausgaben des Lizenznehmers voraussetzt.

4.2.1.1.3.1 Kriterium der Ursächlichkeit

Die Aufteilung der ökonomischen Markenwirkungen erfolgt auf Grundlage der Wertbeiträge des Lizenznehmers und Lizenzgebers, welche sie für die Entwicklung der Marke durch ihre markenpolitischen Bemühungen und damit für die ökonomischen Markenwirkungen leisten konnten. Dadurch ist es möglich, dass

---

[379] Vgl. *IDW*, (IDW S 5), Rn. 74 - 76.

[380] Als Alternativen zum CAPM ist u.a. die Arbitrage Pricing Theorie denkbar. *Kriegbaum* schlägt für die Bewertung von Marken alternativ zum CAPM die qualitative Risikobewertung vor. Diese Methode basiert auf einer Bewertung der Markenstärke oder sonstiger relevanter Faktoren auf Grundlage von Kundenbefragungen. Dabei wird die Bedeutung der einzelnen Faktoren gewichtet sowie das sich aus diesen ergebende Risiko bewertet und zu einem Risikoauf- oder Risikoabschlag zusammengefasst. Die Summe aller Faktoren ergibt den Risikozu- bzw. -abschlag, welcher anhand von Plausibilitätsüberlegungen überprüft werden sollte. Vgl. dazu *Kriegbaum, C.*, (Markenbewertung), S. 224 ff.

nur derjenige, dessen Wertbeitrag für die Entstehung der Marke verantwortlich ist, auch die daraus resultierenden Wirkungen vereinnahmt.

Die auf dieser Ursachen-Wirkungsbeziehung basierende Aufteilung markenbezogener Einnahmen, setzt die Identifikation der Kausalität der Wertbeiträge der Beteiligten für die Wirkungen der Marke voraus. Diese Beziehung zwischen den markenpolitischen Bemühungen einerseits und den daraus resultierenden ökonomischen Markenwirkungen andererseits wird nachfolgend als Ursächlichkeit bezeichnet.

Da die verhaltensbezogenen Markenwirkungen zugleich Ergebnis der markenpolitischen Wertbeiträge des Lizenznehmers und Lizenzgebers[381] sowie Voraussetzung für die Verwirklichung der ökonomischen Markenwirkungen sind, sind diese als Bindeglied zwischen den Wertbeiträgen und der Einnahmenveränderung in die Ermittlung des Kriteriums der Ursächlichkeit einzubeziehen. Demnach basiert die Ursächlichkeit auf der Kausalität des Lizenznehmers und Lizenzgebers für die Markenpolitik, den daraus resultierenden verhaltensbezogenen und den erst dann erzielbaren ökonomischen Markenwirkungen. Folglich vereinnahmt derjenige, der für die Entstehung der verhaltensbezogenen Markenwirkungen verantwortlich ist, die aus diesen resultierende Einnahmenveränderung.

Darüber hinaus berücksichtigt das Kriterium der Ursächlichkeit die Kausalität der Beteiligten für die Maßnahmen der Markenpolitik selbst. Es setzt für die Zurechnung der ökonomischen Markenwirkungen an den Lizenznehmer oder Lizenzgeber aufgrund der Kausalität der Maßnahmen für die verhaltensbezogenen Wirkungen und damit für die ökonomischen Wirkungen deren jeweilige Verantwortung für die markenpolitischen Bemühungen in der Gestalt voraus, dass sie diese konzeptionell erarbeiten, durchführen sowie die mit ihnen verbundenen Ausgaben tragen. Damit stellt das Kriterium der Ursächlichkeit einerseits auf die in der nachfolgenden Abbildung dargestellte Ursachen-Wirkungsbeziehung und andererseits auf die Verantwortlichkeit des jeweiligen für die Maßnahme selbst ab. Durch die letztgenannte Voraussetzung soll vermieden werden, dass ausschließlich eine Kausalität zwischen dem Wertbeitrag desjenigen festgestellt wird, der die Maßnahme lediglich für einen anderen durchführt, ohne die Ausgaben zu übernehmen und/oder sie konzeptionell zu erarbeiten, oder desjenigen, der die Maßnahme nicht durchführt, aber die damit verbundenen Ausgaben übernimmt, aber sie nicht konzeptionell entwickelt.

Diese Vorgehensweise basiert auf der Annahme, dass nur derjenige, der für die Maßnahmen verantwortlich ist, weil er sie konzeptionell erarbeitet, durchgeführt

---

[381] Diese Ursachen-Wirkungsbeziehung zwischen den markenpolitischen Bemühungen und den daraus resultierenden verhaltensbezogenen Wirkungen wird nachfolgend unterstellt.

und die damit verbundenen finanziellen Risiken übernommen hat, ein berechtigtes Interesse auf die Zurechnung der dadurch von ihm verwirklichten ökonomischen Markenwirkungen hat.

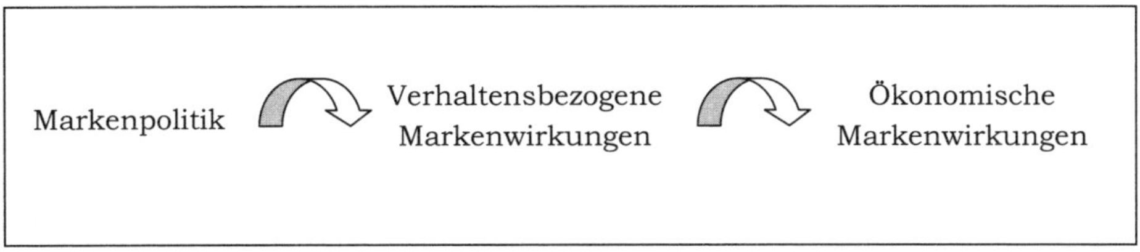

Abbildung 14: Die wirkungs- und erfolgsbezogene Betrachtungsweise der Marke.

Da die verhaltensbezogenen Wirkungen Ergebnis der markenpolitischen Bemühungen der Beteiligten sind, aber der Lizenznehmer solche i.d.R. nicht vor der Lizenzhereinnahme der Markenlizenz innerhalb deren Geltungsbereiches unternommen hat, kommt eine Aufteilung nur derjenigen ökonomischen Markenwirkungen in Betracht, für deren Entstehung auch sein Wertbeitrag kausal sein kann. Deswegen kann der Wertbeitrag des Lizenznehmers grundsätzlich[382] nicht für die Einnahmenveränderung, welche auf Grundlage der bereits zum Zeitpunkt der Lizenzvergabe innerhalb des räumlichen und sachlichen Geltungsbereiches der Lizenz vorhandenen verhaltensbezogenen Größen erzielt werden können, ursächlich sein.

Dieser Anteil an den ökonomischen Markenwirkungen in Höhe von

$$\sum_{t=1}^{n} E_0^M * (1+i)^{-t}$$

entspricht den markenbezogenen Einnahmen, welche der Lizenznehmer allein durch die Markierung seiner Leistung, ohne[383] die Durchführung weiterer Marketingmaßnahmen über die gesamte Lizenzdauer n verwirklichen kann. Ihre Höhe wird nachfolgend als in jedem Zeitjahr t konstante Größe betrachtet, weil davon ausgegangen wird, dass sich die ihnen zugrunde liegenden verhaltensbezogenen Wirkungen, ggfs. durch werterhaltende Maßnahmen des Lizenznehmers, über die Lizenzdauer nicht verändern. Ihre Ermittlung setzt die Bewertung des Ist-Zustandes der ver-haltensbezogenen Markenwirkungen zum Zeitpunkt der Lizenzvergabe voraus, welcher zugleich Voraussetzung für die Bewertung der Einnahmenveränderung ist.

---

382 Etwas anderes gilt nur für die Fälle der Vertragsverlängerung.

383 Ggfs. sind werterhaltende Maßnahmen notwendig. Allerdings unternimmt der Lizenznehmer keine wertsteigernden Maßnahmen.

Dementsprechend beinhalten die gesamten markenbezogenen Einnahmen in Höhe von

$$\sum_{t=1}^{n} E_t^M *(1+i)^{-t},$$

alle Einnahmen, welche der Lizenznehmer auf Grundlage aller über die Lizenzdauer vorhandener verhaltensbezogener Wirkungen vereinnahmt. Ihre Ermittlung erfolgt unter Berücksichtigung des Soll-Zustandes der verhaltensbezogenen Größen über die Lizenzdauer im Rahmen der Bewertung der ökonomischen Markenwirkungen.

Aus der Differenz dieser beiden Größen in Höhe von

$$\sum_{t=1}^{n} (E_t^M - E_0^M) *(1+i)^{-t}$$

lässt sich ableiten, ob eine Einnahmenveränderung über die Lizenzdauer stattfindet, für welche der Wertbeitrag des Lizenznehmers kausal sein kann. Soweit diese größer als null ist, ist die Aufteilung dieser Einnahmenveränderung auf Grundlage des Kriteriums der Ursächlichkeit notwendig.[384] Sollte diese Differenz hingegen null betragen, ist eine solche Aufteilung nicht erforderlich.[385]

In Abhängigkeit davon, ob zum Zeitpunkt der Lizenzvergabe bereits verhaltensbezogene Markenwirkungen im Lizenzgebiet vorhanden sind, mithin die Marke i.r.S. bereits wirtschaftlich werthaltig ist, ergeben sich die in der Abbildung skizzierten Sachverhalte.

---

[384] Für die anderen Einnahmen, die nicht Gegenstand dieser Differenz sind, ist die Ursächlichkeit des Wertbeitrages des Lizenzgebers bereits bekannt, weil der Lizenznehmer keinen Wertbeitrag vor der Lizenzvergabe erbracht hat.

[385] Der Sachverhalt, dass diese Differenz kleiner als null ist, wird an dieser Stelle nicht für möglich erachtet, weil derartige Fälle nur denkbar sind, wenn von Anfang an von einer negativen Wirkung der geplanten Markenpolitik ausgegangen wird.

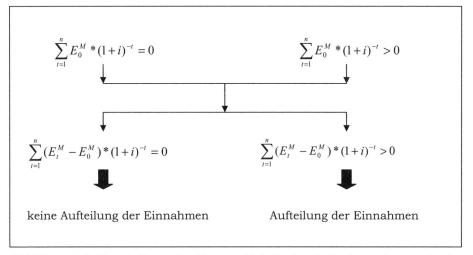

$$\sum_{t=1}^{n} E_0^M * (1+i)^{-t} = 0 \qquad\qquad \sum_{t=1}^{n} E_0^M * (1+i)^{-t} > 0$$

$$\sum_{t=1}^{n} (E_t^M - E_0^M) * (1+i)^{-t} = 0 \qquad \sum_{t=1}^{n} (E_t^M - E_0^M) * (1+i)^{-t} > 0$$

keine Aufteilung der Einnahmen   Aufteilung der Einnahmen

Abbildung 15: Beurteilung der Notwendigkeit der Aufteilung der markenbezogenen Einnahmen auf Grundlage des Kriteriums der Ursächlichkeit.

Ausnahmsweise ist von dieser Eingrenzung abzuweichen, wenn der Lizenznehmer auch für die Verwirklichung der verhaltensbezogenen Markenwirkungen einen Wertbeitrag geleistet hat, welche zum Zeitpunkt der Lizenzvergabe bereits vorhanden sind. Derartige Sachverhalte sind zum Beispiel im Falle von Vertragsverlängerungen denkbar.

Für die Ermittlung des Kriteriums der Ursächlichkeit ist die Marke zu analysieren, wenn die Notwendigkeit für die Aufteilung der Einnahmen unter Berücksichtigung der dargestellten Ursachen und Wirkungsbeziehungen gegeben ist. Sie zielt auf die Zurechnung der Maßnahmen an den Lizenznehmer und Lizenzgeber ab, durch welche ihnen die damit verbundenen ökonomischen Markenwirkungen zugerechnet werden können. Dies setzt die Identifizierung des Wirkungszusammenhangs zwischen den Maßnahmen, den verhaltensbezogenen und den ökonomischen Markenwirkungen voraus.

4.2.1.1.3.2 Analyse der Marke

Ziel der Markenanalyse ist die Ermittlung der Ursächlichkeit der Wertbeiträge des Lizenznehmers und Lizenzgebers für die Entstehung und damit für die Wirkungen der Marke. Dafür sind die Maßnahmen der Beteiligten entsprechend ihrer Verantwortlichkeit dem Lizenznehmer oder Lizenzgeber vollumfänglich oder beiden anteilig zuzurechnen sowie die daraus resultierenden verhaltensbezogenen Markenwirkungen und erzielbaren ökonomischen Markenwirkungen zu identifizieren. Dies ermöglicht die Analyse der Marke hinsichtlich ihrer Entstehung, ihrer Erfolgsfaktoren und der Wertbeiträge der an dem Markenentstehungsprozess Beteiligten.

Ausgangspunkt dieser Untersuchung ist die Markenbildungsanalyse, welche auf Basis einer Funktions- und Risikoanalyse der Markenpolitik die Tätigkeitsbereiche des Lizenznehmers und Lizenzgebers untersucht. Unter Berücksichtigung der operativen, finanziellen und konzeptionellen Ebene der Markenpolitik sind ihnen die Marketinginstrumente zuzurechnen, für welche sie jeweils verantwortlich sind. Im Anschluss an die damit verbundene Analyse des Selbstbildes der Marke ist im Rahmen der Markenerfolgsfaktorenanalyse das Fremdbild der Marke aus Sicht der Nachfrager zu erforschen. Durch diese Analyse werden die Erfolgsfaktoren der Marke identifiziert und deren relative Bedeutung für den Markenerfolg ermittelt. Im Rahmen der Markenbeitragsanalyse werden diesen Erfolgsfaktoren anschließend die für ihre Entstehung verantwortlichen, im Rahmen der Markenbildungsanalyse festgestellten Maßnahmen und damit denen für die Maßnahmen kausalen Lizenznehmer und/oder Lizenzgeber zugerechnet. Dadurch kann die Wirkungskette zwischen den ökonomischen Markenwirkungen und den einzelnen Erfolgsfaktoren sowie den Erfolgsfaktoren und den für ihre Entstehung kausalen Wertbeiträgen des Lizenzgebers und Lizenznehmers hergestellt werden.

4.2.1.1.3.2.1 Markenbildungsanalyse

Zweck der Markenbildungsanalyse[386] ist es festzustellen, wer für die Gestaltung des Fremdbildes der Marke in Form der Wissensstrukturen und damit für die Entstehung der Marke entlang der Markenerfolgskette aus Sicht des Anbieters[387] durch die Erarbeitung und Implementierung des systematischen Absatzkonzepts ursächlich ist.[388]

Dabei ist diese Untersuchung auf die Listung aller Marketinginstrumente, die geeignet sind, die Wahrnehmung der Nachfrager zu beeinflussen und deren Wissensstrukturen zu verändern, und die anschließende Zurechnung dieser Maßnahmen an die an dem Wertschöpfungsprozess Beteiligten gerichtet.

---

[386] Die Markenbildungsanalyse soll nach Auffassung von *Dürrfeld* und *Wingendorf* aufzeigen, wer für die Entscheidungen zum Erscheinungsbild der Marke verantwortlich ist, die entsprechenden Markeninhalte und die Kommunikationsstrategie festlegt und letztlich auch umsetzt. Diese Analyseschwerpunkte werden hier unter den Begriff des systematischen Absatzkonzepts geordnet. Dieses umschließt die vorherige Festlegung der Markenidentität und der Markenstrategie.

Die weiteren Darstellungen zur Analyse der Marke erfolgen unabhängig von der Darstellung der Autoren.

[387] Vgl. dazu die Darstellungen 2.5.2.

[388] Damit ist Untersuchungsgegenstand der Markenbildungsanalyse das Selbstbild der Marke aus Sicht des Anbieters, welches die Erzeugung des Fremdbildes ermöglicht.

Dafür sind

- eine **zusammenfassende Darstellung des systematischen Absatzkonzepts** zu erstellen, die insbesondere die konzeptionellen Entscheidungen der Markenstrategie, Markenidentität und Markenpositionierung sowie alle Maßnahmen der Preis-, Produkt-, Kommunikations- und Distributionspolitik umfasst, soweit diese auf die Beeinflussung der Wahrnehmung der Nachfrager und auf die Erzeugung eines emotionalen Nutzens gerichtet sind,

- eine **rechtliche Würdigung des Markenlizenzvertrages** vorzunehmen, weil dieser insbesondere die Rechte und Pflichten des Lizenznehmers, aber auch des Lizenzgebers manifestiert und damit die Grundlage für deren markenpolitischen Bemühungen bildet[389], und

- darauf aufbauend eine bilaterale[390] **Funktions- und Risikoanalyse der Markenpolitik**[391] durchzuführen.

Im Anschluss an diese drei Vorbereitungshandlungen ist die einzelne Maßnahme der Markenpolitik demjenigen zuzurechnen, der sie auf operativer Ebene der Markenpolitik durchführt, auf finanzieller Ebene verantwortet sowie sie auf konzeptioneller Ebene plant und ausarbeitet.

Damit erfolgt die Zurechnungsentscheidung unter Berücksichtigung der **operativen, finanziellen und konzeptionellen Ebene der Markenpolitik**, weil der wirtschaftliche Erfolg der markenpolitischen Bemühungen maßgeblich von den konzeptionellen Entscheidungen der Markenstrategie, der Markenidentität und der Markenpositionierung abhängig ist und gleichzeitig mit den für ihre Durchführung in wirtschaftlichem Zusammenhang stehenden Ausgaben stets das Risiko verbunden ist, dass diese Maßnahmen nicht zu ökonomischen Markenwirkungen führen. Demzufolge ist eine vollumfängliche Zurechnung zu Gunsten der operativen Einheit nicht möglich, wenn sie entweder keinen Einfluss auf konzep-

---

[389] Denkbar sind Sachverhalte mit den unterschiedlichsten Gestaltungen von einer ausschließlichen Vermarktung der Leistung bis hin zur Überlassung einer ausschließlich rechtlich werthaltigen Marke, die ohne Angabe von marken- und produktbezogener Vereinbarungen zu einer Marke entwickelt werden soll.

[390] Die Analyse ist bilateral, weil sie den Funktionsbereich des Lizenzgebers und Lizenznehmers einbezieht. Vgl. *Borstell, T.* in: *Vögele, A. / Borstell, T. / Engler, G.,* (Verrechnungspreise), Rn. P 336.

[391] Als Funktionen sind die Tätigkeiten und Verantwortlichkeiten der Unternehmen zu verstehen, mit denen sowohl Chancen als auch Risiken verbunden sind. Die Funktions- und Risikoanalyse der Markenpolitik stellt auf die Ermittlung aller notwendigen Schritte, Tätigkeiten und Verantwortlichkeiten ab. Sie ermittelt, wer welche Funktionen ausübt, welche Risiken damit verbundenen sind und welche Wirtschaftsgüter dafür eingesetzt werden. Vereinfacht soll sie feststellen, wer welche Maßnahmen geplant, durchgeführt und finanziert hat. Vgl. *Borstell, T.* in: *Vögele, A. / Borstell, T. / Engler, G.,* (Verrechnungspreise), Rn. N 106.

tioneller Ebene der Markenpolitik ausüben kann oder nicht die Verantwortung auf finanzieller Ebene trägt. In diesen Fällen ist die Gewichtung des Einflusses der konzeptionellen gegenüber der finanziellen Ebene für die Zurechnungsentscheidung zwingende Voraussetzung.

Ausgangspunkt der Zurechnung aller Maßnahmen ist die Untersuchung der drei Ebenen der Markenpolitik, die beantwortet,

- wer die Maßnahme durchgeführt und die Entscheidung zur Durchführung der Maßnahme[392] getroffen hat (operative Ebene),

- wer die damit verbundenen Ausgaben trägt, wie diese Ausgaben die Höhe der Lizenzgebühr beeinflussen und wer dadurch letztlich das Risiko einer Fehlinvestition trägt (finanzielle Ebene),

- und wer die Maßnahme plant und ausarbeitet (konzeptionelle Ebene).

Als operative Einheiten kommen entweder der Lizenznehmer oder der Lizenzgeber in Betracht, denen die einzelnen Maßnahmen jeweils infolge der Berücksichtigung der **operativen Ebene** der Markenpolitik vorerst vollumfänglich[393] zuzurechnen sind.

Der **Lizenzgeber** wird selbst markenpolitische Bemühungen unternehmen, welche die Marke i.r.S. betreffen und ihren ökonomischen Erfolg beeinflussen, wenn das rechtlich geschützte Unterscheidungszeichen für die Markierung verschiedener Leistungen auf einem identischen Markt genutzt wird und er mit der Lizenzvergabe beispielsweise eine New Product Brand Extension anstrebt und er selbst die andere mit der Marke i.r.S. markierte Leistung auf dem identischen Markt vertreibt.[394]

Der **Lizenznehmer** wird die markenpolitischen Bemühungen

- entweder auf eigene Veranlassung oder

- auf Veranlassung des Lizenzgebers ausführen,

  o weil der Markenlizenzvertrag markenbezogene Restriktionen bezüglich der Benutzung der Marke i.r.S. enthält, die ihm vorschreiben,

---

[392] Der Lizenznehmer erbringt die Maßnahmen entweder auf eigene Veranlassung oder auf Veranlassung des Lizenzgebers, weil er ihn beispielsweise vertraglich zu ihrer Durchführung verpflichtet hat.

[393] Führt die Berücksichtigung der beiden weiteren Ebenen zu keiner anderweitigen Zurechnung, so verbleibt es bei der Zurechnung zur operativen Ebene. In allen anderen Fällen erfolgt mindestens eine anteilige Zurechnung zu dem anderen Beteiligten.

[394] Demnach sind solche Sachverhalte immer dann vorstellbar, wenn der Markeninhaber selbst weiterhin die sog. Muttermarke wie z.B. die „Nimm Zwei" Bonbons vermarktet und der Lizenznehmer ausschließlich die neue Leistung des „Nimm Zwei" Eises vertreibt.

wie er das Produktmarkierungs-, Vermarktungs- und Werberecht auszuüben hat, und/oder

o ihn zur Durchführung konkreter Maßnahmen verpflichten, die beispielsweise lokale Werbung vor Ort durch Werbemaßnahmen in TV-Spots oder die Repräsentation des Point of Sales vorsehen.

Insbesondere vertragliche Gestaltungen, welche auf die Übernahme des markenbezogenen Engagements des Lizenzgebers oder auf die Durchführung einer New Market/Product Brand Extension gerichtet sind, können zahlreiche vertragliche Verpflichtungen für den Lizenznehmer enthalten. Führt der Lizenznehmer den Markentransfer eigenverantwortlich durch, ohne von dem Lizenzgeber beauftragt zu sein, weil die Marke i.r.S. innerhalb des Geltungsbereiches der Lizenz bislang nicht genutzt wurde, so wird er vermehrt Maßnahmen auf eigene Veranlassung ausführen.

Die zusätzliche Berücksichtigung der **finanziellen Ebene** führt dazu, dass abweichend von einer ausschließlichen Beurteilung der operativen Ebene nicht dem Lizenznehmer, sondern dem Lizenzgeber die Maßnahmen zuzurechnen sind, die der Lizenznehmer ausschließlich auf Grund einer vertraglichen Verpflichtung erbringt.

Denn als ordentlicher und gewissenhafter Geschäftsleiter tätigt der Lizenznehmer die damit verbundenen Ausgaben nur, wenn er in selbiger Höhe die Vereinnahmung ökonomischer Markenwirkungen erwartet, die er sich unabhängig davon zurechnen kann, ob sein markenpolitischer Wertbeitrag für diese verantwortlich ist oder nicht. Denn andernfalls unterliegt er der Gefahr, sich allein durch die Hereinnahme der Markenlizenz wirtschaftlich zu verschlechtern und sich damit irrational zu verhalten.[395] Deswegen mindert er die an den Lizenzgeber zu entrichtende Lizenzgebühr um die Einnahmen in Höhe dieser Ausgaben, so dass im Ergebnis der Lizenzgeber die Ausgaben für die von ihm veranlassten markenpolitischen Bemühungen trägt. Dies gilt auch dann, wenn die Vertragsparteien eine Ausgabenerstattung vertraglich vereinbart haben.

Erbringt der Lizenznehmer die Bemühungen hingegen ohne vertragliche Verpflichtung auf eigene Veranlassung, so hat allein er die damit verbundenen Ausgaben wirtschaftlich zu verantworten, weil in diesen Fällen der Lizenzgeber eine Minderung der Lizenzgebühr als ordentlicher und gewissenhafter Geschäfts-

---

[395] Trägt er die damit verbundenen Ausgaben und bekommt im Gegenzug nur geringere Einnahmen zugerechnet, würde sich seine wirtschaftliche Situation im Vergleich dazu, dass er alternativ auf die Hereinnahme der Markenlizenz verzichtet, verschlechtern. Um dies zu vermeiden, wird er die für ihn obligatorischen Ausgaben anspruchsmindernd geltend machen. Vgl. dazu die nachfolgende Berücksichtigung der markenbezogenen Ausgaben in 4.2.1.1.3.5.

leiter nicht akzeptieren kann. Deswegen bleibt es bei ihrer Zurechnung an den Lizenznehmer als ausübende Partei.

Die Berücksichtigung der **konzeptionellen Ebene** führt zu einer abweichenden Zurechnung, wenn derjenige, dem die Maßnahme infolge der Betrachtung der operativen und finanziellen Ebene zuzurechnen ist, nicht allein für die konzeptionelle Planung und Erarbeitung der Maßnahme verantwortlich ist. Denn sowohl der Lizenznehmer als auch der Lizenzgeber können die ihnen bislang zugerechneten Maßnahmen entweder

- vollkommen in Übereinstimmung,

- teilweise in Anlehnung

- oder vollkommen losgelöst

vom systematischen Absatzkonzept des anderen[396] ausführen. Derartige Sachverhalte treten insbesondere dann auf, wenn das Markenkonzept des Lizenzgebers oder ausnahmsweise des Lizenznehmers wie im Falle von sehr bekannten Markten wie Mc Donalds oder Raffaello ausgereift ist und für den anderen Vertragspartner eine Ausrichtung an diesem Konzept zwingend ist. Anderenfalls dieses nicht oder noch kaum entwickelt ist und eine Neupositionierung oder eine New Market Brand bzw. Product Brand Extension mit der Lizenzvergabe angestrebt wird.

In diesen Fällen ist zu überprüfen, inwieweit die Elemente der Markenstrategie, der Markenidentität und der Markenpositionierung, die der andere Beteiligte erarbeitet hat, einen entscheidenden Einfluss auf den Erfolg der Marketingmaßnahme ausüben können.

Denkbar sind derartige Konstellationen immer dann, wenn

- der Lizenznehmer die Marketingmaßnahmen auf eigenes Risiko erbringt, diese aber an das von dem Lizenzgeber bereits erarbeitete und implementierte Selbstbild der Marke anlehnt, oder

- der Lizenznehmer zur Durchführung von Marketingmaßnahmen vertraglich verpflichtet ist, die inhaltliche Ausgestaltung allerdings selbstständig übernimmt und damit erst der Marke eine Identität in dem relevanten Lizenzgebiet verschafft, oder

---

[396] Regelmäßig erfolgt die Anlehnung an das Konzept des Lizenzgebers. Es sind allerdings auch Konstellationen denkbar, bei denen der Lizenzgeber die markenpolitischen Bemühungen an das Konzept des Lizenznehmers anlehnt. So zum Beispiel wenn der Lizenzgeber als Lizenzverwertungsgesellschaft agiert und der Lizenznehmer das Konzept bislang erarbeitet hat.

- der Lizenzgeber Maßnahmen auf eigenes Risiko erbringt und diese ausnahmsweise an das von dem Lizenznehmer erarbeitete Markenkonzept anlehnt.

In der ersten Alternative ist demnach nicht nur der Lizenznehmer, sondern auch der Lizenzgeber, und in der zweiten sowie dritten Variante nicht nur der Lizenzgeber, sondern ebenfalls der Lizenznehmer für die Maßnahme verantwortlich, so dass diese beiden anteilig zuzurechnen ist.

Eine anteilige Zurechnung der einzelnen Maßnahme setzt die Gewichtung der Bedeutung der konzeptionellen Ebene für den Erfolg der Marke voraus, die jedoch nur einzelfallspezifisch erfolgen kann. Dafür sind neben der Markenstrategie, die regelmäßig vom Lizenzgeber bereits als langfristiger in eine gegebene Unternehmensstrategie eingebetteter Grundsatzplan der Markenpolitik[397] im dreidimensionalen Wettbewerbsraum[398] in Form einer

- markenbezogenen Integrations-,

- Mehrmarken-,

- Markenkombinations-,

- Internationalen,

- Markenevolutions- oder

- Handelsmarkenstrategie

vorgegeben ist, insbesondere die Markenpositionierung sowie die strategische Planung der Markenidentität zu berücksichtigen.

Als Folge der im Laufe der Jahre entstandenen aufeinander abgestimmte Kombinationen aus Eigenschaften und Merkmalen bildet die Markenphilosophie den Kern der **Markenidentität**, weil sie die Idee, den Inhalt und die zentralen Eigenschaften einer Marke in Form eines Leitbildes umfasst. Ihre Komponenten können in vier Kategorien unterteilt werden, deren Ausprägungen die Marke als Produkt, Organisation, Symbol und Person für ihre potentiellen Nachfrager erleb- und wahrnehmbar machen.[399]

Für die Wahrnehmung der Marke als **Produkt** ist die technisch-qualitative Gestaltung der Leistung als eine der wichtigsten Komponenten der Markenidentität, die visuelle Gestaltung des materiellen Produkts und seiner Verpackung, dessen geografische Verankerung, die durch Bezeichnung wie „made in" nach außen sichtbar gemacht werden kann, und die Präsentation der Marke am Point of Sale

---

[397] Vgl. *Sattler, H. / Völckner, F.*, (Markenpolitik), S. 84.

[398] Die drei Dimensionen umfassen die des horizontalen, vertikalen und internationalen Wettbewerbs (vgl. *Meffert, H.*, (Markenführung), S. 309).

[399] Vgl. dazu Abbildung 3.

sowie das Preisniveau als Zeichen von Exklusivität und Popularisierung maßgeblich.

Dagegen formen die kulturelle Verankerung, das typische Vorstellungsbild vom Verwender und der Zeitpunkt des Markteintritts die **Personalisierung** der Markenidentität. Ihre **symbolische Dimension** hingegen wird durch die Verwendung von Markennamen und Zeichen geprägt, wobei insbesondere gegenständliche Namen, Namen aus anderen Sprach- oder Kulturkreisen sowie Namen von Personen eingesetzt werden, die einen Teil des Selbstverständnisses der Marke verkörpern und für deren konkrete Produkteigenschaften Wertebündel und Persönlichkeitsmerkmale verwendet werden, sowie insbesondere bei alten Marken durch die Markenhistorie. Daneben kommt vor allem der Markenkommunikation als Quelle für die Entstehung der Markenidentität eine entscheidende Bedeutung zu, wobei deren Aufgabe vielmehr die durch die Markenphilosophie bestimmte Botschaftsgestaltung und die Auswahl identitätsadäquater audiovisueller Elemente in Form von Markenbildern, Melodien, Slogans und Jingles sowie eines Kommunikationsstils und eines entsprechenden Mediaplans koordiniert durchzuführen ist.[400]

Eine der bedeutendsten Quellen der **organisationalen Dimension** der Markenidentität ist das Verhalten der Mitarbeiter der anbietenden Seite. Dies gilt insbesondere dann, wenn diese wie die Unternehmensleitung oder das Vertriebskanalpersonal in den Markenauftritt eingebundenen sind, weil sie die Grundlage für die Entstehung der dauerhaften Beziehungen zwischen Nachfrager und Anbieter sein können. Daneben erlangen die Unternehmens-, Konzern- und Branchenzugehörigkeit Relevanz.[401]

Die Bedeutungen der einzelnen Dimensionen sind von den individuellen Rahmenbedingungen abhängig. Dabei werden ihre relativen Bedeutungen regelmäßig von der betrachteten Produktkategorie, der Zielgruppenstruktur, der Art des zentralen Markennutzens, der Identität der Hauptkonkurrenten und der Struktur des unternehmensspezifischen Markenportfolios abhängig sein.[402]

Die Markenidentität und insbesondere die Markenphilosophie dienen der Markenpositionierung als Ausgangsbasis, die als eine aktive und zielstrebige Gestaltung der Marke im Hinblick auf die zentralen Dimensionen definiert werden kann.[403] Deren Ziel ist es, die Markenidentität unter Berücksichtigung der rele-

---

[400] Vgl. *Meffert, H.,* (Markenführung), S. 303 ff.

[401] Vgl. *Meffert, H.,* (Markenführung), S. 305 ff. Die Mitarbeiter der anbietenden Seite erlangen insbesondere bei Serviceleistungen sowie bei Dienstleistungsmarken besondere Bedeutung.

[402] Vgl. *Meffert, H.,* (Markenführung), S. 303 ff.

[403] Vgl. *Sattler, H. / Völckner, F.,* (Markenpolitik), S. 58.

vanten Markt- und Kommunikationsbedingungen in eine Marktstellung[404] umzusetzen, die von den potentiellen Nachfragern als vorteilhaft gegenüber den Mitwettbewerbern beurteilt wird. Deswegen ist es deren Aufgabe, die zentralen Bestandteile der Markenidentität in den Köpfen der Nachfrager zu verankern, folglich ihre Wissensstrukturen zu formen.[405]

Zur Verdeutlichung des Wirkungszusammenhangs zwischen der Markenidentität, ihrer Positionierung und ihrem Image lässt sich das Beispiel der Marke Jever aufführen. Die Identität der frischen, herben, norddeutschen Herkunft der Leistung wird durch Slogans wie „Wie das Land, so das Jever" und die Symbole von Wattenmeer, Leuchtturm und Dünenlandschaft als deren aktiv kommunizierter Teil zu dem Fremdbild der Marke Jever.[406]

Als Positionierungsdimensionen werden typischerweise Markenimagedimensionen gewählt, die nach *Keller* in points-of-difference und points-of-parity unterteilt werden können. Erstere unterliegen der Zielsetzung einer Differenzierung. Letztere hingegen sind auf eine möglichst gleiche Ausprägung zentraler Positionierungsmerkmale gegenüber den Wettbewerbern gerichtet. Anwendung finden häufig neben

- dem Preis für Luxus- und Premiummarkenstrategien,

- der Qualität durch die Fokussierung auf allgemeine Qualitätsvorstellungen oder spezifische Produkteigenschaften wie Sicherheit (Volvo), Fruchtgehalt (Schwartau-Konfitüre), Schnelligkeit (Federal Express) oder Innovativität (Apple),

- nicht produkteigenschaftsbasierte Positionierungen in Form von Markenpersönlichkeitspositionierungen, die zumindest nicht in direktem Zusammenhang mit den technisch-physikalischen Eigenschaften stehen wie zum Beispiel die Abenteuerwelt der Marke Marlboro oder andere Markenerlebnisse, die

---

[404] Der Begriff der Marktstellung wird im Zusammenhang mit einer marktbeherrschenden Stellung i.S.d. Kartellrechts verwendet. Gem. § 19 Abs. 2 Nr. 2 GWB liegt eine Marktbeherrschung vor, wenn ein Unternehmen im Verhältnis zu seinen Wettbewerbern eine überragende Marktstellung hat; hierbei sind insbesondere sein Marktanteil, seine Finanzkraft, sein Zugang zu den Beschaffungs- oder Absatzmärkten, Verflechtungen mit anderen Unternehmen, rechtliche oder tatsächliche Schranken für den Marktzutritt anderer Unternehmen, der tatsächliche oder potentielle Wettbewerb durch innerhalb oder außerhalb des Geltungsbereichs dieses Gesetzes ansässige Unternehmen, die Fähigkeit, sein Angebot oder seine Nachfrage auf andere Waren oder gewerbliche Leistungen umzustellen, sowie die Möglichkeit der Marktgegenseite, auf andere Unternehmen auszuweichen, zu berücksichtigen.

[405] Vgl. *Sattler, H. / Völckner, F.*, (Markenpolitik), S. 53 f.

[406] Vgl. *Sattler, H. / Völckner, F.*, (Markenpolitik), S. 54.

- o kulturübergreifend in Form von Archetypen, emotionalen Schlüssel-reizen und Länderspezifika sowie

- o kulturspezifisch in Form von Märchen, Mythen, Fabeln, spezifi-schen Emotionen oder kulturspezifischen Feste

- o und subkulturell bzw. zielgruppenspezifisch in Form von Trends, Lifestyle oder Hobbys

ausgeprägt sein können, und

- die Markenaktualisierungspositionierung, die ohne auf konkrete Eigen-schaften der Marke herzustellen, allein auf die Steigerung der Markenbe-kanntheit abstellt.[407]

Die Auswahl der geeigneten Positionierungsdimensionen ist dabei von dem kog-nitiven und emotionalen Involvement[408] der potentiellen Nachfrager abhängig. So empfiehlt sich eine produkteigenschaftsbasierte bzw. sachorientierte Positionie-rung immer dann, wenn diese über ein geringes emotionales, aber hohes kog-nitives Involvement verfügen, eine Markenpersönlichkeits- bzw. erlebnisorientier-te Positionierung im umgekehrten Fall, eine gemischte Positionierung, wenn das Involvement insgesamt hoch, sowie eine Markenaktualisierungspositionierung, wenn beide Merkmale niedrig ausgeprägt sind.[409] Die folgende Abbildung skiz-ziert die Auswahl des Positionierungsziels unter Berücksichtigung des Involve-ments der Nachfrager zusammenfassend.[410]

---

[407] Vgl. *Sattler, H. / Völckner, F.*, (Markenpolitik), S. 58 ff.

[408] In Anlehnung an die Definition von *Kroeber-Riel* definiert *Esch* das Involvement als das Engagement, mit dem sich Konsumenten einem Angebot zuwenden. Bei gerin-gem Involvement ist der Konsument passiv, ohne inneres Engagement und dem Angebot gleichgültig gegenüber eingestellt. Im umgekehrten Fall kann man von hohem Involvement sprechen. Dabei weist dieses eine kognitive und eine emotionale Richtung auf. Liegt ersteres im hohen Ausmaß vor, so nehmen die Konsumenten aktiv Informationen auf und verarbeiten diese mit hohem Aufwand, liegt letzteres im hohen Umfang vor, denken diese kaum nach und wollen das Angebot einfach haben, was i.d.R. mit den persönlichen Werten, Motiven und Einstellungen zusam-menhängt. Vgl. *Esch, R.*, (Moderne Markenführung), S. 138.

[409] Vgl. *Sattler, H. / Völckner, F.*, (Markenpolitik), S. 63.

[410] *Esch, R.*, (Moderne Markenführung), S. 139.

Kognitives Involvement		
	hoch	niedrig
hoch (Emotionales Involvement)	**Gemischte Positionierung** - Bedürfnisse aktuell vorhanden und nicht trivial - hohes Informationsinteresse	**Erlebnisorientierte Positionierung** - Bedürfnisse aktuell vorhanden und nicht trivial - geringes Informationsinteresse, da Produkteigenschaften bekannt
niedrig (Emotionales Involvement)	**Sachorientierte Positionierung** - Bedürfnisse nicht trivial - hohes Informationsinteresse	**Förderung der Markenbekanntheit** (Aktualität) - Bedürfnisse sind trivial -geringes Informationsinteresse, da Produkteigenschaften bekannt

Abbildung 16: Normziele der Positionierung.

Im Zeitablauf kann sich für die Positionierungsentwicklung eine Markenfortführungs-, Marken- und eine gänzliche Neupositionierung ergeben. Während im ersten Fall die Positionierungsdimensionen weitestgehend konstant gehalten werden,[411] erfolgt im zweiten Fall eine bewusste Änderung der Position[412] und im dritten eine völlig neue Positionierung der Marke[413].[414]

Neben den Entscheidungstatbeständen der Festlegung der Markenstrategie, der Markenidentität, der Markenphilosophie und der Positionierung der Marke umfasst die konzeptionelle Ebene der Markenpolitik auch die Auswahl und Gestaltung des Branding.[415] Neben der Setzung eines unterscheidungsfähigen, schutzfähigen und selbstständigen Zeichens, der Marke i.r.S., umfasst das Branding „alle Maßnahmen zur Gestaltung eines Angebotes, die dazu geeignet sind, das Angebot aus der Masse gleichartiger Angebote herauszuheben und eine eindeuti-

---

[411] So zum Beispiel bei der Marke Persil.

[412] So beispielsweise bei der Marke West.

[413] So führt zum Beispiel die Marke Audi zurzeit eine Neupositionierung durch.

[414] Vgl. *Sattler, H. / Völckner, F.,* (Markenpolitik), S. 64 ff.

[415] Vgl. 2.5.2 Das systematische Absatzkonzept.

ge Zuordnung des Angebots zu einer konkreten Marke ermöglichen"[416]. Als Brandingelemente sind für die Markierung der Leistung der Markenname, Slogan oder Jingle, das Logo, Symbol oder Design sowie die Verpackung und Charaktere bzw. Schlüsselbilder der Marke geeignet. Daneben bieten sich zahlreiche Möglichkeiten der Markenanreicherung durch Sponsoring, die Nutzung neutraler Quellen wie beispielsweise der Testergebnisse der Stiftung Warentest, die zusätzliche Markierung mit dem Firmennamen, die Ausgestaltung der Absatzkanäle und das Co-Branding an.[417]

Für die Zurechnung der einzelnen Maßnahmen in Abhängigkeit von dem Leistungsbeitrag des Lizenznehmers auf der konzeptionellen Ebene sind insbesondere

- die Markenphilosophie,

- die vier Dimensionen der Markenidentität,

- die Markenpositionierung

- und das Branding

zu würdigen.

Dabei gilt es unter Beachtung der vorliegenden Markenlizenzart zu berücksichtigen, dass der Lizenznehmer regelmäßig keinen Einfluss auf die Markenstrategie selbst nehmen und auch nicht die Gestaltung des Unterscheidungszeichens an sich beeinflussen kann. Dies gilt grundsätzlich ebenso für die Produktdimension der Markenidentität sowie eingeschränkt für ihre Organisationsdimension.

Für die Gewichtung der konzeptionellen gegenüber der operativen und finanziellen Ebene sollte deren Einflussnahme auf den Erfolg der Markenpolitik betrachtet werden, der unter Berücksichtigung des kognitiven und emotionalen Involvements der Nachfrager eingestuft werden kann. Denn sind die Nachfrager weder emotional noch kognitiv involviert und sollen durch eine Markenaktualisierungspositionierung angesprochen werden, erlangen die Ausgaben, die für die Herstellung der Markenbekanntheit erforderlich sind, eine höhere Bedeutung im Vergleich zur konzeptionellen Ebene, als wenn sie beispielsweise emotional hoch involviert sind sowie erst durch die Entwicklung einer Markenidentität und beispielsweise eine Markenerlebnispositionierung erreicht werden könnten.

Gleichzeitig sollte berücksichtigt werden, inwieweit der Lizenznehmer die Ausgestaltung der einzelnen Elemente wiederum an die bereits vorliegenden Entscheidungen der Markenpolitik anlehnt. So zum Beispiel, wenn er die ihm be-

---

[416] *Langner, T.,* (Branding), S. 5. Definition in Anlehnung an die Definition von *Esch* und *Langner.*

[417] Vgl. *Baumgarth, C.,* (Markenpolitik), S. 115.

kannte Markenidentität durch die Entwicklung entsprechender Brandingelemente umzusetzen versucht.

Als Ergebnis liefert die Markenbildungsanalyse eine Übersicht über die Zurechnung aller durchzuführenden markenpolitischen Bemühungen entweder vollumfänglich an den Lizenzgeber (LG) bzw. Lizenznehmer (LN) oder an beide anteilig (gewichtet mit α und β).[418] Die nachfolgende Tabelle veranschaulicht das Ergebnis.[419]

Maß-nahme	Ausfüh-render	Ausgaben-träger	vorl. Zurech-nung	konzept. Ebene	Gewich-tung	Ergebnis
M 1	LG	LG	LG	LG		LG
M 2				oder		
M 3				LN	β	β*LN
.						(1-β)*LG
.						(= α*LG)
.	LN	LG	LG	LG		
M$_z$				oder		
				LN	β	β*LN
						(1-β)*LG
						(= α*LG)
	LN	LN	LN	LN		LN
				oder		
				LG	α	α*LG
						(1-α)*LN
						(=β*LN)

Abbildung 17: Tabellarische Übersicht der Ergebnisse der Markenbildungsanalyse.

---

[418] Die einzelne Maßnahme wird entweder dem Lizenznehmer oder dem Lizenzgeber zugerechnet. Erfolgt eine anteilige Zurechnung, so ergibt die Summe der beiden Gewichtungsfaktoren 1.

[419] Die Tabelle ist von links nach rechts zu lesen. Die Zurechnung der Maßnahme basiert zunächst auf der Berücksichtigung der operativen Ebene, anschließend der finanziellen Ebene und abschließend der konzeptionellen Ebene der Markenpolitik.

4.2.1.1.3.2.2 Markenerfolgsfaktorenanalyse

Aufgabe der Markenerfolgsfaktorenanalyse ist die Identifikation der Erfolgsfaktoren[420] der Marke, die entscheidenden Einfluss auf die Kaufentscheidung der Nachfrager ausüben. Dafür ist die Wissensstruktur der Marke, die Ergebnis der Maßnahmen der Markenpolitik und die Voraussetzung für die Realisierung der ökonomischen Markenwirkungen zugleich ist, das maßgebliche Analyseobjekt. Denn während im Rahmen der Markenbildungsanalyse die Entstehung der Markenidentität als das Selbstbild der Marke aus Sicht der internen Zielgruppen untersucht wird, erforscht die Markenerfolgsfaktorenanalyse das im Kopf des Verbrauchers verankerte Fremdbild der Marke.[421] Wird dieses Ergebnis der subjektiven Wahrnehmung, Dekodierung und Akzeptanz der von der Marke ausgesendeten Impulse[422] durch die Wissensstruktur in ihren Dimensionen der Markenbekanntheit und dem Markenimage operationalisiert,[423] ist es möglich, die für die Erwirkung der ökonomischen Markenwirkungen wesentlichen Erfolgsfaktoren zu identifizieren.

Die Dimension der Markenbekanntheit[424] erfasst die Fähigkeit des Nachfragers sich entweder an ein Markenzeichen zu erinnern (Brand Recall) oder dieses wieder zu erkennen (Brand Recognition) und sodann einer oder mehrerer Produktkategorie/n zuzuordnen. Neben dieser dichotomen Einordnung der Markenbekanntheit ist die Intensität der Kenntnis wertbeeinflussend. Diese wird durch das Ausmaß der Erinnerung an die Bestandteile des Markenzeichens, die Frage der Aktualität und Vertrautheit mit diesem, die Urteilssicherheit bezüglich der Zuordnung einer Marke bzw. die Zuordnung dieser zu einer Produktkategorie, die Frage des Ausmaßes der Unterstützung des Befragten bei der Einstufung der Bekanntheit durch die Befragenden, die Leichtigkeit der Zuordnung, die Frage der Anzahl an Marken pro Produktkategorien sowie die Frage nach der Kenntnis der verschiedenen Produktkategorien, in denen die Marke vertreten ist, bestimmt.[425] Dennoch ist die Markenbekanntheit nur in wenigen Fällen das allei-

---

[420] Als Erfolgsfaktoren werden die Faktoren bezeichnet, die maßgeblich den Erfolg der Unternehmung beeinflussen. Sie sind Gegenstand der Erfolgsfaktorenforschung. Vgl. *Nicolai, A. / Keiser, A.*, (Erfolgsfaktorenforschung), S. 580 ff.

[421] Vgl. dazu die Abbildung 3.

[422] Vgl. *Meffert, H.*, (Markenführung), S. 306.

[423] Vgl. dazu die ausführlichen Darstellungen zur Marke im grundlegenden Teil dieser Arbeit, vgl. 2.4.

[424] Für die Operationalisierung dieser kann auf die Markenbekanntheitspyramide von *Aaker* mit den Dimensionen „Marke ist unbekannt", „passive Markenbekanntheit", „aktive Markenbekanntheit", „intensive aktive Markenbekanntheit" und „dominierende Marke" zurückgegriffen werden (vgl. *Esch, R.*, (Markenführung), S. 67).

[425] Vgl. *Sattler, H. / Völckner, F.*, (Markenpolitik), S. 73 f.

nige Kriterium[426] der Kaufentscheidung. Denn die Wahrnehmung der Marke wird erst durch den Aufbau eines Markenimages wesentlich beeinflusst, für welchen die Markenbekanntheit als notwendige Voraussetzung dient, indem sie erst die Kenntnis der Marke durch die Möglichkeit der Zuordnung der kognitiven, affektiven und emotionalen Assoziationen ermöglicht, die dann im Gedächtnis des Nachfragers gespeichert werden. Darüber hinaus kann sie jedoch zur Aufnahme der jeweiligen Leistung in das relevante Set[427] des potentiellen Nachfragers führen und insoweit die Kaufentscheidung tangieren.

Hinreichende Bedingung des Markenerfolges ist somit das Markenimage,[428] das der Kenntnis des Markenzeichens in Form der Markeneinstellung,[429] die unter Berücksichtigung aller Assoziationen in der Größe des Markennutzens zusammengefasst werden kann, einen Inhalt vermittelt.[430] Seine Ausprägung ist abhängig von den Dimensionen der Assoziationen, die nach ihren Arten der Eigenschaften, Benefits und Einstellungen unterschieden werden.

Die Eigenschaften entsprechen den von den Nachfragern subjektiv wahrgenommenen Charakteristika der Leistung, die in

- produktbezogene, dem materiellen Kern innewohnende, und

- nicht produktbezogene[431] Eigenschaften, die insbesondere den Preis, die Nutzer- und Nutzungsvorstellungen, Verpackung, Markenpersönlichkeit und Persönlichkeit des Verbrauchers, dessen Gefühle und Erfahrungen umfassen,

unterschieden werden. Den individuellen Nutzen, welcher der Leistung

---

[426] Davon kann ausgegangen werden, wenn die Bekanntheit einer Marke als Qualitätsurteil wahrgenommen wird, u.a. bei Kaufentscheidungen, die durch ein geringes Involvement der Nachfrager gekennzeichnet sind.

[427] Das relevante Set umfasst alle Marken, die bei Überlegungen zu Kaufentscheidungen ohne direkte Konfrontation mit einem Stimuli zur Marke i.r.S. berücksichtigt werden (vgl. *Nitschke, A.*, (Marke), S. 92 unter Verweis auf *Baker*).

[428] Das Markenimage ist als Wahrnehmung einer Marke zu definieren, die in Form von Markenassoziationen im Gedächtnis der Nachfrager repräsentiert ist (*Sattler, H. / Völckner, F.*, (Markenpolitik), S. 73 unter Verweis auf *Keller*).

[429] *Sattler* setzt das Markenimage mit der Markeneinstellung gleich. Dem wird hier gefolgt.

[430] Operationalisiert kann dieser Wert beispielsweise durch das Multiattributmodell von *Fishbein*, durch Messung der kognitiven, d.h. des belief als das Ausmaß des Zuspruches der jeweiligen Assoziationen von seiten des Konsumenten, und der affektiven Bestandteile werden, welche die Bewertung/Wahrnehmung dieser als gute oder schlechte Elemente der Marke beinhalten (vgl. *Sattler, H.*, (Markenpolitik), S. 139).

[431] Diese Unterteilung ist konform mit der Unterteilung in funktional notwendige und nicht notwendige Bestandteile der Leistung.

- funktional aus den leistungsspezifischen Eigenschaften,

- emotional aus den nicht funktional notwendigen Bestandteilen der markierten Leistung und

- erfahrungsbezogen

anhaftet, umfasst der Begriff der Benefits. Die dritte Dimension der Assoziationen bilden die Einstellungen, die die gesamte Einschätzung der Marke durch den Nachfrager beinhalten.[432] Diese Assoziationstypen werden anhand

- ihrer Vorteilhaftigkeit, d.h. ihres Einflusses auf die Kaufentscheidung,

- ihrer Stärke,

- ihres Gewichtes in Form von Erinnerungen als Komponente im Rahmen des eigentlichen Kaufentscheidungsprozesses sowie

- anhand ihrer Einzigartigkeit im Vergleich zu den Assoziationen anderer Marken differenziert

und entscheiden insofern über die Ausgestaltung des Images, die Stärke der Wissensstruktur und sogleich die der Marke.[433]

---

[432] Vgl. *Sattler, H. / Völckner, F.*, (Markenpolitik), S. 75 ff.
[433] Vgl. *Sattler, H. / Völckner, F.*, (Markenpolitik), S. 68 ff.

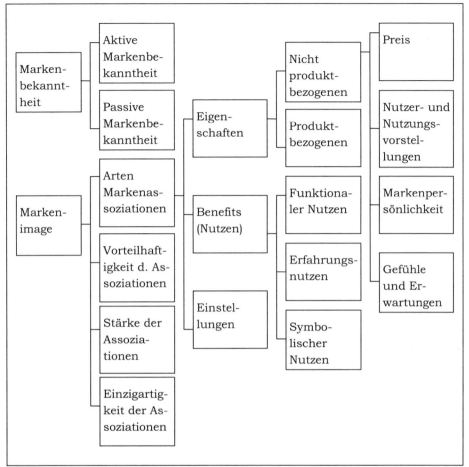

Abbildung 18: Dimensionen des Markenwissens nach *Keller*.[434]

In Anlehnung an die in der Abbildung 18 veranschaulichte Operationalisierung der Wissensstruktur ist eine solche Messung des Markenwissens für die jeweilige markierte Leistung vorzunehmen und in Abhängigkeit von der Eigenschaft der Marke als hinreichendes oder als notwendiges Entscheidungskriterium[435] zu er-

---

[434] *Sattler, H. / Völckner, F.*, (Markenpolitik), S. 75, *Steinmann, S.*, (Marke), S. 46.

[435] Das relevante Set umfasst alle Marken, die bei Überlegungen zu Kaufentscheidungen ohne direkte Konfrontation mit einem Stimuli zur Marke i.r.S. berücksichtigt werden. Der Kauf einer nicht im relevanten Set existierenden Marke i.r.S. ist nur möglich, wenn der potentielle Nachfrager im Moment der Kaufentscheidung mit der Marke i.r.S. direkt konfrontiert wird und sie dadurch im Moment der Kaufentscheidung seinem relevanten Set hinzugefügt (*Nitschke, A.*, (Marke), S. 92 unter Verweis auf *Baker*). In dem ersten Fall ist die Marke das notwendige, in dem zweiten Fall das hinlängliche Kriterium der Kaufentscheidung.

forschen, welche der Dimensionen und welche der Assoziationen als Ergebnis der markenpolitischen Bemühungen der Beteiligten den wesentlichen Einfluss auf die Kaufentscheidung der Nachfrager ausüben und damit die Erfolgsfaktoren der Marke sind. Anschließend ist diesen ihre relative Bedeutung für den Markenerfolg beizumessen.

Dabei ist die Marke nur dann das notwendige Kriterium der Kaufentscheidung, wenn sie in dem relevanten Set des potentiellen Nachfragers enthalten ist, wobei dieses alle Marken umfasst, die bei den Überlegungen zu den Kaufentscheidungen ohne direkte Konfrontation mit einem Stimuli zur Marke berücksichtigt werden. Dem entgegen ist der Kauf einer nicht im relevanten Set vorhandenen Marke nur möglich, wenn der potentielle Nachfrager im Moment der Kaufentscheidung direkt mit der Marke konfrontiert wird und sie dadurch erst im Moment der Kaufentscheidung seinem relevanten Set hinzufügt.[436] In diesem Fall ist die Marke das hinlängliche Kriterium der Kaufentscheidung.

Für einen strukturierten Ablauf der Erfolgsfaktorenanalyse ist der folgende Fragenkatalog anzuwenden.

Welche Rolle spielt die Marke im Rahmen des Kaufentscheidungsprozesses?

1. Ist die Marke ein notwendiges Entscheidungskriterium, d.h. ist die Leistung im relevanten Set des Nachfragers verankert?

2. Oder ist die Marke ein hinlängliches Entscheidungskriterium, d.h. entscheidet sich der Nachfrager explizit auf Grund der Marke für die markierte Leistung?

Ist die Marke das notwendige Entscheidungskriterium der Kaufentscheidung, so sind das Markenimage die hinreichende Bedingung und die Markenbekanntheit die notwendige Voraussetzung für den Markenerfolg. Für die Identifikation der Erfolgsfaktoren der Marke sind die in den Köpfen der Nachfrager verankerten Vorstellungen und Kenntnisse zu der Marke als Markenschemata durch semantische Netzwerke abzubilden, die aus Knoten mit Eigenschaften und Kanten bestehen, welche die komplexen Beziehungen zwischen den Eigenschaften aufzeigen.[437] Dafür ist das Markenwissen qualitativ entweder durch Tiefen- oder

---

Nach Auffassung der Autoren *Dürrfeld* und *Wingendorf* ist die Marke dann ein notwendiges Entscheidungskriterium, wenn die Leistung im relevanten Set der Nachfrager enthalten ist, und ein hinlängliches, wenn sich der Kunde explizit aufgrund der Marke i.r.S. für die jeweilige markierte Leistung entscheidet (vgl. *Dürrfeld, A. / Wingendorf, P.,* (Lizenzierung), S. 467).

[436] Vgl. *Nitschke, A.,* (Marke), S. 92.

[437] Vgl. *Esch, R.,* (Markenführung), S. 64 und 553.

Fokusgruppeninterviews zu messen, wobei erstere am häufigsten in der Praxis eingesetzt werden.[438]

Während die Nachfrager bei der ersten nicht standardisierten Form der Befragung den Gesprächsverlauf frei bestimmen können, weil lediglich das Rahmenthema und ein grobes Fragengerüst dem Interview als Grundlage dienen, werden im Rahmen der Fokusgruppeninterviews nicht einzelne Teilnehmer, sondern eine Gruppe von 6 bis 10 Teilnehmern befragt, so dass auch eine Interaktion zwischen diesen möglich wird. Die nachfolgende Abbildung zeigt das Ergebnis einer solchen Messung exemplarisch für die Marke Milka auf.

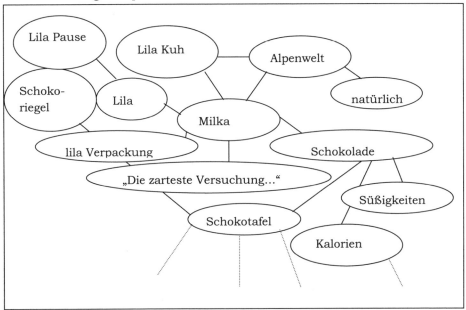

Abbildung 19: Markenwissen zu Milka.[439]

Alternativ könnten auch quantitative Methoden wie z.B. das Fishbein Modell, das Imagedifferenzial oder die Multidimensionale Skalierungen sowie kombinierte Methoden zur Imagemessung verwendet werden, die sich allerdings weniger zur Identifikation der Erfolgsfaktoren als vielmehr für die Quantifizierung des Markenimages eignen.[440]

Ist die Marke ein hinlängliches Entscheidungskriterium, ist festzustellen, warum der Nachfrager die markierte Leistung im Zeitpunkt der Kaufentscheidung zu

---

[438] Vgl. *Sattler, H. / Völckner, F.*, (Markenpolitik), S. 77 f.

[439] *Esch, R.*, (Markenführung), S. 64.

[440] Vgl. *Sattler, H. / Völckner, F.*, (Markenpolitik), S. 77 f.

seinem relevanten Set hinzugefügt und sie sogleich aus diesem ausgewählt hat. Als mögliche Stimuli, welche die Auswahl der Marke beeinflusst haben, kommen

- die Bekanntheit und

- das Image der Marke in Betracht. Als mögliche Erfolgsfaktoren sind u.a. folgende nicht produktbezogenen Eigenschaften mit den entsprechenden Benefits, die vornehmlich auf die Erzielung eines emotionalen bzw. erfahrungsbezogenen Zusatznutzens abstellen, denkbar:

  o die geografische Verankerung der Marke, sichtbar durch „made in" Markierungen der materiellen Leistung,

  o die visuelle Gestaltung der Leistung,

  o die wahrgenommenen technisch-physikalischen Eigenschaften der materiellen Leistung,[441]

  o die Gestaltung und das Design der Verpackung (Farbe, Material, Größe),

  o die innovative Verpackungsform,

  o ihre Präsentation am Point of Sale,

  o die Auswahl und Gestaltung des Point of Sale,

  o ihr Preisniveau,

  o ihre kulturelle Verankerung,

  o der Zeitpunkt ihres Markteintritts,

  o ihr Markenname,

  o ihre Markenzeichen,

  o ihre Markensignale,

  o die Markenmelodie,

  o die Markenslogans,

  o die Markenjingles,

  o ihre Markenhistorie,

  o die Preisgestaltung,

  o die Preisoptik,

  o die innovative Preissetzung,

---

[441] Durch die Markierung einer Leistung mit einer Marke i.r.S., die über ein ausgeprägtes Markenimage verfügt, kann die Qualität einer Leistung höher eingeschätzt werden als die einer nicht markierten funktional identischen Leistung.

o   das Preisimage,

o   die Schaffung von Preiserlebnissen,

o   die innovative Vertriebsform,

o   die Exklusivität der Distribution,

o   die Markenkommunikation,

o   die Markenphilosophie,

o   die Markenpersönlichkeit,

o   die Schlüsselbilder der Marke,

o   die Markenanreicherungen,

o   die Markenbotschaft,

o   die Markenassoziationen,

o   ihre Unternehmens-, Konzern- und Branchenzugehörigkeit und

o   die organisationale Dimension der Markenidentität.

Neben dem Markenimage und der Markenbekanntheit können insbesondere die unmittel- oder mittelbar durch diese Größen beeinflussten psychologischen Größen der Markenbindung, -loyalität, -zufriedenheit, -sympathie und des Markenvertrauens Erfolgsfaktoren der Marke sein.[442] In diesen Fällen sind die dafür maßgeblichen Entstehungsgründe ebenfalls durch die Befragung der Nachfrager zu untersuchen.

Daneben sind auch die Ergebnisse der Bewertung des verhaltensbezogenen Markenwertes in die Ermittlung der Erfolgsfaktoren der Marke einzubeziehen. Dies gilt insbesondere für die Faktoren, die den Brand Potential Index maßgeblich beeinflussen.[443]

Regelmäßig wird die Marke über mehrere Erfolgsfaktoren verfügen, so dass diese auf Basis ihrer relativen Bedeutung für den ökonomischen Erfolg der Marke zu gewichten sind.

Dafür sind grundsätzlich die Ergebnisse der Nachfragerbefragungen heranzuziehen. Alternativ können auch die Ergebnisse anderer Befragungen für die Gewichtung der Erfolgsfaktoren verwendet werden. Als Beispiel wird an dieser Stelle nochmals auf das von der *GfK Marktforschung* und *GfK Panel Services* auf Basis ihrer Paneldaten erarbeitete Marketing-Wirkungsmodell, das in der nachfolgenden Abbildung dargestellt ist, hingewiesen.

---

[442]   Vgl. dazu 2.6 Die Wirkungen der Marke.

[443]   Vgl. dazu 4.2.1.1.2.1 Der Wert der Marke sowie 4.2.1.1.2.3 Die Bewertung der ökonomischen Markenwirkungen.

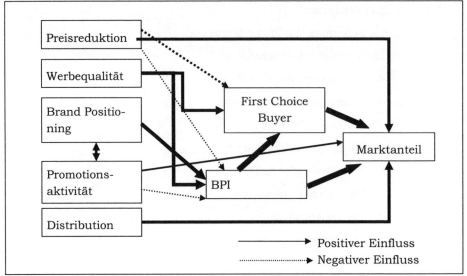

Abbildung 20: Einfluss des Marketing-Mixes im Marketing-Wirkungsmodell.[444]

Aus diesem können folgende Ergebnisse abgleitet werden: Die Positionierung einer markierten Leistung stärkt den Share of Soul, d.h. den verhaltensbezogenen Markenwert bzw. die Markenstärke, sowie den First Choice Buyer Anteil maßgeblich. Daneben beeinflussen sich die Positionierung und die Qualität der Werbung, so dass die Positionierung auch für die Werbung der Marke und damit für die Ausgestaltung des Images von wesentlicher Bedeutung ist.

Der Preis hingegen beeinflusst den First Choice Buyer Anteil sowie den BPI negativ, obgleich er den Marktanteil positiv beeinflussen kann. Demnach kann der Preis selbst kein Erfolgsfaktor der Marke sein.

Am stärksten wirkt sich die Werbequalität auf den Markenwert aus, weil diese das Markenimage am besten vermitteln kann, so dass die mit der Werbung der markierten Leistung verbundenen Erfolgsfaktoren ggfs. stärker zu gewichten sind.[445]

Als Ergebnis liefert diese Analyse die Erfolgsfaktoren der Marke, die in Abhängigkeit von ihrer relativen Bedeutung für ihren ökonomischen Erfolg gewichtet sind.

---

[444] *Högl, S. / Twardawa, W. / Hupp, O.*, (Key Driver), S. 49. Die Stärke der Pfeile drückt zudem das Beeinflussungspotential aus. Für weitere Einzelheiten siehe ebd.

[445] Vgl. *Högl, S. / Twardawa, W. / Hupp, O.*, (Key Driver), S. 49 ff.

4.2.1.1.3.2.3 Markenbeitragsanalyse

Die Markenbeitragsanalyse hat die Aufgabe, die Ergebnisse der Markenbildungs- und Markenerfolgsfaktorenanalyse auf Grundlage einer Ursachen-Wirkungsbeziehung miteinander zu verbinden, indem aufbauend auf einer Verknüpfung zwischen den Erfolgsfaktoren und den für ihre Verwirklichung verantwortlichen Maßnahmen die isolierten ökonomischen Markenwirkungen, die als Ergebnis der Markenpolitik der beiden ordentlichen und gewissenhaften Geschäftsleiter infolge der Beeinflussung der Wissensstrukturen der Nachfrager gewertet werden, unter Berücksichtigung ihrer Ursächlichkeit auf die beteiligten Vertragsparteien verteilt werden und so die geleisteten Wertbeiträge der Beteiligten offen gelegt werden können.[446]

Auf Grundlage der Ergebnisse der Markenerfolgsfaktorenanalyse muss dafür der Versuch unternommen werden, die Maßnahmen der Markenpolitik den Erfolgsfaktoren, für deren Verwirklichung sie verantwortlich sind, zuzuordnen und anschließend die Bedeutung der einzelnen Maßnahme für die Entstehung der markenbezogenen Erfolgsfaktoren zu gewichten. Diese Aufgabe ist in nachfolgender Abbildung dargestellt, in welcher die gesuchte Ursachen-Wirkungsbeziehung durch die Blockpfeile veranschaulicht ist.

Ökonomischen Markenwirkungen	Gewichteten Erfolgsfaktoren	Maßnahmen der Markenpolitik	Zurechnung, ggfs. anteilig
	a_1*E 1	M 1	α*LG, β*LN
	a_2*E 2	M 2	
1	a_3*E 3	M 3	
	a_4*E 4	M z	
	a_f*E f		

Abbildung 21: Darstellung der Aufgabe der Markenbeitragsanalyse.

Als Ausgangspunkt der Zuordnung dient der Fragenkatalog der Markenerfolgsfaktorenanalyse.

1. Ist die Marke das **notwendige** Entscheidungskriterium der Kaufentscheidung ist das Markenimage die hinreichende Bedingung und die Markenbekanntheit die notwendige Voraussetzung für den Markenerfolg. Ausge-

---

[446] Dass dieser Wirkungszusammenhang nicht zweifelsfrei eindeutig hergestellt werden kann, ist unstrittig. Jedoch ist es auf Grundlage der Integration des wirkungs- und erfolgsbezogenen Ansatzes zweifelsfrei, dass eine solche Ursachen-Wirkungsbeziehung zwischen der Markenpolitik, den verhaltensbezogenen und den ökonomischen Markenwirkungen besteht. Solange diese in der Wissenschaft nicht detaillierter erklärt werden kann, ist ihre Darstellung anhand eines Gesamtbildes der Verhältnisse vorzunehmen.

hend vom erstellten Markenschemata ist zu untersuchen, welche der gelisteten Maßnahmen der Markenpolitik, für die Verwirklichung des Markenwissens verantwortlich sind. Denkbar sind

- die Gestaltung und Design der Verpackung und materiellen Leistung,

- die Markierung der Leistung oder Verpackung mit unterschiedlichen Markensymbolen wie z.B. dem Markennamen, Markenbildern, Markenslogans

- die Gestaltung der Distribution und die damit verbundenen Eigenschaften der Exklusivität, Innovativität, Ubiquität,

- die Auswahl und Gestaltung des Point of Sale,

- die Preisgestaltung und das dadurch ggfs. vermittelte Preisimage sowie

- die Markenkommunikation in Form von Mediawerbung, d.h. Zeitungsanzeigen, Radio- und TV-Spots, Plakate, Sponsoring, Öffentlichkeitsarbeit, Aktions- und Imagewerbung, die der Kommunikation der Markenpersönlichkeit, der Markenbilder, -botschaften u.a. dient. Unter Umständen erfordert diese selbst die Erarbeitung und Implementierung von Markensignalen, Schlüsselbildern, Slogans, die Gestaltung der Verpackung, die Auswahl geeigneter Absatzkanäle und Point of Sales, die Entwicklung von Produktlösungen, Verpackungsinnovationen und Preiserlebnissen.

Da insbesondere für die Verwirklichung der Erfolgsfaktoren der Markenpersönlichkeit, ihrer Botschaft, Historie, Philosophie, Kommunikation und ihres Images sowie der organisationalen, symbolischen und produktbezogenen Dimensionen der Markenidentität i.d.R. mehrere Maßnahmen verantwortlich sein werden, sind diese in Abhängigkeit ihrer relativen Bedeutung für die Entstehung der Erfolgsfaktoren zu gewichten. Dafür sind alle Instrumente, die für die Realisierung des Selbstbildes der Marke verwendet werden, den Politikbereichen der Markenpolitik, in deren Zuständigkeitsbereich ihre Erarbeitung und Implementierung fällt, zuzuordnen. Die folgende Abbildung präsentiert einen systematischen Überblick beispielhaft.

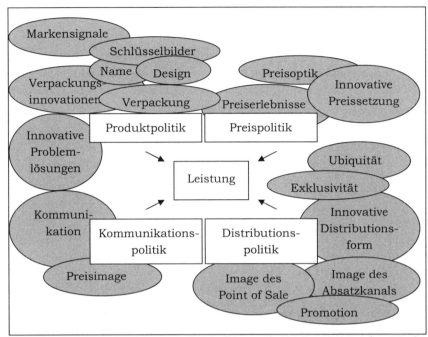

Abbildung 22: Wahrnehmungsbeeinflussende Instrumente des Marke ting-Mix als Maßnahmen der einzelnen Politikbereiche der Markenpolitik.[447]

Anschließend kann die Analyse der Bedeutung der einzelnen Marketing-Mix-Instrumente anhand des Dominanz-Standard-Modells von *Kühn* (vgl. folgende Abbildung) erfolgen.

---

[447] Die Marke ist alles, was kein notwendiger Bestandteil der Leistung und auf die Beeinflussung der Wahrnehmung der Nachfrager gerichtet ist. Deswegen werden die mit dem Einsatz der Marke verbundenen Instrumente als wahrnehmungsbeeinflussend bezeichnet und sind von den Instrumenten abzugrenzen, die für die Verwirklichung des funktionalen Nutzens der Leistung eingesetzt werden. Die aufgezeigten Instrumente dienen allein dem Aufbau einer Leistung zur Marke. So ist es beispielsweise Aufgabe der Verpackung die materielle Leistung als Produkt zu schützen, wofür sie allerdings weder farbig noch besonders auffällig gestaltet sein muss. Diese Eigenschaft der Verpackung dient allein der Zielerreichung der Markenpolitik.

Diese Zusammenstellung ist u.a. aus den Darstellungen von *Diller, H.*, (Preispolitik), *Bruhn, M.*, (Marketing), *Baumgarth, C.*, (Markenpolitik) abgeleitet.

121

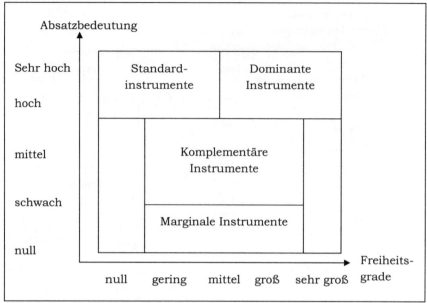

Abbildung 23: Dominanz-Standard-Modell von *Kühn*.[448]

Dafür werden die einzelnen Maßnahmen der Markenpolitik, die mit dem Einsatz der wahrnehmungsbeeinflussenden Instrumente gleichzusetzen sind, in Abhängigkeit von ihrem Freiheitsgrad und ihrer Absatzbedeutung in vier verschiedene Instrumentenkategorien eingeordnet. Die höchste Absatzbedeutung haben die Dominanten und die Standardinstrumente, die sich lediglich in ihren Freiheitsgraden unterscheiden, weil die Standardinstrumente im Gegensatz zu den Dominanten Instrumenten den Anforderungen der Marktsituation oder den technischen Gegebenheiten genügen müssen und daher ihr Einsatz stark determiniert ist. Unterstützt wird ihre Wirkung, vor allem die der dominierenden Instrumente, durch die komplementären Instrumente, die allerdings nicht dieselbe Bedeutung auf den Absatz haben. Der Einsatz der marginalen Instrumente wird von der relevanten Nachfragergruppe überhaupt nicht wahrgenommen, weswegen ihr Einsatz keine Rechtfertigung findet.[449]

Die Maßnahmen der Produktpolitik entfalten dann die Wirkung eines dominierenden Instrumentes, wenn die Konkurrenzprodukte substituierbar sind und zudem auf eine Kommunikation der markierten Leistungen verzichtet wird. So ist beispielsweise die Verpackung vor allem dann für die Vermarktung der materiellen Leistungen des täglichen Bedarfs das domi-

---

[448] *Kühn, R.*, (Marketing), S. 45.

[449] Vgl. *Kühn, R.*, (Marketing), S. 44 f.

nierende Instrument, wenn die Kaufentscheidung impulsiv am Point of Sale getroffen wird und sie die Kommunikation zwischen dem Hersteller und dem Nachfrager übernimmt. Darüber hinaus kann die Produktpolitik auf die produktbezogenen Ausprägungen des Images durch die Entwicklung innovativer Verpackungsformen (Sechser Träger, „stehende" Zahnpastatube) und innovativer demand push Produktinnovationen z.b. durch die Anpassungen der Packungsgröße oder innovative Designs des Produktes und der Verpackung dominierend einwirken.

Die Preispolitik kann die Wirkung eines dominierenden Instrumentes nicht hervorrufen, auch wenn der Preis ein wesentlicher Wettbewerbsfaktor für das jeweilige Unternehmen sein sollte. Dies gilt auch für die Preisimages, die als Ergebnis aus dem Zusammenspiel zwischen der Preiszufriedenheit und dem Preisvertrauen resultieren, weil diese keinesfalls das Resultat einer erfolgreichen Preissetzung als vielmehr das Ergebnis des Einsatzes der gesamten Marketinginstrumente sind. Zu denken ist dabei an die Ausrichtung der Verpackungsgestaltung, die Markierung, die Distribution und die Frage der Kommunikation. Im Regelfall wird die Kommunikationspolitik, soweit die markierte Leistung kommuniziert wird, anderenfalls die Produktpolitik das dominierende Instrument sein.

Die Distributionspolitik kann die Wahrnehmung der Nachfrager nur durch die Entwicklung innovativer Distributionsformen wie z.B. durch die Einführung von Versandhäusern, die Entwicklung der Tupperwarenparty, dem Lieferservice wie Eismann und Bofrost wesentlich beeinflussen.

I.d.R. ist die Kommunikationspolitik der wesentliche Werttreiber für den Aufbau der Wissensstruktur, weil sie sowohl die Markenbekanntheit als auch das Markenimage zu beeinflussen vermag. Dabei kann die Markenbekanntheit durch eine erzeugte Vertrautheit besonders bei niedrig involvierten Nachfragern als entscheidendes Auswahlkriterium im Kaufentscheidungsprozess wirken, denn ohne Bekanntheit keine Auswahl.[450] Die Ausprägung des Einflusses der Marke auf den Kaufentscheidungsprozess gestaltet sich in Abhängigkeit von der Frage des Ortes und Zeitpunktes der Kaufentscheidung. Wird diese erst am Point of Sale getroffen, genügt die Ausprägung der Markenrecognition,[451] d.h. der passiven Wiedererken-

---

[450] Vgl. *Keller, A.*, (Markenwert), S. 1309.

[451] Die Markenrecognition bezeichnet die Fähigkeit des Nachfragers sich unter unterschiedlichen Bedingungen an die Marke zu erinnern. In entsprechenden Tests kann diese auch dahingehend geprüft werden, welche Markenelemente (Verpackung, Name, Gestaltung des Markennamens, Zeichen) als wesentliche Stimuli wirken. Dabei ist die Wiedererkennung regelmäßig das Ergebnis der Kommunikation. Sollte die Verpackung der Träger der Information sein und als wesentliches Entscheidungselement positiv auf die letztendliche Auswahl wirken, so ist dies der Produktpolitik

nung, andernfalls ist die aktive Erinnerung, der Markenrecall, entscheidend.[452]

Als dominierendes Instrument entfaltet die Kommunikation besonders im Rahmen der emotionalen Positionierung ihre Bedeutung, wird dabei allerdings von den anderen Politikbereichen als komplementäre Instrumente unterstützt. Zu denken ist beispielsweise an den Aufbau von Markenimages und Markenerlebnisse sowie Markenpersönlichkeiten.

Unter Berücksichtigung der Ergebnisse des Dominanz-Standard-Modells von *Kühn* sind die Maßnahmen der Markenpolitik in Abhängigkeit von ihrer Bedeutung für die Verwirklichung der Erfolgsfaktoren zu gewichten.

2. Wenn die Marke hingegen ein hinlängliches Entscheidungskriterium ist, sind die Markenbekanntheit oder das Image der Marke als die Dimensionen des Markenwissens die möglichen Ursachen für die Auswahl der Marke aus dem relevanten Set des Nachfragers. Als die Maßnahmen, die zu ihrer Entstehung beigetragen haben, sind denkbar:

- Die Bekanntheit der Marke ist regelmäßig das Ergebnis der Kommunikations- oder ausnahmsweise der Distributionspolitik und insoweit deren einzelnen Maßnahmen, ggfs. anteilig, zuzurechnen.

- Das Image der Marke kann auf die einzelnen Erfolgsfaktoren zurückgeführt werden, die entweder das Ergebnis einer einzelnen oder einer Ansammlung von Maßnahmen sein können.

  o So sind beispielsweise für die Wirkung des Namens, der Zeichen, der Preisoptik, der Jingles, Symbole und Schlüsselbilder der Marke, ihre innovative Vertriebsform, die innovative Preissetzung regelmäßig die Maßnahmen der Markierung der Leistung verantwortlich.

  o Allerdings sind für die Gestaltung und das Design der Verpackung, der Markenpersönlichkeit, der Markenbotschaft, der Markenhistorie, ihrer kulturellen Verankerung sowie des Preisimages mehrere Maßnahmen kausal. Folglich sind diesen mehrere Maßnahmen zuzurechnen, die entsprechend ihrer relativen Bedeutung für die Verwirklichung der Erfolgsfaktoren zu gewichten sind. So können

---

zuzuschreiben, weil diese Wirkung nicht auf der erzeugten Wiedererkennung oder Vertrautheit basiert, sondern allein auf der zusätzlichen Gestaltung der Verpackung.

[452] Vgl. *Keller, A.*, (Markenwert), S. 1316.

- für die Wirkungen der Verpackung zum Beispiel ihre farbliche Gestaltung, äußere Form, Größe, Markierung und ihre Bestandteile sowie qualitativen Merkmale,

- für die Gestaltung des Preisimages neben der Gestaltung der Verpackung und ihrer Markierung auch die Erzeugung von Preiserlebnissen sowie die zahlreichen Maßnahmen der Kommunikationspolitik,

- für die Realisierung des Markenimages bzw. der Markenpersönlichkeit, ihrer Botschaft, Historie neben der Gestaltung der Verpackung und Preisimages insbesondere die Kommunikationspolitik,

- für die Auswahl und Gestaltung des Point of Sales insbesondere die Maßnahmen der Produkt- oder auch der Kommunikationspolitik z.b. durch die äußere Form der materiellen Leistung, ihrer farblichen Gestaltung, ihrer Verpackung, ihren Markensignalen, ihren Schlüsselbildern, den entwickelten Preiserlebnissen, der Auswahl und Gestaltung des Point of Sale sowie

- für die Markenanreichung zum Beispiel die Produktpolitik durch die Gestaltung der Verpackung, die Kommunikationspolitik durch die Information über diese

verantwortlich sein. Für ihre jeweilige Gewichtung kann wiederum das Standard-Dominanz-Modell von *Kühn* verwendet werden.

Ggfs. können für die Bemessung der relativen Bedeutung der einzelnen Maßnahmen auch die Ergebnisse der Tiefen- und Fokusgruppeninterviews verwendet werden, sofern diese nicht nur die Gründe dafür, dass die Verbraucher die markierte Leistung in ihr relevantes Set aufnehmen und anschließend aus diesem auswählen, sondern zugleich deren Entstehungsursache wie zum Beispiel die erste Kontaktaufnahme, die Werbung im Radio und Fernsehen oder einer lokalen Zeitschrift, untersuchen.

4.2.1.1.3.2.4 Ergebnisse der Markenanalyse

Aus den Ergebnissen aller Markenanalysen kann eine Übersicht erarbeitet werden, in der die gesamten ökonomischen Markenwirkungen

- anteilig (a) auf die identifizierten (f) Erfolgsfaktoren (E) der Marke,

- alle Erfolgsfaktoren auf die gesamten (z) Maßnahmen (M), die anteilig (m) für ihre jeweilige Entstehung notwendig sind, und

- die Maßnahmen jeweils anteilig (α und β) auf die Beteiligten, d.h. den Lizenzgeber (LG) und den Lizenznehmer (LN), denen ihre Durchführung zuzurechnen ist,

aufgeteilt werden können. Grafisch könnte diese wie folgt ausgestaltet werden:

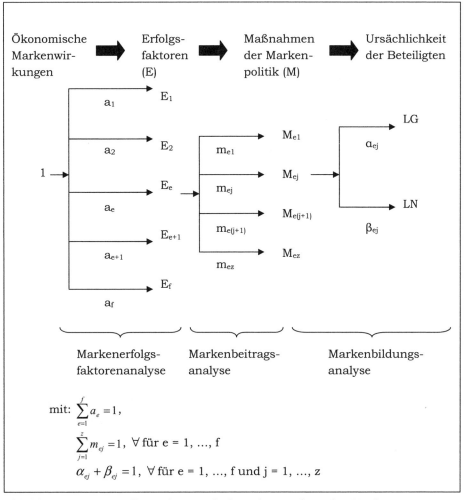

Abbildung 24: Darstellung der Ergebnisse der Analyse der Marke.

4.2.1.1.3.3 Aufteilung der ökonomischen Markenwirkungen

Die Verknüpfung der Ergebnisse der Markenbildungs- und Markenerfolgsfaktorenanalyse im Rahmen der Markenbeitragsanalyse ermöglicht die Ermittlung der Ursächlichkeiten der markenpolitischen Wertbeiträge des Lizenznehmers und Lizenzgebers für die Entstehung und Wirkungen der Marke. Indem den Beteiligten die einzelnen Maßnahmen, den Erfolgsfaktoren die für ihre Verwirklichung kausalen Maßnahmen sowie den einzelnen Erfolgsfaktoren ihre relative Bedeutung für die Erzielung der ökonomischen Markenwirkungen zugerechnet werden, können die Ergebnisse der Analyse der Marke mit der nachfolgenden Formel jeweils zur Ursächlichkeit u des Lizenznehmers und Lizenzgebers verdichtet werden.

Die Ursächlichkeit des Wertbeitrags des Lizenzgebers entspricht der Summe

$$u_{LG} = \sum_{e=1}^{f} (a_e * (\sum_{j=1}^{z} m_{ej} * \alpha_{ej})) ,$$

und die des Lizenznehmers

$$u_{LN} = \sum_{e=1}^{f} (a_e * (\sum_{j=1}^{z} m_{ej} * \beta_{ej})) ,$$

wobei $\alpha_{ej} + \beta_{ej} = 1$, $0 \leq u_{LN/LG} \leq 1$ und $u_{LN} + u_{LG} = 1$ gilt.

Damit wird deutlich, dass entweder der Wertbeitrag des Lizenznehmers oder der des Lizenzgebers für die ökonomischen Markenwirkungen ursächlich ist.

Im Anschluss an die Verdichtung der Ergebnisse der Analyse der Marke zu dem Faktor der Ursächlichkeit des Lizenznehmers bzw. Lizenzgebers können die ökonomischen Markenwirkungen sachgerecht unter Berücksichtigung der relativen Bedeutung der Wertbeiträge der an dem Wertschöpfungsprozess Beteiligen aufgeteilt werden. Demnach erhält jeder der beiden den Anteil, für den sein eigener Wertbeitrag ursächlich ist, und somit ökonomische Markenwirkungen in Höhe von

$$\sum_{t=1}^{n} E_t^M * (1+i)^{-t} * u_{LN/LG}$$

zugerechnet.

Unter Berücksichtigung der bereits dargestellten Notwendigkeit für die Aufteilung der Einnahmenveränderung,[453] wonach der Wertbeitrag des Lizenznehmers außer in den Fällen der Vertragsverlängerung nur für die anteiligen markenbezogenen Einnahmen in Höhe von

$$\sum_{t=1}^{n} (E_t^M - E_0^M) * (1+i)^{-t}$$

ursächlich sein kann, die auf den verhaltensbezogenen Markenwirkungen basieren, welche nicht bereits zum Zeitpunkt der Lizenzvergabe vorhanden waren, beträgt die bereinigte Ursächlichkeit des Lizenznehmers und Lizenzgebers

$$u_{LG}^{ber} = l * \sum_{e=1}^{f} (a_e * (\sum_{j=1}^{z} m_{ej} * \alpha_{ej})) \text{ und } u_{LN}^{ber} = l * \sum_{e=1}^{f} (a_e * (\sum_{j=1}^{z} m_{ej} * \beta_{ej})) .$$

---

[453] Vgl. dazu die Darstellung 4.2.1.1.3.1 Kriterium der Ursächlichkeit.

Der Faktor l beinhaltet mit

$$l = \frac{\sum_{t=1}^{n} (E_t^M - E_0^M) * (1+i)^{-t}}{\sum_{t=1}^{n} E_t^M * (1+i)^{-t}}$$

das Verhältnis zwischen den markenbezogenen Einnahmen, für welche der Wertbeitrag des Lizenznehmers kausal sein kann, und den gesamten ökonomischen Markenwirkungen. Diese Anpassung ist notwendig, weil sich die Analyse der Marke auf die gesamte Einnahmenveränderung bezieht.

Dem Lizenznehmer sind folglich i.d.R. Einnahmen in Höhe von

$$\sum_{t=1}^{n} (E_t^M - E_0^M) * (1+i)^{-t} * u_{LN}^{ber}$$

und dem Lizenzgeber Einnahmen in Höhe von

$$\sum_{t=1}^{n} (E_O^M * (1+i)^{-t} + (E_t^M - E_0^M) * (1+i)^{-t} * u_{LG}^{ber})$$

unter Berücksichtigung des Kriteriums der Ursächlichkeit zuzurechnen. Die nachfolgende Abbildung stellt diese Aufteilung der ökonomischen Markenwirkung dar.

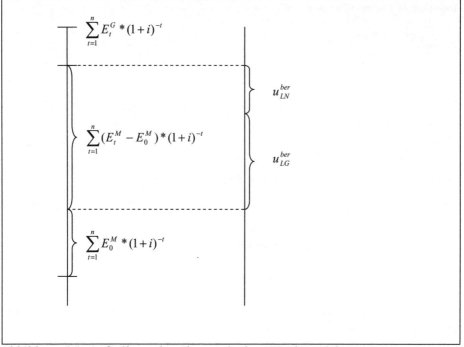

Abbildung 25: Aufteilung der ökonomischen Markenwirkungen.

4.2.1.1.3.4 Berücksichtigung der markenbezogenen Ausgaben

Im Anschluss an die Aufteilung der ökonomischen Markenwirkungen sind die damit in wirtschaftlichem Zusammenhang stehenden Ausgaben zu berücksichtigen, die dem Lizenznehmer für die Verwirklichung der ihnen zugrunde liegenden markenpolitischen Bemühungen entstehen. Dabei setzt ihre Berücksichtigung nicht nur die Abgrenzung der markenbezogenen von den gesamten Ausgaben des Lizenznehmers voraus, sondern zugleich deren Aufteilung in die Ausgaben, die dem Lizenznehmer für die ökonomischen Markenwirkungen entstanden sind, für die allerdings der Wertbeitrag des Lizenzgebers ursächlich ist, und in diejenigen, die ihm für die Verwirklichung der markenbezogenen Einnahmen entstanden sind, für die nach den Ergebnissen der Analyse der Marke sein eigener Wertbeitrag ursächlich ist. Deswegen sind die markenbezogenen Ausgaben zunächst zu ermitteln und anschließend aufzuteilen.

Dabei umfassen diese alle Ausgaben, die mit den markenpolitischen Bemühungen in wirtschaftlichem Zusammenhang stehen und ausschließlich auf die Erzielung eines emotionalen Nutzens gerichtet sind. Sie sind folglich von den Ausgaben abzugrenzen, die für die funktional notwendigen Bestandteile der materiellen markierten Leistung entstehen. Dies gilt insbesondere für die Ausgaben, die wie zum Beispiel für die Verpackung, Kommunikation und Distribution der materiellen Leistung sowohl für die funktional notwendigen als auch die nicht notwendigen Bestandteile getätigt werden.

Diese können unter Verwendung der Ergebnisse der Isolierung der leistungsbezogenen Einnahmen in Analogie zur Ermittlung des Maximalwerts der Lizenz als Residualgröße aus den gesamten Ausgaben und den leistungsbezogenen Ausgaben[454] in Höhe von

$$\sum_{t=1}^{n} (A_t^G - A_t^L) * (1+i)^{-t}$$

mit A^G = gesamten Ausgaben des Lizenznehmers,

A^L = leistungsbezogenen Ausgaben des Lizenznehmers

ermittelt werden.

Für die Prognose der markenbezogenen Ausgaben über die Lizenzlaufzeit sind die Ergebnisse der Bewertung der Marke zu verwenden.

Anschließend sind diese entsprechend dem oben aufgeführten Abgrenzungskriterium in die Ausgaben, die dem Lizenznehmer zwangsläufig durch die Maßnahmen entstehen, die allerdings dem Lizenzgeber zuzurechnen sind, und diejenigen aufzuteilen, die der Lizenznehmer für die markenpolitischen Bemühungen, die ihm selbst zuzurechnen sind, weil er diese entweder auf eigenes Risiko ausführt oder für die ihnen zugrunde liegende konzeptionelle Basis verantwortlich ist.

Da der Ausführende der Markenpolitik erstere nur tätig, weil diese ihm zwangsläufig durch die Erzielung der Einnahmen entstehen, für die nach den Ergebnissen der Analyse der Marke der Lizenzgeber ursächlich ist, werden diese als obligatorische markenbezogenen Ausgaben

A^{MO}

bezeichnet. Sie entstehen dem Lizenznehmer obligatorisch entweder auf Grund einer vertraglichen Verpflichtung oder der in dem Lizenzvertrag beispielsweise bezüglich der Markierung der Leistung, der zu erfüllenden Qualitätsstandards, der Gestaltung der Verpackung oder der zusätzlichen Anforderungen an die Distribution enthaltenen markenbezogenen produkt-, kommunikations-, distributions- und preispolitischen Restriktionen.[455] Sie umfassen allerdings nicht diejen-

---

454 Vgl. dazu die noch folgende ausführliche Darstellung zum Maximalwert der Lizenz.

455 Zu diesen gehören auch die Ausgaben des Lizenznehmers, welche ihm für die Erzielung der markenbezogenen Einnahmen i.H.v.

$$\sum_{t=1}^{n} E_0^M * (1+i)^{-t}$$

igen Ausgaben, die dem Lizenznehmer zwar zwangsläufig durch eine vertragliche Verpflichtung entstehen, jedoch in Verbindung mit markenbezogenen Einnahmen stehen, die auf Grund der Mitberücksichtigung der konzeptionellen Ebene der Markenpolitik ihm zuzurechnen sind. Gleichzeitig gehören deswegen zu diesen Ausgaben auch diejenigen, die ihm zwar nicht auf Grund einer vertraglichen Verpflichtung entstehen, allerdings für die ökonomischen Markenwirkungen, die dem Lizenzgeber auf Grund der Mitberücksichtigung der konzeptionellen Ebene zuzurechnen sind.[456] Folglich umfassen die obligatorischen markenbezogenen Ausgaben des Lizenznehmers nur diejenigen nicht, die ausschließlich in wirtschaftlichen Zusammenhang mit den ökonomischen Markenwirkungen stehen, die nach den Ergebnissen der Analyse der Marke ihm selbst zuzurechnen sind.

Werden dann diese dem Lizenznehmer zugerechnet, indem sie die markenbezogenen Einnahmen mindern, für die der Lizenzgeber ursächlich ist, kann gewährleistet werden, dass der Lizenzgeber nicht zweifach profitiert, indem er einerseits die Einnahmen zugerechnet bekommt und andererseits die damit verbundenen Ausgaben von dem Lizenznehmer getragen werden. Darüber hinaus erübrigt sich durch diese Verringerung des Lizenzwerts eine zusätzliche Erstattung der Ausgaben, die der Lizenznehmer zwar tätigt, weil er dazu vertraglich verpflichtet ist, allerdings vom Lizenzgeber ersetzt bekommen soll, weil diese bereits die Beurteilung der Ursächlichkeit der Beteiligten beeinflusst haben und nun abschließend durch die Berücksichtigung der Ausgaben in das Lizenzmodell integriert worden sind.

Die darüber hinaus gehenden Ausgaben in Höhe von

$$\sum_{t=1}^{n}(A_t^M - A_t^{MO}) * (1 + i)^{-t}$$

mit A^M = markenbezogenen Ausgaben des Lizenznehmers

gehen demnach nicht in die Bemessung des Lizenzwerts ein, weil sie für die ökonomischen Markenwirkungen entstanden sind, für deren Verwirklichung der Wertbeitrag des Lizenznehmers ursächlich ist. Sie entsprechen denjenigen Ausgaben, die dieser für die markenpolitischen Bemühungen getätigt hat, zu deren Durchführung er vertraglich nicht verpflichtet ist oder deren konzeptionelle Ebene er maßgeblich beeinflusst hat.

Durch diese Vorgehensweise kann sichergestellt werden, dass auch der Lizenznehmer für seine Investitionen in die Marke, die er freiwillig über die für ihn

---

entstehen, d.h. für die Aufrechterhaltung der ihnen zugrunde liegenden verhaltensbezogenen Markenwirkungen, die zum Zeitpunkt der Lizenzvergabe bereits innerhalb des Lizenzgebietes vorhanden waren und über die Lizenzdauer annahmegemäß konstant bleiben.

[456] Vgl. dazu die Markenbildungsanalyse, 4.2.1.1.3.2.1.

bestehende Verpflichtung hinaus erbringt, allein die damit verbundenen Ausgaben und Risiken trägt und gleichzeitig für die ökonomischen Markenwirkungen, die ihm darüber hinaus auf Grund seines Einflusses auf die konzeptionelle Ebene zugerechnet werden, zumindest die damit verbundenen Ausgaben anteilig trägt.

4.2.1.1.3.5 Der markenbezogene Korrekturfaktor v

Nach der Aufteilung der ökonomischen Markenwirkungen auf Grundlage des Kriteriums der Ursächlichkeit und der Berücksichtigung der markenbezogenen Ausgaben des Lizenznehmers kann der markenbezogenen Korrekturfaktor v mit

$$v = \frac{\sum_{t=1}^{n}((E_t^M - E_0^M)*(1+i)^{-t}*u_{LN}^{ber} + A_t^{MO}*(1+i)^{-t})}{\sum_{t=1}^{n}E_t^M*(1+i)^{-t}}$$

dargestellt werden. Er umfasst die markenbezogenen Einnahmen, welche sich der Lizenznehmer zurückbehält, weil einerseits sein Wertbeitrag für deren Verwirklichung ursächlich ist sowie ihm andererseits Ausgaben in dieser Höhe für die Einnahmen entstanden sind, für die sein Wertbeitrag nicht ursächlich ist.

4.2.1.1.3.6 Mindestwert der Lizenz

Der Mindestwert der Lizenz (LW_{Min}) soll sicherstellen, dass der Lizenzgeber auch in den Fällen, in denen sich sein Funktions- und Risikoumfang auf den Tätigkeitsbereich des Haltens und Verwaltens des Schutzrechtes beschränkt, eine angemessene Vergütung erhält, die seine damit verbundenen Ausgaben[457] um einen geringen Gewinnaufschlag übersteigt

$$LW_{Min} = \sum_{t=1}^{n}A_t^{HVW}*(1+GA_{LG}^{HVW})*(1+i)^{-t}$$

mit A^{HVW} = Ausgaben für das Halten und Verwalten der Markenrechte,

   GA_{LG}^{HVW} = Gewinnaufschlagssatz für das Halten und Verwalten.

Auf Grund des geringen damit verbundenen Funktions- und Risikoumfangs wird als Gewinnaufschlag die Kapitalmarktrendite als angemessen erachtet.[458]

---

[457] Die Ausgaben können beispielsweise für die Aufrechterhaltung des Markenschutzes entstehen.

[458] Der Gewinnaufschlag ist stets von der Funktions- und Risikodichte des dienstleistenden Unternehmens abhängig (vgl. u.a. *Scholz, K.,* (Dienstleistungen), S. 177). Da der Markeneigner sein Kapital alternativ am Kapitalmarkt investieren könnte, sollte seine Rendite mindestens der Kapitalmarktrendite entsprechen (vgl. *Scholz, K.,*

Dadurch sollen jene Sachverhaltsgestaltungen in das Modell integriert werden, in denen der Markeninhaber bzw. Lizenzgeber ausschließlich in Form einer Lizenzverwertungsgesellschaft[459] agiert und durch das Halten und Verwalten der Markenrechte dem Grunde und der Höhe nach eine separat zu verrechnende Dienstleistung für den Lizenznehmer erbringt. Der Mindestwert der Lizenzgebühr findet nur dann Anwendung, wenn die Leistung des Lizenzgebers ausschließlich im betrieblichen Interesse des Lizenznehmers erfolgt und von seiner Beauftragung ausgegangen werden kann.

4.2.1.1.3.7 Maximalwert der Lizenz

Dass die Marke i.r.s. als rechtlich geschütztes Unterscheidungszeichen ökonomische Markenwirkungen erwirken kann, resultiert aus der ihr zugeschriebenen Eigenschaft Mengen- und/oder Preiseffekte generieren zu können, sobald die mit ihr markierte Leistung die Anforderungen an eine Marke erfüllt. Die darauf aufbauende Identifizierung der ökonomischen Markenwirkungen kann für die Ermittlung einer fremdvergleichskonformen Lizenzgebühr allerdings problematisch sein, wenn die Mengeneffekte auch leistungsbezogene Elemente beinhalten sollten.

Zur Verdeutlichung folgendes Beispiel: Der Schuhhersteller Z verkauft eine nicht markierte Leistung zu einem Preis p in einer Menge m. Zum Zeitpunkt t erhält er eine einheitliche Markenlizenz, infolge derer er seinen nun markierten Schuh unter Verwertung der Marke i.r.s. zu einem Preis von p+1 und einer Menge m+1 vertreiben kann. Somit kann er durch die Lizenzhereinnahme ökonomische Markenwirkungen in Höhe des Mengen- (m+1-m) und des Preiseffektes (p+1-p) erzielen, die er nach den erarbeiteten Grundsätzen durch die Zahlung der Lizenzgebühr zu vergüten hätte. Folglich würde er zwar seine materielle Leistung zusätzlich in Höhe von m+1-m verkaufen, allerdings ohne dafür eine entsprechende Vergütung zu erhalten.

Eine damit vergleichbare Notwendigkeit der Korrektur der ökonomischen Markenwirkungen besteht auch dann, wenn der Verkaufspreis der markierten Leistung z.B. auf Grund einer entsprechenden Klausel des Lizenzvertrags der Höhe nach beschränkt sein sollte. So zum Beispiel, wenn die Nachfrager der markierten Leistung theoretisch zur Zahlung eines Mehrpreises in Höhe von p+2 bereit wären, vertraglich allerdings der Veräußerungspreis von p+1 manifestiert ist.

(Dienstleistungen), S. 177 mit Verweis auf u.a. *Baumhoff, H.*, (Verrechnungspreise für Dienstleistungen), S. 234 sowie *Kumpf, W.*, (Verrechnungspreise), S. 249).

[459] So zum Beispiel, wenn eine konzerngebundene Unternehmung die nationalen Schutzrechte an einem Unterscheidungszeichen zentral für alle lokalen Lizenznehmer hält und verwaltet.

Für die Umsetzung dieser Korrekturnotwendigkeiten ist in das Modell zur Ermittlung einer fremdvergleichskonformen Lizenzgebühr ein **Maximalwert** zu integrieren, der die ökonomischen Markenwirkungen, die Grundlage der Fremdpreisermittlung sind, der Höhe nach beschränkt. Indem dieser Höchstwert dem Lizenznehmer stets eine angemessene Zurechnung der leistungs- und markenbezogenen Einnahmen garantiert, stellt er sicher, dass sich der Lizenznehmer nicht allein infolge der Lizenzhereinnahme wirtschaftlich verschlechtert und für ihn die Nichthereinnahme der Lizenz vorteilhafter gewesen wäre.

Dabei setzt die Ermittlung des Maximalwerts an der Markenfähigkeit des Unterscheidungszeichens i.S.d. § 3 Abs. 1 MarkenG an, demnach die Marke i.r.S. der funktional nicht notwendige Bestandteil der mit ihr markierten Leistung ist. Sie ist gegenüber der materiellen Leistung selbstständig erfassbar, von ihrem Wesen trennbar und eben kein unentbehrlicher Bestandteil dieser, gleichwohl sie Bestandteil dieser sein kann.[460] Folglich besteht eine markierte Leistung stets aus zwei funktional verschiedenen Bestandteilen:

- einem funktional notwendigen und

- einem nicht notwendigen

Teil.

Ausgangspunkt ihrer Abgrenzung ist die Identifikation der eigentlichen Funktion der markierten Leistung. Dafür ist diese als Problemlösung zu verstehen, die der Befriedigung der Wünsche und Bedürfnisse der Nachfrager dient.[461] So kaufen Nachfrager Lebensmittel, um ihren Hunger und Durst zu stillen, einen Bohrer, um ein Loch in die Wand zu bohren, sowie Seife, um sich zu reinigen, und nicht einen Schuh, weil auf diesem Nike steht, sondern einen Schuh, der von Nike ist. Damit sind alle Bestandteile der markierten Leistung, die für die Befriedigung dieses jedem Produkt innewohnenden **Grundbedürfnisses** unentbehrlich sind, funktional notwendig.

Die verbleibenden Bestandteile der markierten Leistung, die für die eigentliche Problemlösung abkömmlich wären, entsprechen demnach den funktional nicht notwendigen Leistungsmerkmalen. Sie dienen ausschließlich der Befriedigung der *psychologischen* Bedürfnisse der Nachfrager[462] und stiften demnach keinen

---

460 Vgl. *Fezer, K.-H.*, (MarkenG), § 3, Rn. 309 ff.

461 Vgl. hierzu *Kotler, P. / Armstrong, G. / Saunders, J. / Wrong, V.*, (Marketing), S. 24 ff.

462 Vgl. *Kotler, P. / Armstrong, G. / Saunders, J. / Wrong, V.*, (Marketing), S. 28, 539 und 541. Diese Bestandteile der Leistung sind auf die Beeinflussung der Wahrnehmung der Nachfrager gerichtet.

funktionalen, sondern einen **emotionalen Nutzen.**[463] So erwerben die Nachfrager nicht nur ein Shampoo, das zur Reinigung und Pflege ihrer Haare geeignet und dazu zweckmäßig verpackt ist, sondern ein Haarwaschmittel mit einem unverwechselbaren Namen, einer sinnlich gestalteten hochwertigen Verpackung, das zudem durch eine entsprechende Kommunikationsstrategie mit einem besonderen Image vermarktet wird.

Anhand der Nutzen der funktional notwendigen und der nicht notwendigen Bestandteile der Leistung ist demnach ihre Abgrenzung möglich. Während erstere einen funktionalen Nutzen erwirken, rufen letztere einen emotionalen hervor. Ihre monetäre Bewertung kann unter Berücksichtigung der funktionalen Notwendigkeit wie folgt geschehen:

Weil die Marke funktional nicht notwendiger Bestandteil der Leistung ist, ist die Erzielung ihres Nutzens zu dem des funktional notwendigen nachrangig. Deswegen wird der erzielbare Veräußerungserlös der markierten materiellen Leistung in erster Linie als Nutzen aus dem funktional notwendigen Bestandteil verstanden und diesem vorrangig zugerechnet. Für das damit verbundene Bewertungsproblem des funktionalen Nutzens wird vorgeschlagen, dass die für die Erfüllung des Grundbedürfnisses der Nachfrager notwendigen Bestandteile der markierten Leistung auf Basis der mit ihrer Herstellung und Vermarktung verbundenen Ausgaben ermittelt und anschließend um einen angemessenen Gewinnaufschlag erhöht werden, so dass der emotionale Nutzen der Leistung der sich ergebenden Residualgröße in Höhe von

$$\sum_{t=1}^{n} E_t^M *(1+i)^{-t} = \sum_{t=1}^{n} E_t^G *(1+i)^{-t} - \sum_{t=1}^{n} A_t^L *(1+GA_t^L)*(1+i)^{-t}$$

mit A^L = Ausgaben für Herstellung der Ganzheit der Leistung,

GA^L = leistungsbezogener Gewinnaufschlagssatz

entspricht.[464] Damit erfolgt die Identifizierung der ökonomischen Markenwirkungen in Abhängigkeit von dem tatsächlich erzielbaren Veräußerungserlös und der Verwirklichung der leistungsbezogenen Einnahmen.

---

[463] *Pepels* unterscheidet zwischen dem Grundnutzen der Funktionserfüllung, der allgemein als Qualität bezeichnet wird, und dem Zusatznutzenbereich der persönlichen Sozialprofilierung (vgl. *Pepels, W.*, (Markenpolitik), S. 235).

[464] Aus Vereinfachungsgründen werden der leistungs- und der markenspezifische Zinssatz gleichgesetzt. Grundsätzlich müsste dieser ebenso wie der der Marke spezifisch für eine nicht markierte funktionsadäquate Leistung ermittelt werden. Aufgrund des aufgezeigten Zusammenhangs zwischen den gesamten und den markenbezogenen Einnahmen ist der Kapitalisierungszinssatz für die gesamten Einnahmen von der Höhe des leistungs- und markenspezifischen Kapitalisierungszinssatzes und dem Verhältnis der leistungs- und markenbezogenen Einnahmen zu den gesamten Einnahmen abhängig.

Für die Bewertung des funktionalen Nutzens sind alle mit der Entwicklung, Herstellung, Verpackung, Bepreisung und Vermarktung der funktional notwendigen Bestandteile verbundenen Ausgaben zugrunde zulegen. Dabei ist zu beachten, dass ggfs. einige Ausgaben auf die beiden Bestandteile der markierten Leistung aufzuteilen sind, weil sie anteilig sowohl der Verwirklichung eines emotionalen als auch eines funktionalen Nutzens dienen. Dies gilt insbesondere für die Verpackung der Leistung und ihre Kommunikation. Anschließend sind diese um einen leistungsspezifischen individuellen Gewinnaufschlag zu erhöhen, dem die Bedeutung zukommt, dem funktional notwendigen Bestandteil seinen besonderen Beitrag an der gesamten Wertschöpfung zuzurechnen, weil dieser ebenso wie die Marke i.r.S einen entscheidenden Einfluss auf den erzielbaren Gesamterlös ausüben kann. Für seine Bemessung sollten andere nicht markierte technisch und materiell vergleichbare Leistungen als Referenzgröße dienen sowie die individuellen Besonderheiten der einzelnen Leistung wie beispielsweise Produktinnovationen, -variationen und -differenzierungen, besondere Rezepturen, Qualitätsstandards, Inhaltsstoffe oder Leistungsmerkmale sowie die Einzigartigkeit der einzelnen Leistungen, die Anwendung patentierter Verfahren für ihre Herstellung auf Grundlage ihrer relativen Bedeutung berücksichtigt werden. Dabei sollte der Gewinnaufschlag ggfs. für jedes Zeitjahr separat bewertet werden, weil sich die Bedeutung der Leistung für den Umsatz über die Lizenzdauer i.d.R. verändert.[465] Somit dient der Gewinnaufschlag als Zurechnungsmaßstab, welcher die sachgerechte Ermittlung der leistungsbezogenen Einnahmenveränderung ermöglicht, ohne dabei die Höhe der markenbezogenen Einnahmen und damit der Lizenzgebühr zu beeinflussen.[466]

Übertragen auf den oben bereits ausgeführten Beispielsfall bedeutet dies, dass der Schuhhersteller Z die Ausgaben, die ihm allein für die Herstellung und die Vermarktung des Schuhs entstanden sind, zu ermitteln und anschließend um einen Gewinnaufschlag, den er idealtypisch verwirklichen könnte, wenn er diesen als nicht markierten Schuh vermarkten würde, zu erhöhen hat.

---

[465] Diese Betrachtung sollte beispielsweise den Produktlebenszyklus, die Bedrohung durch Markteindringlinge, Substitutionsgüter, die Verhandlungsmacht der Kunden und die Rivalität der Unternehmungen einer Branche sowie die Marktentwicklung berücksichtigen. Auf diese Weise soll die unterschiedliche Bedeutung der Erfolgsfaktoren im Zeitablauf erfasst werden.

[466] Da die markenbezogenen Einnahmen der Residualgröße zwischen den gesamten und den leistungsbezogenen Einnahmen entspricht, werden diese mittelbar von der Höhe des Gewinnaufschlags beeinflusst. Da dieser jedoch keine verhandelbare Größe ist, besteht durch die Gestaltung des Gewinnaufschlags nicht die Möglichkeit, die Höhe der Lizenzgebühr zu beeinflussen. Vielmehr ist der Aufschlagssatz ein Aufteilungsmaßstab, der auf Grundlage von Vergleichen mit anderen Unternehmen oder Leistungen ermittelt wird und damit objektiv feststeht.

Werden anschließend die markenbezogenen Ausgaben berücksichtigt, die dem Lizenznehmer zwangsläufig durch die Hereinnahme der Markenlizenz entstehen, entspricht der Maximalwert der Lizenz (LW_{Max}) folglich

$$LW_{Max} = \sum_{t=1}^{n} E_t^{G} * (1+i)^{-t} - \sum_{t=1}^{n} A_t^{L} * (1+GA_t^{L}) * (1+i)^{-t} - \sum_{t=1}^{n} A_t^{MO} * (1+i)^{-t}.$$

Dieser garantiert es dem Lizenznehmer, dass er sich einerseits infolge der mit ihrer Nutzungsüberlassung zwangsläufig verbundenen Ausgaben nicht schlechter stellt, als wenn er auf ihre Hereinnahme verzichtet hätte, weil er in diesem Fall ausschließlich seine materielle nicht markierte Leistung vermarktet, ohne dass ihm die markenbezogenen Ausgaben entstanden wären, und aus dieser entsprechende leistungsbezogene Einnahmen in Höhe von

$$\sum_{t=1}^{n} A_t^{L} * (1+GA_t^{L}) * (1+i)^{-t}$$

verwirklicht hätte, und andererseits stets eine Vergütung für seine materielle Leistung erhält.

Damit können auch jene Fälle, in denen der Lizenznehmer zwar die Leistung als markierte herstellt und vermarktet, ohne selbst für die Verwirklichung der ökonomischen Markenwirkungen ursächlich zu sein, mit dem vorliegenden Preismodell sachgerecht gelöst werden, indem dieser stets einen Gewinn in Höhe seines leistungsbezogenen Wertbeitrages in Höhe von

$$\sum_{t=1}^{n} A_t^{L} * GA_t^{L} * (1+i)^{-t}$$

über die Lizenzdauer verwirklichen kann.

4.2.1.1.4 Die Lizenzgebühr

Die Lizenzgebühr ergibt sich aus dem Lizenzwert nach Berücksichtigung der Entgeltform und der Zahlungsmodalitäten.

4.2.1.1.4.1 Lizenzwert

Der Wert der Lizenz beträgt

$$\sum_{t=1}^{n} E_t^{M} * (1+i)^{-t} * (1-v)$$

$$\text{mit} \quad v = \frac{\sum_{t=1}^{n} ((E_t^{M} - E_0^{M}) * (1+i)^{-t} * u_{LN}^{ber} + A_t^{MO} * (1+i)^{-t})}{\sum_{t=1}^{n} E_t^{M} * (1+i)^{-t}},$$

wenn der Mindestwert nicht unterschritten und der Maximalwert der Lizenz nicht überschritten ist. Durch die Zahlung des Werts der Lizenz vereinnahmt der Lizenzgeber alle markenbezogenen Einnahmen in Höhe von

$$\sum_{t=1}^{n} E_0^M * (1+i)^{-t} + (E_t^M - E_0^M) * (1+i)^{-t} * u_{LG}^{ber},$$

für welche sein Wertbeitrag ursächlich ist, abzüglich der Einnahmen in Höhe der damit verbundenen obligatorischen Ausgaben des Lizenznehmers. Unter Berücksichtigung seiner markenbezogenen Ausgaben kann er über die Lizenzdauer einen Gewinn erzielen, solange

$$\sum_{t=1}^{n} (E_0^M * (1+i)^{-t} + (E_t^M - E_0^M) * (1+i)^{-t} * u_{LG}^{ber} - A_t^{MO} * (1+i)^{-t}) > \sum_{t=1}^{n} A_t^{M(LG)} * (1+i)^{-t}$$

mit $A^{M(LG)}$ = markenbezogene Ausgaben des Lizenzgebers

gilt. Der Lizenznehmer hingegen erzielt einen Gewinn, wenn die ihm in Höhe von

$$\sum_{t=1}^{n} E_t^M * (1+i)^{-t} * v$$

verbleibenden ökonomischen Markenwirkungen seine gesamten markenbezogenen Ausgaben übersteigen, vgl.

$$\sum_{t=1}^{n} (A_t^{MO} * (1+i)^{-t} + (E_t^M - E_0^M) * (1+i)^{-t} * u_{LN}^{ber}) > \sum_{t=1}^{n} A_t^M * (1+i)^{-t}.$$

Da die für ihn obligatorischen markenbezogenen Ausgaben in dem Korrekturfaktor v enthalten sind, realisiert er einen markenbezogenen Gewinn, wenn die markenbezogenen Ausgaben, welche ihm für die Einnahmen entstehen, für die sein Wertbeitrag verantwortlich ist, die daraus erzielbaren Einnahmen nicht übersteigen, vgl.

$$\sum_{t=1}^{n} (E_t^M - E_0^M) * (1+i)^{-t} * u_{LN}^{ber} > \sum_{t=1}^{n} (A_t^M - A_t^{MO}) * (1+i)^{-t}.$$

Damit trägt er stets für die markenpolitischen Bemühungen, die er über die für ihn bestehenden Verpflichtungen hinaus übernimmt, auch tatsächlich das damit verbundene Risiko, dass die ökonomischen Wirkungen eben nicht seine Ausgaben übersteigen. Hingegen trägt er für die Ausgaben nicht das Risiko, welche er im Gegenzug für die Zurechnung der Einnahmen, für die sein Wertbeitrag aufgrund der Berücksichtigung seiner markenpolitischen Bemühungen auf konzeptioneller Ebene ursächlich, selbst trägt.

Durch diese Vorgehensweise ist sichergestellt, dass der Lizenznehmer und der Lizenzgeber aufgrund ihrer markenpolitischen Bemühungen unabhängig voneinander einen markenbezogenen Gewinn oder Verlust erzielen.

Die Zahlung der Lizenzgebühr erfolgt unter Berücksichtigung der Entgeltform und Zahlungsmodalitäten.

4.2.1.1.4.2 Entgeltform

Für die Ausgestaltung der Lizenzen sind zahlreiche Vergütungsformen wie die laufende Umsatz- und Stück-, Mindest-, Höchst- und Grundlizenzen sowie gewinn- und kostenabhängige Lizenzen denkbar.[467]

Auf Grund der rechtlichen Ausgestaltung der einheitlichen Markenlizenz, die es dem Lizenznehmer ermöglicht, seine materielle Leistung unter der Marke i.r.S. zu veräußern, sowie der Eigenschaft der wirtschaftlich werthaltigen Marke i.r.S. Mengen- und/oder Preiseffekte erwirken zu können, empfiehlt sich die Bemessung einer laufenden Umsatzlizenz. Demnach setzt die Ermittlung der Lizenzgebühr an dem summierten Umsatz an, der aus der Veräußerung der einzelnen markierten Leistung in Höhe von

$$\sum_{t=1}^{n} E_t^G * (1+i)^{-t} = \sum_{t=1}^{n} A_t^L * (1 + GA_t^L) * (1+i)^{-t} + \sum_{t=1}^{n} E_t^M * (1+i)^{-t}$$

erzielt werden kann. Dabei sollte der Begriff des Umsatzes als der Einzelveräußerungspreis der markierten Leistung vertraglich genau definiert werden. Regelmäßig wird diese Größe den Nettoumsatz beinhalten, den der Lizenznehmer bei der Veräußerung der markierten Leistung nach Abzug von Skonti und Retouren vereinbart.[468]

Der umsatzabhängige Lizenzwert (ULW) beträgt in Relation zum gesamten Umsatz der markierten Leistung

$$ULW = \frac{\sum_{t=1}^{n} E_t^M * (1+i)^{-t} * (1-v)}{\sum_{t=1}^{n} E_t^G * (1+i)^{-t}}$$

$$\text{mit} \quad v = \frac{\sum_{t=1}^{n} ((E_t^M - E_0^M) * (1+i)^{-t} * u_{LN}^{ber} + A_t^{MO} * (1+i)^{-t})}{\sum_{t=1}^{n} E_t^M * (1+i)^{-t}},$$

wenn nicht der Mindest- oder Maximalwert der Lizenz zum Ansatz kommt. Im ersten Fall beträgt er mindestens

---

467 Vgl. *Engler, G.* in: *Vögele, A. / Borstell, T. / Engler, G.,* (Verrechnungspreise), Rn. P 336.

468 Vgl. *Engler, G.* in: *Vögele, A. / Borstell, T. / Engler, G.,* (Verrechnungspreise), Rn. P 337.

$$ULW_{Min} = \frac{\sum_{t=1}^{n} A_t^{HVW} * (1 + GA_{LG}^{HVW}) * (1+i)^{-t}}{\sum_{t=1}^{n} E_t^{G} * (1+i)^{-t}}$$

und im letzten maximal

$$ULW_{Max} = \frac{\sum_{t=1}^{n} E_t^{G} * (1+i)^{-t} - \sum_{t=1}^{n} A_t^{L} * (1 + GA_t^{L}) * (1+i)^{-t} - \sum_{t=1}^{n} A_t^{MO} * (1+i)^{-t}}{\sum_{t=1}^{n} E_t^{G} * (1+i)^{-t}}.$$

4.2.1.1.4.3 Zahlungsmodalitäten

Die Zahlung des umsatzabhängigen Werts der Lizenz durch den Lizenznehmer wird i.d.R. nicht zu Beginn der Nutzungsüberlassung, sondern gleichmäßig über die Lizenzdauer n erfolgen. Leistet er die Zahlung in Höhe einer gleich bleibenden Annuität, so entspricht das jährlich gleich bleibende Lizenzentgelt ET_t pro Zeitjahr

$$ET_t = \left[ULW * \sum_{t=1}^{n} E_t^{G} * (1+i)^{-t} \right] * ANF$$

mit $\quad ULW = \dfrac{\sum_{t=1}^{n} (E_0^{M} + (E_t^{M} - E_0^{M}) * u_{LG}^{ber} - A_t^{MO}) * (1+i)^{-t}}{\sum_{t=1}^{n} E_t^{G} * (1+i)^{-t}}$

$$ANF = \frac{(1+i)^{n} * i}{(1+i)^{n} - 1} \,_{469}$$

$$u_{LG}^{ber} = l * \sum_{e=1}^{f} (a_e * (\sum_{j=1}^{z} m_{ej} * \alpha_{ej})).$$

4.2.1.1.4.4 Rücklizenz

In Höhe der ihm zuzurechnenden ökonomischen Markenwirkungen verwirklicht der Lizenznehmer eine sog. **Rücklizenz,**[470] deren Zahlungsrichtung entgegen der

---

[469] Der Annuitätenfaktor (ANF) gibt an, wie hoch die jährliche Rente ist, die aus dem Gegenwartswert der Lizenz gezahlt werden kann. Vgl. *Perridon, L. / Steiner, M. / Rathgeber, A.,* (Finanzwirtschaft), S. 57, *Wöhe, G.,* (Grundlagen), S. 379 f.

[470] Zugleich werden als Rücklizenzen die vertraglichen Vereinbarungen bezeichnet, die als Bestandteil des Markenlizenzvertrages dem Lizenzgeber die Nutzungsüberlassung der wesentlichen Verbesserungen oder Erfindungen des Lizenznehmers garantieren, die dieser im Rahmen der Nutzung des immateriellen Wirtschaftsgutes gemacht hat.

der eigentlichen Lizenzgebühr läuft. Sie vergütet dem Lizenznehmer seinen Wertbeitrag zur Steigerung der wirtschaftlichen Werthaltigkeit der Marke i.r.S. durch die Verwirklichung weiterer verhaltensbezogener Markenwirkungen über die Lizenzlaufzeit, die spätestens nach Beendigung der Lizenz dem Markeneigner zufallen würden, obwohl für ihre Verwirklichung der Wertbeitrag des Lizenznehmers ursächlich ist. Denn die Marke verfügt über die Besonderheit durch ihre „Sogwirkung"[471] die eigentlich von dem Lizenznehmer verwirklichten verhaltensbezogenen Markenwirkungen auch unabhängig von seinem subjektiven Willen und ohne seine Zustimmung über die Lizenzdauer hinweg zu nutzen, soweit die Wahrnehmung der Nachfrager durch das Unterscheidungszeichen und nicht durch denjenigen, der die mit ihr markierte Leistung vertreibt, beeinflusst wird.

Die deutsche Finanzverwaltung erkennt die Notwendigkeit der Berücksichtigung der Überlassungen des Lizenznehmers ebenfalls und verlangt in ihren Verrechnungspreisgrundsätzen ihre Bezugnahme, ohne dabei den Begriff der Rücklizenz zu verwenden.[472] Nach *Roeder* ist ein solcher Sachverhalt dann gegeben, wenn die Vorteile des Lizenzgebers, die beispielsweise aus einer Produkt- oder Verfahrensverbesserung entstehen können, gleichwertig neben die ursprüngliche Lizenz treten und teilweise zur Überlassung eines weiteren immateriellen Wirtschaftsgutes führen.[473] Auch *Baumhoff* stellt fest, dass Rücklizenzen, die dann entstehen, wenn der Lizenznehmer zusätzliche Erfahrungen sammelt und Verbesserungen vornimmt und diese, die wiederum eigenständige schutzfähige Rechte darstellen können, an den Lizenzgeber, z.B. auf Grund einer Rücklizenz, überlassen werden, in der Praxis nicht ungewöhnlich und wie jede andere Leistung zu verrechnen sind.[474]

Da die Marke über die Besonderheit der Sogwirkung verfügt, werden Rücklizenzen ohne gesonderte vertragliche Grundlage bereits dann durch eine anteilige Zurechnung der ökonomischen Markenwirkungen berücksichtigt, wenn der Lizenznehmer für eine Wertsteigerung der Marke i.r.S. ursächlich ist. Unter Verwertung der Ergebnisse der Analyse der Marke, welche die Ursächlichkeit der Beteiligten für die Entstehung der verhaltensbezogenen und die damit verbundenen ökonomischen Markenwirkungen offen legt, entspricht die Rücklizenz

---

[471] Der Begriff der Sogwirkung wird von dem Bundesgerichtshof insbesondere für die Bemessung eines Ausgleichsanspruches i.S.d. § 89 b HGB verwendet. Vgl. u.a. BGH v. 17.12.2008, VIII ZR 159/07, WRP 2009, S. 326 – 330 oder v. 12.09.2007, VIII ZR 194/06, WRP 2007, S. 1480 - 1487.

[472] Vgl. VWG-Einkunftsabgrenzung 1983, Tz. 5.1.3.

[473] Vgl. *Roeder, A.* in: *Becker, H. / Kroppen, H.-K.* (Hrsg.), (Handbuch Verrechnungspreise), OECD-Verrechnungspreisgrundsätze, Tz. 6.18, Anm. 9.

[474] Vgl. *Baumhoff, H.* in: *Flick, H. / Wassermeyer, F. / Baumhoff, H.*, (Außensteuerrecht), § 1, Anm. 699.

$$RL = \sum_{t=1}^{n} (E_t^M - E_0^M) * (1+i)^{-t} * u_{LN}^{ber}$$

mit $u_{LN}^{ber} = l * \sum_{e=1}^{f} (a_e * (\sum_{j=1}^{z} m_{ej} * \beta_{ej}))$, $0 \leq u_{LN}^{ber} \leq 1$.

Durch die Gewährung der Rücklizenz wird damit zugleich der in der Einleitung erwähnten Problematik der Berücksichtigung der Marketing Intangibles entsprochen, weil der markenpolitische Wertbeitrag des Lizenznehmers als wesentlicher Teilbereich des Marketings und die damit verbundene Erfolg durch die Analyse der Marke und die Identifikation der Ursächlichkeit der an ihrem Wertschöpfungsprozess Beteiligten nicht nur identifiziert, sondern auch dessen Ergebnis sachgerecht zwischen dem Lizenznehmer und Lizenzgeber aufgeteilt wird.

4.2.1.1.5 Anwendungsmöglichkeiten

Das vorliegende Lizenzmodell ermöglicht die fremdvergleichskonforme Ermittlung des Entgelts für die Vergabe einer einheitlichen Markenlizenz an dem stets rechtlich, nicht hingegen stets wirtschaftlich werthaltigen Unterscheidungszeichen, indem es an der wirkungs- und erfolgsbezogenen Betrachtungsweise der Marke ansetzt.

Aufbauend auf dieser Betrachtungsweise knüpft die Ermittlung der Lizenzgebühr an der Bewertung der Einnahmenveränderung an, welche der Lizenznehmer infolge der Markierung und Vermarktung seiner Leistung über die gesamte Lizenzdauer erzielen kann, weil die Marke i.r.S. wirtschaftlich werthaltig ist. Dafür muss die mit ihr als rechtlich geschütztes Unterscheidungszeichen markierte Leistung durch ein systematisches Absatzkonzept ein Qualitätsversprechen abgeben, welches eine dauerhaft werthaltige, nutzenstiftende Wirkung erzielt und bei der relevanten Zielgruppe in Erfüllung der Kundenerwartungen einen nachhaltigen Erfolg im Markt realisiert bzw. realisieren kann.[475]

Gleichzeitig verdeutlicht diese Betrachtungsweise, dass die verhaltensbezogenen Markenwirkungen nicht nur als Entstehungsursache der ökonomischen Markenwirkungen, sondern auch als Ergebnis der markenpolitischen Bemühungen der an dem dynamischen Entwicklungsprozess der Marke entlang der Markenerfolgskette Beteiligten anzuerkennen sind, weil sie die Wahrnehmung und das Verhalten der Nachfrager maßgeblich beeinflussen. Deswegen ist diese Ursachen-Wirkungsbeziehung zwischen den markenpolitischen Bemühungen des Lizenznehmers und Lizenzgebers, den daraus erzielbaren verhaltensbezogenen und ökonomischen Markenwirkungen die Grundlage für die Aufteilung der gesamten Einnahmenveränderung des Lizenznehmers. Sie basiert auf der Ursächlichkeit

---

[475] Vgl. *Bruhn* in Zusammenarbeit mit der Gesellschaft zur Erforschung des Markenwesens e.V. (GEM) in: *Bruhn, M.*, (Marke), S. 28.

der Wertbeiträge des Lizenznehmers und Lizenzgebers für die Entstehung der verhaltensbezogenen und dadurch für die ökonomischen Markenwirkungen. Für die Ermittlung des Kriteriums der Ursächlichkeit ist i.d.R. eine Analyse der Marke durchzuführen, in deren Anschluss die Aufteilung der ökonomischen Markenwirkungen, wie in der nachfolgenden Abbildung dargestellt, möglich ist.

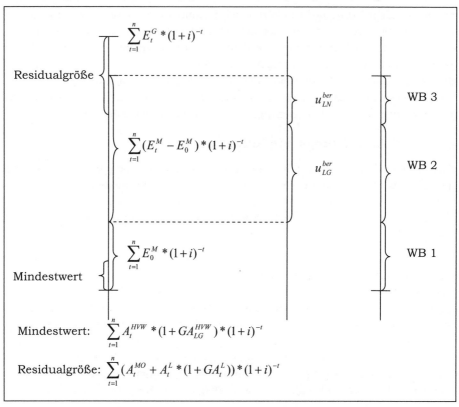

Abbildung 26: Aufteilung der ökonomischen Markenwirkungen.

Im Anschluss an die Aufteilung der Einnahmenveränderung zwischen dem Lizenznehmer und Lizenzgeber erfolgt eine Überprüfung der markenbezogenen Ausgaben des Lizenznehmers, welche von diesen den Lizenzwert infolge einer Minderung der Einnahmenzurechnung zu Ungunsten des Lizenzgebers beeinflussen dürfen. Unter Berücksichtigung des Mindest- und Maximalwertes, der Entgeltform sowie den Zahlungsmodalitäten kann die Lizenzgebühr verrechnet werden.

Lösbar sind mit dem vorliegenden Lizenzmodell alle denkbaren Varianten der Vergabe einer einheitlichen Markenlizenz, die sich hinsichtlich der wirtschaftlichen Werthaltigkeit der Marke i.r.S. und somit hinsichtlich des Vorhandenseins der ökonomischen Markenwirkungen sowie der damit in direktem Zusammenhang stehenden Wertbeiträge der an dem Markenentwicklungsprozess Beteiligten unterscheiden.

Die Abbildung 26 zeigt auf, dass grundsätzlich drei verschiedene Wertbeiträge zu unterscheiden sind. Dabei ist der erste Wertbeitrag (WB 1) Voraussetzung für die wirtschaftliche Werthaltigkeit der Marke i.r.S. zum Zeitpunkt der Lizenzvergabe und die anderen beiden Wertbeiträge (WB 2 und WB 3) für die zum Lizenzende. Regelmäßig[476] werden

- der erste Wertbeitrag von dem Lizenzgeber bereits vor der Lizenzvergabe,

- der zweite Wertbeitrag von dem Lizenzgeber über die Lizenzlaufzeit und

- der dritte Wertbeitrag von dem Lizenznehmer über die Lizenzdauer

erbracht.

In Abhängigkeit von den tatsächlich geleisteten Wertbeiträgen der Vertragsparteien sind insgesamt acht unterschiedliche Lösungen denkbar, die dahingehend differieren, ob die ordentlichen und gewissenhaften Geschäftsleiter tatsächlich einen Wertbeitrag erbracht haben (X), der eine Zurechnung der anteiligen ökonomischen Markenwirkungen zu ihren Gunsten rechtfertigt, oder nicht (O).

Die Abbildung 27 stellt die denkbaren Ergebnisse, die sich in Abhängigkeit von der wirtschaftlichen Werthaltigkeit der Marke i.r.S. zum Zeitpunkt der Lizenzvergabe und zum Lizenzende einstellen können, dar.

Ergebnisse	1	2	3	4	5	6	7	8
WB 1	X	X	O	O	X	X	O	O
WB 2	X	O	X	X	X	O	O	O
WB 3	X	X	X	O	O	O	X	O

Abbildung 27: Übersicht über die möglichen Ergebnisse.

Zu einer Dreiteilung der ökonomischen Markenwirkungen kann es wie im ersten Fall nur kommen, wenn die Marke i.r.S. zum Zeitpunkt der Lizenzvergabe bereits wirtschaftlich werthaltig ist und sowohl der Lizenznehmer als auch der Lizenzgeber für die ökonomischen Markenwirkungen ursächlich sind, die erst auf Grundlage der verhaltensbezogenen Größen erzielt werden können, die über die Lizenzdauer verwirklicht werden können, weil die Erarbeitung und Implementierung des systematischen Absatzkonzepts anteilig ihrem Funktions- und Risikobereich oblag. Die nachfolgende Abbildung veranschaulicht dies grafisch.

---

[476] Soweit es sich um eine Vertragverlängerung handelt, kann der Wertbeitrag 1 auch von dem Lizenznehmer erbracht werden.

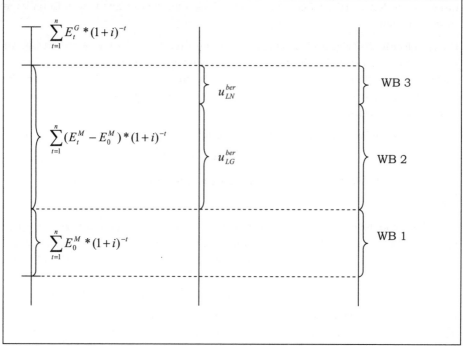

Abbildung 28: Dreiteilung der ökonomischen Markenwirkungen.

Eine Zweiteilung der ökonomischen Markenwirkungen zwischen dem Lizenznehmer und dem Lizenzgeber ist immer dann notwendig, wenn

- die Marke i.r.S. wie im zweiten Fall zum Zeitpunkt der Lizenzvergabe bereits wirtschaftlich werthaltig ist, aber nur der Lizenznehmer über die Lizenzvertragslaufzeit markenpolitische Bemühungen unternimmt, die für die Steigerung ihres Werts ursächlich sind, oder

- die Marke i.r.S. wie im dritten Fall zum Zeitpunkt der Lizenzvergabe ausschließlich rechtlich werthaltig ist und beide ordentliche und gewissenhafte Geschäftsleiter für die wirtschaftliche Werthaltigkeit der Marke i.r.S. ursächlich sind, die erst über die Vertragslaufzeit entsteht.

In diesen Fällen, in denen beide ordentliche und gewissenhafte Geschäftsleiter für die Entstehung der Marke ursächlich sind, ist neben der Bewertung des Markenlizenzwertes auch die Frage der Ursächlichkeit ihrer markenpolitischen Bemühungen für die Entstehung der Marke i.r.S. zu lösen, wodurch sich komplexe Verrechnungspreisfragen ergeben.

Exemplarisch wird der zweite Fall grafisch aufbereitet.

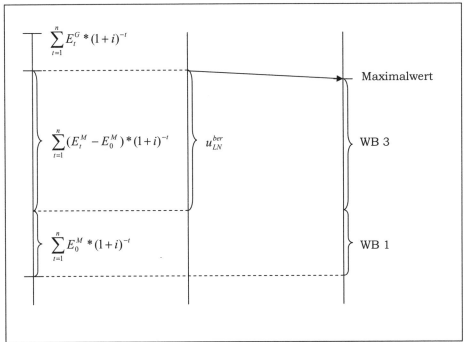

Abbildung 29: Beispiel für die Zweiteilung der ökonomischen Markenwirkungen.

Eine einseitige Zurechnung der ökonomischen Markenwirkungen zu Gunsten des Lizenzgebers ist immer dann gegeben, wenn der Markeneigner

- dem Lizenznehmer eine ausschließlich

  o rechtlich (Fall Nr. 4) oder

  o eine bereits wirtschaftlich werthaltige Marke i.r.S. (Fall Nr. 5) überlässt

und für die ökonomischen Markenwirkungen, für deren verhaltensbezogenen Grundlagen ausschließlich der Wertbeitrag des Lizenzgebers ursächlich ist, weil beispielsweise ausschließlich er die Risiken für die dafür notwendigen markenpolitischen Maßnahmen trägt, oder

- er dem Lizenznehmer eine bereits zum Zeitpunkt der Lizenzvergabe wirtschaftlich werthaltige Marke i.r.S. überlässt, ohne dass es zu einer Veränderung ihres Werts über die Lizenzdauer kommt (Fall Nr. 6). Als mögliches Beispiel ist ein Schuhhersteller vorstellbar, der unter Verwendung der Marke i.r.S. seine Leistung in dem relevanten Lizenzgebiet vermarkten möchte. In einem solchen Fall wird der Lizenzgeber, z.B. das Unternehmen Nike oder Adidas, nicht bereit sein, dem Lizenznehmer einen wirtschaftlichen Vorteil aus der Nutzungsüberlassung seiner Marke i.r.S. unentgeltlich zu überlassen. Für den Lizenznehmer hingegen ist die Vermarktung unter Nutzung der Marke i.r.S. dennoch vorteilhaft, weil er den Gewinn aus Veräußerung der materiellen Leistung vervielfachen kann.

In diesen Fällen kommt es ggfs. zum Ansatz des Maximalwerts der Lizenz, welcher das dem Lizenzgeber zu entrichtende Entgelt der Höhe nach beschränkt, damit der Lizenznehmer in jedem Fall aus dem konzerninternen Geschäft einen angemessenen Gewinn erzielen kann.

Unter Verwendung des vorgestellten Ansatzes lässt sich die Konstellation, die zum Lösungsergebnis Nr. 6 führt, wie folgt grafisch aufbereiten.

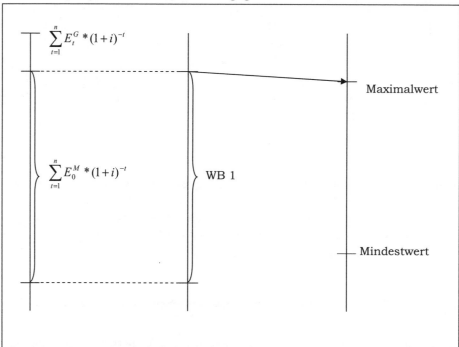

Abbildung 30: Einseitige Aufteilung der ökonomischen Markenwirkungen zu Gunsten des Lizenzgebers.

Eine einseitige Zurechnung der ökonomischen Markenwirkungen zu Gunsten des Lizenznehmers ist nur möglich, soweit der Markeneigner dem verbundenen Unternehmen eine ausschließlich rechtlich werthaltige Marke i.r.S. überlässt und lediglich der Wertbeitrag des Lizenznehmers für die verhaltensbezogenen Markenwirkungen, die über die Lizenzvertragslaufzeit verwirklicht werden und den wirtschaftlichen Wert der Marke i.r.S. begründen, ursächlich ist. Allerdings kommt es in diesen Fällen (Nr. 7) zwingend zu dem Ansatz der Mindestlizenz, wenn davon auszugehen ist, dass der Lizenzgeber nur in Gestalt einer Lizenzverwertungsgesellschaft agiert, deren einzige Aufgabe das Halten und Verwalten des Schutzrechtes ist.[477] Die nachfolgende Abbildung stellt dies dar.

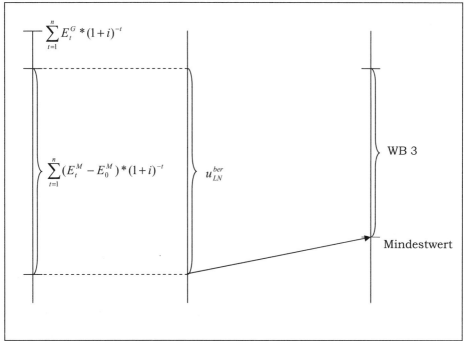

$$\sum_{t=1}^{n} E_t^{G} * (1+i)^{-t}$$

$$\sum_{t=1}^{n} (E_t^{M} - E_0^{M}) * (1+i)^{-t} \qquad u_{LN}^{ber}$$

WB 3

Mindestwert

Abbildung 31: Einseitige Zurechnung der ökonomischen Markenwirkungen zu Gunsten des Lizenznehmers.

Keine Aufteilung und Zurechnung der ökonomischen Markenwirkungen ist notwendig, wenn der Lizenzgeber dem Lizenznehmer wie im Fall Nr. 8 eine ausschließlich rechtlich werthaltige Marke i.r.S. überlässt und beide Vertragsparteien keinen Aufbau der markierten Leistung zu einer Marke anstreben. In diesen Fällen kommt es ggfs. zum Ansatz der Mindestlizenz.

Derartige Sachverhaltskonstellationen sind beispielsweise vorstellbar, wenn der Markeneigner ausschließlich in Gestalt einer Lizenzverwertungsgesellschaft agiert und im Auftrag des Lizenznehmers die Marke i.r.S. zum Markenregister anmeldet, um sich das damit verbundene Schutzrecht zu sichern, weil der Lizenznehmer ggfs. zu einem späteren Zeitpunkt den Aufbau der markierten Leistung zu einer Marke durchführen möchte.

---

[477] Denkbar sind derartige Gestaltungen im Konzern, wenn Lizenzverwertungsgesellschaften für das Halten und Verwalten der nationalen Schutzrechte eingesetzt werden. Sachgerecht wird die Leistung des Lizenzgebers unter Anwendung der Kostenaufschlagsmethode durch die Verrechnung der Mindestlizenz vergütet.

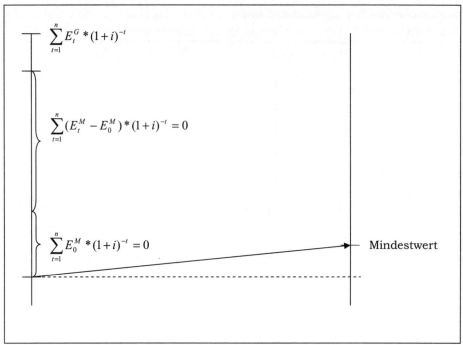

$$\sum_{t=1}^{n} E_t^G * (1+i)^{-t}$$

$$\sum_{t=1}^{n} (E_t^M - E_0^M) * (1+i)^{-t} = 0$$

$$\sum_{t=1}^{n} E_0^M * (1+i)^{-t} = 0 \qquad \text{Mindestwert}$$

Abbildung 32: Keine Aufteilung der ökonomischen Markenwirkungen.

4.2.1.2 Die Vermarktungslizenz

Zielsetzung der nachfolgenden Darstellung ist die Ermittlung einer fremdvergleichskonformen Lizenzgebühr für die Nutzungsüberlassung rechtlich geschützter Unterscheidungszeichen durch die Erteilung einer Vermarktungslizenz. Sie erlaubt es dem Lizenznehmer als berechtigtem Dritten, die mit der Marke i.r.S. markierte Leistung unter Verwendung des Unterscheidungszeichens anzubieten, in den Verkehr zu bringen oder sie zu den genannten Zwecken zu besitzen sowie die materielle Leistung unter diesem Zeichen sowohl ein- als auch auszuführen.[478]

Im Gegensatz zur einheitlichen Markenlizenz verfügt der Lizenznehmer im Falle der Hereinnahme einer Vermarktungslizenz selbst über keine zu markierende Leistung, sondern übernimmt im Zuge der Hereinnahme der Marke i.r.S. die Vermarktung einer bereits markierten materiellen Leistung, weswegen diese vertragliche Gestaltung mit der Überlassung eines Vertriebsrechtes oder dem Abschluss eines Vertragshändlerverhältnisses vergleichbar ist[479].

Zugleich verbietet sich dadurch eine einseitige Betrachtung der Nutzungsüberlassung der positiven Benutzungsrechte, weil mit der Lizenzhereinnahme stets die Vermarktung der materiellen Leistung verbundenen ist. Insoweit kann davon ausgegangen werden, dass der Lizenznehmer durch die Vergabe der Vermarktungslizenz von dem Lizenzgeber implizit mit der Vermarktung der materiellen Leistung beauftragt wird.

Die Verrechnung der Vermarktungslizenz der Höhe nach umfasst deswegen die Betrachtung der Einnahmenveränderung der Ganzheit der Leistung als auch der Ganzheit der Marke. Sie basiert auf einer Sachverhaltsanalyse.

4.2.1.2.1 Sachverhaltsanalyse

Die Vergabe einer Vermarktungslizenz an ein verbundenes Unternehmen ist innerhalb des Konzerns immer dann notwendig, wenn die konzerninterne Gestaltung der Vertriebsstruktur nicht den Direktvertrieb der materiellen markierten Leistung über die Produktionsgesellschaft selbst oder über eine ihrer Vertriebsbetriebsstätten, sondern mittels rechtlich selbstständiger Konzerneinheiten vor-

---

[478] Vgl. 3.1.2.2.

[479] Vgl. *Vögele, A. / Brem, M.* in: *Vögele, A. / Borstell, T. / Engler, G.,* (Verrechnungspreise), Rn. G 772 ff., *Looks, N.* in: *Vögele, A. / Borstell, T. / Engler, G.,* (Verrechnungspreise), Rn. K 232, *Borstell, T.* in: *Vögele, A. / Borstell, T. / Engler, G.,* (Verrechnungspreise), Rn. N 230.

sieht.[480] Beweggrund dafür kann die Sicherung der unternehmerischen Einflussnahme auf die Eroberung und Verteidigung internationaler Märkte sein.[481]

Demnach sind die konzerngebundenen Vertriebsgesellschaften Adressaten der konzerninternen Vermarktungslizenz, die rechtlich sowohl als Handelsvertreter, als Kommissionär als auch als Eigenhändler ausgestaltet sein können.[482] Soweit unterstellt wird, dass ihre Funktionsdichte von dem gewählten Vertriebsmodell abhängig ist,[483] übernehmen sie in Abhängigkeit der gewählten Vertriebsform idealtypisch die in den beiden nachfolgenden Abbildungen gelisteten Funktionen und Risiken.

	Eigenhändler			Kommis-sionär	Handels-vertreter
	Marketing and distribution company	Distributor	Stripped buy and sell distributor		
Akquisition	+	+	+	+	+
Auftragsbe-arbeitung	+	+	+	+	+
Lagerhal-tung	+	+	+/-	-	-
Warenver-teilung	+	+	+/-	-	-
Preispolitik	+	+/-	+/-	-	-
Kunden-dienst	+	+	+/-	+/-	+/-
Inkasso	+	+	+	+/-	-
Marktfor-schung	+	+/-	-	-	-
Marketing (Strategie,	+	-	-	-	-

---

[480] Vgl. dazu *Borstell, T.*, (Konzerninterne Lieferungsbeziehungen), S. 331 ff.

[481] Vgl. *Gundel, G.*, (Vertriebsgesellschaften), S. 782.

[482] Vgl. u.a. *Prinz, U.*, (Vertriebsmodelle), S. 482 ff. sowie *Prinz, U.*, (Vertriebsstrukturen), S. 519 ff.

[483] Dieser Zusammenhang besteht üblicherweise, vgl. *Jacobs, O. H.*, (Internationale Unternehmensbesteuerung), S. 1031.

Umsetzung)					
Werbung	+	+	+	+	+
Auswahl lokaler Vertriebspartner	+	+	-	-	-

Abbildung 33: Darstellung der typischerweise übernommenen Funktionen der jeweiligen Vertriebsform.[484]

	Eigenhändler			Kommissionär	Handelsvertreter
	Marketing and distribution company	Distributor	Stripped buy and sell distributor		
Vorratsrisiko	+	+	-	-	-
Gewährleistungsrisiko	+	+	-	-	-
Kreditrisiko	+	+	+/-	+/-	-
Wechselkursrisiko	+/-	+/-	+/-	-	-
Auslastungsrisiko	+	+	+/-	+	+
Risiko fehlgeschlagener Geschäftsstrategien	+	+/-	-	-	-

Abbildung 34: Darstellung der typischerweise übernommenen und Risiken der jeweiligen Vertriebsform.[485]

Aufbauend auf einer Funktions- und Risikoanalyse lassen sich die Wertschöpfungsbeiträge der einzelnen Vertriebsgesellschaft im Rahmen des Leistungserstellungsprozesses ablesen und sich diese bezüglich der von ihnen übernomme-

---

[484] *Baumhoff, H. / Bodenmüller, R.*, (Verlagerung betrieblicher Funktionen), S. 359 f.

[485] *Baumhoff, H. / Bodenmüller, R.*, (Verlagerung betrieblicher Funktionen), S. 360.

nen Funktionen und Risiken sowie den von ihnen eingesetzten Wirtschaftsgütern kategorisieren.

Eine solche Kategorisierung, die die Struktur des Verrechnungspreissystems offen legt,[486] nimmt die *OECD* in ihren Verrechnungspreisgrundsätzen für multinationale Unternehmen und Steuerverwaltungen vor und unterscheidet auf Basis

- der Ausübung von Routinefunktionen oder wesentlicher erfolgskritischer Funktionen, wobei auf die wirtschaftliche Bedeutung dieser Funktionen in Bezug auf ihre Häufigkeit, Art und Wert abzustellen ist,[487]

- der Übernahme von geringen oder hohen Risiken, die häufig in einem gewissen Grad mit den übernommenen Funktionen einhergehen,[488]

- dem Einsatz von Wirtschaftsgütern in hohem oder geringem Umfang und

- der Struktur und Organisation des Konzerns

zwischen Routineunternehmen und Strategieträgern.[489] Die deutsche Finanzverwaltung unterscheidet Unternehmen, die lediglich Routinefunktionen[490] oder als Strategieträger bzw. Entrepreneur die wesentlichen Risiken übernehmen und die für den Unternehmenserfolg entscheidenden Funktionen ausüben, Hybridunternehmen, die mehr Funktionen als die Routineunternehmen ausüben, ohne aber die damit verbundenen Risiken zu tragen.[491]

Die Unterscheidung zwischen *drei* verschiedenen Unternehmensformen wird in der Literatur kritisch betrachtet, da sie weder in den OECD-Grundsätzen noch in dem von dem gemeinsamen EU-Verrechnungspreisforum[492] erarbeiteten Konzept

---

[486] Vgl. *Borstell, T.*, (Konzerninterne Lieferungsbeziehungen), S. 336, *Schnorberger, S.*, (Verfahrensgrundsätzen), S. 12. Das Verrechnungspreissystem der konzerninternen Leistung bildet sich durch einen dreistufigen Prozess, der auf der gewollten internen Funktions- und Risikogestaltung des Konzerns, seiner rechtlichen organisatorischen Ausgestaltung und der tatsächlichen Funktions- und Wertschöpfungskette aufbaut. Die Gestaltung der Verrechnungspreispolitik beginnt mit der Festlegung der Verrechnungspreisstruktur, die die Wahl der Verrechnungspreismethoden und somit die Festlegung der Fremdpreise determiniert (vgl. *Borstell, T.*, (Konzerninterne Lieferungsbeziehungen), S. 336).

[487] Vgl. *OECD*, (Verrechnungspreisgrundsätze), Anm. 1.21.

[488] Vgl. *OECD*, (Verrechnungspreisgrundsätze), Anm. 1.25.

[489] Vgl. *Rasch, S.*, (Unternehmenscharakterisierung), S. 354.

[490] In Anlehnung an die in dem White Paper von 1988 enthaltene Definition können Routinefunktionen als solche Funktionen beschrieben werden, für die eine Vergütung am Markt gemessen werden kann (*Schnorberger, S.*, (Verfahrensgrundsätzen), S. 12).

[491] Vgl. VWG-Verfahren, Tz. 3.4.10.2.

[492] EU Joint Transfer Pricing Forum.

der 'EU Transfer Pricing Documentation' in der Gestalt zu finden ist und sich bedingt durch die internationalen Abgrenzungsschwierigkeiten erhebliche Probleme hinsichtlich der Konsistenz von Verrechnungspreissystemen und deren Dokumentationen ergeben.[493]

Allerdings eignet sich diese Unterscheidung zur Kategorisierung[494] der zu untersuchenden Verrechnungspreisgestaltungen und somit als Grundlage für die Bestimmung des Fremdpreises der Höhe nach sehr gut. Denn der Leitgedanke der Funktionsanalyse ist, dass die Höhe der jeweiligen Vergütung der beteiligten Geschäftspartner durch ihre übernommenen Funktionen unter Berücksichtigung des Kapitaleinsatzes und der übernommenen Risiken bestimmt wird. Daher sollen funktionslose Unternehmen gar kein, funktionsschwache ein geringes aber relativ stabiles Entgelt erhalten, ohne dabei der Gefahr zu unterliegen, Verluste tragen zu müssen, und funktionsstarke Unternehmen demzufolge ein hohes Entgelt erhalten, welches als Residualgröße nach Abzug der Entgelte für die von anderen Unternehmen erbrachten Funktionen als Gewinn verbleibt.[495] Damit dient die Funktionsanalyse als „Informationsprofil zur Bestimmung der angemessenen Höhe von Gewinnkomponenten"[496].

Demnach sind sowohl der Kommissionär als auch der Handelsvertreter regelmäßig als funktionsschwache Routineunternehmen zu charakterisieren, da sie lediglich einfache Vertriebsfunktionen[497] übernehmen. Sie erbringen somit unterstützende Dienstleistungen für andere Unternehmen ohne über die volle Distributionsbefugnis zu verfügen, setzen dabei nur in einem geringen Umfang eigene Wirtschaftsgüter ein und tragen lediglich beschränkt die Risiken der betriebli-

---

[493] Vgl. *Rasch, S.*, (Unternehmenscharakterisierung), S. 354 ff.

[494] Alternativ dazu besteht die Möglichkeit für eine Unterscheidung in Funktionseigentümer und in Funktionsausübende. Erstere verfügen über die volle Dispositionsbefugnis über die betriebliche Funktion und tragen die damit korrespondierenden Chancen und Risiken, weswegen sie vergleichbar mit dem Strategieführer sind. Dahingegen erbringen die funktionsausübenden Unternehmen für andere Unternehmen unterstützende Dienstleistungen auf vertraglicher Basis, ohne dabei die volle Distributionsbefugnis auszuüben. Da sie dadurch nur beschränkt Chancen und Risiken betrieblicher Funktion tragen können bzw. müssen, sind sie vergleichbar mit dem Routineunternehmen. Vgl. *Baumhoff, H. / Bodenmüller, R.*, (Verlagerung betrieblicher Funktionen), S. 354.

[495] Vgl. VWG-Einkunftsabgrenzung 1983, Tz. 2.1.3. Allerdings werden in den Verwaltungsgrundsätzen die funktionsstarken Unternehmen nicht explizit benannt. Als funktionsschwache Unternehmen sind die Routine- und Hybridunternehmen, als funktionsstarke die Strategieträger einzuordnen.

[496] *Brem, M. / Tucha, T.*, (Dokumentation), S. 501.

[497] Typische weitere Routinefunktionen sind die Auftragsfertigung, die Standardmontage, die Lagerhaltung, die Verpachtung und der Vertrieb, sofern kein Einfluss auf die Produkt-, Preis- und Marketingpolitik ausgeübt wird (*Schreiber, R.* in: *Becker, H. / Kroppen, H.-K.* (Hrsg.), (Handbuch Verrechnungspreise), VerwGr.Verf., Anm. 158).

chen Funktionen. Etwas anderes gilt in den Fällen, in denen diese Vertriebsunternehmen unter Einsatz eigener Mittel die Verantwortung für die Vermarktung und Bewerbung der markierten Leistung übernehmen, ohne wie ein idealtypisch ausgestalteter Handelsvertreter oder Kommissionär ihre Kosten erstattet zu bekommen und eine konstant bleibende Entschädigungsleistung zu erhalten.[498] In diesen Fällen sind die Unternehmen als hybride Unternehmen zu charakterisieren und dementsprechend zu verrechnen, da sie mehr Funktionen und Risiken übernehmen als dies regelmäßig bei Kommissionären oder Handelsvertretern der Fall ist.[499]

Hingegen kann das Eigenhändlermodell allen drei Unternehmenstypen entsprechend ausgestaltet werden. Übt der Eigenhändler als Stripped buy and sell distributor lediglich eine einfache Vertriebsfunktion aus[500] und trägt dementsprechend nur in geringem Umfang die damit verbundenen kommissionärähnlichen Risiken, dann ist er ebenfalls als Routineunternehmen zu charakterisieren. Eigenhändler, die als Marketing and distribution company hingegen das Marketing und den Vertrieb mit Einfluss auf die Produkt-, Preis- und Marketingpolitik, inklusive des Kundendienstes und der Gewährleistung übernehmen, dabei für die Durchführung des Geschäftes über die wesentlichen immateriellen und materiellen Wirtschaftsgüter verfügen und die wesentlichen Funktionen bei gleichzeitiger Übernahme des Marktrisikos ausüben, sind als Strategieträger zu charakterisieren.[501] Alle weiteren Ausgestaltungen sind im Sinne der Verwaltungsgrundsätze als Distributor den Hybridunternehmen zuzuordnen.

Die Kategorisierung der Vertriebsgesellschaft, die sowohl als Routine- und Hybridunternehmen als auch als Strategieträger erfolgen kann, geht mit der Kategorisierung des Markeneigners bzw. der Produktionsgesellschaft einher. So ist eine von diesen nur dann, wenn die Vertriebsgesellschaft die Strategieträgerschaft für die Herstellung und Vermarktung der markierten materiellen Leistung übernimmt, nicht als Entrepreneur zu charakterisieren. In allen anderen Fällen übernehmen sie die dafür notwendigen Funktionen und Risiken.[502]

---

[498] Vgl. *OECD,* (Verrechnungspreisgrundsätze), Anm. 1.25.

[499] Damit wird ausgeschlossen, dass der Handelsvertreter oder der Kommissionär als Strategieträger tätig werden, da sowohl der Funktions- als auch der Risikoumfang die Zielsetzung dieses Vertriebsmodells überschreiten würden und somit als unzulässig erachtet werden.

[500] Vgl. VWG Verfahren, Tz. 3.4.10.2 b.

[501] Vgl. *Schreiber, R.* in: *Becker, H. / Kroppen, H.-K.* (Hrsg.), (Handbuch Verrechnungspreise), VerwGr.Verf., Anm. 158.

[502] Dies gilt zumindest, wenn sich das Verrechnungspreissystem aus einem Markeneigner und einer Vertriebsgesellschaft sowie ggfs. einer Produktionsgesellschaft zusammensetzt, weil sowohl die Produktionsgesellschaft als auch der Markeneigner prinzipiell die Strategieträgerschaft übernehmen können. Soweit die Produktionsgesellschaft diese übernimmt, wird der Lizenzgeber lediglich in Gestalt einer Lizenz-

Die mit der Beauftragung der konzerninternen Vertriebsgesellschaft verbundene Nutzungserlaubnis der Marke i.r.S. kann sich auf Grund der sachlichen und räumlichen Einschränkungen der Vermarktungslizenz in Abhängigkeit von der bisherigen Verwertung[503] des Markenrechts entweder auf

- eine identische Leistung auf einem identischen Absatzgebiet,[504]

- eine identische Leistung auf einem neuen Absatzgebiet (New Market Brand Extension),

- eine andere Leistung auf einem identischen Absatzgebiet (New Product Brand Extension) oder

- eine andere Leistung auf einem neuen Absatzgebiet (kombinierte New Market und Product Brand Extension)

beziehen.

Die erste Sachverhaltsvariante der Vermarktung einer identischen Leistung auf einem identischen Absatzmarkt kommt vor allem dann in Betracht, wenn die Produktionsgesellschaft die markierte materielle Leistung nicht mehr direkt oder über eine ihrer Vertriebsbetriebsstätten vermarkten, sondern beispielsweise auf Grund des starken Wachstums auf diesem Markt eine selbstständige Konzerneinheit mit ihrem Vertrieb beauftragen möchte. Alle anderen Varianten sind denkbar, wenn der Markeneigner den Vertrieb des mit der Lizenzvergabe verbundenen Markentransfers auf ein neues Absatzgebiet und/oder eine andere Leistung nicht selbst, sondern ebenfalls über ein konzerngebundenes Unternehmen ausführen möchte. Als Beweggründe sind dafür insbesondere Risikoverlagerungen vorstellbar.

In Abhängigkeit von den in dem sachlichen und räumlichen Geltungsbereich der Nutzungserlaubnis zum Zeitpunkt der Lizenzvergabe vorhandenen verhaltensbezogenen Größen kann die Marke i.r.S. innerhalb dieses Geltungsbereichs nicht nur rechtlich, sondern auch wirtschaftlich werthaltig sein. Unter Berücksichtigung ihrer Werthaltigkeit zum Zeitpunkt der Lizenzvergabe und deren Entwicklung über die gesamte Vertragslaufzeit sind für die oben aufgeführten vier

---

verwertungsgesellschaft agieren, deren Tätigkeitsbereich sich auf das Halten und Verwalten der Schutzrechte beschränkt. Im umgekehrten Fall wird die Produktionsgesellschaft lediglich in Form eines Auftragsfertigers die materielle Leistung herstellen und unter Nutzung der Produktmarkierungslizenz markieren.

[503] Insoweit wird als Verwertung die tatsächliche Ausübung der positiven Benutzungs- und nicht nur die der negativen Verbietungsrechte verstanden.

[504] Identität liegt dann vor, wenn die zu markierende Leistung in dem relevanten Lizenzgebiet bereits unter Verwendung der Marke i.r.S. markiert wurde und die Marke i.r.S. bereits auf dem vertraglich vereinbarten Absatzgebiet vermarktet wurde.

Varianten jeweils vier Ausprägungen denkbar. Diese sind in der nachfolgenden Abbildung skizziert.

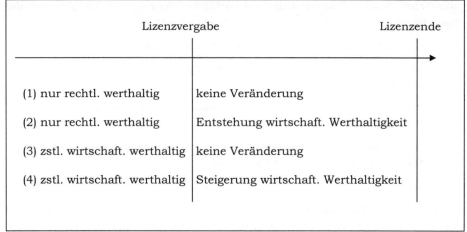

Abbildung 35: Die Werthaltigkeit der Marke i.r.S. vor und während der Lizenzvergabe.

Das im Zuge der Lizenzvergabe zu verrechnende Entgelt umfasst neben der Lizenzgebühr auch ein solches für die materielle Leistung, die der Lizenznehmer erst infolge der Hereinnahme der Nutzungserlaubnis vermarkten darf. Für die sachgerechte Bemessung des Entgeltes sind sowohl die Perspektive des Lizenzgebers als auch die des Lizenznehmers zu berücksichtigen.

Der **Lizenznehmer** ist durch die Lizenzhereinnahme befugt, die markierte materielle Leistung innerhalb des räumlichen und zeitlichen Geltungsbereiches der Nutzungserlaubnis zu vermarkten, wodurch er sowohl leistungsbezogene Einnahmen in Höhe von

$$\sum_{t=1}^{n} E_t^L * (1+i)^{-t}$$

als auch markenbezogene Einnahmen in Höhe von

$$\sum_{t=1}^{n} E_t^M * (1+i)^{-t}$$

verwirklichen kann, aber gleichzeitig zur Zahlung eines leistungs- und markenbezogenen Entgelts verpflichtet ist.

Für die Bemessung dieses Entgelts muss er demnach die markierte materielle Leistung in ihre funktional notwendigen und funktional nicht notwendigen Bestandteil aufspalten, damit er die mit beiden verbundenen Einnahmen separat bewerten kann.

Dabei umfasst der funktional notwendige Bestandteil alle Elemente der Leistung, die notwendig sind, um den funktionalen Nutzen der Leistung zu erzeugen. Alle anderen Elemente, die darüber hinaus eingesetzt werden, um den Nachfragern einen emotionalen Nutzen zu ermöglichen, sind hingegen der Ganzheit der Marke[505] zuzurechnen. Dabei ist diese Abgrenzung nur möglich, weil die Marke i.r.S. auf Grund ihrer Markenfähigkeit kein funktional notwendiger, sondern ein zusätzlicher Bestandteil der Leistung sein muss, so dass eine markierte Leistung sowie eine Marke stets über eine funktional notwendige und eine nicht notwendige Ganzheit, die Leistung[506] und die Marke,[507] verfügen.[508]

Im Anschluss an die Bewertung seiner Einnahmenveränderung wird der Lizenznehmer ermitteln, für welchen Anteil an dieser sein eigener leistungs- und markenbezogener Wertbeitrag kausal ist und es jeweils rechtfertigt, dass er dem Lizenzgeber ein um diese gemindertes Gesamtentgelt zahlt. Unter Verwendung eines leistungs- und markenbezogenen Korrekturfaktors s und v, die stets auch die Ausgaben des Lizenznehmers berücksichtigen, basiert dieses Entgelt auf der Einnahmenveränderung in Höhe von

$$\sum_{t=1}^{n} E_t^L * (1+i)^{-t} * (1-s) + \sum_{t=1}^{n} E_t^M * (1+i)^{-t} * (1-v) .$$

Der **Lizenzgeber** ermittelt seine Entgeltforderung ebenfalls unter Berücksichtigung des leistungs- und markenbezogenen Wertbeitrages des Lizenznehmers, da er diesen mit der Vermarktung seiner markierten materiellen Leistung im Zuge der Lizenzvergabe beauftragt.[509] In Anbetracht des Fremdvergleichsgrundsatzes weiß der Lizenzgeber, dass sowohl er als auch der Lizenznehmer nach Maßgabe

---

[505] Insoweit der Begriff der Marke nachfolgend ohne den Zusatz „i.r.S." verwendet wird, bezieht er sich auf die Ganzheit der Marke als Bestandteil der Leistung.

[506] Dabei gilt es zu beachten, dass die Ganzheit der Leistung nicht mit dem materiellen oder immateriellen Produkt übereinstimmt. Denn die materielle Leistung umfasst ggfs. auch Bestandteile die der Gesamtheit der Marke zuzuordnen sind. Als Beispiel ist hier die Verpackung zu nennen.

[507] An dieser Stelle wird unterstellt, dass alle funktionalen nicht notwendigen Bestandteile der Leistung der Ganzheit Marke zugeordnet werden können. Dies kann damit begründet werden, dass diese ebenfalls wie die Marke auf die Beeinflussung der Wahrnehmung der Nachfrager gerichtet sind. Deswegen gehören neben der unterscheidungsfähigen Markierung u.a. auch die materielle Umsetzung des systematischen Absatzkonzeptes zu der Ganzheit der Marke.

[508] Diese Erkenntnis resultiert aus der Markenfähigkeit des Unterscheidungszeichens i.S.d. § 3 MarkenG und wird von der Marke i.r.S. auf die Marke übertragen.

[509] Damit wird zugleich unterstellt, dass der Lizenzgeber den Lizenznehmer nicht mit der Vermarktung bzw. Entwicklung der Marke beauftragt. Für die Ausführung dieser Aufgabe ist die Vergabe einer Vermarktungslizenz nicht geeignet. Dafür bedarf es der Vergabe einer Markenlizenz i.w.S., weil diese das systematische Absatzkonzept des Lizenzgebers umfasst und nicht nur die positiven Benutzungsrechte sowie marken- und leistungsbezogene Restriktionen beinhaltet.

eines ordentlichen und gewissenhaften Geschäftsleiter agieren müssen und folglich weder er seiner konzerngebundenen Vertriebsgesellschaft einen wirtschaftlichen Vorteil überlassen darf, den er fremden Dritten nur gegen ein angemessenes Entgelt gewähren würde, noch die von ihm i.d.r. beauftragte Vertriebsgesellschaft die Vermarktung der Leistung ohne Erwartung eines angemessenen transaktionsbezogenen Gewinns[510] ausführen kann.[511]

Deswegen wird der Lizenzgeber, der der Vertriebsgesellschaft nicht nur die Vermarktungslizenz erteilt, sondern i.d.R.[512] auch die materielle Leistung liefert, nicht nur den leistungs-, sondern auch den markenbezogenen Wertbeitrag des Lizenznehmers bewerten. Denn neben der Vergütung für die Vermarktung der materiellen Leistung der Höhe nach muss er beurteilen, ob auch der markenbezogene Wertbeitrag des Lizenznehmers eine anteilige Zurechnung der damit verbundenen Einnahmenveränderung zu dessen Gunsten rechtfertigt. Anschließend an die Beurteilung der Wertbeiträge des Lizenznehmers wird er seine Ergebnisse zu einer leistungsbezogenen Einnahmenveränderung in Höhe von

$$\sum_{t=1}^{n} E_t^L * (1+i)^{-t} * (1-s)$$

sowie zu einer markenbezogenen Einnahmenveränderung in Höhe von

$$\sum_{t=1}^{n} E_t^M * (1+i)^{-t} * (1-v)$$

verdichten, welche zur Grundlage seiner Entgeltforderung werden.

In den Fällen, in denen der Lizenzgeber der Vertriebsgesellschaft ausschließlich die Vermarktungslizenz erteilen sollte, ohne ihr die materielle Leistung zu liefern, beschränkt sich die Betrachtung des Lizenzgebers auf die Ermittlung des dem Lizenznehmer überlassenen wirtschaftlichen Vorteils in Höhe von

$$\sum_{t=1}^{n} E_t^M * (1+i)^{-t} * (1-v)$$

und damit auf die Ermittlung des markenbezogenen Entgelts. Unabhängig vom Zahlungsempfänger entspricht das leistungsbezogene Entgelt dem Preis, den die Vertriebsgesellschaft unter Berücksichtigung des Fremdvergleichsgrundsatzes für die Lieferung der materiellen Leistung entrichten kann.

---

[510] Nachfolgend wird der Gewinnbegriff synonym für den des Überschusses verwendet.

[511] Vgl. u.a. VWG-Einkunftsabgrenzung 1983, Tz. 3.4.1, BFH v. 17.02.1993, I R 3 / 92, BStBl. II 1993, S. 457.

[512] Dies gilt nicht, wenn der Lizenznehmer selbst als Strategieträger agiert. In diesen Fällen bezieht er die materielle Leistung und die Vermarktungslizenz von zwei unterschiedlichen Unternehmen.

Da sowohl der Lizenznehmer als auch der Lizenzgeber die Einnahmenveränderung sowie den leistungs- und markenbezogenen Wertbeitrag der konzerngebundenen Vertriebsgesellschaft bewerten müssen, damit sie das aus ihrer Sicht angemessene Entgelt für die Ganzheit der Leistung und die der Marke ermitteln können, erfolgt diese einheitlich aus Sicht eines ordentlichen und gewissenhaften Geschäftsleiters. Damit werden unterschiedliche Erwartungen hinsichtlich der Einnahmenveränderung und Einnahmenzurechnung auf Seiten des Lizenznehmers und Lizenzgebers ausgeschlossen.

4.2.1.2.2 Ganzheit der Leistung

Ziel der Bewertung der Ganzheit der Leistung ist die Bemessung des leistungsbezogenen Entgelts, welches auf der verursachungsgerechten Aufteilung der leistungsbezogenen Einnahmenveränderung zwischen dem Lizenznehmer und Lizenzgeber

$$\sum_{t=1}^{n} E_t^L * (1+i)^{-t} * (1-s)$$

basiert. Seine Ermittlung setzt die Bewertung der Einnahmenveränderung sowie die Ermittlung des Aufteilungsmaßstabes s, des leistungsbezogenen Korrekturfaktors, als Ergebnis der Einnahmenzurechnung voraus.

4.2.1.2.2.1 Einnahmenveränderung

Ausgangspunkt für die Bewertung der leistungs- und markenbezogenen Einnahmenveränderung ist der Grundgedanke, dass der Vertriebstätige durch die Vermarktung der materiellen Leistung Einnahmen, die sowohl durch die Ganzheit der Leistung als auch durch die Ganzheit der Marke verursacht sind, in Höhe von

$$\sum_{t=1}^{n} E_t^G * (1+i)^{-t} = \sum_{t=1}^{n} E_t^L * (1+i)^{-t} + \sum_{t=1}^{n} E_t^M * (1+i)^{-t} \,{}^{513}$$

verwirklichen kann.

Die Abgrenzung der Ganzheiten voneinander ist möglich, weil die markierte materielle Leistung auf Grund der Markenfähigkeit des rechtlich geschützten Unter-

---

[513] Aus Vereinfachungsgründen werden der leistungs- und der markenspezifische Zinssatz gleichgesetzt. Grundsätzlich müsste dieser ebenso wie der der Marke spezifisch für eine nicht markierte funktionsadäquate Leistung ermittelt werden. Aufgrund des aufgezeigten Zusammenhangs zwischen den gesamten und den markenbezogenen Einnahmen ist der Kapitalisierungszinssatz für die gesamten Einnahmen von der Höhe des leistungs- und markenspezifischen Kapitalisierungszinssatzes und dem Verhältnis der leistungs- und markenbezogenen Einnahmen zu den gesamten Einnahmen abhängig.

scheidungszeichens[514] stets aus einer funktional notwendigen und einer nicht notwendigen Gesamtheit bestehen muss, die sich hinsichtlich ihrer Nutzenwirkung unterscheiden. Dabei wird erstere, die auf die Verwirklichung des funktionalen Nutzens der gesamten Leistung gerichtet ist, als Ganzheit der Leistung und letztere, die auf die Verwirklichung eines emotionalen Nutzens gerichtet ist, als Ganzheit der Marke bezeichnet, weil erstere nicht identisch mit dem Begriff der Leistung sein muss.

Denn über das Unterscheidungszeichen, die Marke i.r.S., hinaus kann eine materielle Leistung über weitere materielle Eigenschaften verfügen, die allerdings nicht auf die Erzielung eines funktionalen, sondern eines emotionalen Nutzens gerichtet und folglich der Ganzheit der Marke zuzurechnen sind. Dementsprechend umfasst diese alle materiellen Bestandteile der Leistung, die auf die Verwirklichung eines emotionalen Nutzens zielen, somit insbesondere eine aufwendig gestaltete Verpackung, darauf enthaltene Brandingelemente, ihre Farbgebung, Form, Haptik und Qualität. Diese sollen über die Funktion des Schutzes der materiellen Leistung und ihre Vorbereitung für die Distribution hinaus die Wahrnehmung der Nachfrager beeinflussen. In Abgrenzung dazu steht die Ganzheit der Leistung für alle materiellen Bestandteile des Produktes, die allein auf die Verwirklichung des funktionalen Nutzens abstellen.

Da eine markierte materielle Leistung stets einen funktionalen, nicht hingegen einen emotionalen Nutzen erwirken muss, wird die Identifizierung des Nutzens der Ganzheit der Leistung zum Ausgangspunkt der Isolierung der leistungs- und markenbezogenen Einnahmen.

Der funktionale Nutzen der Leistung ist durch einen Vergleich der markierten mit einer nicht markierten Leistung, die der oben aufgeführten Definition entsprechend nur aus der Ganzheit der Leistung besteht, so dass ihre materiellen Bestandteile insgesamt nur auf die Verwirklichung des funktionalen Nutzens gerichtet sind, zu bewerten.

Dafür werden Leistungen, wie bereits an anderer Stelle ausgeführt,[515] als Problemlösungen verstanden, die grundsätzlich der Befriedigung der Wünsche und Bedürfnisse der Nachfrager dienen.[516] Dabei verfügt jede Leistung über einen funktionalen Grundnutzen, der für die Befriedigung des jeweiligen Grundbedürfnisses der Nachfrager unentbehrlich ist, den es zu identifizieren gilt. So kaufen Nachfrager einen Bohrer, um ein Loch in die Wand zu bohren, Seife, um sich zu

---

[514] Dies ergibt sich aus § 3 Abs. 1 MarkenG. Vgl. dazu *Fezer, K.-H.*, (MarkenG), § 3, Rn. 309 ff.

[515] Vgl. dazu die Darstellungen zum Maximalwert der Lizenz als Gegenleistung für die einheitliche Markenlizenz, 4.2.1.1.3.7.

[516] Vgl. hierzu *Kotler, P. / Armstrong, G. / Saunders, J. / Wrong, V.*, (Marketing), S. 31 ff.

reinigen, Schuhe, um ihre Füße beim Laufen zu schützen, und einen Mp3-Player, um Musik abzuspielen.

Für die Bewertung der damit verbundenen Einnahmenveränderung werden alle Elemente der materiellen Leistung, die für die Verwirklichung dieser Aufgabe notwendig sind, mit den Ausgaben ihrer Herstellung und Vermarktung bewertet, anschließend um einen angemessenen Gewinnaufschlag erhöht und abschließend mit einem risikoäquivalenten Kapitalisierungszinssatz diskontiert.

Der Aufschlagssatz sollte dabei die besonderen Eigenschaften und Merkmale der Ganzheit der Leistung in Form ihrer Erfolgsfaktoren berücksichtigen, zu denen zum Beispiel ihre Innovativität, Einzigartigkeit, schwierige Imitierbarkeit sowie das Produkt-, Produktions- und Vertriebs-Know How des Herstellers und patentierte Herstellungsverfahren gehören können. Im Ergebnis entsprechen die leistungsbezogenen Einnahmen denjenigen, die der Vertriebstätige erzielen könnte, wenn er eine qualitativ identische nicht markierte materielle Leistung vermarkten würde. Somit dient der Gewinnaufschlag als Zurechnungsmaßstab, welcher die sachgerechte Ermittlung der leistungsbezogenen Einnahmenveränderung ermöglicht, ohne dabei die Höhe der markenbezogenen Einnahmen und damit der Lizenzgebühr zu beeinflussen.[517]

Damit entsprechen die leistungsbezogenen Einnahmen

$$\sum_{t=1}^{n} A_t^L * (1 + GA_t^L) * (1 + i)^{-t} \, ,$$

so dass die markenbezogenen Einnahmen der Residualgröße zwischen den gesamten und den leistungsbezogenen Einnahmen in Höhe von

$$\sum_{t=1}^{n} E_t^G * (1 + i)^{-t} - \sum_{t=1}^{n} A_t^L * (1 + GA_t^L) * (1 + i)^{-t}$$

gleichstehen, die infolge der Ganzheit der Marke verwirklicht werden können, die ihrerseits auf die Befriedigung der *psychologischen* Bedürfnisse der Nachfrager[518] und die Verwirklichung eines emotionalen Nutzens abzielt.

---

[517] Da die markenbezogenen Einnahmen der Residualgröße zwischen den gesamten und den leistungsbezogenen Einnahmen entspricht, werden diese mittelbar von der Höhe des Gewinnaufschlags beeinflusst. Da dieser jedoch keine verhandelbare Größe ist, besteht durch die Gestaltung des Gewinnaufschlags nicht die Möglichkeit, die Höhe der Lizenzgebühr zu beeinflussen. Vielmehr ist der Aufschlagssatz ein Aufteilungsmaßstab, der auf Grundlage von Vergleichen mit anderen Unternehmen oder Leistungen ermittelt wird und damit feststeht.

[518] Vgl. *Kotler, P. / Armstrong, G. / Saunders, J. / Wrong, V.,* (Marketing), S. 35, 652. Diese Bestandteile der Leistung sind auf die Beeinflussung der Wahrnehmung der Nachfrager gerichtet.

Denn Nachfrager kaufen zwar Lebensmittel, um ihren Hunger und Durst zu stillen, einen Bohrer, um ein Loch in die Wand zu bohren, und Seife, um sich zu reinigen, aber eben nicht nur sog. No Name Produkte, sondern zum Bei-spiel ein Shampoo, das zwar zur Reinigung und Pflege ihrer Haare geeignet und dazu zweckmäßig verpackt ist, darüber hinaus aber über einen unverwechselbaren Namen, eine sinnlich gestaltete, hochwertige Verpackung verfügt und zudem mittels einer entsprechenden Kommunikationsstrategie mit einem besonderen Image vermarktet wird.

Für die Ermittlung der markenbezogenen Einnahmen und die damit verbundene Prognose der gesamten Einnahmen ist die Marke zu bewerten.[519]

4.2.1.2.2.2 Einnahmenzurechnung

Die materielle Leistung entweder als

- Handelsvertreter im Namen und auf Rechnung des Prinzipals,

- Kommissionär im eigenen Namen aber auf Rechnung des Prinzipals oder aber

- Eigenhändler im eigenen Namen und auf eigene Rechnung

innerhalb des räumlichen, sachlichen und zeitlichen Geltungsbereiches der Vermarktungslizenz zu vertreiben, rechtfertigt eine Zurechnung der leistungsbezogenen Einnahmenveränderung zu Gunsten des Vertriebstätigen in Höhe von

$$\sum_{t=1}^{n} E_t^L * (1+i)^{-t} * s, \, 0 \leq s \leq 1 \text{ mit } \sum_{t=1}^{n} E_t^L * (1+i)^{-t} = \sum_{t=1}^{n} A_t^L * (1+GA_t^L) * (1+i)^{-t},$$

durch die neben den mit ihrer Vereinnahmung verbundenen Ausgaben insbesondere der leistungsbezogene Wertbeitrag der Vertriebsgesellschaft berücksichtigt werden soll.

Dabei entspricht der Korrekturfaktor s den Einnahmen,

- die der Kommissionär oder Handelsvertreter als Provision

- bzw. der Eigenhändler in Form der Handelsspanne für die von ihnen erbrachte Leistung

in Abhängigkeit der von ihnen übernommenen Funktionen und Risiken durch die anteilige Einnahmenzurechnung erhalten. Da seine Ermittlung und Höhe von der rechtlichen Ausgestaltung der Vertriebsgesellschaft und der damit in Zusammenhang stehenden Funktionsdichte[520] abhängig ist, ist der Korrekturfaktor zu-

---

[519] Vgl. Bewertung der Einnahmenveränderung der Ganzheit der Marke, 4.2.1.2.3.1.

[520] Vgl. dazu 4.2.1.2.1 Sachverhaltsanalyse.

nächst für die Kommissionäre und Handelsvertreter als Routineunternehmen[521] und anschließend für die Eigenhändler, die allen drei Unternehmenskategorien zugeordnet werden können, zu bestimmen.

4.2.1.2.2.2.1 Handelsvertreter und Kommissionäre

Funktionsschwache Unternehmen tragen nur ein wirtschaftlich unbedeutendes Risikopotential und erbringen keinerlei messbaren Beitrag zur Wertschöpfung.[522] Da das Gewinnpotential mit dem Wertschöpfungsbeitrag positiv korreliert, kann der ausgeführten Vertriebsfunktion des Kommissionärs bzw. des Handelsvertreters nur ein geringer aber relativ stabiler Gewinn zugeschrieben werden, der den geringen Nutzen der von ihnen erbrachten Funktion widerspiegelt[523] und zugleich dem Anspruch gerecht wird, zumindest die mit ihrer Vertriebstätigkeit in wirtschaftlichem Zusammenhang stehenden Ausgaben zu decken.

Eine Verwirklichung dieser Anforderungen ist durch die Bemessung einer ausgabenabhängigen Provision möglich, die dem Vertriebstätigen einerseits die Deckung seiner Ausgaben und andererseits einen Gewinn in Höhe eines angemessenen Ausgabenaufschlages[524] garantiert. So hat der BFH mit Urteil vom 14.09.1994 der Verrechnung einer ausgabenabhängigen Provision mit einem Aufschlag von 5 Prozent auf die Sachausgaben nicht widersprochen und ihre Anwendung damit als sachgerecht beurteilt.[525]

Auch die deutsche Finanzverwaltung geht in ihren Grundsätzen für die Prüfung der Einkunftsabgrenzung international verbundener Unternehmen davon aus, dass i.d.R. immer dann, wenn ein tatsächlicher Fremdvergleich nicht möglich sein sollte, jedoch aus dem tatsächlichen Verhalten der verbundenen Unternehmen zuverlässige ausgaberelevante Daten zur Verfügung stehen,[526] die Vergütung der Vertriebsgesellschaft auf Grundlage ihrer Ausgaben zu bemessen ist.

Da bei dieser Vorgehensweise die Ausgaben die Bemessungsgrundlage für den Gewinnaufschlag sind, allerdings die von der Routineunternehmung zu übernehmenden Ausgaben wesentlich über ihren Gewinn und damit über ihre Ergebnis-

---

[521] Regelmäßig sind die Handelsvertreter und Kommissionäre als Routineunternehmen zu charakterisieren. Sind sie ausnahmsweise als Hybridunternehmen zu charakterisieren, so gilt für sie das unter 4.2.1.2.2.2.2.2.1 Dargestellte entsprechend.

[522] *Kuckhoff, H. / Schreiber, R.* zitiert in: *Baumhoff, H.* in: *Flick, H. / Wassermeyer, F. / Baumhoff, H.*, (Außensteuerrecht), § 1, Anm. 313.

[523] Vgl. *Kuckhoff, H. / Schreiber, R.*, (Verrechnungspreise), S. 19 ff.

[524] Der Ausgabenaufschlag selbst sollte möglichst unter Anwendung des tatsächlichen Fremdvergleichs bestimmt werden. *Borstell* hält praktischen Erfahrungen zufolge einen Gewinnaufschlag von 5 – 10 % als Mindestgröße für angemessen. Vgl. *Borstell, T.*, (Konzerninterne Lieferungsbeziehungen), S. 333.

[525] Vgl. BFH v. 14.09.1994, I R 116 / 93, BStBl. II 1995, S. 238.

[526] Vgl. VWG-Einkunftsabgrenzung, Tz. 2.4.1 b.

situation entscheiden, würde mit dieser Vorgehensweise die Notwendigkeit der Abgrenzung der in die Bemessungsgrundlage einzubeziehenden Ausgaben, die sich allein auf die Vermittlungstätigkeit des Kommissionärs und Handelsvertreters beziehen, von den gesamten Ausgaben der Vertriebstätigkeit einhergehen, die regelmäßig von dem Strategieträger getragen werden. Nach Auffassung der deutschen Finanzverwaltung betrifft dies insbesondere die Ausgaben für die Werbung, für die Markterschließung sowie während der Anlaufzeit.[527]

Darüber hinaus würde eine derartig gestaltete ausgabenabhängige Provision den Dienstleistungscharakter[528] der Vermittlungstätigkeit des Kommissionärs und Handelsvertreters zwar hinreichend würdigen, jedoch der handelrechtlichen Ausgestaltung dieser Vertriebsformen widersprechen, weil sowohl § 87 HGB als auch § 396 HGB eindeutig eine erfolgsabhängige[529] Vergütung als Gegenleistung für deren Tätigkeit vorsehen.

In Anbetracht dieser Problemfelder könnte die ausgabenbasierte Ermittlung der Provision um eine erfolgsabhängige Komponente erweitert werden, indem entweder der ausgabenbasierte Aufschlagssatz variabel gestaltet und beispielsweise mit steigendem Umsatz oder Reingewinn[530] erhöht wird oder alternativ der Gewinnaufschlag ausschließlich als erfolgs-, aber ausgabenunabhängige Größe in

---

[527] Vgl. hierzu die Ausführungen der deutschen Finanzverwaltung, VWG-Einkunftsabgrenzung 1983, Tz. 3.3 ff.

[528] Im Gegensatz zum Eigenhändler wird die Vertriebstätigkeit des Kommissionärs bzw. des Handelsvertreters nicht als Handel, sondern als Dienstleistung verrechnet. Zur Abgrenzung von Dienstleistung und Handel aus steuerrechtlicher Sicht und der entsprechenden Einordnung der unterschiedlichen Vertriebsformen, vgl. *Isensee, T.*, (Konzernvertriebsgesellschaften), S. 694 f. Der wesentliche Unterschied ist, dass das Eigentum der markierten Leistung nicht übergeht und somit keine Verrechnung der konzerninternen Herstellung und Verbringung der Ware notwendig ist. Eine Dienstleistung kann dem Grunde nach immer dann verrechnet werden, wenn die erbrachte Leistung für das leistungsempfangende konzerngebundene Unternehmen einen wirtschaftlichen oder kommerziellen Wert schafft, die die Geschäftsposition des leistungsempfangenden Unternehmens stärkt. Davon ist immer dann auszugehen, wenn auch ein unabhängiges Unternehmen unter vergleichbaren Bedingungen bereit sein würde, für eine entsprechende Tätigkeit zu zahlen (*OECD,* (Verrechnungspreisgrundsätze), Anm. 7.6). Da die zu leistende Tätigkeitsvergütung des Kommissionärs und des Handelsvertreters nur dann vergütet wird, wenn sie die Dienstleistung erfolgreich ausgeführt und damit dem Auftraggeber einen wirtschaftlichen Nutzen erbracht haben, ist davon auszugehen, dass die Vermittlungsleistung steuerlich entgeltpflichtig ist.

[529] § 87 HGB schreibt den Anspruch des Handelsvertreter auf eine Provision fest, bei der es sich um eine Erfolgsvergütung handelt (*Hopt, K.* in: *Baumbach, A. / Hopt, K.*, (HGB Kommentar), § 87, Rn. 2). Ausgaben hingegen führen nicht zwingend zu einem Erfolg. Nach § 389 HGB entsteht der Anspruch des Kommissionärs auf Provision erst bei erfolgreichem Abschluss des Geschäfts.

[530] Vgl. *Isensee, T.,* (Konzernvertriebsgesellschaften), S. 696. *Isensee* schlägt eine umsatzabhängige Gestaltung des Ausgabenaufschlags vor (vgl. ebd.).

die Bemessung der Provision eingeht. Die zweite Alternative ist auf Grund der Unabhängigkeit des Gewinnzuschlags von den Ausgaben der Vertriebsgesellschaft zu bevorzugen.

Der Korrekturfaktor s beträgt demnach, wenn dem Kommissionär oder Handelsvertreter ein umsatzabhängiger Gewinnaufschlag[531] gewährt wird,

$$s_{HV/K} = \frac{\sum_{t=1}^{n} A_t^{VL} * (1+i)^{-t} + \sum_{t=1}^{n} E_t^{L} * PS_{HV/K} * (1+i)^{-t}}{\sum_{t=1}^{n} E_t^{L} * (1+i)^{-t}}$$

mit A^{VL} = Ausgaben für die Vermarktung der Leistung,

PS = Provisionssatz,

HV = Handelsvertreter,

K = Kommissionär.

Damit umfasst der Provisionssatz des Handelsvertreters bzw. Kommissionärs neben den ihnen durch ihre Tätigkeit entstehenden Ausgaben eine erfolgsabhängige Vergütung und garantiert ihnen in Höhe von

$$\sum_{t=1}^{n} E_t^{L} * PS_{HV/K} * (1+i)^{-t}$$

einen erfolgsabhängigen, relativ geringen aber stabilen Gewinn.

Dabei sollte die Bemessung des Aufschlagssatzes PS, der auf den leistungsbezogenen Umsatz angewendet wird, möglichst unter Durchführung eines tatsächlichen Fremdvergleiches erfolgen, der idealtypisch auf einen direkten Vergleich der konzernintern festgesetzten Provision mit einer erfolgsabhängigen Vergütung abstellt, die unter vergleichbaren Umständen zwischen konzernunabhängigen Kommissionären oder Handelsvertretern und ihrem Prinzipal[532] vereinbart worden sind. Für die Feststellung der Vergleichbarkeit ist ein Abgleich der jeweils übernommenen Funktionen und Risiken sowie ggfs. eine Anpassungsrechnung notwendig.[533] In den meisten Fällen fehlen jedoch öffentlich zugängliche Ver-

---

[531] Eine derartige Abänderung und Ergänzung der Standardmethoden wird sowohl von der *OECD* als auch von der deutschen Finanzverwaltung als mit dem Fremdvergleichsgrundsatz vereinbar angesehen. Vgl. *OECD,* (Verrechnungspreisgrundsätze), Anm. 1.69 und VWG-Einkunftsabgrenzung 1983, Tz. 2.4.2.

[532] Sollte Quelle des Vergleichswertes ein innerbetrieblicher sein, so ist der Prinzipal der zu vergleichenden Vertriebsgesellschaften derselbe, sollte ein außerbetrieblicher Preisvergleich zur Anwendung kommen, ein anderer Prinzipal.

[533] Vgl. *Borstell, T.* in: *Vögele, A. / Borstell, T. / Engler, G.,* (Verrechnungspreise), Rn. N 225.

gleichsdaten,[534] so dass der tatsächliche Fremdvergleich auf Grund dieses Missstandes nicht zur Anwendung kommen kann.[535]

Baumhoff zufolge liegen die Provisionssätze, soweit der Kommissionär keinen zusätzlichen Ausgabenersatz erhält, regelmäßig innerhalb einer Bandbreite von 3 bis 7 % des Umsatzes[536] und die des Handelsvertreters auf Grund der geringeren übernommenen Risiken etwas darunter. In diesen Fällen trägt der Vertriebstätige nicht nur seine Ausgaben selbst, sondern auf Grund der fehlenden Gewinngarantie ein marktabhängiges Restrisiko, für das er entsprechend vergütet wird,[537] so dass der Provisionssatz der Nettomarge entsprechend geringer sein muss.

4.2.1.2.2.2.2 Eigenhändler

Im Gegensatz zu dem Handelsvertreter oder Kommissionär erlangt der Eigenhändler das Eigentum an der Leistung und vertreibt diese in eigenem Namen und auf eigene Rechnung als rechtlich selbstständige Einheit. In Abhängigkeit von seinem Funktions- und Risikoumfang ist er als Routine-, als Hybridunternehmen oder als Strategieträger zu charakterisieren.

4.2.1.2.2.2.2.1 Routineunternehmen

Der Stripped buy and sell distributor[538] ist als Routineunternehmen zu charakterisieren, da er im Rahmen des Wertschöpfungsprozesses lediglich unterstützende Dienstleistungen erbringt und nur kommissionärsähnliche Risiken trägt.[539]

Ungeachtet der Tatsache, dass dieser im Gegensatz zu den handelsrechtlichen Vertriebsformen des Handelsvertreters und Kommissionärs das Eigentum an der materiellen Leistung erlangt und über keinen gesetzlich verankerten Anspruch auf eine erfolgsabhängige Vergütung verfügt, sollte seine Handelsspanne ebenso wie deren Provisionssatz mit

---

[534] Die Durchführung eines außerbetrieblichen Preisvergleiches wird durch das Fehlen öffentlich zugänglicher Vergleichsdaten unmöglich (vgl. *Borstell, T.* in: *Vögele, A. / Borstell, T. / Engler, G.*, (Verrechnungspreise), Rn. N 225).

[535] Sollte diese Methode dennoch zur Anwendung kommen, so gilt es für die Überprüfung der Vergleichbarkeit zu bedenken, dass die zu vertreibende Leistung als nicht markierte Leistung zu bewerten ist, weil zwischen der Verwertung der Ganzheit der Leistung und der der Marke unterschieden wird.

[536] Vgl. *Baumhoff, H.* in: *Flick, H. / Wassermeyer, F. / Baumhoff, H.*, (Außensteuerrecht), § 1, Anm. 614.3.

[537] Vgl. *Kuckhoff, H. / Schreiber, R.*, (Verrechnungspreise), S. 87 f. Das Restrisiko ist Ergebnis der offenen Frage, ob die erfolgsabhängige Vergütung zur Deckung der Ausgaben des Vertriebstätigen genügen kann.

[538] Dieser wird in den VWG-Verfahren als „low risk distributor" bezeichnet.

[539] Vgl. u.a. *Fiehler, K.*, (Funktions- und risikoarme Vertriebsgesellschaften), S. 466.

$$s_R = \frac{\sum_{t=1}^{n} A_t^{VL} * (1+i)^{-t} + \sum_{t=1}^{n} E_t^{L} * PS_R * (1+i)^{-t}}{\sum_{t=1}^{n} E_t^{L} * (1+i)^{-t}}$$

mit PS_R = Provisionssatz für Routineunternehmen (R)

bemessen werden und ihm als funktionsschwaches Unternehmen seine Ausgaben, die ihm durch die Vertriebstätigkeit entstanden sind, ersetzen sowie in Höhe von

$$\sum_{t=1}^{n} E_t^{L} * PS_R * (1+i)^{-t}$$

einen erfolgsabhängigen, relativ geringen aber stabilen Gewinn garantieren. Dabei sollte der für den Eigenhändler anzusetzende Provisionssatz PS etwas höher sein als der des Kommissionärs, der wiederum den des Handelsvertreters übersteigen sollte,[540] weil dieser auf Grund der Übertragung des Eigentums an der markierten materiellen Leistung zusätzliche Funktionen und Risiken übernimmt.[541]

4.2.1.2.2.2.2.2 Hybridunternehmen

Dem Eigenhändler, der weder als stripped buy and sell distributor noch als Marketing and distribution company zu charakterisieren ist, steht als Distributor, der ohne die Strategieträgerschaft zu übernehmen, das volle wirtschaftliche und rechtliche Absatzrisiko trägt sowie die volle Vertriebsfunktion ausübt, die gesamte Bruttogewinnmarge der Vertriebstätigkeit zu.[542]

Diese ergibt sich aus der Residualgröße der gesamten leistungsbezogenen Einnahmen und dem für die materielle Leistung zu entrichtenden Entgelt und setzt sich aus den Ausgaben der Vertriebstätigkeit, einer Risikoprämie sowie einem Gewinnaufschlag[543] zusammen und garantiert dem Distributor regelmäßig einen angemessenen Vertriebsgewinn.[544] Sie entspricht demnach dem Korrekturfaktor s und ist maßgeblich von dem Tätigkeitsumfang des auch als Wiederverkäufer bezeichneten Vertriebstätigen abhängig.[545]

---

[540] Vgl. u.a. *Finsterwalder, O.*, (Funktionsverteilung), S. 765.

[541] Vgl. dazu die Abbildungen 33 und 34.

[542] Vgl. VWG-Verfahren, Tz. 3.4.10.2.

[543] Vgl. *Baumhoff, H.* in: *Flick, H. / Wassermeyer, F. / Baumhoff, H.*, (Außensteuerrecht), § 1, Anm. 614.

[544] Vgl. *Baumhoff, H.* in: *Flick, H. / Wassermeyer, F. / Baumhoff, H.*, (Außensteuerrecht), § 1, Anm. 603.2.

[545] Vgl. *OECD*, (Verrechnungspreisgrundsätze), Anm. 2.24.

Voraussetzung für die Bemessung der Handelsspanne ist die Funktions- und Risikoanalyse der Vertriebsaufgabe des Distributors. Im Anschluss an diese Analyse soll nach Möglichkeit unter Anwendung eines inneren oder äußeren Preisvergleichs ihre Höhe bestimmt werden.

Sollte demnach die Vertriebsgesellschaft auch für nicht konzerngebundene Unternehmen tätig sein, kann die Höhe der Bestandteile der Handelsspanne aus den Geschäften mit diesen, andernfalls aus den vergleichbaren Bruttogewinnmargen, die fremde Dritte für vergleichbare Geschäfte erzielen können, abgeleitet werden. Dabei ist die erforderliche Vergleichbarkeit immer dann gegeben, wenn zwischen den jeweiligen Geschäften und Unternehmen keine allfälligen Unterschiede bestehen, die geeignet sind, die Handelsspanne auf dem Markt wesentlich zu beeinflussen oder entsprechend genaue Berichtigungen vorgenommen werden können, die die erheblichen Auswirkungen solcher Unterschiede beseitigen können.[546]

Nach Auffassung der deutschen Finanzverwaltung ist nicht nur die Vergleichbarkeit der Leistungen, Mengen, Märkte, Liefer- und Zahlungsbedingungen, sondern auch die der Handelsstufen[547] in die Betrachtung einzubeziehen. Als maßgebende Verhältnisse gelten nach ihrer Auffassung insbesondere

- die besondere Art, Beschaffenheit und Qualität sowie der Innovationsgehalt der gelieferten Güter und Waren, wobei nach Auffassung der *OECD* die Produktunterschiede für die Vergleichbarkeit weniger entscheidend sind, weil sich die Gegenleistungen auch in unterschiedlichen Tätigkeitsbereichen gleichen und vielmehr für die Ausübung gleicher Funktionen entrichtet werden; sie können allerdings auf die Unterschiedlichkeit der Funktionen hindeuten,[548]

- die Verhältnisse des Marktes, in dem die Güter oder Waren benutzt, verbraucht, verarbeitet oder an Fremde weiter veräußert werden,

- die Funktionen und Handelsstufen, die von den beteiligten Unternehmen tatsächlich wahrgenommen werden,

- die Liefervereinbarungen, insbesondere über Haftungsverhältnisse, Zahlungsfristen, Rabatte, Skonti, Gefahrentragung, Gewährleistung usw.,

---

[546] Vgl. *OECD*, (Verrechnungspreisgrundsätze), Anm. 2.14 ff. Dabei dürften die Produktunterschiede einen geringeren Einfluss auf die Vergleichbarkeit der Handelsspanne als auf die der Preise haben.

[547] Vgl. VWG-Einkunftsabgrenzung 1983, Tz. 3.1.1. Dabei umschreibt der Begriff der Handelsstufe die Stellung des Vertriebstätigen in der Absatzkette zwischen dem herstellenden Unternehmen und dem Endabnehmer. Im Folgenden wird davon ausgegangen, dass die zu betrachtende Vertriebsgesellschaft an einen fremden Dritten Nachfrager veräußert.

[548] Vgl. *OECD*, (Verrechnungspreisgrundsätze), Anm. 2.17.

- bei längerfristigen Lieferbeziehungen die damit verbundenen Vorteile und Risiken sowie

- die besonderen Wettbewerbssituationen, deren Gegenstand insbesondere die von dem Distributor wirtschaftlich mit zu verantwortenden Geschäftsstrategien sind.[549]

In ihren Grundsätzen zur Einkunftsabgrenzung zwischen international verbundenen Unternehmen nimmt die deutsche Finanzverwaltung zur Behandlung der Ausgaben der Markterschließung, -erweiterung und -verteidigung sowie der der Werbung und der Anlaufzeit wie folgt Stellung.[550]

Da letztere unmittelbar bei Neugründungen, wesentlichen Erweiterungen oder Neuorganisationen von Gesellschaften entstehen, sind diese in Erwartung eines späteren Gewinnes auch selbst von diesen zu tragen[551] und deswegen von den Ausgaben der Markterschließung und denen, die durch die Einführung neuer Leistungen entstehen, abzugrenzen. Nach Auffassung der deutschen Finanzverwaltung sind sowohl das Produktions-[552] als auch das Vertriebsunternehmen bereit, diese Ausgaben zu übernehmen, wenn es ihnen in überschaubarer Zeit möglich erscheint, entsprechende Gewinnausfälle auszugleichen. Dafür werden sie die Möglichkeiten und Ausgestaltungen eines derartigen Ausgleichs beispielsweise durch die Anpassung der Lieferpreise auf Grundlage von Rentabilitätsberechnungen ableiten und vertraglich fixieren.

Dagegen sind die Ausgaben der Werbung von dem Unternehmen zu übernehmen, für deren Aufgabenbereich geworben wurde, und, soweit diese Ausgaben sowohl im betrieblichen Interesse des Strategieträgers als auch des Absatzmittlers durchgeführt werden, entsprechend aufzuteilen oder durch einen Vorteilsausgleich auszugleichen. Die angemessene Aufteilung der Ausgaben für mittel- oder längerfristige Werbekonzepte kann zudem durch besondere Verrechnungsverträge erfolgen. Als Beispiele nennt die Finanzverwaltung allgemeine Ausgaben-, Kalkulations- bzw. weitere Berechnungsvorgaben sowie Umlageverträge.

Hingegen sollen die Ausgaben für Kampfpreise oder ähnliche Mittel,[553] durch die das Vertriebsunternehmen seinen Marktanteil erhöhen oder verteidigen will,

---

[549] VWG-Einkunftsabgrenzung 1983, Tz. 3.1.2.

[550] Vgl. VWG-Einkunftsabgrenzung 1983, Tz. 3.4, 3.3, 3.5.

[551] Vgl. dazu *Borstell, T.* in: *Vögele, A. / Borstell, T. / Engler, G.*, (Verrechnungspreise), Rn. N 278.

[552] Die Finanzverwaltung betrachtet lediglich die Beziehung zwischen einem herstellenden und einem vertreibenden Unternehmen.

[553] Beide von der Finanzverwaltung benutzte Begriffe sind unbestimmte Rechtsbegriffe. Wesensmerkmale der „Kampfpreise" ist, dass sie sich von den üblichen Rabatten deutlich unterscheiden, die unter anderem Großkunden gewährt werden, und auf die Erhöhung des Marktanteils oder dessen Verteidigung gerichtet sind. Unter dem

nicht von diesem, sondern grundsätzlich von dem Strategieträger getragen werden.

Die *OECD* hingegen beurteilt die Übernahme der Ausgaben einheitlich.[554] Die Geschäftsstrategie der Markterschließung kann demnach sowohl den Steuerpflichtigen (Herstellerunternehmen/Markeneigner), der einen Markt erschließen oder seinen Marktanteil erhöhen will, dazu veranlassen, für seine Leistungen Preise zu verrechnen, die den marktüblichen Verrechnungspreis unterschreiten, als auch den anderen Steuerpflichtigen (Vertriebsunternehmen) dazu, durch die erhöhten Ausgaben einen unter Marktniveau liegenden Gewinn zu akzeptieren.[555] Dabei ist nicht nur der Wille des Steuerpflichtigen, eine solche Strategie verfolgen zu wollen, sondern zugleich sein tatsächliches Verhalten ebenso wie die Art der Beziehung der Beteiligten zu untersuchen. Nach Auffassung der *OECD* hat damit grundsätzlich derjenige die Ausgaben der Geschäftsstrategie bzw. der besonderen Wettbewerbssituation zu übernehmen, dessen betrieblichem Interesse sie dient.

Die Aufteilung der Ausgaben ist somit davon abhängig, in wessen Funktions- und Risikobereich die Werbe- und Markterschließungsaktivitäten fallen und welchen wirtschaftlichen Nutzen die Beteiligten dadurch erlangen können. Insoweit stimmt die Auffassung der *OECD* mit der der deutschen Finanzverwaltung überein.[556]

Der erweiterte Funktionsumfang des Distributors führt letztlich dazu, dass er zusätzlich die Ausgaben der Markterschließung, -erweiterung und –verteidigung, also die Ausgaben der Werbung anteilig zu tragen hat, da davon ausgegangen werden kann, dass diese sowohl im betrieblichen Interesse des Strategieträgers als auch des Absatzmittlers durchgeführt werden. Dabei ist die Übernahme der Ausgaben des Vertriebstätigen der Höhe nach nur insoweit beschränkt, als der Auffassung der deutschen Finanzverwaltung gefolgt wird, wonach die Vertriebsgesellschaft die Ausgaben der Markterschließung i.d.R. nur in dem Umfang übernehmen wird, soweit ihr aus der Geschäftsvereinbarung ein angemessener Gewinn verbleibt.[557] Während die Rechtsprechung die Übernahme der Ausgaben

---

Begriff der „ähnlichen Mittel" dürften damit alle weiteren Maßnahmen zu verstehen sein, deren Zweck ebenfalls die Steigerung bzw. Verteidigung des Marktanteils ist, sofern sie keine Preissenkungen sind. Vgl. dazu *Borstell, T.* in: *Vögele, A. / Borstell, T. / Engler, G.*, (Verrechnungspreise), Rn. N 313.

[554] Das gilt für die Ausgaben der Markterschließung, -erweiterung und –verteidigung. Die *OECD* kennt insoweit einen den Anlaufausgaben vergleichbaren Begriff nicht. Für die Anlaufausgaben ist der Auffassung der Finanzverwaltung zu folgen (ebenso *Borstell, T.* in: *Vögele, A. / Borstell, T. / Engler, G.*, (Verrechnungspreise), Rn. N 277).

[555] Vgl. *OECD*, (Verrechnungspreisgrundsätze), Anm. 1.32.

[556] Vgl. *Baumhoff, H.* in: *Flick, H. / Wassermeyer, F. / Baumhoff, H.*, (Außensteuerrecht), § 1, Anm. 605.1. Dies dürfte nicht für die Ausgaben der Anlaufzeit gelten.

[557] Vgl. VWG-Einkunftsabgrenzung 1983, Tz. 3.4.1.

ebenfalls an die Gewinnerwartung knüpft,[558] wird die Auffassung der deutschen Finanzverwaltung in der Literatur als inhaltlich bedenklich und in der Formulierung mangelhaft[559] kritisiert. Nicht nur die Verwendung eines dem Steuerrecht unbekannten und unbestimmten Rechtsbegriffes, sondern auch dessen Verwendung als Beurteilungsmaßstab für die Angemessenheit der Verrechnungspreise wird dabei abgelehnt, da allein die Vereinbarungen zwischen fremden Dritten über deren Angemessenheit entscheiden.[560] Letztlich ist alleiniger Beurteilungsmaßstab das Verhalten eines ordentlichen und gewissenhaften Geschäftsleiters, der aus der Geschäftsvereinbarung einen Totalgewinn erzielen will. Die Beschränkung der Übernahme der Ausgaben der Markterschließung auf die Erzielung eines Gewinnes kann demnach nur sachgerecht sein, wenn die Erzielung eines produktbezogenen Totalperiodengewinnes[561] gemeint ist und damit eine Festschreibung der zeitlichen Dimension der Verlustphase unterbleibt. Insoweit ist auch die Rechtsprechung des BFH abzulehnen, der in seinem Urteil vom 17.02.1993 die Anlaufphase auf drei Jahre festsetzte.[562]

Aus Sicht des Eigenhändlers muss seine Handelsspanne demnach nicht nur geeignet sein, nachhaltig seine Ausgaben für die Vertriebstätigkeit zu decken, sondern ihm langfristig die Erzielung eines Gewinnes zu ermöglichen. Ihre Untergrenze bilden deswegen die Ausgaben der Vertriebsgesellschaft, die um einen

---

[558] BFH v 17.02.1993, I R 3 / 92, BStBl. II 1993, S. 457. *Baumhoff* (vgl. *Baumhoff, H.* in: *Flick, H. / Wassermeyer, F. / Baumhoff, H.,* (Außensteuerrecht), § 1, Anm. 605.7) sieht dieses Urteil als Unterstützung für die Auffassung der Finanzverwaltung an, da der BFH in diesem einen Gewinnausweis nach einer dreijährigen Verlustphase festschreibt, während *Borstell* (*Borstell, T.* in: *Vögele, A. / Borstell, T. / Engler, G.,* (Verrechnungspreise), Rn. N 288) dieses Urteil dahingehend auslegt, dass der BFH eine branchenübliche Aufteilung der Ausgaben fordert und damit eher die Auffassung der *OECD* als die der deutschen Finanzverwaltung bejaht. Hier wird die Festschreibung einer Gewinnerwartung nach kurzer Verlustphase als Befürwortung der Meinung der Finanzverwaltung betrachtet.

[559] Vgl. *Borstell, T.* in: *Vögele, A. / Borstell, T. / Engler, G.,* (Verrechnungspreise), Rn. N 284.

[560] Vgl. *Borstell, T.* in: *Vögele, A. / Borstell, T. / Engler, G.,* (Verrechnungspreise), Rn. N 290 ff.

[561] *Borstell, T.* in: *Vögele, A. / Borstell, T. / Engler, G.,* (Verrechnungspreise), Rn. N 295.

[562] Vgl. BFH v. 17.02.1993, I R 3 / 92, BStBl. II 1993, S. 457 – 459. In diesem Urteil hat der BFH den Grundsatz aufgestellt, dass die Verlustphase den Dreijahreszeitraum i.d.R. nicht übersteigen darf und die Gesellschaft innerhalb eines überschaubaren Zeitraums einen Gewinn erwirtschaften muss. In seinem Urteil v. 17.10.2010 hat der BFH diesen Grundsatz bestätigt. Vgl. dazu *Kaminski, B.* in: *Grotherr, S. / Herfort, C. / Strunk, G.,* (Internationales Steuerrecht), S. 375.

Gewinnaufschlag zu erhöhen sind, der mindestens der Kapitalmarktrendite zuzüglich eines Risikoaufschlages[563] für ihren Kapitaleinsatz entsprechen sollte.

Sofern möglich, sollte die Handelsspanne ebenso wie die Vergütung des Handelsvertreters und Kommissionärs erfolgsabhängig gestaltet werden, so dass der Korrekturfaktor s

$$
s_H = \frac{\sum_{t=1}^{n} A_t^{VL} * (1+i)^{-t} + \sum_{t=1}^{n} E_t^{L} * GA_H * (1+i)^{-t}}{\sum_{t=1}^{n} E_t^{L} * (1+i)^{-t}}
$$

mit GA_H = Gewinnaufschlag für das Hybridunternehmen (H)

entspricht, wobei der zu gewährende Gewinnaufschlag GA der Vertriebsgesellschaft in Höhe von

$$
\sum_{t=1}^{n} E_t^{L} * GA_H * (1+i)^{-t}
$$

einen angemessenen Totalperiodengewinn garantiert.

4.2.1.2.2.2.2.3 Strategieträger

Im Gegensatz zu den bisher betrachteten Gestaltungen des Verrechnungspreissystems ist nachfolgend der Eigenhändler, der funktionsmäßig und finanziell in der Lage ist, das gesamte Marktrisiko zu übernehmen, und der gleichzeitig einen schuldrechtlichen Anspruch auf die anfallenden Gewinne hat,[564] als Strategieträger im Sinne der Verwaltungsgrundsätze-Verfahren[565] zu charakterisieren. Insofern ist der Gewinn des Entrepreneurs, der die Vermarktung der markierten materiellen Leistung übernimmt, nicht auf den Vertriebsgewinn beschränkt, sondern umfasst die gesamte Residualgröße,[566] die ihm nach Abzug aller fremdbezogener Leistungen verbleibt.

Zugleich wird damit die Auffassung der Finanzverwaltung abgelehnt, die in ihren Grundsätzen für die Prüfung der Einkunftsabgrenzung bei international verbundenen Unternehmen davon ausgeht, dass Vertriebsunternehmen keine Strategie-

---

[563] Nach *Engler* (vgl. *Engler, G.* in: *Vögele, A. / Borstell, T. / Engler, G.*, (Verrechnungspreise), Rn. O 201) soll der Gewinnaufschlag mindestens der Kapitalmarktrendite zuzüglich eines Risikoaufschlags entsprechen.

[564] Vgl. *Borstell, T.*, (Konzerninterne Lieferungsbeziehungen), S. 330.

[565] Vgl. VWG-Verfahren, Tz. 3.4.10.2.

[566] Die deutsche Finanzverwaltung selbst legt im Rahmen ihrer Verfahrensgrundsätzen fest, dass der Gewinn des Entrepreneurs als Residualgröße zu ermitteln ist.

träger sein können.[567] Denn diese Auffassung der Finanzverwaltung widerspricht der freien Gestaltbarkeit des konzerninternen Verrechnungspreissystems in denjenigen Fällen, in denen die Vertriebsgesellschaft die dafür notwendigen Funktionen übernimmt und die entsprechenden Risiken trägt.

Resultat der geänderten Gestaltung des Verrechnungspreissystems ist, dass die Vertriebsgesellschaft die Leistung nicht zwingend von einem anderen Unternehmen erwerben muss, sondern auch ein konzerngebundenes Unternehmen mit seiner Produktion beauftragen kann. Da die positiven Benutzungsrechte und negativen Verbietungsrechte an dem gesetzlich geschützten Unterscheidungszeichen von einem anderen verbundenen Unternehmen gehalten und verwaltet werden,[568] ist sowohl die Vergabe einer Produktmarkierungs- als auch einer Vermarktungslizenz notwendig, welche jeweils dem Grunde nach steuerlich entgeltpflichtig sind.

Regelmäßig wird der Strategieträger ein konzerngebundenes Unternehmen mit der Herstellung der markierten Leistung beauftragen und die ebenfalls konzerngebundene Lizenzverwertungsgesellschaft veranlassen, diesem die dafür notwendige Produktmarkierungslizenz zu erteilen, die das Recht zum Vertrieb der markierten Leistung explizit nicht umfasst. In diesen Fällen ist das Produktionsunternehmen als Lohnfertiger[569] zu charakterisieren, den idealtypisch die fehlende eigenständige Vertriebstätigkeit, die mangelnde bzw. geringe unternehmerische Dispositionsfreiheit, das fehlende Eigentum an den wesentlichen immateriellen Wirtschaftsgüter, die im Zuge des Herstellungsprozesses eingesetzt werden, sowie das geringe Risiko kennzeichnen, welches vom ihm zu tragen ist.[570] Deswegen ist es als Routineunternehmen zu charakterisieren, da es regelmäßig nur

---

[567] Gestützt wird diese Feststellung auf die in ihren Grundsätzen enthaltene Forderung, dass der konzerninternen Vertriebsgesellschaft ein angemessener Vertriebsgewinn verbleiben soll (Tz. 3.4.1) und die Ausgaben und Erlösminderungen, die durch Kampfpreise oder ähnliche Marktstrategien verursacht sind, von der Produktionsgesellschaft zu tragen sind (Tz. 3.4.3).

[568] D.h. von der Lizenzverwertungsgesellschaft.

[569] Vgl. dazu u.a. VWG-Verfahren, Tz. 3.4.10.2., *Borstell, T.,* (Konzerninterne Lieferungsbeziehungen), S. 334, *Schreiber, R.* in: *Becker, H. / Kroppen, H.-K.* (Hrsg.), (Handbuch Verrechnungspreise), VerwGr.Verf., Anm. 175 sowie die Ausführungen zur Produktmarkierungslizenz, 4.2.1.3.

[570] Vgl. *Baumhoff, H.,* (Einkunftsabgrenzung), Rn. C 513. In Ermangelung eines eigenen Vertriebes trägt er kein eigenes Absatzrisiko. Dadurch dass der Auftraggeber im Besitz der wesentlichen materiellen und immateriellen Wirtschaftsgüter ist, hat er auch für diese kein Risiko zu übernehmen. Dies gilt ebenfalls für das Risiko der Beschaffung, der Lagerung und der Produkthaftung, die als Aktivitäten nicht vom Lohnfertiger ausgeübt werden (*Baumhoff, H.* in: *Flick, H. / Wassermeyer, F. / Baumhoff, H.,* (Außensteuerrecht), § 1, Anm. 584).

unterstützende Dienstleistungen erbringt.[571] Seinem Funktions- und Risikoumfang entsprechend wird sein Wertschöpfungsbeitrag durch den Ersatz seiner Ausgaben und die Gewährung eines geringen Gewinnaufschlages vergütet.[572]

Die Einnahmenveränderung, welche der Eigenhändler für die Herstellung und Markierung der Leistung an das produzierende Unternehmen PU zu entrichten hat, beträgt als gleich bleibende[573] Annuität

$$ET_t^{HL} = \left[\sum_{t=1}^{n} A_t^{HL} * (1 + GA_{PU}^{HL}) * (1+i)^{-t} \right] * ANF$$

oder als mengenabhängige Größe pro Zeitjahr t

$$ET_t^{HL} = \left[\frac{m_t}{\sum\limits_{t=1}^{n} m_t} * \sum_{t=1}^{n} A_t^{HL} * (1 + GA_{PU}^{HL}) * (1+i)^{-t} \right] * (1+i)^t$$

mit ET^{HL} = jährliches Entgelt für die Herstellung der Leistung,

A^{HL} = Ausgaben für die Herstellung der Leistung,

GA_{PU}^{HL} = leistungsbezogener Gewinnaufschlag für die Herstellung der Leistung durch das Produktionsunternehmen,

ANF   = Annuitätenfaktor i.H.v. $ANF = \dfrac{(1+i)^n * i}{(1+i)^n - 1}$,

$\dfrac{m_t}{\sum\limits_{t=1}^{n} m_t}$ = produzierte Menge in t im Verhältnis zur gesamten Menge.

---

[571] Diese Unterteilung geht -sofern die Produktionsgesellschaft idealtypisch mit den entsprechenden Funktionen und Risiken ausgestattet ist- mit den drei Unternehmenskategorien einher. Der Eigenproduzent wird regelmäßig als Strategieträger, der Lohnfertiger als Routineunternehmen (vgl. VWG-Verfahren, Tz. 3.4.10.2 a) zu charakterisieren sein. Zu den Funktionen, die ein Lohnfertiger übernimmt, vgl. *Baumhoff, H.*, (Einkunftsabgrenzung), Rn. C. 513.

[572] Vgl. *OECD*, (Verrechnungspreisgrundsätze), Anm. 7.31, VWG-Einkunftsabgrenzung 1983, Tz. 3.2.3.2. Nach *Baumhoff* erkennt die deutsche Finanzverwaltung einen Gewinnaufschlag von 5 bis 10 % auf die Selbstkosten an, d.h. auf die Vollkosten, die nach den Grundsätzen der betriebswirtschaftlichen Kostenrechnung ermittelt worden sind. Demnach sind Kosten als der in Geld bewertete leistungsbezogene Güterverzehr eines Betriebs zu verstehen. Vgl. *Baumhoff, H.* in: *Flick, H. / Wassermeyer, F. / Baumhoff, H.*, (Außensteuerrecht), § 1, Anm. 587.2 und 466.

[573] Das Entgelt bleibt aufgrund des Annuitätenfaktors gleich, da eine jährliche Zahlung unterstellt wird.

Nur in Ausnahmefällen wird der Strategieträger die markierte Leistung von einem konzerngebundenen Unternehmen erhalten, das er nicht mit der Herstellung und Markierung der Leistung beauftragt hat. Denkbar ist dies zum Beispiel, wenn die Markierung der Leistung nicht bereits in ihrem Herstellungsprozess erfolgt, weil die Marke i.r.S. erst bei der Vermarktung der Leistung eingesetzt wird.

In diesen Fällen ist der Preis der Leistung durch einen tatsächlichen Preisvergleich zu bestimmen, dessen Grundlage stets ein Abgleich mit auf dem Markt vorhandenen Preisen ist, weswegen die *OECD* diese Vorgehensweise als die direkteste und verlässlichste einstuft, die somit vorzugswürdig ist, sofern die Voraussetzungen ihrer Anwendungen vorliegen.[574] In Abhängigkeit der Quelle des Vergleichswertes kann diese Methode in einen inneren bzw. innerbetrieblichen und einen äußeren bzw. außenbetrieblichen Preisvergleich unterteilt werden.

Basis des inneren Preisvergleichs sind die Preise, die das leistende Unternehmen auch mit unverbundenen Geschäftspartnern für eine gleichartige Transaktion vereinbart hat. Hingegen bilden Marktpreise, die anhand von Börsennotierungen, branchenüblichen Preisen oder Abschlüssen unter voneinander unabhängigen Unternehmen ermittelt werden können, die Vergleichsbasis des unechten bzw. äußeren Preisvergleichs.

Die auf diese Weise ermittelten Preise, die fremde Dritte für Lieferungen und Leistungen gleichartiger Güter, in vergleichbaren Mengen, in dem belieferten Absatzmarkt, auf vergleichbaren Handelsstufen und zu vergleichbaren Lieferungs- und Zahlungsbedingungen unter vergleichbaren Marktverhältnissen vereinbart haben,[575] sind unter Beachtung aller Umstände des Einzelfalls mit den Preisen zu vergleichen, die die miteinander verbundenen Unternehmen transaktionsbezogen festgesetzt haben. Demnach sind in den Vergleich die besondere Art, Beschaffenheit, Qualität und der Innovationsgehalt der gelieferten Güter und Waren, die Verhältnisse des Marktes, auf welchem die Güter genutzt, verbraucht, verarbeitet oder weiter veräußert werden, die von den beteiligten Unternehmen tatsächlich wahrgenommenen Funktionen sowie ihre Handelsstufe, die besonderen Liefervereinbarungen wie beispielsweise Haftungsvereinbarungen, Zahlungsfristen, Rabatte, Skonti, Gewährleistungsregelungen sowie der Einfluss von längerfristigen Lieferbeziehungen zu ermitteln und als entgeltdeterminierende Faktoren zu berücksichtigen.[576]

Aus der Berücksichtigung dieser individuellen Gegebenheiten folgt in Abhängigkeit von der Beurteilung der Vergleichbarkeit der Verhältnisse die Notwendigkeit

---

[574] Vgl. *OECD*, (Verrechnungspreisgrundsätze), Anm. 2.7.

[575] Vgl. VWG-Einkunftsabgrenzung 1983, Tz. 2.1.3.

[576] VWG-Einkunftsabgrenzung 1983, Tz. 2.1.3 und 2.2.2.

einer Anpassung der Preise. Demzufolge ist methodisch zwischen einer direkten Handhabung, bei der zwischen den zu vergleichen Geschäften oder den Unternehmen, die die Geschäfte durchführen, keine allfälligen Unterschiede bestehen, die die Preise auf dem freien Markt erheblich zu beeinflussen geeignet sind, und einer indirekten Handhabung zu unterscheiden, bei der die ermittelten Preise an abweichende Elemente der Verhältnisse anzupassen sind, um die Auswirkungen der allfälligen Unterschiede zu beseitigen.[577] Der Preis der materiellen Leistung entspricht dem ermittelten Entgelt.

Der Korrekturfaktor s entspricht für den Strategieträger (S) dann

$$s_S = \frac{\sum_{t=1}^{n}(E_t^L - ET_t^{HL})*(1+i)^{-t}}{\sum_{t=1}^{n}E_t^L*(1+i)^{-t}}.$$

4.2.1.2.2.3 Ergebnis

Infolge der Einnahmenveränderung und Einnahmenzurechnung ergibt sich in Höhe von

$$\sum_{t=1}^{n}E_t^L*(1+i)^{-t}*(1-s_{HV/K/R/H/S})$$

die leistungsbezogenen Einnahmenveränderung des Lizenznehmers über die gesamte Lizenzdauer bewertet mit dem Kalkulationszinssatz i zum Zeitpunkt der Lizenzvergabe, die der Lizenznehmer an den Lizenzgeber bzw., wenn dieser als Strategieträger zu charakterisieren ist, an das Produktionsunternehmen zu entrichten hat.

Die Zahlung des leistungsbezogenen Entgelts kann beispielsweise als gleich bleibende Annuität über die gesamte Lizenzdauer i.H.v. pro Zeitjahr t

$$\left[\sum_{t=1}^{n}E_t^L*(1+i)^{-t}*(1-s_{HV/K/R/H/S})\right]*ANF$$

mit $ANF = \dfrac{(1+i)^n*i}{(1+i)^n-1}$.

oder als mengenabhängiges Entgelt erfolgen. Unter Berücksichtigung der Anzahl an materiellen Leistungen (m_t), welche der Vertriebstätige in jeder Periode t bezieht, im Verhältnis zur gesamten Menge, die er über die gesamte Lizenzdauer erhält, beträgt dieses für jedes Zeitjahr t

---

[577] Vgl. *OECD,* (Verrechnungspreisgrundsätze), Anm. 2.7.

$$\left[\frac{m_t}{\sum\limits_{t=1}^{n} m_t} * \sum_{t=1}^{n} E_t^L * (1+i)^{-t} * (1 - s_{HV\,/\,K\,/\,R\,/\,H\,/\,S}) \right] * (1+i)^t \ .$$

Dieses ist auf Grund der verschiedenen handelsrechtlichen Ausgestaltungsmöglichkeiten und der damit einhergehenden Unternehmenscharakterisierung des Lizenznehmers unterschiedlich zu interpretieren.

Insoweit der Lizenznehmer in Gestalt eines Kommissionärs oder Handelsvertreters agiert und den leistungsbezogenen Umsatz vereinnahmt, ist er unabhängig von der Tatsache, dass er das Eigentum an der markierten materiellen Leistung nicht erlangt, dazu verpflichtet, seinem Prinzipal ein leistungsbezogenes Entgelt zu entrichten.[578] Gleichzeitig ist er berechtigt, jährlich ein gleich bleibendes Entgelt in Höhe von

$$\left[\sum_{t=1}^{n} E_t^L * (1+i)^{-t} * s_{HV\,/\,K} \right] * ANF$$

oder ein mengenabhängiges Entgelt in Höhe von

$$\left[\frac{m_t}{\sum\limits_{t=1}^{n} m_t} * \sum_{t=1}^{n} E_t^L * (1+i)^{-t} * s_{HV\,/\,K} \right] * (1+i)^t$$

mit $\quad s_{HV\,/\,K} = \dfrac{\sum\limits_{t=1}^{n} A_t^{VL} * (1+i)^{-t} + \sum\limits_{t=1}^{n} E_t^L * PS_{HV\,/\,K} * (1+i)^{-t}}{\sum\limits_{t=1}^{n} E_t^L * (1+i)^{-t}}$

als Provision für seine Vermittlungsleistung von seinem Prinzipal über die Lizenzdauer zu fordern.

Ist die Vertriebsgesellschaft im eigenen Namen und auf eigene Rechnung tätig, so ist sie nur dann zur Zahlung des leistungsbezogenen Entgelts verpflichtet, wenn sie entweder als Routineunternehmen oder als Hybridunternehmen zu charakterisieren ist. Als Gegenleistung für ihre Vertriebstätigkeit verbleibt ihr in Höhe von

$$\sum_{t=1}^{n} E_t^L * (1+i)^{-t} * s_{R\,/\,H}$$

---

[578] Diese Verpflichtung besteht aufgrund des Herausgabeanspruchs des Auftraggebers, wenn der Vertriebstätige als Handelsvertreter oder als Kommissionär agiert.

mit $\quad s_{R/H} = \dfrac{\displaystyle\sum_{t=1}^{n} A_t^{VL} * (1+i)^{-t} + \sum_{t=1}^{n} E_t^{L} * PS_R / GA_H * (1+i)^{-t}}{\displaystyle\sum_{t=1}^{n} E_t^{L} * (1+i)^{-t}}$

eine Handelsspanne über die gesamte Lizenzdauer, die ihr zumindest die Ver-wirklichung eines angemessenen Vertriebsgewinns ermöglicht.

Für den Gewinnaufschlag bzw. Provisionssatz dieser Routine- oder Hybridunter-nehmen gilt dabei folgende Gesetzmäßigkeit

$$PS_{HV} < PS_K < PS_R < GA_H \, ,$$

da die Provision bzw. Handelsspanne als Gegenleistung für ihre Vertriebstätigkeit von dem Funktions- und Risikoumfang abhängt, der idealtypisch mit der ge-wählten Vertriebsform einhergeht.

Anderenfalls verbleibt der Vertriebsgesellschaft als Entrepreneur die Residual-größe aus den gesamten leistungsbezogenen Einnahmen nach Abzug aller fremd-bezogener Leistungen, so dass sie nur dann einen Gewinn erwirtschaften kann, wenn ihre Ausgaben diese Größe

$$\sum_{t=1}^{n} E_t^{L} * (1+i)^{-t} * s_S$$

mit $\quad s_S = \dfrac{\displaystyle\sum_{t=1}^{n} (E_t^{L} - ET_t^{HL}) * (1+i)^{-t}}{\displaystyle\sum_{t=1}^{n} E_t^{L} * (1+i)^{-t}}$

nicht übersteigen.

4.2.1.2.3 Ganzheit der Marke

Ziel der Bewertung der Ganzheit der Marke ist die Bemessung des Lizenzwerts in Höhe von

$$\sum_{t=1}^{n} E_t^{M} * (1+i)^{-t} * (1-v)$$

als Grundlage für die Ermittlung der Lizenzgebühr. Für deren Ermittlung sind die Einnahmenveränderung zu bewerten sowie der Korrekturfaktor v als Gegen-stand der Einnahmenzurechnung zu ermitteln.

4.2.1.2.3.1 Einnahmenveränderung

Da die Summe der erzielbaren Einnahmen aus der Vermarktung der markierten Leistung eine unbekannte Größe ist, ist anschließend an die Bewertung der Ganzheit der Leistung die Ganzheit der Marke zu bewerten.

Diese zielt auf die Ermittlung der markenbezogenen Einnahmen ab, die der Lizenznehmer durch die Lizenzhereinnahme voraussichtlich in Höhe von

$$\sum_{t=1}^{n} E_t^M * (1+i)^{-t}$$

über die gesamte Vertragsdauer ausschließlich durch den Einsatz der funktional nicht notwendigen Elemente der Leistung erzielen kann.

Für die Bestimmung der Einnahmenveränderung ist der Markenlizenzwert durch die Bewertung des mit dem Unterscheidungszeichen verbundenen Werts zu ermitteln, welche gleichzeitig Auskunft über die damit verbundenen markenbezogenen Ausgaben gibt. Da sich diese Vorgehensweise nicht von der bei der Bewertung der ökonomischen Markenwirkungen im Rahmen der Verrechnung der einheitlichen Markenlizenz unterscheidet, darf auf das bereits Dargestellte verwiesen werden.[579]

4.2.1.2.3.2 Einnahmenzurechnung

Gegenstand des Korrekturfaktors v sind die markenbezogenen Ausgaben, welche dem Lizenznehmer zwangsläufig durch die Hereinnahme der Vermarktungslizenz für die Einnahmenveränderung, die im Ergebnis dem Lizenzgeber selbst zuzurechnen sind, sowie ggfs. eine Rücklizenz in Höhe der ökonomischen Markenwirkungen, für deren Entstehung und Verwirklichung der markenbezogene Wertbeitrag des Lizenznehmers kausal ist.

Auf Grund des Zusammenhangs zwischen der Zurechnung der Einnahmen und den damit verbundenen Ausgaben sind zunächst erstere zwischen den an dem dynamischen Entwicklungsprozess der Marke entlang ihrer Erfolgskette Beteiligten sachgerecht aufzuteilen und anschließend die damit in wirtschaftlichem Zusammenhang stehenden markenbezogenen Ausgaben in die Betrachtung einzubeziehen.

4.2.1.2.3.2.1 Kriterium der Ursächlichkeit

Durch die Vermarktung der markierten materiellen Leistung kann der Lizenznehmer neben den leistungs- auch markenbezogene Einnahmen über die Dauer des Lizenzvertrages verwirklichen, sofern die Marke i.r.S. entweder bereits zum Zeitpunkt der Lizenzvergabe wirtschaftlich werthaltig ist oder zumindest während der Dauer des Lizenzvertrages eine entsprechende Werthaltigkeit entwickelt.

Sofern dabei eine Diskrepanz zwischen den ökonomischen Markenwirkungen, die der Lizenznehmer allein auf Grundlage der bereits zum Zeitpunkt der Lizenzvergabe vorhandenen verhaltensbezogenen Markenwirkungen verwirklichen kann,

---

[579] Vgl. 4.2.1.1.2.3.

und jenen besteht, für deren Verwirklichung erst weitere verhaltensbezogene Größen realisiert werden müssen, kann die Notwendigkeit zur Aufteilung der mit dieser Veränderung verbundenen ökonomischen Markenwirkungen in Höhe von

$$\sum_{t=1}^{n} (E_t^M - E_0^M) * (1+i)^{-t} > 0$$

gegeben sein, weil nur für diese der Wertbeitrag des Lizenznehmers kausal sein kann.

Zugleich zeigt diese Eingrenzung der Aufteilung ihren Gegenstand auf. Denn nur in den Fällen, in denen es sich bei der Vergabe der Vermarktungslizenz um eine Vertragsverlängerung handelt oder der Lizenznehmer als Strategieträger agiert und sein Wertbeitrag auch für die ökonomischen Markenwirkungen ursächlich sein kann, deren verhaltensbezogenen Markenwirkungen bereits zum Zeitpunkt der Lizenzvergabe vorhanden waren,[580] ist die gesamte markenbezogene Einnahmenveränderung Gegenstand der Aufteilung der ökonomischen Markenwirkungen. In allen anderen Fällen beschränkt sie sich auf die oben bereits dargestellte Differenzgröße.

Die nachfolgende Abbildung verdeutlicht die möglichen Sachverhalte grafisch.

---

[580] Von diesem Sachverhalt wird nachfolgend ausgegangen. Etwas anderes gilt nur dann, wenn der Markeneigner die Marke i.r.S. zu einem angemessenen Preis in Höhe ihrer wirtschaftlichen Werthaltigkeit vor der Lizenzvergabe erworben hat. In allen anderen Fällen, wie beispielsweise der Vertragsverlängerung oder der Buchwertübertragung, darf das Entgelt für die Lizenz nicht die Einnahmen umfassen, für deren Verwirklichung sein Wertbeitrag bereits vor Lizenzvergabe ursächlich war, weil dieser nicht von der Lizenzverwertungsgesellschaft vergütet wurde.

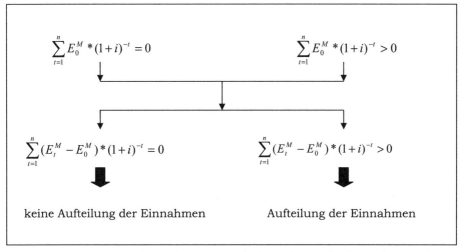

$$\sum_{t=1}^{n} E_0^M * (1+i)^{-t} = 0 \qquad\qquad \sum_{t=1}^{n} E_0^M * (1+i)^{-t} > 0$$

$$\sum_{t=1}^{n} (E_t^M - E_0^M) * (1+i)^{-t} = 0 \qquad \sum_{t=1}^{n} (E_t^M - E_0^M) * (1+i)^{-t} > 0$$

keine Aufteilung der Einnahmen $\qquad$ Aufteilung der Einnahmen

Abbildung 36: Beurteilung der Notwendigkeit der Aufteilung der markenbezogenen Einnahmen auf Grundlage des Kriteriums der Ursächlichkeit.

Die Aufteilung der markenbezogenen Einnahmen erfolgt auf dem Kriterium der Ursächlichkeit. Es basiert auf der Ursachen-Wirkungsbeziehung zwischen den markenpolitischen Maßnahmen des Lizenznehmers und Lizenzgebers, den daraus resultierenden verhaltensbezogenen und ökonomischen Markenwirkungen, wobei zugleich die Verantwortlichkeit der Beteiligten für die Maßnahmen selbst auf operativer, finanzieller und konzeptioneller Ebene berücksichtigt wird.[581] Die Ermittlung der Ursächlichkeit der Wertbeiträge des Lizenznehmers und Lizenzgebers ist Aufgabe der Analyse der Marke, deren Ergebnisse die verursachungsgerechte Aufteilung der markenbezogenen Einnahmenveränderung ermöglichen.

4.2.1.2.3.2.2 Analyse der Marke

Ziel der Markenanalyse ist die Ermittlung des Kriteriums der Ursächlichkeit auf Grundlage des Wirkungszusammenhangs zwischen den ökonomischen Markenwirkungen und den Erfolgsfaktoren der Marke, den für ihre Verwirklichung kausalen Maßnahmen der Markenpolitik und der für ihre Durchführung auf operativer, finanzieller und konzeptioneller Ebene Verantwortlichkeit des Lizenznehmers und Lizenzgebers.

Dafür sind die gesamten ökonomischen Markenwirkungen anteilig (a) auf die identifizierten (f) Erfolgsfaktoren der Marke (E), die Erfolgsfaktoren anteilig (m) auf die für ihre Entstehung notwendigen Maßnahmen (M) und die Maßnahmen auf die für ihre Durchführung ursächlichen Beteiligten (LN und LG) aufzuteilen.

---

[581] Vgl. dazu ausführlich 4.2.1.1.3.1.

Die nachfolgende Abbildung stellt dieses Ergebnis der Analyse der Marke grafisch dar. Zugleich verdeutlicht die grafische Darstellung die Aufgaben der drei durchzuführenden Markenanalysen.

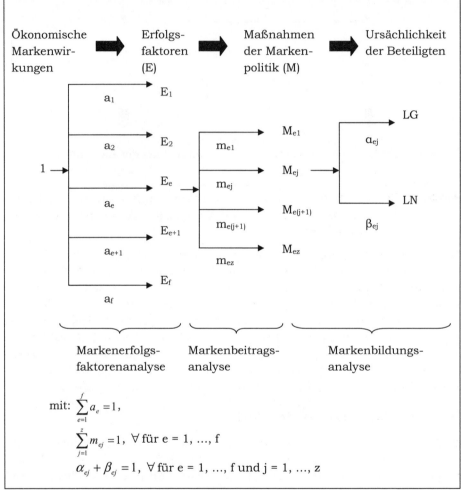

Abbildung 37: Darstellung der Ergebnisse der Analyse der Marke.

Für die Listung aller markenpolitischen Instrumente und ihrer anschließenden ausschließlichen oder anteiligen Zurechnung an die Beteiligten unter Berücksichtigung der operativen, finanziellen und konzeptionellen Ebene ist im Rahmen der Markenbildungsanalyse eine Funktions- und Risikoanalyse der Markenpolitik durchzuführen. Daneben ist Vorraussetzung für die Analyse der Marke

- die rechtliche Würdigung des Lizenzvertrages, der insbesondere die markenpolitischen Rechte und Pflichten des Lizenznehmers, aber auch des Lizenzgebers regelt,

- eine zusammenfassende Darstellung des systematischen Absatzkonzeptes, das alle konzeptionellen Entscheidungen der Markenstrategie, der Markenidentität und der Markenpositionierung sowie alle Maßnahmen des Marketing-Mixes umfasst, die zielbewusst auf die Beeinflussung der Wahrnehmung der potentiellen Nachfrager und für die Erzeugung eines emotionalen Nutzens eingesetzt werden, und

- eine Darstellung der markenpolitischen Funktions- und Risikodichte des Lizenznehmers und Lizenzgebers.

Denn ob dem Vertriebstätigen einzelne Maßnahmen ggfs. auch nur anteilig zugerechnet werden können, ist maßgeblich von der gewählten Vertriebsform und der damit verbundenen Funktionsdichte abhängig. Beschränkt auf die Markenpolitik kann diese idealtypisch wie folgt abgebildet werden:

	Eigenhändler			Kommis-sionär	Handels-vertreter
	Marketing and dis-tribution company	Distributor	Stripped buy and sell distributor		
Preispolitik	+	+/-	+/-	-	-
Kunden-dienst	+	+	+/-	+/-	+/-
Marktfor-schung	+	+/-	-	-	-
Marketing (Strategie u. Umsetzung)	+	-	-	-	-
Werbung	+	+	+	+	+
Auswahl von lokalen Vertriebs-partnern	+	+	-	-	-

Abbildung 38: Verkürzte Darstellung der typischerweise übernommenen Funktionen der jeweiligen Vertriebsform.[582]

In Anbetracht des geringen Funktions- und Risikoumfangs des stripped buy and sell distributors, Kommissionärs und Handelsvertreters kann davon ausgegan-

---

[582] *Baumhoff, H. / Bodenmüller, R.,* (Verlagerung betrieblicher Funktionen), S. 359 f.

gen werden, dass es diesen Routineunternehmen kaum möglich sein wird, markenpolitische Bemühungen auf eigenes Risiko und eigene Verantwortung durchzuführen und damit wesentlichen Einfluss auf die konzeptionelle Ebene der Markenpolitik auszuüben, so dass eine anteilige Zurechnung der markenpolitischen Bemühungen zu ihren Gunsten regelmäßig nicht notwendig sein wird.

Etwas anderes gilt für den Distributor, der Einfluss auf Preispolitik, Kundendienst, Werbung und Auswahl lokaler Vertriebspartner nehmen kann, sowie für die Marketing and distribution company, die als einzige Vertriebsform über Einflussmöglichkeiten auf der strategischen Ebene des Marketing verfügt. Dabei gilt es zu bedenken, dass sich der Tätigkeitsbereich des Distributors einzig auf den Vertrieb beschränkt, so dass er regelmäßig nicht alle möglichen wahrnehmungsbeeinflussenden Instrumente des Marketing-Mixes einsetzen kann. So wird der Markeneigner regelmäßig die Entwicklung innovativer Problemlösungen und Distributionsformen ebenso wie die Markierung der Leistung, die Gestaltung der Branding-Elemente, Schlüsselbilder und Verpackung übernehmen, weswegen dem Eigenhändler nur eingeschränkt die weiteren Möglichkeiten der Preis-, Distributions- und Kommunikationspolitik verbleiben.

Idealtypisch kann aus der Funktions- und Risikoanalyse der Markenpolitik abgeleitet werden, dass Routineunternehmen[583] die markenpolitischen Bemühungen nicht zugerechnet werden und sie demnach nicht für die Entstehung und Wirkung der Marke ursächlich sein können, so dass zwischen der Charakterisierung des gewählten Vertriebsmodells und der Skala des Wertes der Ursächlichkeit folgende Interdependenz besteht:

Charakterisierung Vertriebsmodell	Skala für den Wert der Ursächlichkeit
Routineunternehmen	$u = 0$
Hybridunternehmen	$0 \le u \le 1$
Strategieträger	$u = 1$

Abbildung 39: Zusammenhang zwischen der Charakterisierung des gewählten Vertriebsmodells und ihrer Ursächlichkeit für die Entstehung und Wirkungen der Marke.

---

[583] Sofern die Vertriebsgesellschaft die Strategieträgerschaft übernimmt, ist der Lizenzgeber ebenfalls als Routineunternehmen tätig, das ebenfalls idealtypisch keinen Einfluss auf die Entstehung und Wirkung der Marke nimmt. Folglich werden i.d.R. alle Maßnahmen und Entscheidungen einzig dem Eigenhändler zugerechnet.

Ungeachtet der Ergebnisse der Markenbildungsanalyse verfügen Routineunternehmen[584] nach Beendigung des Vertragsverhältnisses über einen handelsrechtlichen Ausgleichsanspruch i.S.d. § 89 b HGB,

- wenn der Markeneigner aus der Geschäftsverbindung mit den neuen Kunden, die der Handelsvertreter, der Kommissionär[585] oder der Eigenhändler[586] geworben hat,

- auch nach Ausscheiden der Vertriebsgesellschaft erhebliche Vorteile erlangen kann,

- der Vertriebstätige durch die Beendigung des Vertrages Ansprüche auf Provision verliert, die er bei Fortsetzung desselben wegen bereits abgeschlossener oder künftig zustande kommenden Geschäften mit den von ihm geworbenen Kunden hätte,

- und die Zahlung der Ansprüche unter Berücksichtigung aller Umstände der Billigkeit entspricht.

Dieser Ausgleichsanspruch garantiert diesen Vertriebsgesellschaften unabhängig von der Zurechnung der ökonomischen Markenwirkungen durch die Berücksich-

---

[584] Dies gilt, wenn für diese entweder direkt Handelsvertreterrecht anzuwenden ist oder dieses analog gilt, vgl. dazu u.a. *Emde, R.*, (Ausgleichsanspruch 2003), S. 449 ff. Folglich in Ausnahmefällen auch für ein Hybridunternehmen.

[585] Da der Kommissionsagent bzw. der Kommissionär dem Handelsvertreter rechtlich und wirtschaftlich nahe steht, ist für diesen regelmäßig das Handelsvertreterrecht und somit auch der Ausgleichsanspruch i.S.d. § 89 b HGB analog anwendbar. Vgl. u.a. *von Hoyningen-Huene* in: *Schmidt, K.* (Hrsg.), (HGB), § 89 b, Rn. 25.

[586] Für die Gewährung des Ausgleichsanspruches sollte zwischen ihm und seinem Prinzipal ein Rechtsverhältnis bestehen, welches sich nicht in einer bloßen Käufer-Verkäufer-Beziehung erschöpft, sondern den Eigenhändler aufgrund vertraglicher Abmachungen so in die Absatzorganisation des Prinzipals eingliedert, dass seine Rechte und Pflichten denen eines Handelsvertreters ähneln. Durch die feste Einbindung eines Eigenhändlers in das Vertriebsnetz des Herstellers kann ihm ein bestimmtes Vertriebsgebiet zugewiesen und er vertraglich zu einer "aktiven" Vermarktung der Produkte des liefernden Unternehmens verpflichtet werden. Es können für ihn auch Mindestabnahmeverpflichtungen bestehen oder vertragliche Wettbewerbsverpflichtungen (z.B. Verbot des Vertriebs von Fremdprodukten) vereinbart werden (*Waldens, S.*, (Verlagerung der Vertriebsfunktion), S. 79, ebenfalls bejahend *Faix, F. / Wangler, C.*, (Vertriebsstrukturen), S. 67, *Emde, R.*, (Ausgleichsanspruch 2003), S. 468 ff., verneinend *Martinek, M. / Wimmer-Leonhardt, S.*, (Markenlizenznehmer) S. 204 ff.). Zudem ist es erforderlich, dass das Vertriebsunternehmen vertraglich oder faktisch verpflichtet ist, bei Beendigung des Vertragsverhältnisses seinem Prinzipal, d.h. dem Markeneigner, seinen Kundenstamm zu überlassen, so dass sich dieser die Vorteile des Kundenstammes sofort und ohne weiteres nutzbar machen kann (OLG Köln mit Urteil v. 23. 2. 1996, 19 U 114/95, MDR 1996, S. 689 – 691 unter Verweis auf die ständige Rechtsprechung des BGH, vgl. BGH v. 14.04.1983, I ZR 20/81, NJW 1983, S. 2877 ff., BGH v. 12.03.1992, I ZR 117/90, MDR 1992, S. 951, BGH v. 23.09.1993, III ZR 139/92, DB 1993, S. 2526). Dies gilt vornehmlich für den stripped buy and sell distributor.

tigung ihrer markenpolitischen Bemühungen unter den genannten Voraussetzungen zumindest einen Ausgleich für ihre leistungsbezogenen Provisionsverluste.

Soweit der Markeneigner auch nach Beendigung des Vertragsverhältnisses erhebliche Vorteile verwirklichen kann, weil ihm die von dem Handelsvertreter,
Kommissionär oder stripped buy and sell distributor geworbenen Kunden auch
nach Beendigung der Markenlizenz als Nachfrager der markierten Leistung allein
auf Grund der durch den Vertriebstätigen verwirklichten verhaltensbezogenen
Größen in Gestalt des Markenimages und Markenbekanntheit verbleiben, während dem Vertriebstätigen selbst aus diesen Vertragsabschlüssen mit dem von
ihm geworbenen Kundenstamm kein Anspruch auf Provision mehr zusteht, ist
der Vertriebstätige für diesen Provisionsverlust gem. § 89 b HGB angemessen zu
vergüten.

Damit zielt die Regelung auf einen Ausgleich der Nachteile ab, die dem Routineunternehmen durch die Beendigung des Vertrages entstehen. Für die Bestimmung der Höhe des Ausgleichsanspruchs sind die Unternehmensvorteile (§ 89 b
Abs. 1 Nr. 1 HGB) sowie Provisionsverluste (Nr. 2) zu ermitteln und anschließend
einer Billigkeitsprüfung (Nr. 3) zu unterziehen.[587] Dabei darf die Höhe des An-
spruches höchstens einer nach dem Durchschnitt der letzten fünf Jahre der
Tätigkeit des Handelsvertreters, Kommissionärs oder Stripped buy and sell distributors berechneten Jahresprovision oder sonstigen Jahresvergütung, folglich
idealtypisch maximal

$$\frac{\sum_{t=1}^{5} E_t^L * PS_{HV/K/R} * (1+i)^{-t}}{5}$$ entsprechen.[588]

Allerdings kann sich die Sogwirkung der Marke andererseits auch mindernd auf
die Höhe des Ausgleichsanspruches auswirken, wenn die Nachfrager sich unabhängig von der Person des Herstellers und Vermarkters ausschließlich auf Grund
der Marke für die markierte Leistung entscheiden und die Marke i.r.S. in dem
entsprechenden Lizenzgebiet bereits zum Zeitpunkt der Lizenzvergabe wirtschaftlich werthaltig war. Denn in diesen Fällen ist es fraglich, inwieweit die Kunden-
akquisition vorrangig auf die Tätigkeit des Vertriebstätigen zurückzuführen ist.

So hat der Bundesgerichtshof mit Urteil vom 07.05.2003 darauf hingewiesen,
dass es gegen die Billigkeitsprüfung i.S.d. § 89 b Abs. 1 Nr. 3 HGB verstoßen
könne, eine Sogwirkung nicht anspruchsmindernd zu berücksichtigen. Denn ge-

---

[587] Vgl. für weitere Einzelheiten u.a. *Hoyningen-Huene* in: *Schmidt, K.* (Hrsg.), (HGB),
§ 89 b, Rn. 123 ff.

[588] Diese Größe ist beispielsweise um eine Abwanderungsquote zu mindern, vgl. *Emde,
R.*, (Ausgleichsanspruch 2003), S. 476.

nau diese fördere die Absatzbemühungen des Handelsvertreters und muss deswegen von der werbenden Tätigkeit des Vertriebstätigen selbst abgegrenzt werden.[589] Damit ist der Vertriebstätige durch seine Werbetätigkeit lediglich mitursächlich für die Kaufentscheidung des Nachfragers, woraus sich eine Kürzung des Ausgleichsanspruches rechtfertigen kann.[590]

Unter Berücksichtigung der Ergebnisse der Funktions- und Risikoanalyse der Markenpolitik, demnach eine Markenanalyse nur notwendig erscheint, wenn der Lizenznehmer als Hybridunternehmen zu charakterisieren ist, sind die einzelnen Maßnahmen unter Berücksichtigung der operativen, finanziellen und konzeptionellen Ebene der Markenpolitik demjenigen zuzurechnen, dessen Funktions- und Risikobereich ihre Planung, Erarbeitung, Entscheidung, Durchführung und Kontrolle oblagen, so dass auch eine anteilige Zurechnung in Betracht kommen kann. Grundsätzlich sind die folgenden Ausprägungen für die Vergabe einer Vermarktungslizenz denkbar:

* Der Lizenzgeber führt während der Vertragslaufzeit selbst auf eigenes Risiko Marketingmaßnahmen, die die Marke i.r.S. betreffen, aus.

  Derartige Sachverhalte sind insbesondere dann vorstellbar, wenn die Marke i.r.S. für die Markierung unterschiedlicher materieller Leistungen auf einem identischen Markt genutzt wird. Denn in diesen Fällen kann der Lizenznehmer teilweise von den markenpolitischen Bemühungen, die der Lizenzgeber für die Vermarktung seiner materiellen mit der identischen Marke i.r.S. markierten Leistung durchführt, durch einen Imagetransfer und die gesteigerte Markenbekanntheit profitieren. Demnach sind solche Sachverhalte insbesondere dann in der Unternehmenspraxis vorzufinden, wenn der Markeninhaber mit der Lizenzvergabe eine New Product Brand Extension anstrebt und der Lizenzgeber selbst die andere mit der Marke i.r.S. markierte Leistung auf dem identischen Markt vertreibt.[591]

* Andererseits ist es denkbar, dass der Lizenzgeber den Lizenznehmer über die Lizenzdauer hinweg verpflichtet, die in dem Lizenzvertrag enthaltenen markenbezogenen Restriktionen zu beachten sowie darüber hinaus selbst markenpolitische Bemühungen zu unternehmen und die damit verbundenen Ausgaben anspruchsmindernd geltend zu machen. Dabei sind solche

---

589 Vgl. BGH v. 09.05.2003, VIII ZR 263/02, NJW RR 2003, S. 1340 – 1341.

590 Vgl. BGH v. 02.07.1987, I ZR 188/85, MDR 1988, S. 112 - 113. Allerdings reicht diese Mitursächlichkeit für die Gewährung einer Ausgleichsvergütung aus (vgl. *Hoyningen-Huene* in: *Schmidt, K.* (Hrsg.), (HGB), § 89 b, Rn. 62).

591 Demnach sind solche Sachverhalte immer dann vorstellbar, wenn der Markeninhaber selbst weiterhin die sog. Muttermarke wie z.B. die „Nimm Zwei" Bonbons vermarktet und der Lizenznehmer ausschließlich die neue Leistung des „Nimm Zwei" Eises vertreibt.

Sachverhaltsgestaltungen immer dann denkbar, wenn der Markeneigner den Lizenznehmer explizit für die Marktentwicklung oder –ausweitung begründet hat.

- Darüber hinaus kann der Lizenznehmer, wenn die vertraglichen Vereinbarungen dem nicht entgegenstehen, freiwillig über die für ihn ggfs. bestehende Verpflichtung hinaus unter Berücksichtigung der markenbezogenen Restriktionen markenpolitische Bemühungen ausführen, die er plant, erarbeitet, durchführt und für die er die damit verbundenen Ausgaben trägt.

- In allen diesen Sachverhaltsgestaltungen ist es möglich, dass der Lizenznehmer die konzeptionelle Ausarbeitung der einzelnen Maßnahmen entweder vollkommen unabhängig oder zumindest in Anlehnung an das systematische Absatzkonzept des Lizenzgebers ausführt.

In Anbetracht der unterschiedlichen Sachverhaltsgestaltungen ist die Zurechnung der einzelnen Maßnahme unter Berücksichtigung der operativen, finanziellen und konzeptionellen Ebene der Markenpolitik in Anerkennung des folgenden Grundsatzes möglich:

- Eine Zurechnung zu Gunsten der ausübenden Partei erfolgt nur dann vollumfänglich, wenn diese auch die ihr zugrunde liegende konzeptionelle Ausarbeitung der einzelnen Maßnahme sowie die damit verbundenen Ausgaben übernommen hat.

- Demnach kann keine Zurechnung erfolgen, wenn die operative Einheit weder die finanzielle Verantwortung übernimmt, noch Einfluss auf konzeptioneller Ebene ausübt.

- Folglich ist eine anteilige Zurechnung notwendig, wenn die operative Einheit entweder

  o die Ausgaben der Maßnahmen trägt, ohne eine direkte oder indirekte Ausgabenerstattung in Anspruch zu nehmen,[592] aber keinen Einfluss auf die konzeptionelle Ebene ausübt, oder

  o nicht die Ausgaben trägt, aber wesentlichen Einfluss auf die konzeptionelle Ebene ausübt.

Ausgehend von der **operativen Ebene** der Markenpolitik ist zunächst festzustellen, wer von den an dem Wertschöpfungsprozess Beteiligten die jeweilige Maßnahme durchführt und unter Berücksichtigung der **finanziellen Ebene** der Markenpolitik die dadurch verursachten Ausgaben trägt. Für diese Beurteilung ist davon auszugehen, dass der Lizenznehmer weder für

---

[592] Ausgabenerstattung kann erfolgen, wenn der Lizenznehmer diese direkt vom Lizenzgeber ersetzt bekommt oder diese tätigt, aber die Lizenzgebühr entsprechend mindert, so dass er sie folglich nicht selbst tragen muss.

- die Maßnahmen, zu deren Durchführung er vertraglich verpflichtet ist, allerdings die damit verbundenen Ausgaben direkt vom Lizenzgeber erstattet bekommt,

- noch für diejenigen, zu deren Durchführung er ebenfalls vertraglich verpflichtet ist, aber die Ausgaben selbst tragen soll, weil er auf deren Durchführung keinerlei Einfluss nehmen kann,[593]

die damit verbundene finanzielle Verantwortung trägt, weil er die mit diesen Maßnahmen einhergehenden Ausgaben entweder direkt vom Lizenzgeber erstattet bekommt oder durch die Vereinnahmung der ökonomischen Markenwirkungen ausgleicht. Deswegen sind diese Maßnahmen unter Berücksichtigung der finanziellen Ebene **vorläufig** dem Lizenzgeber zuzurechnen, weil allein dieser entweder durch die Erstattung oder die Verringerung der Lizenzgebühr die damit verbundenen Ausgaben trägt. Folglich sind dem Lizenznehmer vorläufig nur diejenigen absatzpolitischen Instrumente zuzurechnen, die er freiwillig auf eigenes Risiko unabhängig von einer für ihn bestehenden vertraglichen Verpflichtung erbringt.

Im Anschluss daran ist die **konzeptionelle Ebene** der Markenpolitik in die Betrachtung einzubeziehen, die dazu führen kann, dass die Zurechnung infolge der Betrachtung der ersten zwei Ebenen zu korrigieren ist. Eine solche Berichtigung ist immer dann notwendig, wenn diejenigen, die die Ausgaben tragen, nicht allein für die konzeptionelle Ausrichtung der jeweiligen Maßnahme verantwortlich sind. In diesen Fällen ist zu überprüfen, inwieweit die Elemente der Markenstrategie, der Markenidentität und der Markenpositionierung, die der andere an dem Wertschöpfungsprozess Beteiligte erarbeitet hat, einen entscheidenden Einfluss auf den Erfolg der Marketingmaßnahme ausüben können. Denkbar sind derartige Konstellationen immer dann, wenn

- der Lizenznehmer die Marketingmaßnahmen auf eigenes Risiko erbringt, diese aber an das von dem Lizenzgeber bereits erarbeitete und implementierte Selbstbild der Marke anlehnt, oder

- der Lizenznehmer zur Durchführung von Marketingmaßnahmen vertraglich verpflichtet ist, dabei die inhaltliche Ausgestaltung allerdings selbstständig übernimmt und damit erst der Marke eine Identität in dem relevanten Lizenzgebiet verschafft, oder

---

[593] Durch die vertragliche Verpflichtung stellen die mit diesen Maßnahmen verbundenen Ausgaben für den Lizenznehmer feste Ausgaben dar, die dieser nur dann tätigen wird, wenn er mindestens in selbiger Höhe markenbezogene Einnahmen erwirtschaften kann. Deswegen wird er die von ihm zu entrichtende Lizenzgebühr um diese Ausgaben mindern, weswegen die damit verbundenen Maßnahmen dem Lizenzgeber zuzurechnen sind, weil dieser auch im Falle einer Fehlinvestition eine geringere Lizenzgebühr verwirklichen kann.

- der Lizenzgeber Maßnahmen auf eigenes Risiko erbringt und diese ausnahmsweise an das von dem Lizenznehmer erarbeitete Markenkonzept anlehnt.

Demnach obliegt die Maßnahme in der ersten Variante nicht nur dem Funktions- und Risikobereich des Lizenznehmers, sondern auch dem des Lizenzgebers, und in der zweiten sowie dritten Variante nicht nur dem des Lizenzgebers, sondern auch dem des Lizenznehmers, so dass diese in Abhängigkeit von der relativen Bedeutung der konzeptionellen Ebene der Markenpolitik beiden anteilig zuzurechnen ist. Die Gewichtung erfolgt unter Berücksichtigung des Involvements der Nachfrager, der Markenidentität, der Markenpositionierung und der Markenstrategie, welche die markenpolitischen Maßnahmen der Parteien beeinflussen.[594]

Die Identifikation aller Erfolgsfaktoren der Marke, die Grundlage ihrer ökonomischen Wirkung sind, ist die Aufgabe des nächsten Analyseschritts. Für diesen ist die Wissensstruktur der potentiellen Nachfrager in dem relevanten Lizenzgebiet zu untersuchen. Für einen strukturierten Ablauf der **Markenerfolgsfaktorenanalyse** ist der folgende Fragenkatalog zugrunde zu legen:

Welche Rolle spielt die Marke im Rahmen des Kaufentscheidungsprozesses?

1. Ist die Marke ein notwendiges Entscheidungskriterium, d.h. ist die Leistung im relevanten Set des Nachfragers verankert?

2. Oder ist die Marke ein hinlängliches Entscheidungskriterium, d.h. entscheidet sich der Nachfrager explizit auf Grund der Marke für die markierte Leistung?

Ist die Marke das notwendige Entscheidungskriterium der Kaufentscheidung, so sind das Markenimage die hinreichende Bedingung und die Markenbekanntheit die notwendige Voraussetzung für den Markenerfolg. Für die Identifikation der Erfolgsfaktoren der Marke sind die in den Köpfen der Nachfrager verankerten Vorstellungen und Kenntnisse zu der Marke als Markenschemata durch semantische Netzwerke abzubilden, die aus Knoten mit Eigenschaften und Kanten bestehen, welche die komplexen Beziehungen zwischen den Eigenschaften aufzeigen.[595] Dafür ist das Markenwissen qualitativ entweder durch Tiefen- oder Fokusgruppeninterviews zu messen, wobei erstere am häufigsten in der Praxis eingesetzt werden.[596]

---

[594] Für die Gewichtung der einzelnen Ebenen und die anteilige Zurechnung, vgl. 4.2.1.1.3.2.1.

[595] Vgl. *Esch, R.*, (Markenführung), S. 64 und 553.

[596] Vgl. *Sattler, H. / Völckner, F.*, (Markenpolitik), S. 77 f.

Ist die Marke ein hinlängliches Entscheidungskriterium, ist festzustellen, warum der Nachfrager die markierte Leistung im Zeitpunkt der Kaufentscheidung zu seinem relevanten Set hinzugefügt und sie sogleich aus diesem ausgewählt hat. Als mögliche Stimuli, die die Auswahl der Marke beeinflusst haben, kommen

- die Bekanntheit und

- das Image der Marke in Betracht.

Als mögliche Erfolgsfaktoren sind u.a. folgende nicht produktbezogene Eigenschaften mit den entsprechenden Benefits denkbar, die vornehmlich auf die Erzielung eines emotionalen bzw. erfahrungsbezogenen Zusatznutzens abstellen:

Neben der geografischen Verankerung der Marke, sichtbar durch „made in" Markierungen der materiellen Leistung, die visuelle Gestaltung der Leistung, die wahrgenommenen technisch-physikalischen Eigenschaften der materiellen Leistung[597], die Gestaltung und das Design der Verpackung (Farbe, Material, Größe), die innovative Verpackungsform, ihre Präsentation am Point of Sale, die Auswahl und Gestaltung des Point of Sale, ihr Preisniveau, ihre kulturelle Verankerung, der Zeitpunkt ihres Markteintritts, ihr Markenname, ihre Markenzeichen, ihre Markensignale, die Markenmelodie, die Markenslogans, die Markenjingles, ihre Markenhistorie, die Preisgestaltung, die Preisoptik, die innovative Preissetzung, das Preisimage, die Schaffung von Preiserlebnissen, die innovative Vertriebsform, die Exklusivität der Distribution, die Markenkommunikation, die Markenphilosophie, die Markenpersönlichkeit, die Schlüsselbilder der Marke, die Markenanreicherungen, die Markenbotschaft, die Markenassoziationen, ihre Unternehmens-, Konzern- und Branchenzugehörigkeit und die organisationale Dimension der Markenidentität. Regelmäßig verfügt die Marke über mehrere Erfolgsfaktoren, so dass diese auf Basis ihrer relativen Bedeutung für den ökonomischen Erfolg der Marke zu gewichten sind. Dafür sind ebenfalls die Ergebnisse der Nachfragerbefragungen heranzuziehen.[598]

Im Anschluss daran sind die Ergebnisse der Markenbildungs- und Markenerfolgsfaktorenanalyse miteinander zu verknüpfen, indem die den Beteiligten ggfs. anteilig zugerechneten Maßnahmen in Abhängigkeit ihrer relativen Bedeutung für die Verwirklichung der Erfolgsfaktoren diesen ggfs. anteilig zuzurechnen sind, damit die Ursächlichkeit der jeweiligen Partei für die Entstehung und Wirkung der Marke festgestellt werden kann.

---

[597] Durch die Markierung einer Leistung mit einer Marke i.r.S., die über ein ausgeprägtes Markenimage verfügt, kann die Qualität einer Leistung höher eingeschätzt werden als die einer nicht markierten funktional identischen Leistung.

[598] Für weitere Einzelheiten, vgl. 4.2.1.1.3.2.2 Markenerfolgsfaktorenanalyse.

Ökonomischen Markenwirkungen	Gewichteten Erfolgsfaktoren	Maßnahmen der Markenpolitik	Zurechnung, ggfs. anteilig
	a_1*E 1	M 1 ⟶	⟶ α*LG, β*LN
	a_2*E 2 ⟺	M 2	
1 ⟶	a_3*E 3 ⟺	M 3	
	a_4*E 4 ⟺	M z	
	a_f *E f		

Abbildung 40: Darstellung der Aufgabe der Markenbeitragsanalyse.

Als Ausgangspunkt der Zuordnung dient der Fragenkatalog der Markenerfolgs-faktorenanalyse.

1. Ist die Marke das **notwendige** Entscheidungskriterium der Kaufentschei-dung, so ist das Markenimage die hinreichende Bedingung und die Mar-kenbekanntheit die notwendige Voraussetzung für den Markenerfolg. Aus-gehend von den erstellten Markenschemata ist zu untersuchen, welche der gelisteten Maßnahmen der Markenpolitik, für die Verwirklichung des Markenwissens verantwortlich sind. Denkbar sind die Gestaltung und das Design der Verpackung und der materiellen Leistung, die Markierung der Leistung oder der Verpackung mit unterschiedlichen Markensymbolen wie z.B. Markennamen, Markenbildern, Markenslogans, die Gestaltung der Distribution und die damit verbundenen Eigenschaften der Exklusivität, Innovativität, Ubiquität, die Auswahl und Gestaltung des Point of Sale, die Preisgestaltung und das dadurch ggfs. vermittelte Preisimage sowie die Markenkommunikation in Form von Mediawerbung, d.h. Zeitungsanzei-gen, Radio- und TV-Spots, Plakaten, Sponsoring, Öffentlichkeitsarbeit, Ak-tions- und Imagewerbung, die der Kommunikation der Markenpersönlich-keit, der Markenbilder, -botschaften u.a. dienen. Unter Umständen erfor-dert die Markenkommunikation selbst die Erarbeitung und Implementie-rung von Markensignalen, Schlüsselbildern, Slogans, die Gestaltung der Verpackung, die Auswahl geeigneter Absatzkanäle und Point of Sales, die Entwicklung von Produktlösungen-, Verpackungsinnovationen und Preis-erlebnissen.

Da insbesondere für die Verwirklichung der Erfolgsfaktoren der Marken-persönlichkeit, ihrer Botschaft, Historie, Philosophie, Kommunikation und ihres Images sowie der organisationalen, symbolischen und produktbezo-genen Dimensionen der Markenidentität i.d.R. mehrere Maßnahmen ver-antwortlich sein werden, müssen diese in Abhängigkeit ihrer relativen Be-deutung für die Entstehung der Erfolgsfaktoren gewichtet werden. Dafür sind alle Instrumente, die für die Realisierung des Selbstbildes der Marke verwendet werden, den Politikbereichen der Markenpolitik zuzuordnen, in deren Zuständigkeitsbereich ihre Erarbeitung und Implementierung fällt.[599]

Anschließend kann die Analyse der Bedeutung der einzelnen Marketing-Mix-Instrumente anhand des Dominanz-Standard-Modells von *Kühn* erfolgen. Dafür werden die einzelnen Maßnahmen der Markenpolitik, die mit dem Einsatz der wahrnehmungsbeeinflussenden Instrumente gleichzusetzen sind, in Abhängigkeit von ihrem Freiheitsgrad und ihrer Absatzbedeutung in vier verschiedene Instrumentenkategorien eingeordnet. Die höchste Absatzbedeutung haben die Dominanten und die Standardinstrumente, die sich lediglich in ihren Freiheitsgraden unterscheiden, weil die Standardinstrumente im Gegensatz zu den Dominanten Instrumenten den Anforderungen der Marktsituation oder den technischen Gegebenheiten genügen müssen und daher ihr Einsatz stark determiniert ist. Unterstützt wird insbesondere die Wirkung der dominierenden Instrumente durch die komplementären Instrumente, die allerdings nicht dieselbe Bedeutung für den Absatz haben. Der Einsatz der marginalen Instrumente wird von der relevanten Nachfragergruppe überhaupt nicht wahrgenommen, weswegen ihr Einsatz keine Rechtfertigung findet.[600]

Unter Berücksichtigung der Ergebnisse des Dominanz-Standard-Modells von *Kühn* sind die Maßnahmen der Markenpolitik in Abhängigkeit von ihrer Bedeutung für die Verwirklichung der Erfolgsfaktoren zu gewichten.

2. Wenn die Marke hingegen ein hinlängliches Entscheidungskriterium ist, sind die Markenbekanntheit oder das Image der Marke als die Dimensionen des Markenwissens die möglichen Ursachen für die Auswahl der Marke aus dem relevanten Set des Nachfragers. Als Maßnahmen, die zu ihrer Entstehung beigetragen haben, sind denkbar:

- Die Bekanntheit der Marke ist regelmäßig das Ergebnis der Kommunikations- oder ausnahmsweise der Distributionspolitik und insoweit deren einzelnen Maßnahmen - ggfs. anteilig - zuzurechnen.

- Das Image der Marke kann auf die einzelnen Erfolgsfaktoren zurückgeführt werden, die entweder das Ergebnis einer einzelnen oder einer Ansammlung von Maßnahmen sein können.

  o So sind beispielsweise für die Wirkung des Namens, der Zeichen, der Preisoptik, der Jingles, Symbole und Schlüsselbilder der Marke, ihre innovative Vertriebsform, die innovative Preissetzung

---

[599] Vgl. dazu ausführlich 4.2.1.1.3.2.2.

[600] Vgl. *Kühn, R.*, (Marketing), S. 44 f.

regelmäßig die Maßnahmen der Markierung der Leistung verantwortlich.

o Allerdings sind für die Gestaltung und das Design der Verpackung, der Markenpersönlichkeit, der Markenbotschaft, der Markenhistorie, ihrer kulturellen Verankerung sowie des Preisimages mehrere Maßnahmen kausal. Folglich sind diesen Erfolgsfaktoren mehrere Maßnahmen zuzurechnen, die entsprechend ihrer relativen Bedeutung für die Verwirklichung der Erfolgsfaktoren zu gewichten sind. So können

- für die Wirkungen der Verpackung zum Beispiel ihre farbliche Gestaltung, äußere Form, Größe, Markierung und ihre Bestandteile sowie qualitativen Merkmale,

- für die Gestaltung des Preisimages neben der Gestaltung der Verpackung und ihrer Markierung auch die Erzeugung von Preiserlebnissen sowie die zahlreichen Maßnahmen der Kommunikationspolitik,

- für die Realisierung des Markenimages bzw. der Markenpersönlichkeit, ihrer Botschaft, Historie neben der Gestaltung der Verpackung und Preisimages insbesondere die Kommunikationspolitik,

- für die Auswahl und Gestaltung des Point of Sales insbesondere die Maßnahmen der Produkt- oder auch der Kommunikationspolitik z.B. durch die äußere Form der materiellen Leistung, ihrer farblichen Gestaltung, ihrer Verpackung, ihren Markensignalen, ihren Schlüsselbildern, den entwickelten Preiserlebnissen, der Auswahl und Gestaltung des Point of Sale sowie

- für die Markenanreicherung zum Beispiel die Produktpolitik durch die Gestaltung der Verpackung, die Kommunikationspolitik durch die Information über diese,

verantwortlich sein. Für ihre Gewichtung kann wiederum das Standard-Dominanz-Modell von *Kühn* verwendet werden.[601]

Ggfs. können für die Bemessung der relativen Bedeutung der einzelnen Maßnahmen auch die Ergebnisse der Tiefen- und Fokusgruppeninterviews verwendet werden, sofern diese nicht nur die Gründe dafür untersuchen, dass die Verbraucher die markierte Leistung in ihr relevantes Set aufnehmen und anschließend aus diesem auswählen, sondern zugleich deren Entstehungsursache wie zum

---

[601] Vgl. dazu ausführlich 4.2.1.1.3.2.3.

Beispiel die erste Kontaktaufnahme, die Werbung im Radio und Fernsehen oder in einer lokalen Zeitschrift.

Als Ergebnis der drei Analyseschritte kann die Ursächlichkeit des Lizenznehmers mit

$$u_{LN} = \sum_{e=1}^{f} (a_e * (\sum_{j=1}^{z} m_{ej} * \beta_{ej})),$$

und die des Lizenzgebers mit

$$u_{LG} = \sum_{e=1}^{f} (a_e * (\sum_{j=1}^{z} m_{ej} * \alpha_{ej})),$$

wobei $\alpha_{ej} + \beta_{ej} = 1$, $0 \leq u_{LN/LG} \leq 1$ und $u_{LN} + u_{LG} = 1$ gilt, errechnet werden.[602]

4.2.1.2.3.2.3 Aufteilung der ökonomischen Markenwirkungen

Die Ergebnisse der Markenanalyse ermöglichen die Aufteilung der ökonomischen Markenwirkungen zwischen dem Lizenznehmer und Lizenzgeber entsprechend der ermittelten Ursächlichkeit ihrer Wertbeiträge für die Entstehung und Wirkungen der Marke. Demnach erhält jeder von ihnen anteilig Einnahmen in Höhe von

$$\sum_{t=1}^{n} E_t^M * (1+i)^{-t} * u_{LN/LG} , \quad 0 \leq u_{LN/LG} \leq 1, \quad u_{LN} + u_{LG} = 1$$

Da der Lizenznehmer i.d.R. nur für die markenbezogenen Einnahmen verantwortlich sein kann, die aus den verhaltensbezogenen Markenwirkungen resultieren, welche zum Zeitpunkt der Lizenzvergabe noch nicht vorhanden waren, folglich nur für die positive Diskrepanz zwischen den ökonomischen Markenwirkungen, die allein auf Grund der zum Zeitpunkt der Lizenzvergabe bereits in ihrem räumlichen und sachlichen Geltungsbereich vorhandenen verhaltensbezogenen Markenwirkungen verwirklicht werden können, und denen, für deren Realisierung erst weitere verhaltensbezogene Markenwirkungen aufgebaut werden müssen, ist der Faktor der Ursächlichkeit an deren Verhältnis anzupassen,

$$l = \frac{\sum_{t=1}^{n} (E_t^M - E_0^M) * (1+i)^{-t}}{\sum_{t=1}^{n} E_t^M * (1+i)^{-t}} .$$

---

[602] Vgl. dazu nochmals die Abbildung 37, die zu Beginn der Analyse dargestellt wurde.

Demnach erhält der Lizenzgeber i.d.R. markenbezogene Einnahmen i.H.v.

$$\sum_{t=1}^{n} E_0^M * (1+i)^{-t} + (E_t^M - E_0^M) * (1+i)^{-t} * u_{LG}^{ber}$$

und der Lizenznehmer i.H.v.

$$\sum_{t=1}^{n} (E_t^M - E_0^M) * (1+i)^{-t} * u_{LN}^{ber}$$

mit $u_{LG}^{ber} = l * \sum_{e=1}^{f} (a_e * (\sum_{j=1}^{z} m_{ej} * \alpha_{ej}))$ und $u_{LN}^{ber} = l * \sum_{e=1}^{f} (a_e * (\sum_{j=1}^{z} m_{ej} * \beta_{ej}))$.

Dabei kann der Wertbeitrag des Lizenznehmers selbst nur dann für die Entstehung und Wirkung der Marke kausal sein, wenn er zumindest als Hybridunternehmen zu kategorisieren ist. In Abhängigkeit der möglichen Sachverhaltsgestaltung demnach die Marke i.r.S. zum Zeitpunkt der Lizenzvergabe

- entweder ausschließlich rechtlich oder bereits wirtschaftlich werthaltig ist und

- der Veränderung ihrer wirtschaftlichen Werthaltigkeit über die Lizenzdauer auf Grund der Veränderung der verhaltensbezogenen Markenwirkungen

kann sich maximal eine Dreiteilung der ökonomischen Markenwirkungen einstellen, welche die möglichen Wertbeiträge der Beteiligten über die Vertragslaufzeit verkörpern. Die folgende Abbildung veranschaulicht dies grafisch:

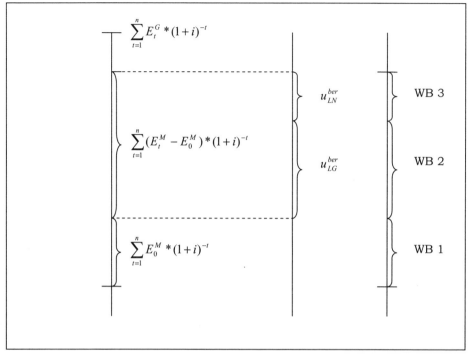

Abbildung 41: Aufteilung der ökonomischen Markenwirkungen.

Der erste Wertbeitrag (WB 1) entspricht dabei den ökonomischen Markenwirkungen, die allein auf Grundlage der zum Zeitpunkt der Lizenzvergabe bereits vorhandenen verhaltensbezogenen Markenwirkungen verwirklicht werden können, und ist deswegen regelmäßig dem Lizenzgeber und nur ausnahmsweise dem Lizenznehmer zuzurechnen, soweit dieser in Gestalt eines Entrepreneurs agiert oder die Lizenzvergabe eine Vertragsverlängerung sein sollte.

Der zweite und dritte Wertbeitrag (WB 2 und WB 3) verkörpern die Veränderungen der verhaltensbezogenen Größen sowie die daraus resultierenden ökonomischen Markenwirkungen, für deren Verwirklichung über die Vertragslaufzeit entweder der Lizenzgeber oder Lizenznehmer bzw. beide anteilig ursächlich sind, weswegen sie jeweils auch diesen zuzurechnen sind.

Grundsätzlich können sich in Abhängigkeit von den tatsächlichen Ausprägungen dieser Wertbeiträge (X, alternativ O) insgesamt acht unterschiedliche Ergebnisse, die in der nachfolgenden Tabelle dargestellt sind, einstellen.

Ergebnisse	1	2	3	4	5	6	7	8
WB 1	X	X	X	X	O	O	O	O
WB 2	X	O	X	O	X	X	O	O
WB 3	X	X	O	O	O	X	X	O

Abbildung 42: Übersicht über die denkbaren Lösungsansätze.

Unter Berücksichtigung der Kategorisierung des Lizenznehmers und des Lizenz-gebers ist der Wertbeitrag 1 regelmäßig dem Markeneigner zuzurechnen, soweit die Vertriebsgesellschaft nicht ausnahmsweise als Strategieträger bzw. Entrepreneur zu charakterisieren ist. In diesen Fällen können sich die Ergebnisse 1, 3, 5 und 6 allerdings nicht einstellen, weil der Lizenzgeber in Gestalt eines Routine-unternehmens als Lizenzverwertungsgesellschaft agiert und keine eigenen mar-kenpolitischen Bemühungen über die Lizenzdauer hinweg unternehmen wird, die eine Zurechnung der ökonomischen Markenwirkungen zu ihren Gunsten recht-fertigen können.[603] Sollte der Lizenznehmer hingegen in Gestalt eines Routineun-ternehmens agieren, so sind die Ergebnisse 1, 2, 6 und 7 nicht realitätsnah, weil dann die Vertriebsgesellschaft in Gestalt eines Handelsvertreters, Kommissionärs oder stripped buy and sell distributors nicht über den für die Herstellung der Ursächlichkeit notwendigen Funktions- und Risikoumfang verfügt.[604] Folglich sind alle Sachverhaltsgestaltungen nur dann denkbar, wenn beide Beteiligten mindestens die Voraussetzungen eines Hybridunternehmens erfüllen.[605]

4.2.1.2.3.2.4 Berücksichtigung der markenbezogenen Ausgaben

Im Anschluss an die Aufteilung der ökonomischen Markenwirkungen sind die damit in wirtschaftlichem Zusammenhang stehenden Ausgaben, die dem Lizenz-nehmer für die Verwirklichung der ihnen zugrunde liegenden markenpolitischen Bemühungen entstehen, zu berücksichtigen.

Dafür sind zunächst alle Ausgaben, die mit den markenpolitischen Bemühungen in wirtschaftlichem Zusammenhang stehen und ausschließlich auf die Erzielung eines emotionalen Nutzens gerichtet sind, zu identifizieren und dabei von den Ausgaben abzugrenzen, die für die funktional notwendigen Bestandteile der mar-kierten materiellen Leistung entstehen. Dies gilt insbesondere für die Ausgaben, die wie zum Beispiel für die Kommunikation, Distribution und Preissetzung der

---

[603] Demnach ist der WB 2 = O.

[604] Demnach ist der WB 3 = O.

[605] In diesen Fällen gelten die Anwendungsmöglichkeiten der einheitlichen Markenli-zenz sinngemäß. Demnach kann sich stets eine einseitige Zurechnung zu Gunsten des Lizenznehmers oder –gebers, eine Zweiteilung sowie eine Dreiteilung der öko-nomischen Markenwirkungen ergeben. Vgl. dazu ausführlich 4.2.1.1.5.

materiellen Leistung sowohl für die funktional notwendigen als auch für die nicht notwendigen Bestandteile getätigt werden. Dafür sind die Ergebnisse der Bewertung des Markenlizenzwertes zu berücksichtigen.

Die Ausgaben können in Anlehnung an die Ermittlung der markenbezogenen Einnahmen auch als Residualgröße aus den gesamten und den leistungsbezogenen Ausgaben in Höhe von

$$\sum_{t=1}^{n}(A_t^{G}-A_t^{L})*(1+i)^{-t}$$

ermittelt werden.

Unter Berücksichtigung der Ergebnisse der Analyse der Marke, demnach sowohl der Lizenznehmer als auch der Lizenzgeber nicht für die Entstehung und Wirkung der Marke ursächlich sein können, wenn sie ausschließlich in Gestalt von Routineunternehmen agieren, entsprechen diese den für die Vertriebsgesellschaft obligatorischen markenbezogenen Ausgaben. Denn sie entstehen dem Routineunternehmen zwangsläufig und ausschließlich für die Verwirklichung der markenbezogenen Einnahmen, die nach den Ergebnissen der Analyse der Marke vollumfänglich dem Lizenzgeber zuzurechnen sind.

Zu diesen gehören einerseits die auf Grund einer vertraglichen Verpflichtung übernommenen sowie andererseits einer im Lizenzvertrag enthaltenen markenbezogenen produkt-, kommunikations-, distributions- und preispolitischen Restriktion bezüglich der Distribution der markierten Leistung getätigten Ausgaben, die dem Lizenznehmer entweder für die markenpolitischen Bemühungen selbst oder für die Erfüllung der markenbezogenen Restriktionen beispielsweise durch die Gestaltung der Werbung, der Verpackung, der Distributionswege oder des Point of Sales entstehen, von deren Wirkungen er nicht profitieren kann, weil die daraus resultierenden ökonomischen Markenwirkungen allein dem Lizenzgeber selbst zugerechnet werden.

Für den Lizenznehmer, der in Gestalt eines Routineunternehmens agiert, gilt folglich

$$A^{MO(HV/K/R)}=\sum_{t=1}^{n}A_t^{M}*(1+i)^{-t}.$$

Soweit dieser allerdings in Gestalt eines Hybridunternehmens agiert, können seine markenbezogenen Ausgaben sowohl für die ökonomischen Markenwirkungen, für die sein Wertbeitrag selbst ursächlich ist, als auch für diejenigen entstehen, für die nach den Ergebnissen der Analyse der Marke der Wertbeitrag des Lizenzgebers kausal ist. Da von diesen allerdings nur letztere die Höhe der Lizenzgebühr beeinflussen dürfen, setzt die Berücksichtigung der markenbezogenen Ausgaben nicht nur eine Abgrenzung der markenbezogenen von den gesamten Ausgaben des Lizenznehmers, sondern zugleich eine Unterteilung dieser Ausgaben voraus. Demnach ist zu unterscheiden, ob diese für die Verwirklichung der ökonomischen Markenwirkungen entstanden sind,

- die dem Lizenzgeber oder

- dem Lizenznehmer

zuzurechnen sind, weil deren jeweiliger Wertbeitrag für deren Verwirklichung ursächlich ist.

Da der Ausführende der Markenpolitik erstere nur tätigt, weil diese ihm zwangsläufig durch die Erzielung der Einnahmen entstehen, für die nach den Ergebnissen der Analyse der Marke der Lizenzgeber ursächlich ist, umfassen diese obligatorischen markenbezogenen Ausgaben

$$A^{MO}$$

all jene, denen sich der Lizenznehmer auf Grund der Lizenzhereinnahme nicht entziehen kann.

Allerdings dürfen sie nicht diejenigen Ausgaben beinhalten, von deren ökonomischen Wirkungen er selbst infolge der Zurechnung einer Rücklizenz[606] auf Grund der Berücksichtigung der konzeptionellen Ebene der Markenpolitik durch die anteilige Zurechnung der Maßnahmen zu seinen Gunsten profitieren kann. Folglich sind diese ungeachtet der Tatsache, dass er zu ihrer Verausgabung vertraglich verpflichtet ist, zumindest anteilig entsprechend der relativen Bedeutung der konzeptionellen Ebene[607] aus den gesamten obligatorischen Ausgaben herauszurechnen. Dabei sollten diese der Höhe nach die ihm zuzurechnenden ökonomischen Markenwirkungen nicht übersteigen, weil für diese Maßnahmen der Lizenzgeber und nicht der Lizenznehmer selbst das mit ihrer Verausgabung verbundene Risiko einer Fehlinvestition übernimmt. Folglich fließt der übersteigende Betrag in die Ermittlung der obligatorischen Ausgaben ein.

Werden dann diese obligatorischen Ausgaben dem Lizenznehmer zugerechnet, indem sie die markenbezogenen Einnahmen mindern, für die der Wertbeitrag des Lizenzgebers ursächlich ist, so ist gewährleistet, dass der Lizenzgeber nicht doppelt profitiert, indem er einerseits die Einnahmen zugerechnet bekommt und andererseits die damit verbundenen Ausgaben von dem Lizenznehmer getragen werden. Darüber hinaus erübrigt sich durch die Verringerung der Lizenzgebühr eine zusätzliche Erstattung der Ausgaben, die der Lizenznehmer auf Grund vertraglicher Verpflichtungen tätigt, die er aber vom Lizenzgeber im Hinblick auf die Ursächlichkeit seines Wertbeitrags direkt bzw. indirekt von diesem ersetzt be-

---

[606] Die Rücklizenz beinhaltet alle markenbezogenen Einnahmen, die aufgrund der Ursächlichkeit des Wertbeitrags des Lizenznehmers diesem zuzurechnen sind. Vgl. dazu 4.2.1.1.4.1.3.

[607] Vgl. dazu die Markenbildungsanalyse, 4.2.1.1.3.2.1.

kommt, weil diese bereits die Beurteilung der Kausalität der Beteiligten beeinflusst haben und nun abschließend durch die Berücksichtigung der Ausgaben in das Lizenzmodell integriert worden sind.

Die darüber hinaus gehenden Ausgaben in Höhe von

$$\sum_{t=1}^{n}(A_t^M - A_t^{MO}) * (1+i)^{-t}$$

gehen demnach nicht in die Bemessung der Lizenzgebühr ein, weil sie für die ökonomischen Markenwirkungen entstanden sind, für deren Verwirklichung der Lizenznehmer ursächlich ist. Sie entsprechen denjenigen, die der Lizenznehmer für die markenpolitischen Bemühungen getätigt hat, zu deren Durchführung er vertraglich nicht verpflichtet ist oder deren konzeptionelle Ebene er maßgeblich beeinflusst hat.

Durch diese Vorgehensweise kann somit sichergestellt werden, dass auch der Lizenznehmer für seine Investitionen in die Marke, die er freiwillig über die für ihn bestehende Verpflichtung hinaus erbringt, allein die damit verbundenen Ausgaben und Risiken trägt und gleichzeitig für die markenökonomischen Wirkungen, die ihm darüber hinaus auf Grund seines Einflusses auf der konzeptionellen Ebene zugerechnet werden, zumindest die damit verbundenen Ausgaben anteilig trägt.

Ist der Lizenznehmer jedoch in Gestalt eines Strategieträgers tätig, so sind für ihn ausschließlich die Ausgaben obligatorisch, die er der Lizenzverwertungsgesellschaft als Gegenleistung für das Halten und Verwalten des Schutzrechtes entrichten muss. Als fremdbezogene Dienstleistung hat der Entrepreneur dem Lizenzgeber nicht nur seine damit verbundenen Ausgaben zu erstatten, sondern diesem auch einen seiner Funktions- und Risikodichte entsprechenden, geringen Gewinnaufschlag zu gewähren. Demnach entsprechen die obligatorischen Ausgaben der Marketing and distribution company

$$A^{MO(S)} = \sum_{t=1}^{n} A_t^{HVW} * (1 + GA_{LG}^{HVW}) * (1+i)^{-t}$$

und **mindern** seine Einnahmenzurechnung, während sie in allen anderen Fällen die Einnahmenzurechnung des Lizenznehmers **erhöhen**. Dadurch verbleibt dem Entrepreneur das Risiko, dass die für ihn nach Abzug seiner fremdbezogener Leistung verbleibende Residualgröße in Höhe von

$$\sum_{t=1}^{n}(E_t^M - A_t^{MO(S)}) * (1+i)^{-t}$$

seine darüber hinausgehenden markenbezogenen Ausgaben in Höhe von

$$\sum_{t=1}^{n}(A_t^M - A_t^{MO(S)}) * (1+i)^{-t}$$

unterschreitet, die ihm für die Durchführung seiner markenpolitischen Bemühungen entstehen.

4.2.1.2.3.2.5 Mindestwert

Aufgabe des Mindestwertes der Lizenz ist es, die von dem Lizenzgeber erbrachte Leistung des Haltens und Verwaltens des Schutzrechtes für die Fälle, in denen der Lizenzgeber ausschließlich in Gestalt einer Lizenzverwertungsgesellschaft im Auftrag des Lizenznehmers agiert, entsprechend dem dieser Leistung innewohnenden Dienstleistungscharakter zu vergüten.

Denn auch der Lizenzgeber darf diese Leistung nur dann erbringen, wenn er als ordentlicher und gewissenhafter Geschäftsleiter aus dieser Tätigkeit einen angemessenen Gewinn erwarten kann. Dementsprechend muss die ihm zu gewährende Vergütung seine mit dem Halten und Verwalten verbundenen Ausgaben um einen Gewinnaufschlag übersteigen, der in Anbetracht seines geringen Funktions- und Risikoumfangs in etwa der Kapitalmarktrendite entsprechen sollte.[608]

Der Mindestwert der Lizenz beträgt demnach

$$LW_{Min} = \sum_{t=1}^{n} A_t^{HVW} * (1 + GA_{LG}^{HVW}) * (1+i)^{-t} .$$

Dieser darf allerdings nur dann Anwendung finden, wenn die dem Lizenzgeber zuzurechnende Einnahmenveränderung geringer als seine mit dem Halten und Verwalten verbundenen Ausgaben ist und er gleichzeitig keinerlei eigene markenpolitischen Bemühungen während der Lizenzdauer unternimmt, weil diese Tätigkeit allein dem Lizenznehmer obliegen soll. Demnach kann es zum Ansatz des Mindestwertes nur dann kommen, wenn der Lizenznehmer nicht in Gestalt

- eines Handelsvertreters, Kommissionärs oder stripped buy distributor, weil diese selbst keine eigenen markenpolitischen Bemühungen auf eigenes Risiko durchführen und nicht davon auszugehen ist, dass der Lizenzgeber die Leistung in deren betrieblichen Interesse durchführt, und

- Entrepreneurs agiert, weil seine obligatorischen markenbezogenen Ausgaben bereits dem Mindestwert der Lizenz entsprechen und die Einnahmenzurechnung beeinflusst haben.

Der Mindestwert kann nur zur Anwendung kommen, wenn der Lizenznehmer als Hybridunternehmen zu charakterisieren ist.

---

[608] Vgl. u.a. *Baumhoff, H.,* (Verrechnungspreise für Dienstleistungen), S. 234 sowie *Kumpf, W.,* (Verrechnungspreise), S. 249. Demnach wird diese Leistung der Höhe nach als Dienstleistung verrechnet.

4.2.1.2.3.2.6 Maximalwert

Aus der Markenfähigkeit der Marke i.r.S. resultiert, dass eine markierte Leistung stets über einen funktional notwendigen Bestandteil verfügt und demnach immer einen funktionalen Grundnutzen aus Sicht der Nachfrager erfüllen muss, für dessen Verwirklichung die Ganzheit der Marke nicht notwendig ist.

Daraus kann abgeleitet werden, dass eine materielle Leistung stets leistungs-, nicht aber zwingend markenbezogene Einnahmen verwirklichen kann und letztere nur der Residualgröße aus den gesamten und den leistungsbezogenen Einnahmen in Höhe von

$$\sum_{t=1}^{n} E_t^G * (1+i)^{-t} - \sum_{t=1}^{n} A_t^L * (1+GA_t^L) * (1+i)^{-t}$$

entsprechen können. Diese markenbezogenen Einnahmen können zusätzlich, über die leistungsbezogenen Einnahmen hinaus durch die Vermarktung der materiellen Leistung erzielt werden. Werden von dieser Residualgröße die obligatorischen markenbezogenen Ausgaben des Lizenznehmers abgezogen, beträgt der Lizenzwert maximal

$$\sum_{t=1}^{n} E_t^G * (1+i)^{-t} - \sum_{t=1}^{n} A_t^L * (1+GA_t^L) * (1+i)^{-t} - \sum_{t=1}^{n} A_t^{MO(HV/K/R/H/S)} * (1+i)^{-t} \,,$$

wenn der Wertbeitrag des Lizenznehmers nicht für die markenbezogenen Einnahmen ursächlich ist. Durch die mit dem Maximalwert der Lizenz verbundene Beschränkung des Lizenzwerts der Höhe nach wird zugleich sichergestellt, dass der Ganzheit der Leistung auch in den Fällen, in denen beispielsweise der Verkaufspreis der Höhe nach beschränkt ist, die Einnahmenveränderung vorrangig zugerechnet wird, für deren Verwirklichung sie selbst kausal ist. Damit wird garantiert, dass der Lizenznehmer einen leistungsbezogenen Vertriebsgewinn erzielt, wenn davon auszugehen ist, dass er implizit durch die Vergabe der Vermarktungslizenz mit der Vermarktung der Leistung beauftragt wird.[609]

Der Maximalwert der Lizenz stellt somit sicher, dass sich der Lizenznehmer in jedem Fall fremdvergleichskonform verhält, weil er für seine Vertriebstätigkeit, die er im Auftrag des verbundenen Unternehmens ausübt, eine angemessene Vergütung erhält, die nicht von dem Wert der Lizenz und der von ihm zuzahlenden Lizenzgebühr abhängig ist. Durch diese Beschränkung kann sich der Lizenznehmer infolge der Lizenzhereinnahme wirtschaftlich nicht schlechter stellen, als wenn er auf die Hereinnahme verzichtet hätte, sofern er selbst keine markenpolitischen Bemühungen auf eigene Veranlassung unternimmt. Damit wird zugleich sichergestellt, dass er nicht für die markenpolitischen Bemühungen das wirt-

---

[609] Der Maximalwert findet demnach keine Anwendung, wenn der Lizenznehmer in Gestalt eines Strategieträgers agiert.

schaftliche Risiko übernimmt, die er auf Veranlassung des Lizenzgebers ausführt, weil die damit verbundenen obligatorischen markenbezogenen Ausgaben den Lizenzwert mindern.

4.2.1.2.3.3 Die Lizenzgebühr

Die von dem Lizenznehmer an den Lizenzgeber zu entrichtende Lizenzgebühr ergibt sich aus dem Lizenzwert der Marke nach Berücksichtigung der Entgeltform und der Zahlungsmodalitäten.

4.2.1.2.3.3.1 Lizenzwert

Nach Analyse der Marke und Berücksichtigung der markenbezogenen Ausgaben des Lizenznehmers ergibt sich der markenbezogenen Korrekturfaktor v i.H.v.

$$v_{HV/K/R} = \frac{\sum_{t=1}^{n} A_t^{MO(HV/K/R)} * (1+i)^{-t}}{\sum_{t=1}^{n} E_t^{M} * (1+i)^{-t}},$$

welcher die obligatorischen markenbezogenen Ausgaben des Handelsvertreters, Kommissionärs oder Eigenhändlers in Gestalt eines Routineunternehmens umfasst, oder i.H.v.

$$v_{H} = \frac{\sum_{t=1}^{n} (E_t^{M} - E_0^{M}) * (1+i)^{-t} * u_{LN}^{ber} + \sum_{t=1}^{n} A_t^{MO(H)} * (1+i)^{-t}}{\sum_{t=1}^{n} E_t^{M} * (1+i)^{-t}},$$

welcher neben den obligatorischen Ausgaben die markenbezogenen Einnahmen, beinhaltet, für welche der Wertbeitrag des Lizenznehmers ursächlich ist, wenn der Eigenhändler als Hybridunternehmen zu charakterisieren ist, oder i.H.v.

$$v_{S} = 1 - \frac{\sum_{t=1}^{n} E_0^{M} * (1+i)^{-t} + \sum_{t=1}^{n} (E_t^{M} - E_0^{M}) * (1+i)^{-t} * u_{LN}^{ber} - \sum_{t=1}^{n} A_t^{MO(S)} * (1+i)^{-t}}{\sum_{t=1}^{n} E_t^{M} * (1+i)^{-t}},$$

welcher alle Einnahmen nach Abzug der fremdbezogenen Leistung des Haltens und Verwaltens der Marke i.r.S. durch den Lizenzgeber erfasst, für welche der Wertbeitrag des Lizenznehmers ursächlich ist, wenn dieser als Strategieträger zu charakterisieren ist. Der Lizenzwert entspricht der verbleibenden Größe i.H.v.

$$\sum_{t=1}^{n} E_t^{M} * (1+i)^{-t} * (1-v),$$

demnach allen auf den Zeitpunkt der Lizenzvergabe abgezinsten markenbezogenen Einnahmen, welche der Lizenznehmer im Zuge der Lizenzhereinnahme vereinnahmen kann, für deren Verwirklichung der Wertbeitrag des Lizenzgebers ursächlich ist. Dieser steht dem Lizenzgeber zu, soweit er nicht den Mindestwert i.H.v.

$$LW_{Min} = \sum_{t=1}^{n} A_t^{HVW} * (1 + GA_{LG}^{HVW}) * (1+i)^{-t}$$

unterschreitet, noch den Höchstwert von

$$\sum_{t=1}^{n} E_t^{G} * (1+i)^{-t} - \sum_{t=1}^{n} A_t^{L} * (1 + GA_t^{L}) * (1+i)^{-t} - \sum_{t=1}^{n} A_t^{MO(HV/K/R/H/S)} * (1+i)^{-t}$$

überschreitet. Anderenfalls entsprechen diese Werte dem Lizenzwert. Die nachfolgende Abbildung stellt die damit verbundene Aufteilung der ökonomischen Markenwirkungen dar.

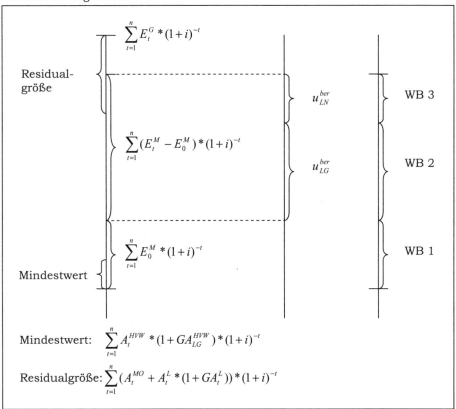

Abbildung 43: Zusammenfassende Darstellung der Ermittlung des Lizenzwerts.

In Anbetracht dieser Ergebnisse führt die Verrechnung der Markenlizenz der Höhe nach dazu, dass weder der Kommissionär oder Handelsvertreter noch der stripped buy and sell distributor von der Verwirklichung der ökonomischen Markenwirkungen profitieren, wenn diese auf Grund ihres jeweiligen Funktions- und Risikoumfangs als Routineunternehmen zu charakterisieren sind. Da sie sich in Höhe ihrer markenbezogenen Ausgaben Einnahmen zurückbehalten, damit sie nicht die damit verbundenen Ausgaben wirtschaftlich tragen müssen, ändert sich infolge der Hereinnahme der Vermarktungslizenz ihre Ergebnissituation nicht.

Demgegenüber sind Hybridunternehmen grundsätzlich geeignet, markenbezogene Wertbeiträge zu erbringen, die es unter Berücksichtigung der operativen, finanziellen und konzeptionellen Ebene der Markenpolitik rechtfertigen, ihnen entsprechend der für sie festgestellten Ursächlichkeit ökonomische Markenwirkungen in Form einer Rücklizenz zuzurechnen. Da diese Einnahmenveränderung ebenso wie die damit verbundenen Ausgaben nicht Gegenstand der Lizenzwertermittlung sein darf, kann sich die Ergebnissituation des Distributors durch die Lizenzhereinnahme verändern. Da der Lizenzwert neben den ökonomischen Wirkungen der Marke, für deren Verwirklichung der Wertbeitrag des Lizenzgebers verantwortlich ist, die damit verbundenen aus Sicht des Lizenznehmers obligatorischen Ausgaben umfasst, ist diese Veränderung von dem Verhältnis der Rücklizenz zu den damit verbundenen Ausgaben abhängig.

Dies gilt entsprechend für den Entrepreneur. Allerdings kann sich seine Ergebnissituation unabhängig von der Frage der Höhe seiner markenbezogenen Ausgaben und Einnahmen nur dann nicht verändern, wenn die für ihn obligatorischen Ausgaben in Höhe der an die Lizenzverwertungsgesellschaft zu entrichtenden Lizenzgebühr zufällig mit dem Betrag der von ihm vereinnahmten ökonomischen Markenwirkungen identisch sind.

4.2.1.2.3.3.2 Einfluss der Entgeltform

Für die Verrechnung des markenbezogenen Entgelts wird die Verrechnung einer mengenbezogenen Lizenzgebühr empfohlen, weil die Vermarktungslizenz die Vermarktung der einzelnen markierten Leistung erlaubt. Der Stücklizenzwert (SLW) beträgt für die einzelne Leistung im Verhältnis zur gesamten Menge, welche der Lizenznehmer infolge der Lizenzhereinnahme vermarkten darf,

$$SLW = \frac{1}{\sum_{t=1}^{n} m_t} * \sum_{t=1}^{n} E_t^M * (1+i)^{-t} * (1 - v_{HV/K/R/H/S}).$$

Dabei beträgt der Stücklizenzwert mindestens

$$SLW_{Min} = \frac{\sum_{t=1}^{n} A_t^{HVW} * (1 + GA_{LG}^{HVW}) * (1+i)^{-t}}{\sum_{t=1}^{n} m_t},$$

wenn der Mindestwert der Lizenz zur Anwendung kommt, sowie maximal

$$SLW_{Max} = \frac{\sum_{t=1}^{n} E_t^G * (1+i)^{-t} - \sum_{t=1}^{n} A_t^L * (1+GA_t^L) * (1+i)^{-t} - \sum_{t=1}^{n} A_t^{MO(HV/K/R/H/S)} * (1+i)^{-t}}{\sum_{t=1}^{n} m_t},$$

wenn der Maximalwert der Lizenz Anwendung findet.

4.2.1.2.3.3.3 Zahlungsmodalitäten

Die Zahlung des Stücklizenzwerts durch den Lizenznehmer wird i.d.R. nicht zu Beginn der Nutzungsüberlassung, sondern über die Lizenzdauer n erfolgen. Leistet er die Zahlung in Höhe einer gleich bleibenden Annuität, so entspricht das jährlich gleich bleibende nachschüssige Lizenzentgelt ET pro Lizenzjahr

$$ET_t = \left[SLW * \sum_{t=1}^{n} m_t \right] * ANF$$

mit $\quad SLW = \dfrac{1}{\sum_{t=1}^{n} m_t} * \sum_{t=1}^{n} E_t^M * (1+i)^{-t} * (1 - v_{HV/K/R/H/S}),$

$$SLW_{Min} \leq SLW \leq SLW_{Max},$$

$$ANF = \frac{(1+i)^n * i}{(1+i)^n - 1}\,[610].$$

Unter Berücksichtigung der Menge, welche der Lizenznehmer pro Zeitjahr t während der Lizenzdauer n vermarktet, entspricht das jährliche Entgelt

$$ET_t = [m_t * SLW] * (1+i)^t \text{ bzw. } \left[\frac{m_t}{\sum_{t=1}^{n} m_t} * \sum_{t=1}^{n} E_t^M * (1+i)^{-t} * (1 - v_{HV/K/R/H/S}) \right] * (1+i)^t.$$

4.2.1.2.4 Ergebnis

Mit der Vergabe einer Vermarktungslizenz ist stets die Verrechnung eines leistungs- und eines markenbezogenen Entgeltes verbunden, deren Bemessung eine Bewertung der Einnahmenveränderung der Ganzheit der Leistung sowie der der

---

[610] Der Annuitätenfaktor (ANF) gibt an, wie hoch die jährliche Rente ist, die aus dem Gegenwartswert der Lizenz gezahlt werden kann. Vgl. *Wöhe, G.*, (Grundlagen), S. 535. Vgl. *Perridon, L. / Steiner, M. / Rathgeber, A.*, (Finanzwirtschaft), S. 57, *Wöhe, G.*, (Grundlagen), S. 379 f.

Marke und des leistungs- und markenbezogenen Wertbeitrags der Vertriebsgesellschaft voraussetzt.

Als Ergebnis lassen sich unter Verwendung von Korrekturfaktoren, die neben den jeweiligen Ausgaben des Kommissionärs, Handelsvertreters und Eigenhändlers deren leistungs- und markenbezogenen Eigenbeitrag zur Einnahmenveränderung berücksichtigen, die beiden jährlichen, mengenabhängige Entgelte als

$$ET_t^L = \left[\frac{m_t}{\sum\limits_{t=1}^{n} m_t} * \sum\limits_{t=1}^{n} E_t^L * (1+i)^{-t} * (1 - s_{HV/K/R/H/S}) \right] * (1+i)^t$$

und

$$ET_t^M = \left[\frac{m_t}{\sum\limits_{t=1}^{n} m_t} * \sum\limits_{t=1}^{n} E_t^M * (1+i)^{-t} * (1 - v_{HV/K/R/H/S}) \right] * (1+i)^t$$

darstellen. Die damit einhergehende Aufteilung der gesamten Einnahmenveränderung ist in der nachfolgenden Abbildung grafisch dargestellt.

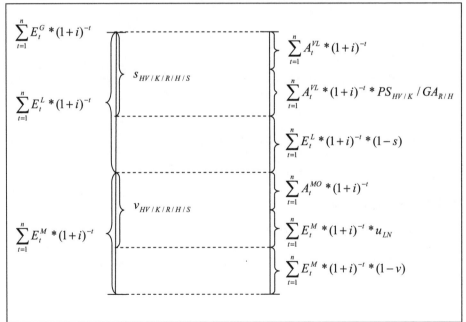

Abbildung 44: Aufteilung der gesamten leistungs- und markenbezogenen Einnahmen.

Dabei ist es in Anbetracht der Auffassung der deutschen Finanzverwaltung, die ein separates Lizenzentgelt für die Nutzungsüberlassung der Marke i.r.S. regelmäßig nicht anerkennt, weil sie der Meinung ist, dass fremde Dritte ein solches Entgelt bereits mit dem Preis für die materielle Leistung verrechnen würden,[611] sowie unter Berücksichtigung der Streitfragen bezüglich der Erschöpfung des Markenrechtes beim Verbringen einer Leistung innerhalb des Konzernverbundes zu empfehlen,[612] die beiden Entgelte in den Fällen, in denen die markierte Leistung und die Vermarktungslizenz von einem konzerngebundenen Unternehmen bezogen werden, als Bestandteile eines einheitlichen Preises unter Angabe des prozentualen Anteils der Gebühr für die Nutzungsüberlassung zu verrechnen.

Das Gesamtentgelt entspricht für die einzelne (m) materielle markierte Leistung

$$ET_m = \frac{1}{\sum_{t=1}^{n} m_t} * (\sum_{t=1}^{n} E_t^L * (1+i)^{-t} * (1 - s_{HV/K/R/H/S}) + \sum_{t=1}^{n} E_t^M * (1+i)^{-t} * (1 - v_{HV/K/R/H/S}))$$

mit einem Lizenzanteil in Prozent von

$$\frac{1}{\sum_{t=1}^{n} m_t} * \frac{\sum_{t=1}^{n} E_t^M * (1+i)^{-t} * (1 - v_{HV/K/R/H/S})}{\sum_{t=1}^{n} E_t^L * (1+i)^{-t} * (1 - s_{HV/K/R/H/S}) + \sum_{t=1}^{n} E_t^M * (1+i)^{-t} * (1 - v_{HV/K/R/H/S})} * 100,$$

so dass das Entgelt pro Zeitjahr t für die gesamten von dem Vertriebstätigen veräußerte Menge m_t

$$ET_t = \left[m_t * ET_m \right] * (1+i)^t$$

beträgt.

Unter Berücksichtigung der handelsrechtlichen Ausgestaltung der Vertriebsgesellschaft und ihrer damit idealtypisch einhergehenden Unternehmenskategorisierung ist die Verrechnung der beiden Entgelte in Anbetracht der in der nachfolgenden Tabelle dargestellten Erkenntnisse, demnach die Höhe des zu gewährenden leistungsbezogenen Gewinnaufschlags ebenso wie die Ursächlichkeit des Lizenznehmers für die Verwirklichung der ökonomischen Markenwirkungen von

---

[611] So aus VWG-Einkunftsabgrenzung 1983, Tz. 3.1.2.3 abzuleiten. Mit Urteil v. 27.07.1988 hat der BFH die Lizenzgebühr in einem Fall als zusätzliche Warenanschaffungskosten qualifiziert (vgl. *Böcker, H.*, (Internationale Lizenzen), S. 157 unter Verweis auf das BFH Urteil v. 27.07.1988, I R 130/84, BStBl. II 1989, S. 101 – 103).

[612] Vgl. *Engler, G.* in: *Vögele, A. / Borstell, T. / Engler, G.*, (Verrechnungspreise), Rn. P 313 ff. Die *OECD* empfiehlt in ihren Verrechnungspreisgrundsätzen die Entscheidung von der Anerkennung der gesonderten Lizenzgebühr von dem Staat des Lizenzgebers abhängig zu machen (vgl. *OECD*, (Verrechnungspreisgrundsätze), Anm. 6.17).

der Funktions- und Risikodichte der Vertriebsgesellschaft abhängig sind, wie folgt zu interpretieren:

	Routineunter- nehmen	Hybridunter- nehmen	Strategie- träger
Ursächlichkeit u	$u = 0$	$0 \leq u \leq 1$	$u = 1$
Gewinnaufschlag/Provisionssatz	$PS_{HV} < PS_K < GA_R < GA_H$		

Soweit die Vertriebsgesellschaft als Handelsvertreter, Kommissionär oder stripped buy an sell distributor ausgestattet ist und idealtypisch die Funktions- und Risikodichte eines Routineunternehmens übernimmt, verbleibt ihr infolge der Verrechnung eines leistungs- und markenbezogenen Entgelts ausschließlich ein leistungsbezogener Gewinn in Höhe von

$$\sum_{t=1}^{n} E_t^L * (1+i)^{-t} * PS_{HV/K} / GA_R$$

als Ergebnis der anteiligen Zurechnung der Einnahmenveränderung in Höhe von

$$\sum_{t=1}^{n} E_t^L * (1+i)^{-t} *s_{HV/K/R} (= \frac{\sum_{t=1}^{n} A_t^{VL} * (1+i)^{-t} + \sum_{t=1}^{n} E_t^L * (1+i)^{-t} * PS_{HV/K} / GA_R}{\sum_{t=1}^{n} E_t^L * (1+i)^{-t}})$$

und

$$\sum_{t=1}^{n} E_t^M * (1+i)^{-t} *v_{HV/K/R} (= \frac{\sum_{t=1}^{n} A_t^{MO(HV/K/R)} * (1+i)^{-t}}{\sum_{t=1}^{n} E_t^M * (1+i)^{-t}}).$$

Denn Gegenstand ihrer Korrekturfaktoren sind zwar ihre leistungs- und markenbezogenen Ausgaben in Höhe von

$$\sum_{t=1}^{n} A_t^{VL} * (1+i)^{-t} + \sum_{t=1}^{n} A_t^{MO(HV/K/R)} * (1+i)^{-t} ,$$

die zu einer Minderung des von ihr zu entrichtenden Gesamtentgeltes führen, jedoch keine ökonomischen Markenwirkungen, weil ihr Wertbeitrag auf Grund ihres geringen Funktions- und Risikoumfangs nicht für deren Entstehung und Wirkungen ursächlich sein kann. Allerdings besteht für sie grundsätzlich nach Beendigung der Vertragsbeziehungen ein Ausgleichsanspruch i.S.d. § 89 b HGB, der maximal dem Durchschnitt der in den letzten fünf Jahren bezogenen Provision entsprechen darf.

Agiert die Vertriebsgesellschaft hingegen in Gestalt einer Hybridgesellschaft, steht ihr ebenfalls in Höhe von

$$\sum_{t=1}^{n} E_t^L * (1+i)^{-t} * GA_H$$

ein leistungsbezogener Gewinn zu, der ihr durch den Maximalwert der Lizenz

$$LW_{Max} = \sum_{t=1}^{n} E_t^G * (1+i)^{-t} - \sum_{t=1}^{n} A_t^L * (1+GA_t^L) * (1+i)^{-t} - \sum_{t=1}^{n} A_t^{MO(HV/K/R/H/S)} * (1+i)^{t}$$

für die Fälle garantiert wird, in denen sie selbst keinen eigenen Wertbeitrag für die Entstehung sowie Entwicklung der Marke erbringt und folglich nicht kausal für die ökonomischen Markenwirkungen ist. Ob sie allerdings auch in denjenigen Sachverhaltsgestaltungen einen Gewinn aus der Vermarktung der markierten materiellen Leistung verwirklichen kann, in denen sie selbst einen markenbezogenen Wertbeitrag leistet, der ihre Beteiligung an deren ökonomischen Markenwirkungen rechtfertigt, ist letztlich von dem Verhältnis der gesamten ihr verbleibenden Einnahmenveränderung in Höhe von

$$\sum_{t=1}^{n} E_t^L * (1+i)^{-t} * s_H \left(= \frac{\sum_{t=1}^{n} A_t^{VL} * (1+i)^{-t} + \sum_{t=1}^{n} E_t^L * (1+i)^{-t} * GA_H}{\sum_{t=1}^{n} E_t^L * (1+i)^{-t}}\right)$$

und

$$\sum_{t=1}^{n} E_t^M * (1+i)^{-t} * v_H \left(= \frac{\sum_{t=1}^{n} (E_t^M - E_0^M) * (1+i)^{-t} * u_{LN}^{ber} + \sum_{t=1}^{n} A_t^{MO(H)} * (1+i)^{-t}}{\sum_{t=1}^{n} E_t^M * (1+i)^{-t}}\right)$$

zu ihren gesamten markenbezogenen Ausgaben abhängig. Denn nur wenn die ihr verbleibenden Einnahmen in Höhe ihrer leistungs- und obligatorischen markenbezogenen Ausgaben, ihres Vertriebsgewinns und ihrer Rücklizenz[613] in Höhe von

$$\sum_{t=1}^{n} (A_t^{VL} + A_t^{MO(H)}) * (1+i)^{-t} + \sum_{t=1}^{n} E_t^L * (1+i)^{-t} * GA_H + \sum_{t=1}^{n} (E_t^M - E_0^M) * (1+i)^{-t} * u_{LN}^{ber}$$

nicht den Betrag ihrer gesamten Ausgaben unterschreiten, kann sie in Höhe von

$$\sum_{t=1}^{n} E_t^L * (1+i)^{-t} * GA_H \pm \left(\sum_{t=1}^{n} (E_t^M - E_0^M) * (1+i)^{-t} * u_{LN}^{ber} - \sum_{t=1}^{n} (A_t^M - A_t^{MO(H)}) * (1+i)^{-t}\right)$$

---

[613] In Abhängigkeit von der Aufteilung der markenbezogenen Einnahmen zwischen dem Lizenznehmer und Lizenzgeber gelten die bereits unter 4.2.1.1.5 dargestellten Anwendungsmöglichkeiten sinngemäß.

einen Gewinn verwirklichen, wodurch sie infolge der Hereinnahme der Vermarktungslizenz stets das damit verbundene wirtschaftliche Risiko einer Fehlinvestition trägt.

Soweit der Lizenzgeber in diesen Fällen lediglich in Gestalt einer Lizenzverwertungsgesellschaft auftritt und eine dem Grunde nach separat zu verrechnende Dienstleistung im Auftrag des Lizenznehmers erbringt, ist diesem abweichend von den Ergebnissen der Analyse der Marke und der damit einhergehenden Aufteilung der ökonomischen Markenwirkungen eine Lizenzgebühr zu verrechnen. Dies gewährleistet der Mindestwert der Lizenz i.H.v.

$$LW_{Min} = \sum_{t=1}^{n} A_t^{HVW} * (1 + GA_{LG}^{HVW}) * (1 + i)^{-t}.$$

Dadurch wird sichergestellt, dass auch diese konzerngebundene Unternehmung eine angemessene Vergütung für den von ihr erbrachten Wertbeitrag erhält.

Übernimmt die Vertriebsgesellschaft hingegen die Strategieträgerschaft, verbleibt ihr als Marketing and distribution company die marken- und leistungsbezogene Einnahmenveränderung nach Abzug aller fremdbezogener Leistungen, die neben der Herstellung der materiellen Leistung insbesondere die Vergabe der Vermarktungslizenz umfasst. Ob der Entrepreneur aus der ihm nach Berücksichtigung der Korrekturfaktoren

$$s_S = \frac{\sum_{t=1}^{n}(E_t^L - ET_t^{HL}) * (1+i)^{-t}}{\sum_{t=1}^{n} E_t^L * (1+i)^{-t}}$$

und

$$v_S = 1 - \frac{\sum_{t=1}^{n} E_0^M * (1+i)^{-t} + \sum_{t=1}^{n}(E_t^M - E_0^M) * (1+i)^{-t} * u_{LN}^{ber} - \sum_{t=1}^{n} A_t^{MO(S)} * (1+i)^{-t}}{\sum_{t=1}^{n} E_t^M * (1+i)^{-t}}$$

verbleibenden Residualgröße einen Gewinn verwirklichen kann, ist von der Höhe seiner leistungs- und weiteren markenbezogenen Ausgaben abhängig und nur dann möglich, soweit

$$\sum_{t=1}^{n} E_t^L * (1+i)^{-t} * s_S + \sum_{t=1}^{n} E_t^M * (1+i)^{-t} * v_S > \sum_{t=1}^{n} (A_t^{VL} + A_t^M - A_t^{MO(S)}) * (1+i)^{-t}$$

gilt.

4.2.1.3 Die Produktmarkierungslizenz

Ziel der anschließenden Betrachtung ist die fremdvergleichskonforme Verrechnung der dem Grunde nach steuerlich entgeltpflichtigen Produktmarkierungslizenz der Höhe nach, die dem Lizenznehmer das Anbringen des Unterscheidungszeichens i.S.d. § 3 MarkenG auf der materiellen Leistung, ihrer Aufmachung und Verpackung und damit die Herstellung einer körperlichen Verbindung zwischen der Marke i.r.S. und der Leistung erlaubt.

Adressat einer separaten Produktmarkierungslizenz ist das konzerngebundene Produktionsunternehmen, welches nur unter Hereinnahme einer solchen Lizenz befugt ist, die hergestellte Leistung auch mit der gesetzlich geschützten Marke i.r.S. zu markieren.

4.2.1.3.1 Sachverhaltsanalyse

Voraussetzung für die Erteilung einer Produktmarkierungslizenz ist die bewusste Entscheidung des Markeneigners für eine getrennte Verwertung seines Produktmarkierungs- und Vermarktungsrechtes. Diese in der nachfolgenden Abbildung dargestellte Verwertungsmöglichkeit kommt für den Lizenzgeber immer dann in Betracht, wenn er entweder

- ausschließlich den Vertrieb der von einer anderen Gesellschaft hergestellten und markierten Leistung,

- oder lediglich die Herstellung und Markierung, aber nicht den Vertrieb der Leistung

- oder weder die Herstellung noch die Markierung oder die Vermarktung der Leistung selbst

übernehmen möchte.

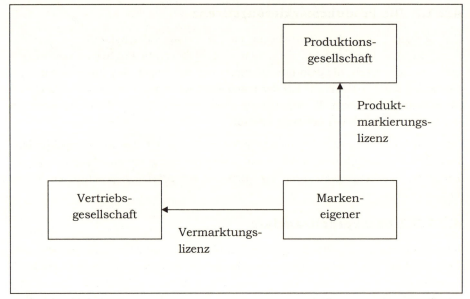

Abbildung 45: Separate Verwertung des Vermarktungs- und Markierungsrechts.

Soweit der Markeneigner die Herstellung und Markierung der Leistung nicht selbst übernimmt, hat er dem herstellenden Unternehmen stets eine Produktmarkierungslizenz zu erteilen, damit dieses die Leistung produzieren und mit der Marke i.r.S. markieren kann. Beschränkt der Lizenzgeber die positiven Benutzungsrechte auf die Anbringung des Unterscheidungszeichens i.S.d. § 3 MarkenG auf der Ware und ihrer Verpackung, durch die eine körperliche Verbindung zwischen der Marke i.r.S. und der Leistung herbeigeführt wird, ist die Gesellschaft weder befugt, die mit der Marke i.r.S. markierte Leistung unter Verwendung des Unterscheidungszeichens anzubieten, in den Verkehr zu bringen, sie zu den genannten Zwecken zu besitzen noch die materielle Leistung unter diesem Zeichen ein- oder auszuführen.[614]

Dabei kann die Produktionsstruktur innerhalb des Konzerns entweder über eine vollwertige Produktionsgesellschaft oder über einen Auftrags- bzw. Lohnfertiger organisiert werden.[615]

Wenn dieses Unternehmen weitestgehend selbstständig einen erheblichen Anteil an dem Gesamtproduktionsprozess trägt und dafür das damit verbundene Risiko übernimmt, ist es als vollwertige Produktionsgesellschaft zu charakterisieren, die

---

[614] Dafür müsste der Markeneigner zusätzlich die positiven Vermarktungsrechte dem Lizenznehmer zur Nutzung überlassen, vgl. 3.1.2.1 und 3.1.2.2.

[615] Vgl. *Borstell, T.*, (Konzerninterne Lieferungsbeziehungen), S. 334.

als Strategieträger regelmäßig das Marktrisiko und die Marktchancen bei sich vereinigt.[616] Damit korrespondierend ist der Markeneigner als Routineunternehmen zu charakterisieren, das in Gestalt einer Lizenzverwertungsgesellschaft ausschließlich das Halten und Verwalten des Schutzrechtes übernimmt.

Soweit die Produktionsgesellschaft hingegen kein eigenes Marktrisiko trägt, weil der Markeneigner sie ausschließlich mit der Herstellung der materiellen Leistung und ihrer Markierung beauftragt, um die markierte Leistung anschließend selbst oder über eine konzerngebundene Vertriebsgesellschaft zu vermarkten, ist sie als Auftragsfertiger zu qualifizieren. Übernimmt sie darüber hinaus auch nicht die Funktionen der Forschung und Entwicklung und setzt kein eigenes Produktions-Know How ein, ist sie davon abweichend als Lohnfertiger bzw. Lohnveredler zu charakterisieren, der auch als verlängerte Werkbank bezeichnet wird.[617] In beiden Sachverhalten agiert sie als Routineunternehmen,[618] wobei entweder der Markeneigner selbst oder die Vertriebsgesellschaft die Strategieträgerschaft übernehmen.

Die nachfolgende Abbildung veranschaulicht die typische Funktions- und Risikoausgestaltung sowie den Mitteleinsatz der unterschiedlichen Produktionsgesellschaftsformen.[619]

	Eigenproduzent[620]	Auftragsfertiger	Lohnveredler[621]
Funktionen			
Investitionsplanung	+++	+	-
Forschung und Entwicklung	+++	+	-

---

616 Vgl. *Borstell, T.*, (Konzerninterne Lieferungsbeziehungen), S. 334.

617 Vgl. *Borstell, T.* in: *Vögele, A. / Borstell, T. / Engler, G.*, (Verrechnungspreise), Rn. N 235 f.

618 Vgl. VWG-Verfahren, Tz. 3.4.10.2 a, b, c und *Schreiber, R.* in: *Becker, H. / Kroppen, H.-K.* (Hrsg.), (Handbuch Verrechnungspreise), VerwGr.Verf., Anm. 158.

619 *Schreiber, R.* in: *Becker, H. / Kroppen, H.-K.* (Hrsg.), (Handbuch Verrechnungspreise), VerwGr.Verf., Anm. 175.

620 Als Synonym für den Eigenproduzent, der als Entrepreneur zu charakterisieren ist, wird in der Literatur auch der Begriff der vollumfänglichen Produktionsgesellschaft verwendet.

621 Alternativ werden in der Literatur für den Lohnveredler auch die Begriffe des Lohnfertigers oder der verlängerten Werkbank verwendet. Er ist ebenso wie der Auftragsfertiger als Routineunternehmen zu charakterisieren, wobei der Lohnveredler und der Eigenproduzent idealtypisch den Extrempunkten bzw. Polen der denkbaren Leistungsumfänge der Produktionsgesellschaften entsprechen (*Baumhoff, H.*, (Eigenproduzent versus Lohnveredler), S. 59).

Produktionspla-nung	+++	+	-
Produktion	+++	+++	+++
Produktpolitik	+++	-	-
Einkauf	+++	++	-
Inbound Logistik	+++	+	+
Outbound Logisitik	++	+	+
Gewährleistung	+++	++	+
Kundendienst	++	-	-
Risiken:			
Fehlgeschlagene F & E	+++	-	-
Auslastungsrisiko	+++	-	-
Marktrisiko	++	+	+
Lagerrisiko	+++	+	+
Währungsrisiko	+++	+	-
Preisrisiko	+++	-	-
Gewährleistungsri-siko	+++	++	+
Produkthaftungsri-siko	+++	++	+
Mitteleinsatz:			
Produktions-Know How	+	(+)	-
Maschinenpark	+	+	-
Produkt Know How	+	-	-
Markennamen	+	-	-

Abbildung 46: Typische Funktions- und Risikoausgestaltungen und Mitteleinsatz der Produktionsgesellschaftsarten.

Die Vergabe einer Produktmarkierungslizenz kann innerhalb des Konzerns mit zwei unterschiedlichen Sachverhaltskonstellationen einhergehen.

In dem ersten Fall ist die Erteilung der Nutzungserlaubnis mit der Beauftragung der konzerninternen Produktionsgesellschaft zur Herstellung und Markierung der materiellen Leistung verbunden, weil entweder die Vertriebsgesellschaft oder der Markeneigner diese in ihrer Funktion als Strategieträger damit beauftragen und ihr dadurch das damit verbundene Markt- und Absatzrisiko abnehmen.

In dem zweiten Sachverhalt hingegen geht mit der Erteilung der Produktmarkierungslizenz implizit eine Beauftragung des Markeneigners mit dem Halten und Verwalten des Schutzrechtes einher, weil die vollwertige Produktionsgesellschaft als Entrepreneur und der Lizenzgeber lediglich in Funktion einer Lizenzverwaltungsgesellschaft agiert.

Deswegen ist in dem ersten Fall dem Auftrags- bzw. Lohnfertiger und im zweiten dem Lizenzgeber für die jeweils von ihnen übernommenen Funktionen und die damit verbundenen Risiken ein angemessenes Entgelt zu verrechnen. Allerdings ist eine darüber hinaus gehende Berücksichtigung der ökonomischen Markenwirkungen wie sie hinsichtlich der Vergabe einer einheitlichen und einer Vermarktungslizenz notwendig erscheinen kann, bei der Vergabe einer Produktmarkierungslizenz in keinem der beiden Fälle notwendig. Denn weder können die Produktionsgesellschaft im ersten Sachverhalt und der Markeneigner im zweiten Fall von den ökonomischen Wirkungen der Marke profitieren noch einen eigenen Wertbeitrag für ihre Entstehung und Wirkung leisten, der unter Berücksichtigung der operativen, finanziellen und konzeptionellen Ebene der Markenpolitik in Anbetracht der Ursächlichkeit ihres Wertbeitrages eine anteilige Zurechnung der ökonomischen Markenwirkungen rechtfertigt.

Demzufolge erwartet die auftrags- bzw. lohnfertigende Produktionsgesellschaft durch die Lizenzhereinnahme keinen wirtschaftlichen Vorteil infolge der Verwertung der Marke, weil sie die mit dem rechtlich geschützten Unterscheidungszeichen markierte Leistung nicht selbst vermarkten darf, die Marke i.r.S. nicht als Stimuli auf die potentiellen Nachfrager wirken und die damit verbundenen ökonomischen Wirkungen erzielen kann. Da ihr Tätigkeitsbereich eben nicht den Absatz als die betriebliche Hauptfunktion aller Aktivitäten umfasst, die auf die Leistungsverwertung durch das Angebot und die Veräußerung der eigenen Leistung gerichtet sind,[622] und die Erwartung eines derartigen Nutzens als Voraussetzung für die Bereitschaft des Lizenznehmers zur Zahlung einer Lizenzgebühr sowie als Indiz für ein eigenes betriebliches Interesse angesehen wird,[623] kann das herstellende Unternehmen in Anbetracht der Handlungsmaxime eines ordentlichen und gewissenhaften Geschäftsleiters nicht zur Zahlung eines Entgeltes als Gegenleistung für die Produktmarkierungslizenz bereit sein. Dementspre-

---

[622] Vgl. *Wöhe, G.,* (Grundlagen), S. 379 f.

[623] Vgl. VWG-Einkunftsabgrenzung 1983, Tz. 5.1.1 und *OECD,* (Verrechnungspreisgrundsätze), Anm. 6.14.

chend ist die in diesen Fällen dem Grunde nach steuerlich entgeltpflichtige Nutzungserlaubnis der Höhe nach mit einer Lizenzgebühr von Null zu verrechnen.[624]

4.2.1.3.2 Lösungsansatz

Nachfolgend wird für die Sachverhaltsalternativen, demnach die Produktionsgesellschaft entweder als Routineunternehmen oder Strategieträger zu charakterisieren ist, jeweils ein Lösungsansatz vorgestellt.

Dabei beinhaltet dieser im ersten Fall die Vergütung, die dem Auftrags- bzw. Lohnfertiger als angemessenes Entgelt für die Herstellung und Markierung der materiellen Leistung von dem vermarktenden Unternehmen zu entrichten ist und im zweiten Fall, in welchem die Produktionsgesellschaft selbst als Entrepreneur agiert und ihr als wirtschaftliches Ergebnis die Residualgröße nach Abzug aller fremdbezogener Leistungen verbleibt,[625] die Lizenzgebühr, die von der Produktionsgesellschaft selbst an den Markeneigner als Gegenleistung für das Halten und Verwalten des Schutzrechtes zu entrichten ist. [626]

Im ersten Fall ist zu überprüfen, ob das zwischen der Produktionsgesellschaft und ihrem Entrepreneur bestehende Abhängigkeitsverhältnis ausreicht, dass jene „ohne diese transaktionsbezogene Nabelschnur nicht lebensfähig ist"[627], weil sie keine eigene von der Muttergesellschaft unabhängige Marktposition einnimmt und keine Marktchancen realisieren kann. Sollte dies zu bejahen sein, weil

- der Auftraggeber[628] langfristig den Großteil der Produktion abnimmt, folglich der Lohnfertiger nur ein geringes Absatzrisiko trägt,

- der Auftraggeber das Produkt zudem selbst entwickelt hat und das Eigentum an den wesentlichen immateriellen Wirtschaftsgütern behält sowie

---

[624] Dies gilt auch dann, wenn argumentiert werden würde, dass die Produktionsgesellschaft prinzipiell durch die Beauftragung zur Herstellung der markierten Leistung und die damit verbundene Vergütung von der Marke profitieren kann. Denn in diesen Fällen wird sie ausschließlich für ihren leistungsbezogenen Wertbeitrag vergütet.

[625] Vgl. VWG-Verfahren, Tz. 3.4.10.2 c.

[626] Alternativ hätte die Verrechnung der Produktmarkierungslizenz der Höhe nach ebenso wie die der einheitlichen und die der Vermarktungslizenz methodisch durch die Bewertung der Einnahmenveränderung und die anschließende Einnahmenzurechnung erfolgen können. Da die Ursächlichkeit der Wertbeiträge des Produktionsunternehmens im ersten Fall und des Markeneigners im zweiten Fall für die Entstehung und Wirkung der Marke als Routineunternehmen null ist, würde diese Vorgehensweise unter Berücksichtigung des Maximal- und Mindestwertes der Lizenz zu einem identischen Ergebnis führen. In jedem Fall erhalten beide Routineunternehmen entsprechend ihrem Wertbeitrag eine angemessene Vergütung.

[627] *Kuckhoff, H. / Schreiber, R.*, (Verrechnungspreise), Rn. 213.

[628] Auftraggeber kann sowohl der konzerngebundene Markeneigner als auch die konzerngebundene Vertriebsgesellschaft sein.

- die Disposition über das Produkt innehat und bestimmt, welche Fertigungsschritte der Lohnveredler wie durchzuführen hat und

- der Lohnfertiger nur relativ geringen unternehmerischen Risiken ausgesetzt ist und nur relativ geringe finanzielle Mittel einsetzt,[629]

so gilt die Produktionsgesellschaft als verlängerte Werkbank, der als Routineunternehmen ein geringer Funktionsnutzen zuzurechnen ist,[630] der ihr die Verwirklichung eines geringen aber stabilen Gewinns ermöglich soll.[631] Dem Dienstleistungscharakter der von ihr ausgeübten Funktion entsprechend[632] erscheint eine ausgabenbasierte Vergütung sachgerecht, die die gesamten mit der Herstellung und Markierung der materiellen Leistung in wirtschaftlichem Zusammenhang stehenden Ausgaben um einen in Anbetracht ihres geringen Funktions- und Risikoumfangs und Mitteleinsatzes vergleichsweise niedrigen Aufschlagssatz in Höhe von 5 - 10 % übersteigt.[633]

Sollte dies anderenfalls zu verneinen sein, weil der Funktions- und Risikobereich der Produktionsgesellschaft den des Lohnfertigers übersteigt, so ist dieser als Auftragsfertiger zu vergüten, der weder Lohnfertiger noch Eigenproduzent, sondern eine Mischform der beiden Erscheinungsformen ist. Denn in diesen Fällen übernimmt dieser nicht nur die Produktion einzelner Teile, einzelner Bearbeitungsschritte oder Großserienprodukte, verwirklicht dabei nur geringe unternehmerische Dispositionsfreiheiten, betreibt keinerlei eigene Forschung und Entwicklung, verfügt nicht über das Eigentum an den maßgeblichen immateriellen Vermögenswerten, übt die Beschaffungsfunktion nur eingeschränkt aus und verfügt weder über eine eigene Lagerhaltung noch einen eigenen Vertrieb, sondern übernimmt in einem geringen Umfang mehr als der Lohnfertiger die zusätzlichen Funktionen der Investitionsplanung, der Forschung und Entwicklung, der Produktionsplanung, der Lagerhaltung und des Einkaufs.[634]

Auch die an den Auftragsfertiger zu entrichtende Vergütung wird regelmäßig auf Basis seiner gesamten Produktionsausgaben bemessen. Allerdings übersteigt der ihm zu gewährende Gewinnaufschlag den eines Lohnfertigers wesentlich, weil er

[629] *Baumhoff, H.*, (Eigenproduzent versus Lohnveredler), S. 71.
[630] Vgl. *Kuckhoff, H. / Schreiber, R.*, (Verrechnungspreise), Rn. 213.
[631] Vgl. VWG-Verfahren, Tz. 3.4.10.2 a und VWG-Einkunftsabgrenzung 1983, Tz. 3.1.3.
[632] Vgl. *Baumhoff, H.*, (Eigenproduzent versus Lohnveredler), S. 59 unter Verweis auf die *OECD*, (Verrechnungspreisgrundsätze), Anm. 7.40 sowie *Kaminski, B.* in: *Strunk, G. / Kaminski, B. / Köhler, S.*, (Außensteuergesetz), § 1, Rn. 513.
[633] Vgl. *Baumhoff, H.*, (Eigenproduzent versus Lohnveredler), S. 73.
[634] Vgl. *Baumhoff, H.*, (Einkunftsabgrenzung), Rn. C 378.

insbesondere die umfänglichen Produktions-, Forschungs- und Entwicklungsfunktionen und die damit verbundenen Risiken abgelten soll.[635]

Im Ergebnis basiert die Vergütung demnach stets auf

$$\sum_{t=1}^{n} A_t^{HL} * (1 + GA_{LN}^{HL}) * (1 + i)^{-t}$$

mit A^{HL} = Ausgaben für die Herstellung der Leistung,

GA_{LN}^{HL} = Gewinnaufschlagssatz für die Herstellung der Leistung.

In der zweiten Sachverhaltskonstellation ist der Markeneigner in seiner Funktion als Lizenzverwertungsgesellschaft, welche die mit dem rechtlich geschützten Unterscheidungszeichen verbundenen positiven Benutzungs- und negativen Verbietungsrechte hält und verwaltet, ebenfalls als Routineunternehmen zu charakterisieren.[636]

Da dieser Funktion lediglich ein Dienstleistungscharakter innewohnt, mit der ein geringer Kapitaleinsatz und ein niedriges Risiko verbunden sind, sollte dem Markeneigner als Vergütung ein geringer, aber stabiler Gewinn zugerechnet werden, der seine Ausgaben, die im wirtschaftlichen Zusammenhang mit dem Halten und Verwalten der Markenrechte stehen, um einen geringen Gewinnaufschlag übersteigt.

Demnach basiert das zu verrechnende Entgelt auf den um diesen Aufschlagssatz erhöhten Ausgaben

$$\sum_{t=1}^{n} A_t^{HVW} * (1 + GA_{LG}^{HVW}) * (1 + i)^{-t}$$

und damit auf dem Mindestwert der Lizenz. Die Verrechnung des Entgelts erfolgt unter Berücksichtigung der Entgeltform und der Zahlungsmodalitäten.[637]

---

[635] Vgl. *Borstell, T.* in: *Vögele, A. / Borstell, T. / Engler, G.*, (Verrechnungspreise), Rn. N 149.

[636] Vgl. VWG-Verfahren, Tz. 3.4.10.2 a.

[637] Vgl. dazu beispielsweise 4.2.1.1.4.

4.2.2 Die Markenlizenz i.w.S.

Zielsetzung der nachfolgenden Darstellung ist die Verrechnung der Markenlizenz i.w.S. im Rahmen des Markenfranchising der Höhe nach, welches als besonderes System für den Vertrieb mit der Marke i.r.S. markierter Leistungen unter Nutzung des systematischen Absatzkonzeptes des Markeninhabers auf deren Entwicklung zu einer Marke i.S.d. Markenerfolgskettenansatzes gerichtet ist.

Für die Umsetzung dieses Ziels umfasst das dem Franchisenehmer dafür überlassene Leistungspaket zwingend eine Hersteller- und Markenlizenz i.e.S. sowie das systematische Absatzkonzept des Franchisegebers sowie in Abhängigkeit von der Markenfranchiseart optional die Erbringung von Dienstleistungen und die Lieferung der materiellen Leistung.

Auf Grund der unterschiedlichen Bestandteile des Leistungspaketes kann die Verrechnung der Markenlizenz i.w.S. der Höhe nach nicht nur auf die Ermittlung einer Lizenzgebühr als Gegenleistung für die Nutzungsüberlassung der immateriellen Wirtschaftsgüter wie der positiven Benutzungsrechte an der Marke i.r.S., dem Know How, den Patenten, Technologien abstellen, sondern muss zusätzlich ein Entgelt für die Erbringung der Dienstleistungen sowie, in Abhängigkeit von der vorliegenden Art des Markenfranchising, eines für die Lieferung der materiellen Leistung berücksichtigen.

Damit unterscheidet sich die Vergabe der Markenlizenz i.w.S. von der einer Markenlizenz i.e.S. stets durch den Umfang des dem Franchisenehmer überlassenen Leistungspakets, welches im Falle einer Markenlizenz i.e.S. ausschließlich die positiven Nutzungsrechte selbst sowie ggfs. marken- und leistungsbezogene Restriktionen beinhaltet. Dabei stellt die vertragliche Vereinbarung des Markenfranchising wie die Vermarktungs-, aber im Gegensatz zur einheitlichen Markenlizenz, auf die Vermarktung der Leistung des Franchisegebers ab.

4.2.2.1 Sachverhaltsanalyse

Für den **Franchisegeber** ist das Dauerschuldverhältnis als Marketing-, Organisations-, Führungs-, Expansions-, Finanzierungs- und Diversifikationsinstrument von Bedeutung.[638] Dabei strebt er mit der Vergabe einer Markenlizenz i.w.S. an ein konzerninternes Unternehmen i.d.R. einen räumlichen Transfer seiner markierten Leistung auf andere, bisher nicht bediente, internationale[639] Märkte an. Neben der Steigerung des Markenwerts durch den Aufbau internationaler Reputation kommen als Beweggründe für die Internationalisierung der

---

[638] Vgl. *Skaupy, W.,* (Franchising), S. 2448. Zu weiteren Einzelheiten, vgl. ebd.

[639] Nachfolgend wird davon ausgegangen, dass dieser über die nationalen Grenzen hinweg erfolgt, folglich ein internationaler Markentransfer bzw. eine internationale Markenstrategie vorliegt.

Marke insbesondere die Realisierung von Erfahrungs- und Größeneffekten infolge des höheren Absatzvolumens, der Risikostreuung und dem Ausweichen auf neue internationale Märkte bei Anbietern, die sich bisher auf Märkten mit geringen Wachstumsraten und hoher Wettbewerbsintensität bewegt haben, das beschränkte Potenzial anderer Wachstumsstrategien wie der Neuproduktstrategie in Betracht.[640] Neben der Reife des dem Franchisenehmer überlassenen Absatzkonzeptes charakterisiert das Markenfranchising die Entscheidung des Markeneigners für eine international standardisierte oder differenzierte Markenstrategie maßgeblich. Sie führt im Rahmen der internationalen Markenpositionierung entweder zu auch als Global Brands bezeichneten Weltmarken, die durch weltweit identische Markenzeichen, Positionierungen, übereinstimmende Markenwissensstrukturen und einheitliche sonstige strategische Grundausrichtungen gekennzeichnet sind, oder zu auch als Regional Brand bezeichneten regional differenzierten Marken, die mit verschiedenen Markenzeichen, Positionierungen und Produkten, aber unter Nutzung eines vergleichbaren Absatzkonzeptes auf den jeweiligen Märkten entwickelt werden. Darüber hinaus entscheidet der Grad der Standardisierung bzw. der Differenzierung über die Ausprägung der internationalen Markenstrategie.

Dabei werden selbst global stark standardisierte Marken wie zum Beispiel Coca Cola und die dazu gehörige immaterielle oder materielle Leistung im Regelfall an die Besonderheiten des jeweiligen nationalen Marktes anzupassen sein. Zu denken ist dabei an die Anpassung des Markenzeichens und -namens, die Werbekampagnen und Leistungsmerkmale, wie beispielsweise die Produktformel, Verpackungsgröße oder farbliche Gestaltung der Leistung.[641]

In Ausnahmefällen stellt die Vergabe der Markenlizenz i.w.S. nicht auf einen räumlichen, sondern auf einen sachlichen Markentransfer ab, bei dem das bereits erfolgreich implementierte Absatzkonzept des Markeneigners auf andere materielle oder immaterielle Leistungen, ggfs. auf einem identischen Markt, übertragen werden soll.[642]

Stellt das Markenfranchising nicht auf einen Markentransfer ab, so ist die Vergabe einer Markenlizenz i.w.S. auf die durch den Franchisevertrag sachlich, räumlich und zeitlich begrenzte Einstellung des Engagements des Markeneigners gerichtet, der sich von diesem Tätigkeitsbereich lösen möchte, indem er diesen durch eine konzerngebundene Unternehmung fortführen lässt.

---

[640] Vgl. *Sattler, H. / Völckner, F.*, (Markenpolitik), S. 140.

[641] Vgl. *Sattler, H. / Völckner, F.*, (Markenpolitik), S. 139 f.

[642] Einen solchen Markentransfer vollzog Ferrero mit seiner neuen Praline Rondnoir, die als andere Leistung auf einem identischen Absatzkonzept wie Rocher vermarktet wird.

Jeder dieser Sachverhalte kann sich dabei in Abhängigkeit von der Ausprägung der Wissensstrukturen der potentiellen Nachfrager in Gestalt der Markenbekanntheit und des –images innerhalb des räumlich und sachlichen Geltungsbereiches der Markenlizenz i.w.s. zum Zeitpunkt der Lizenzvergabe entweder auf ein ausschließlich rechtlich oder ein bereits wirtschaftlich werthaltiges[643] Unterscheidungszeichen beziehen, wobei Ziel ihrer Vergabe regelmäßig die Steigerung des wirtschaftlichen Werts der Marke sein wird.

Die Markenlizenz i.w.S. ist die Grundlage der unternehmerischen Tätigkeit des Franchisenehmers. Mit ihrer Vergabe beauftragt der Franchisegeber den Franchisenehmer implizit mit der Durchführung des Markentransfers und mit der Vermarktung der materiellen Leistung oder mit der Übernahme seiner bisherigen Tätigkeit. In Abhängigkeit von der Art des Markenfranchising hat dieser

- die materielle Leistung unter Anleitung des Franchisegebers herzustellen, zu markieren und anschließend unter dessen Marke i.r.S. und unter Verwendung dessen systematischen Absatzkonzepts zu vertreiben (Produktfranchising),

- die immaterielle Leistung unter Anleitung des Franchisegebers anzubieten (Dienstleistungsfranchising) bzw.

- die nicht von ihm selbst hergestellte, sondern ausschließlich von dem Franchisegeber oder einem fremden Dritten bezogene materielle Leistung nach den Vorstellungen des Franchisegebers zu vertreiben (Vertriebsfranchising).

Gleichzeitig überlässt der Franchisegeber diesem neben der Hersteller- und Markenlizenz i.e.s. sein systematisches Absatzkonzept, erbringt ggfs. darüber hinaus Dienstleistungen und liefert die materielle Leistung.

Deswegen ist der Franchisegeber einerseits verpflichtet, dem Franchisenehmer als dem von ihm beauftragten Unternehmen eine angemessene Vergütung für die von diesem erbrachte Leistung zu entrichten, und andererseits berechtigt, für die von ihm selbst erbrachte Leistung ein angemessenes Entgelt von diesem zu verlangen. Denn weder darf der Franchisenehmer als ordentlicher und gewissenhafter Geschäftsleiter dieses Dauerschuldverhältnis ohne einer seinem Wertbeitrag entsprechenden Gewinnerzielungsabsicht eingehen noch der Franchisegeber dem konzerngebundenen Franchisenehmer einen wirtschaftlichen Vorteil unentgeltlich gewähren, welchen er fremden Dritten nur gegen eine angemessene Vergütung ermöglicht.

---

643 Dies gilt selbst bei einem räumlichen Markentransfer auf einen Markt, auf dem bislang keine mit der Marke i.r.S. markierten Leistungen vertrieben wurden. So waren die Marke Coca Cola in Indien oder die Eismarke Häagen Dazs lange Zeit vor ihrer jeweiligen Markteinführung in weiten Teilen des Landes bekannt.

Daher erfolgt die Ermittlung der Entgeltforderung des Franchisegebers einerseits auf Grundlage der Bewertung des wirtschaftlichen Vorteils, welchen der Franchisenehmer infolge der Lizenzhereinnahme in Form einer Einnahmenveränderung durch die Vermarktung der markierten Leistung erzielt, und andererseits auf der Einnahmenzurechnung, welche gewährleistet, dass der Franchisenehmer zugleich u.a. für den von ihm im Auftrag des Franchisegebers erbrachten Wertbeitrag einen angemessenen Gewinn erzielt.[644]

Durch diese Berücksichtigung des Wertbeitrags des Franchisenehmers im Rahmen der Entgeltforderungen des Franchisegebers wird die Höhe seiner Entgeltforderung an die Gewinnerwartung des Franchisenehmers gekoppelt, indem ihm als Auftraggeber ausschließlich die Residualgröße aus den gesamten Einnahmen abzüglich derer verbleibt, die dem auftragnehmenden Franchisenehmer zuzurechnen sind, um daraus einen angemessenen Gewinn nach Abzug aller fremdbezogener Leistungen erzielen zu können.

In ihren Grundsätzen für die Prüfung der Einkunftsabgrenzung bei international verbundenen Unternehmen vom 23. Februar 1983 verwendet die deutsche Finanzverwaltung den Begriff des angemessenen Gewinnes[645] im Zusammenhang mit der Begrenzung der Höhe der von der Vertriebsgesellschaft zu tragenden Ausgaben der Markterschließung und der von dem konzerngebundenen Unternehmen zu leistenden Lizenzgebühr der Höhe nach. Auch der BFH gebraucht diese Begrifflichkeit in seinem Aquavit-Urteil vom 17.02.1993 für die Begrenzung der Ausgaben der Markterschließung für ein konzerngebundenes Vertriebsunternehmen der Höhe nach, ohne sie hinreichend zu konkretisieren. Der Urteilsbegründung zufolge ist dieser Begriff mit der Gewinnerzielungsabsicht des ordentlichen und gewissenhaften Geschäftsleiters gleichzusetzen, dessen Aufgabe es ist, ggfs. erst nach einer vertretbaren Anlaufzeit Gewinne zu erzielen und

---

[644] Die Höhe der von ihm als Gegenleistung für die Vergabe der Markenlizenz i.w.S. einzufordernden Gebühr bemisst sich auf Grundlage seines Wertbeitrages zur Veränderung der Einnahmensituation des Franchisenehmers. Sie umfasst die Einnahmen, die dieser nur auf Grund des ihm von dem Franchisegeber überlassenen Leistungspakets, d.h. der zur Nutzung überlassenen immateriellen Wirtschaftsgüter, ggfs. der gelieferten materiellen Leistungen sowie der erbrachten Dienstleistungen verwirklichen kann. Gleichzeitig darf das vom Franchisenehmer über die gesamte Vertragsdauer zu entrichtende Entgelt unter Berücksichtigung der mit dem Markenfranchising verbundenen Ausgaben und eines in Anbetracht dessen Risiko- und Funktionsbereichs angemessenen Gewinns dessen leistungs- und markenbezogenen Einnahmen nicht übersteigen, weil der Franchisenehmer andernfalls ohne Gewinnerzielungsabsicht fremdvergleichswidrig handeln würde.

[645] Die Finanzverwaltung verwendet den Begriff des Betriebsgewinnes. Nachfolgend wird ausschließlich der Begriff des Gewinns verwendet, welcher dem Überschuss der Einnahmen über die Ausgaben entspricht. Für seine Ermittlung wird nachfolgend unterstellt, dass die Zahlung der Entgelte bereits zum Zeitpunkt der Lizenzhereinnahme erfolgt. Die Zahlungsmodalitäten und die damit verbundenen Zinszahlungen bleiben insoweit unberücksichtigt.

diese nach Möglichkeit zu steigern. Denn alleiniges Ziel seines Geschäftsabschlusses ist der ihm als angemessen erscheinende produktbezogene Totalperiodengewinn, den er durch eine vorsichtige, vor dem Geschäftsabschluss für einen überschaubaren Kalkulationszeitraum aufzustellende kaufmännische Prognose ermitteln und durch die vorab erstellte Absatzplanung, Werbestrategie und Gewinnplanung für den Absatzzeitraum betriebswirtschaftlich belegen wird. Dabei entspricht der Gewinn der Höhe nach mindestens dem Gewinn, den er durch die Vermarktung eines vergleichbaren Konkurrenzproduktes realisieren könnte.[646] Über diesen Hinweis auf eine Nettohandelsspanne hinaus, die der ordentliche und gewissenhafte Geschäftsleiter verwirklichen könnte, wenn er vergleichbare Konkurrenzprodukte vertreiben würde, enthalten weder das Urteil des BFH noch die oben genannten Verwaltungsgrundsätze weitere Anhaltspunkte für eine Konkretisierung dieses Begriffs.

Die inhaltliche Bestimmung der Begrifflichkeit des Gewinnes erscheint unbefriedigend. Denn diesem kommt über die Begründung der wirtschaftlichen Betätigung des ordentlichen und gewissenhaften Geschäftsleiters eine weitere entscheidende Aufgabe zu, die *Kleineidam* in seinem Modell zur Ermittlung der Lizenzgebühr durch die Aufteilung des dem Lizenznehmer verbleibenden Gewinnes in einen anteilseigner- und einen institutionsbezogenen Erfolgsbeitrag beschrieben hat. Demnach sind die erfolgsverursachenden Eigenaktivitäten des Lizenznehmers, die nach *Kleineidam* anteilseignerbezogen eine der Kapitalmarktrendite entsprechenden Mindestverzinsung des Kapitaleinsatzes der Anteilseigner sowie ein das Haftungsrisiko der Anteilseigner abgeltendes Äquivalent in Höhe einer banküblichen Avalprovision und institutionsbezogen den mittels Erfolgsfaktorenanalyse ermittelten Wertbeitrag des Lizenznehmers umfassen, zu separieren und vor der Auskehrung an den Lizenzgeber zu schützen.[647]

Der Begriff des angemessenen Gewinnes ist folglich als die prinzipielle Absicht des ordentlichen und gewissenhaften Geschäftsleiters zu verstehen, durch seine eigene erfolgsverursachende Tätigkeit unter Einsatz seiner eigenen Erfolgsfaktoren einen Totalperiodengewinn zu erzielen. Erfolgsverursachende Tätigkeiten des Franchisenehmers sind insbesondere die Herstellung und/oder Vermarktung der markierten Leistung sowie die Entwicklung der Leistung zur Marke und die Steigerung der wirtschaftlichen Werthaltigkeit der Marke i.r.S.

Damit der Franchisegeber nicht von den Erfolgsfaktoren des Franchisenehmers profitieren kann und gleichzeitig einen angemessenen Gewinn für seine erfolgsverursachende Tätigkeiten erzielen kann, basiert die Ermittlung der Entgelte als

---

[646] Vgl. BFH v. 17.02.1993, I R 3 / 92, BStBl. II 1993, S. 458 f. sowie *Borstell, T.* in: *Vögele, A. / Borstell, T. / Engler, G.*, (Verrechnungspreise), Rn. N 295.

[647] Vgl. *Kleineidam, H.-J.*, (Lizenzen), S. 115 f., *Kuebart, J.*, (Verrechnungspreise), S. 204.

Gegenleistung für das Leistungspaket auf der Bewertung der Einnahmenveränderung und der Einnahmenzurechnung. Dabei umfasst die Einnahmenveränderung alle leistungs- und markenbezogenen Einnahmen, welche der Franchisenehmer infolge der Lizenzhereinnahme durch die Vermarktung der materiellen Leistung vereinnahmen kann. Nachdem die Ergebnisse der Einnahmenzurechnung, welche auf der Bewertung des Wertbeitrags des Franchisegebers basiert, zu Korrekturfaktoren zusammengefasst sind, ergibt sich die Einnahmenveränderung in Höhe von

$$\sum_{t=1}^{n} E_t^L * (1+i)^{-t} * (1-s) + \sum_{t=1}^{n} E_t^M * (1+i)^{-t} * (1-v),$$

welche Grundlage der Entgeltforderung des Franchisegebers ist. Im Anschluss kann diese unter Berücksichtigung der Entgeltform und Zahlungsmodalitäten zu maximal drei verschiedenen Entgelten verdichtet werden, welche der Franchisenehmer im Falle eines Produkt- oder Vertriebsfranchising als Entgelt für

- die Nutzungsüberlassung der Gesamtheit der immateriellen Wirtschaftsgüter, zu denen die Benutzungsrechte an dem rechtlich geschützten Unterscheidungszeichen, das leistungs- und markenbezogene Know How, die Patente sowie Technologien gehören, sowie ggfs. für

- die Lieferung der materiellen Leistung und für

- die Erbringung von Dienstleistungen

sowie im Falle eines Dienstleistungsfranchising maximal für die erste und letzte Leistung des Franchisegebers zu entrichten hat. Durch deren Verrechnung kann er einen Gewinn erzielen, wenn diese Entgelte seine mit dem Markenfranchise verbundenen Ausgaben nicht übersteigen.

Diese Vorgehensweise berücksichtigt die Sichtweise des **Franchisenehmers** zutreffend, welcher sich durch die Markenlizenz i.w.S. zur Vermarktung der markierten Leistung sowie regelmäßig zu ihrer Entwicklung zur Marke und ggfs. zur Herstellung bzw. Erbringung der Leistung verpflichtet.[648] Als ordentlicher und gewissenhafter Geschäftsleiter kann er ein solches Dauerschuldverhältnis nur in Erwartung eines angemessenen Totalperiodengewinns eingehen, der ihm nach Abzug aller Ausgaben für die fremdbezogenen Leistungen von den leistungs- und

---

[648] Dadurch unterscheidet sich die Vergabe der Vermarktungslizenz von der der Markenlizenz i.w.S. Denn beim Markenfranchising wird der Franchisenehmer mit der Vermarktung der Leistung und i.d.R. mit der Entwicklung der markierten Leistung zur Marke beauftragt. Bei der Vermarktungslizenz beinhaltet der Auftrag ausschließlich die Vermarktung der Leistung.

markenbezogenen Einnahmen als Ergebnis seiner erfolgsverursachenden Tätigkeiten verbleibt.[649]

4.2.2.2 Ganzheit der Leistung

Ziel der Bewertung der Ganzheit der Leistung ist die Bemessung des Leistungswerts in Höhe von

$$\sum_{t=1}^{n} E_t^L * (1+i)^{-t} * (1-s),$$

was die Bewertung der leistungsbezogenen Einnahmenveränderung sowie die Ermittlung des Korrekturfaktors s voraussetzt.

4.2.2.2.1 Einnahmenveränderung

Durch die Lizenzhereinnahme und die Vermarktung der materiellen bzw. immateriellen Leistung kann der Franchisenehmer stets leistungs- und ggfs. markenbezogene Einnahmen verwirklichen, deren Höhe für die Verrechnung angemessener Entgelte zu ermitteln ist.

Ebenso wie bei der Vermarktungslizenz basiert die Bewertung der leistungsbezogenen Einnahmenveränderung auf Grundlage der Funktion der Ganzheit der Leistung, welche auf die Verwirklichung des leistungsbezogenen Grundnutzens und nicht wie die der Marke auf die Erzielung eines emotionalen Zusatznutzens gerichtet ist, wobei letztere der nicht obligatorische Bestandteil der Leistung ist, weswegen der damit verbundene Nutzen gegenüber ersterem nachrangig ist.

---

[649]   Diese Vorgehensweise ist mit der Theorie des Funktionsnutzens vergleichbar. Deren Grundgedanke ist es, den Gesamtgewinn, den der Franchisenehmer durch den Verkauf der markierten Leistung als das wirtschaftliche Ergebnis aller ausgeführten Funktionen erzielen kann, zwischen den beteiligten Unternehmensteilen auf Grundlage der von ihnen ausgeübten Einzelfunktionen aufzugliedern, indem diesen jeweils ein bestimmter Ertrag, der sog. Funktionsnutzen, zugerechnet wird (vgl. *Becker, K.*, (Funktionsnutzen), S. 13). Vgl. u.a. *Kumpf, W.*, (Ergebnis- und Vermögenszuordnung), S. 399 ff., *Becker, H.*, (Besteuerung), S. 13 ff., *Becker, H.*, (Funktionsnutzen), S. 392, *Sieker, K.*, (Fremdvergleichsgrundsatz), S. 110, *Kroppen, H.-K.*, (Gewinnermittlung), S. 74 f. Dabei sind als Funktionen Bündel aus zusammengehörenden betrieblichen Aufgaben zu verstehen, die - wie die Beschaffung, Produktion, Vertrieb bzw. Marketing, Forschung und Entwicklung als klassische Betriebsbereiche (vgl. *Kuebart, J.*, (Verrechnungspreise), S. 310 f.) - stets nur einen Teilbereich der gesamten unternehmerischen Aufgabe umfassen, Ergebnis der Aufgabenteilung innerhalb des Unternehmensverbundes sind und demnach nicht sämtliche zur Verwirklichung der Gesamtwertschöpfung notwendigen Elemente umfassen können, allerdings komplementär nebeneinander stehen und sich in ihrer Gesamtheit zur Wertschöpfung ergänzen (vgl. *Baumhoff, H. / Ditz, X. / Greinert, M.*, (Funktionsverlagerung), S. 1946). Dabei entspricht der Funktionsgewinn der Normalverzinsung des für die jeweilige Funktion investierten Kapitals (vgl. *Baumhoff, H. / Ditz, X. / Greinert, M.*, (Funktionsverlagerung), S. 1950).

Da die Marke der funktional nicht notwendige Bestandteil der Leistung ist und die markierte Leistung stets über einen funktional notwendigen Bestandteil verfügt, der als die Ganzheit der Leistung auf die Erzielung des funktionalen Grundnutzens gerichtet ist, erfolgt die Ermittlung der leistungsbezogenen Einnahmenveränderung auf Grundlage der Bewertung des Grundnutzens der markierten Leistung.

Dafür ist die Einnahmenveränderung durch die Ganzheit der Leistung unter Berücksichtigung der für die Herstellung der Leistung notwendigen Ausgaben und der Gewährung eines angemessenen Gewinnzuschlags zu ermitteln, welcher aussagt, in welcher Höhe die Ganzheit der Leistung für die Einnahmenveränderung kausal ist. Die Höhe des Aufschlagssatzes ist auf Grundlage tatsächlicher Vergleichsdaten, wie beispielsweise der Verkaufspreise und Absatzmengen vergleichbarer nicht markierter Leistung, unter Berücksichtigung der Erfolgsfaktoren der Ganzheit der Leistung für jedes Jahr einzeln[650] festzusetzen. In diese Beurteilung sind insbesondere die Innovativität, die Einzigartigkeit, die schwierige Imitierbarkeit und das Produkt-, Produktions- sowie Vertriebs-Know How des Herstellers ebenso wie patentierte Herstellungsverfahren als Erfolgsfaktoren der Ganzheit der Leistung einzubeziehen. Somit dient der Gewinnaufschlag als Zurechnungsmaßstab, welcher die sachgerechte Ermittlung der leistungsbezogenen Einnahmenveränderung ermöglicht, ohne dabei die Höhe der markenbezogenen Einnahmen und damit der Lizenzgebühr zu beeinflussen.[651]

Als Ergebnis seiner Bewertung ergibt sich die leistungsbezogene Einnahmenveränderung in Höhe von

$$\sum_{t=1}^{n} A_t^L * (1 + GA_t^L) * (1 + i)^{-t} .^{652}$$

---

[650] Diese Betrachtung sollte beispielsweise den Produktlebenszyklus, die Bedrohung durch Markteindringlinge, Substitutionsgüter, die Verhandlungsmacht der Kunden und die Rivalität der Unternehmungen einer Branche sowie die Marktentwicklung berücksichtigen. Auf diese Weise soll die unterschiedliche Bedeutung der Erfolgsfaktoren im Zeitablauf erfasst werden.

[651] Da die markenbezogenen Einnahmen der Residualgröße zwischen den gesamten und den leistungsbezogenen Einnahmen entspricht, werden diese mittelbar von der Höhe des Gewinnaufschlags beeinflusst. Da dieser jedoch keine verhandelbare Größe ist, besteht durch die Gestaltung des Gewinnaufschlags, nicht die Möglichkeit, die Höhe der Lizenzgebühr zu beeinflussen. Vielmehr ist der Aufschlagssatz ein Aufteilungsmaßstab, der auf Grundlage von Vergleichen mit anderen Unternehmen oder Leistungen ermittelt wird und damit feststeht.

[652] Aus Vereinfachungsgründen werden der leistungs- und der markenspezifische Zinssatz gleichgesetzt. Grundsätzlich müsste dieser ebenso wie der der Marke spezifisch für eine nicht markierte funktionsadäquate Leistung ermittelt werden. Aufgrund des aufgezeigten Zusammenhangs zwischen den gesamten und den markenbezogenen Einnahmen ist der Kapitalisierungszinssatz für die gesamten Einnahmen von der Höhe des leistungs- und markenspezifischen Kapitalisierungszinssatzes und

4.2.2.2.2 Einnahmenzurechnung

In Abhängigkeit von der vorliegenden Art des Markenfranchising stellt der Franchisenehmer die materielle Leistung her bzw. erbringt die immaterielle Leistung selbst und vermarktet sie anschließend oder vertreibt ausschließlich die fremdbezogene markierte Leistung innerhalb des räumlichen Geltungsbereiches der Markenlizenz i.w.S. Folglich beinhaltet der Korrekturfaktor s auf Grund dieses unterschiedlichen Tätigkeitsumfangs entweder ausschließlich die erfolgsverursachende Eigenaktivität der Vermarktung der Ganzheit der Leistung oder zusätzlich die ihrer Herstellung und Erbringung.

Methodisch erfolgt die Berücksichtigung der unterschiedlichen Sachverhaltsgestaltungen dadurch, dass der Korrekturfaktor s entweder der Summe der beiden Bestandteile, d.h. s_{HL} für die Eigenaktivität der Herstellung bzw. Erbringung der Leistung und s_{VL} für die Vermarktung der markierten Leistung, oder ausschließlich s_{VL} entspricht.

4.2.2.2.2.1 Ermittlung von s_{HL+VL}

Im Falle eines Dienstleistungsfranchising erbringt und beim Produktfranchising stellt der Franchisenehmer die Leistung unter Anleitung des Franchisegebers her, der ihm dafür eine Herstellerlizenz als Bestandteil seines Leistungspaketes überlässt. Diese kann Patente, betriebswirtschaftliches und technisches Know How, Rezepturen und technischen Verfahren sowie ggfs. ein Leistungskonzept beinhalten, das besondere quantitative und qualitative Merkmale der Leistung verbal umschreibt.

Als Gegenleistung hat er dem Franchisegeber für die Nutzungsüberlassung der immateriellen Wirtschaftsgüter eine leistungsbezogene Lizenzgebühr zu entrichten, die den leistungsbezogenen Einnahmen vermindert um den Korrekturfaktor s_{HL+VL} entspricht. Voraussetzung für die Ermittlung ist die Bewertung der erfolgsverursachenden Eigenaktivität des Franchisenehmers, die anschließend zu dem Faktor s_{HL+VL} zusammengefasst wird.

Da der Franchisenehmer die Herstellung der Ware bzw. Erbringung der Dienstleistung unter Anleitung vornimmt, sind sein Funktions- und Risikobereich sowie sein Mitteleinsatz in Abhängigkeit vom Umfang der ihm überlassenen Herstellerlizenz im Vergleich zu einer nicht franchisegebundenen Unternehmung regelmäßig eingeschränkt.

Im Extremfall kann das zwischen den verbundenen Unternehmen bestehende Abhängigkeitsverhältnis eine transaktionsgebundene nicht selbstständige Lebensfähigkeit des Franchisenehmers begründen, wenn dieser auf Grund des

---

dem Verhältnis der leistungs- und markenbezogenen Einnahmen zu den gesamten Einnahmen abhängig.

Markenfranchisevertrages nicht über eine von dem Franchisegeber unabhängige Marktposition verfügt und keine eigenen Marktchancen realisieren kann, weil beispielsweise die Abnehmer der von ihm hergestellten markierten Leistung bereits vertraglich gebunden sind. In diesen Fällen wäre der Franchisenehmer die ver-längerte Werkbank des Franchisegebers, dessen Herstellungstätigkeit durch den Ersatz seiner infolge der Lohnfertigung entstandenen Ausgaben zuzüglich eines in Anbetracht seines geringen Funktions- und Risikoumfangs niedrigen Gewinnaufschlages zu vergüten ist, der zwischen 5 bis 10 % liegen kann[653].[654]

Regelmäßig wird der Funktions- und Risikobereich des Franchisenehmers den von einem Lohnfertiger idealtypisch wahrgenommenen Tätigkeitsbereich übersteigen, weil dieser nicht auf die Produktion einzelner Teile oder die Verrichtung einzelner Bearbeitungsschritte beschränkt ist, er nicht nur geringe unternehmerische Dispositionsfreiheiten verwirklichen kann, keine eigene Forschung und Entwicklung betreibt, die Beschaffungsfunktion nur eingeschränkt ausübt und über keine eigene Lagerhaltung und Vertrieb verfügt.[655] Vielmehr übernimmt er zusätzliche Funktionen der Investitionsplanung, der Produktionsplanung, der Lagerhaltung und des Einkaufs in einem geringen Umfang mehr als der Lohnfertiger und setzt dabei ggfs. eigene Maschinen ein. Deswegen ist der Franchisenehmer regelmäßig[656] als Auftragsfertiger zu vergüten, der weder Lohnfertiger noch Eigenproduzent ist, sondern eine Mischform der beiden Erscheinungsformen darstellt.[657]

Auch die an den Auftragsfertiger zu entrichtende Vergütung wird regelmäßig auf Basis seiner gesamten Produktionsausgaben bemessen. Allerdings übersteigt der ihm zu gewährende Gewinnaufschlag den eines Lohnfertigers, weil er insbesondere die umfänglichen Produktions-, Forschungs- und Entwicklungsfunktionen und die damit verbundenen Risiken abgelten soll.[658] Für die Bemessung des Gewinnaufschlages sollte jedoch der in Abhängigkeit von dem Sachumfang der Herstellerlizenz eingeschränkte Funktions- und Risikobereich berücksichtigt werden.

---

[653] Vgl. *Baumhoff, H.*, (Eigenproduzent versus Lohnveredler), S. 73.

[654] Vgl. *Kuckhoff, H. / Schreiber, R.*, (Verrechnungspreise), Rn. 213.

[655] Vgl. *Baumhoff, H.*, (Einkunftsabgrenzung), Rn. C 378.

[656] Weil der Franchisenehmer auch die Vertriebsfunktion übernimmt und damit keine Abnahmegarantie vom Franchisegeber erhält, wird eine solche Unternehmenscharakterisierung der Regelfall sein.

[657] Zu den von dem Auftragsfertiger wahrgenommenen Funktionen und übernommenen Risiken, vgl. die Darstellung zur Produktmarkierungslizenz, insbesondere die Abbildung 46.

[658] Vgl. *Borstell, T.* in: *Vögele, A. / Borstell, T. / Engler, G.*, (Verrechnungspreise), Rn. N 149.

Damit entspricht die Einnahmenzurechnung für die Herstellung der Leistung im Ergebnis stets

$$\sum_{t=1}^{n} A_t^{HL} * (1 + GA_{FN}^{HL}) * (1 + i)^{-t}$$

mit A^{HL} = Ausgaben für die Herstellung der Ganzheit der Leistung,

GA_{FN}^{HL} = Gewinnaufschlagssatz für die Herstellung der Ganzheit der Leistung,

FN   = Franchisenehmer.

Nur in Ausnahmefällen ist der Franchisenehmer davon abweichend als Eigenproduzent und somit als Strategieträger zu charakterisieren, der unter Gewährung einer deutlich höheren Gewinnmarge zu vergüten ist. Dies ist beispielsweise der Fall, wenn er entgegen der typischen Gestaltung des Markenfranchise zudem die Funktionen der gesamten Investitionsplanung, des Einkaufs, der In- und Outbound Logistik, der Gewährleistung, des Kundendiensts, der Produktionsplanung sowie die Maßnahmen der Produktpolitik durchführt und zusätzlich über den Inhalt des Franchise hinausgehende Forschung und Entwicklung betreibt sowie die damit verbundenen Risiken fehlgeschlagener Forschungs- und Entwicklungsmaßnahmen ebenso wie das Auslastungs-, Markt-, Lager-, Währungs-, Preis-, Gewährleistungs- und Produkthaftungsrisiko trägt und dabei eigenes Produktions- und Produkt Know How und einen eigenen Maschinenpark einsetzt.[659]

In diesem Fall ergibt sich das Problem, dass dem Franchisenehmer selbst als Strategieträger die Residualgröße nach Abzug aller fremdbezogenen Leistungen verbleibt und folglich nicht sein eigener, sondern die Wertbeiträge der anderen Leistungsträger zu bewerten sind. Demnach ergibt sich das Entgelt für die Nutzungsüberlassung der Herstellerlizenz nicht als Residualgröße aus der Differenz zwischen den gesamten leistungsbezogenen Einnahmen des Franchisenehmers und seines eigenen Wertbeitrags, sondern ist isoliert zu ermitteln.

Die Bemessung des Entgeltes könnte in diesem Ausnahmefall durch die Isolierung des Wertbeitrages des Franchisenehmers gelingen, den dieser ohne die Nutzungsüberlassung der Herstellerlizenz hätte verwirklichen können. Demnach könnte der Wert der leistungsbezogenen Bestandteile des Leistungspakets in Form einer Ausgabenersparnis oder einer höheren Einnahmenveränderung festgestellt werden. Der Höhe nach wird der Franchisenehmer die daraus folgende Einnahmenzurechnung jedoch auf die Differenz zwischen seiner gesamten Einnahmenveränderung und seinen leistungsbezogenen Ausgaben begrenzen, die er

---

[659]   Zur idealtypischen Funktionsdichte der Produktionsgesellschaft, vgl. *Schreiber, R:* in: *Becker, H. / Kroppen, H.-K.* (Hrsg.), (Handbuch Verrechnungspreise), VerwGr. Verf., Anm. 175.

um einen seinem Funktions- und Risikoumfang angemessenen Gewinnaufschlag erhöhen wird, weil andernfalls die Hereinnahme der Markenlizenz i.w.S. aus seiner Sicht irrational wäre.

Nach erfolgreicher Herstellung und Markierung der Leistung hat der Franchisenehmer diese ebenfalls unter Anleitung des Franchisegebers zu vertreiben. Da er diese Tätigkeit ebenfalls ausschließlich in Erwartung eines Gewinns ausführt, ist auch sie in Abhängigkeit von der Funktionsdichte seiner Vertriebsfunktion zu bewerten. Dafür ist die Vertriebsfunktion einer Funktionsanalyse zu unterziehen, die seinen Funktions- und Risikoumfang sowie seinen Mitteleinsatz untersucht und seine anschließende Kategorisierung als Routine-, Hybridunternehmen oder Strategieträger ermöglicht.[660]

Soweit die Franchisevereinbarungen die wesentlichen strategischen Komponenten der leistungsbezogenen Produkt-, Preis-, Distributions- und Kommunikationspolitik vorgeben sowie der Franchisenehmer keinen eigenen Kundenstamm oder Markennamen einsetzt und vornehmlich das Marketing- und Produkt Know How des Franchisegebers verwertet, ist er regelmäßig nicht als Strategieträger, sondern vielmehr als Hybridunternehmen zu charakterisieren. Als solches übernimmt er weder die Gesamtheit der mit der Vermarktung der Leistung verbundenen Funktionen noch trägt er die damit verbundenen Risiken des Marktes, der Lagerhaltung, der Währungsschwankungen und der Garantie. Vielmehr übernimmt er als Hybridunternehmen lediglich die Funktionen der Kundenpflege, des Verkaufs, der Auftragsbearbeitung, der Lagerhaltung und der Outbound Logistik ebenso wie die Rechnungserstellung und den Kundendienst nebst den damit verbundenen Risiken. Unterschreitet die Funktionsdichte des Franchisenehmers die eines Hybridunternehmens, ist er als sog. Limited Risk Distributor davon abweichend als Routineunternehmen zu kategorisieren.[661] Derartige Sachverhaltsgestaltungen sind nur dann möglich, wenn der Franchisegeber die Risiken der Vertriebstätigkeit übernimmt.

Die Kategorisierung des Franchisenehmers auf Basis seines Funktionsumfangs übt einen entscheidenden Einfluss auf die Höhe des ihm zu gewährenden Gewinnaufschlags aus. Dieser korreliert mit dem Umfang der von diesem ausgeübten Funktionen sowie übernommenen Risiken und ist umso höher, je größer die Funktionsdichte des Franchisenehmers ist. Deswegen ist der Gewinnaufschlag,

---

[660] Vgl. dazu die Darstellungen zur Vermarktungslizenz, insb. 4.2.1.2.2.

[661] Zur Darstellung des idealtypischen Funktions- und Risikoumfanges der Vertriebsformen, vgl. u.a. *Schreiber, R.* in: Handbuch der Internationalen Verrechnungspreise, VerwGr.Verf., Anm. 174.

der dem Routineunternehmen gewährt wird, geringer als der des Hybridunternehmens, der wiederum unter dem des Strategieträgers liegt.[662]

Neben der Funktionsdichte des Franchisenehmers beeinflusst der wirtschaftliche Wert des ihm im Zuge des Franchisevertrages überlassenen Leistungspaketes die Höhe des ihm zu gewährenden Gewinnaufschlages, weil der Franchisenehmer im Zuge der Lizenzhereinnahme von dem betriebswirtschaftlichen Know How, dem Kundenstamm, den Vertriebswegen, der Werbung, der Bekanntheit, dem Image und dem Produktkonzept des Franchisegebers profitieren kann und dadurch der Umfang seiner erfolgsverursachenden Tätigkeit im Vergleich zu einer franchiseungebundenen vergleichbaren Unternehmung entsprechend geringer ist. Sollte der Franchisenehmer ausschließlich vom Wissen, den Erfahrungen und den schon erbrachten Leistungen des Franchisegebers profitieren, sollte der ihm zu gewährende Gewinnaufschlag den eines vergleichbaren nicht franchisegebundenen Unternehmens unterschreiten. Bringt er andernfalls seinen eigenen Kundenstamm und weitere Ressourcen ein, kann dies ggfs. einen über dem Vergleichsaufschlagssatz liegenden Ansatz rechtfertigen.

Unabhängig von der Kategorisierung der Vertriebsgesellschaft sollten die leistungsbezogenen Einnahmen die Bemessungsgrundlage des Gewinnaufschlages sein, weil nur so eine erfolgsabhängige und nicht ausgabenbasierte Vergütung des Vertriebstätigen gewährleistet werden kann. Folglich sind dem Franchisenehmer als Gegenleistung für die Vermarktung der Ganzheit der Leistung Einnahmen in Höhe von

$$\sum_{t=1}^{n} A_t^{VL} * (1+i)^{-t} + \sum_{t=1}^{n} E_t^{L} * GA_{R/H/S}^{VL} * (1+i)^{-t}$$

mit A^{VL} = Ausgaben Vermarktung der Ganzheit der Leistung,

GA^{VL} = Gewinnaufschlagssatz Vermarktung der Ganzheit der Leistung,

R = Routineunternehmen,

H = Hybridunternehmen,

S = Strategieträger

zuzurechnen. Der zu gewährende Gewinnaufschlagssatz sollte geringer sein als der einer vergleichbaren Bruttomarge, weil mit einer solchen, zugleich die Ausgaben abgegolten werden, die vorliegend separat berücksichtigt werden.

---

[662] Der Gewinnaufschlag korreliert positiv mit dem Umfang der ausgeübten Funktionen und getragenen Risiken. Vgl. u.a. *Kaminski, B.*, (Verrechnungspreisprobleme), S. 669 sowie *Baumhoff, H. / Bodenmüller, R.*, (Verlagerung betrieblicher Funktionen), S. 363.

Insgesamt nimmt der Franchisenehmer eine Einnahmenzurechnung in Höhe von

$$\sum_{t=1}^{n} E_t^L * (1+i)^{-t} * s_{HL+VL}$$

$$\text{mit } s_{HL+VL} = \frac{\sum_{t=1}^{n} A_t^{HL} * (1+GA_{FN}^{HL}) * (1+i)^{-t} + \sum_{t=1}^{n} A_t^{VL} * (1+i)^{-t} + \sum_{t=1}^{n} E_t^L * GA_{R/H/S}^{VL} * (1+i)^{-t}}{\sum_{t=1}^{n} E_t^L * (1+i)^{-t}}$$

vor, die ihn zur Zahlung einer leistungsbezogenen Lizenzgebühr in jedem Zeitjahr für die Herstellerlizenz veranlasst, welche i.d.R. entweder jährlich gleich bleibend oder von der hergestellten Leistungsmenge abhängig ist,

$$\left[\sum_{t=1}^{n} E_t^L * (1+i)^{-t} * (1-s_{HL+VL}) \right] * ANF \text{ oder } \left[\frac{\sum_{t=1}^{n} E_t^L * (1+i)^{-t} * (1-s_{HL+VL})}{\sum_{t=1}^{n} m_t} * m_t \right] * (1+i)^t ,$$

und ihm in Höhe von

$$\sum_{t=1}^{n} A_t^{HL} * GA_{FN}^{HL} * (1+i)^{-t} + \sum_{t=1}^{n} E_t^L * GA_{R/H/S}^{VL} * (1+i)^{-t}$$

einen leistungsbezogenen Gewinn garantiert.

Dies gilt grundsätzlich auch dann, wenn der Franchisenehmer keine materielle Leistung herstellt, sondern eine immaterielle Leistung erbringt. Denn auch in diesen Fällen ist das leistende Unternehmen bestrebt, über die Deckung der eigenen Ausgaben hinaus mit der erfolgsverursachenden Tätigkeit einen angemessenen Gewinn zu erwirtschaften, der unter Berücksichtigung seines Funktions- und Risikoumfangs in Abhängigkeit von seiner Charakterisierung als Strategieträger, Routine- oder Hybridunternehmen zu bemessen ist. Allerdings unterbleibt in diesen Fällen eine Unterscheidung zwischen Herstellung und Vertrieb der Dienstleistung, so dass sich die Einnahmenzurechnung auf die gesamten Ausgaben und die Gewährung des Gewinnaufschlages auf die gesamte Tätigkeit des Franchisenehmers bezieht. Folglich entspricht der Korrekturfaktor s in diesen Fällen

$$s_{HL+VL} = \frac{\sum_{t=1}^{n} A_t^L * (1+i)^{-t} + \sum_{t=1}^{n} E_t^L * GA_{R/H/S}^{VL} * (1+i)^{-t}}{\sum_{t=1}^{n} E_t^L * (1+i)^{-t}} .$$

4.2.2.2.2.2 Ermittlung von s_{VL}

Soweit der Franchisenehmer die materielle Leistung innerhalb des Produktfranchising nicht selbst herstellt und sie wie in den Fällen des Vertriebsfranchising entweder vom Franchisegeber selbst oder einem konzerngebundenen Unternehmen oder fremden Dritten erwirbt, beschränkt sich sein Tätigkeitsbereich auf die Vermarktung der materiellen Leistung, für die der Franchisenehmer entsprechend des von ihm erbrachten Wertbeitrages zu vergüten ist. Als ordentlicher und gewissenhafter Geschäftsleiter muss er aus dieser Tätigkeit einen produktbezogenen Gewinn verwirklichen können.[663]

In Abhängigkeit von der Gestaltung des Markenfranchising verbleiben dem Franchisenehmer die leistungsbezogenen Einnahmen nach Abzug eines Entgeltes für die Lieferung der materiellen Leistung an den Franchisegeber selbst oder einen Dritten sowie einer leistungsbezogenen Lizenzgebühr.

Bezieht der Franchisenehmer die Leistung von einem nicht verbundenen Unternehmen, so ist er rechtsgeschäftlich verpflichtet, diesem das vereinbarte Entgelt als Gegenleistung für die Lieferung der materiellen Leistung zu entrichten. Die Höhe seiner leistungsbezogenen Ausgaben entspricht grundsätzlich dem vereinbarten Entgelt (ET) in Höhe von

$$\sum_{t=1}^{n} ET_t^{FL} * (1+i)^{-t}$$

mit FL = Fremdbezug der Leistung.

Die Zahlung dieses Entgeltes erfolgt i.d.R. in jedem Lizenzjahr separat entweder als gleich bleibende Annuität oder als mengenabhängiges Entgelt in Höhe von

$$\left[\sum_{t=1}^{n} ET_t^{FL} * (1+i)^{-t}\right] * ANF \text{ oder } \left[\frac{\sum_{t=1}^{n} ET_t^{FL} * (1+i)^{-t}}{\sum_{t=1}^{n} m_t} * m_t\right] * (1+i)^{t}.^{[664]}$$

Sollte der Franchisenehmer die markierte Leistung von einem verbundenen Unternehmen erhalten, ist die Fremdvergleichskonformität der Gegenleistung zu überprüfen. Dafür ist der vereinbarte Preis mit dem Entgelt zu vergleichen, das fremde Dritte für die Lieferung gleichartiger Güter oder Waren in entsprechenden Mengen in dem belieferten Absatzmarkt auf vergleichbarer Handelsstufe und Lieferungs- und Zahlungsbedingungen unter den Verhältnissen wirtschaftlich

---

[663] Vgl. *Borstell, T.* in: *Vögele, A. / Borstell, T. / Engler, G.*, (Verrechnungspreise), Rn. N 295.

[664] Vgl. dazu beispielsweise 4.2.1.2.3.3.2 und 4.2.1.2.3.3.3.

ähnlicher Märkte vereinbart haben oder hätten.[665] Der Prüfung der Vergleichbarkeit sowie der ggfs. notwendigen Anpassungsrechnung zugrunde zu legen sind die preisdeterminierenden Faktoren, zu denen insbesondere die besondere Art, Beschaffenheit, Qualität und der Innovationsgehalt der gelieferten Güter und Waren, die Verhältnisse des Marktes, auf welchem die Güter gehandelt werden, die Funktionen und Handelsstufen der beteiligten verbundenen Unternehmen sowie die besonderen Liefervereinbarungen wie Zahlungsfristen, Rabatte, Skonti, Gewährleistungen und die ggfs. bestehenden besonderen Wettbewerbssituationen gehören.[666]

Erhält der Franchisenehmer die Leistung von einer von ihm beauftragten konzerngebundenen Produktionsgesellschaft hat er dieser als Gegenleistung für die Herstellung und Lieferung der Leistung ein angemessenes Entgelt zu entrichten, das in Anbetracht ihrer geringen Funktionsdichte ihre Ausgaben um einen geringen Gewinnaufschlag übersteigt. Da die konzerngebundene Unternehmung durch die Abnahmegarantie des Franchisenehmers weder über eigene Marktchancen verfügt noch Marktrisiken trägt, ist sie regelmäßig als Lohnfertiger zu charakterisieren.[667]

Demnach verbleibt dem Franchisenehmer für eine Einnahmenzurechnung zu seinen Gunsten und die Zahlung einer leistungsbezogenen Lizenzgebühr für die Nutzungsüberlassung der Herstellerlizenz, die ggfs. neben der quantitativen und qualitativen Beschreibung der materiellen Leistung auch leistungsbezogenes Preis-, Distributions-, Kommunikations- und Produkt-Know How beinhaltet, nur die Residualgröße aus den gesamten leistungsbezogenen Einnahmen und dem Entgelt für die Lieferung der materiellen Leistung. Von dieser wird dem Franchisenehmer eine Gegenleistung für seine Vertriebstätigkeit unter Berücksichtigung seiner Funktions- und Risikodichte und der damit einhergehenden Unternehmenskategorisierung zugerechnet, die neben den Ausgaben seiner Vertriebstätigkeit einen angemessenen Gewinn beinhaltet.[668] Für die Zahlung einer leistungsbezogenen Lizenzgebühr verbleibt eine Restgröße in Höhe von

$$\sum_{t=1}^{n}(E_t^L - ET_t^{FL} - A_t^{VL} - E_t^L * GA_{R/H/S}^{VL}) * (1+i)^{-t} .$$

Dabei kann es zu ihrer Verrechnung nur dann kommen, wenn der Franchisenehmer durch ihre Hereinnahme entweder höhere leistungsbezogene Einnahmen verwirklichen kann oder geringe Ausgaben tätigen muss.

---

[665] VWG-Einkunftsabgrenzung 1983, Tz. 3.1.1.

[666] VWG-Einkunftsabgrenzung 1983, Tz. 3.1.2.1.

[667] Vgl. *Baumhoff, H.*, (Einkunftsabgrenzung), Rn. C 378.

[668] Vgl. dazu entweder die Darstellungen zum Korrekturfaktor s_{HL+VL} oder zur Vermarktungslizenz, dabei insbesondere zur Ermittlung des Korrekturfaktors s.

Demnach entspricht der Korrekturfaktor

$$s_{VL} = \frac{\sum_{t=1}^{n} ET_t^{FL} *(1+i)^{-t} + \sum_{t=1}^{n} A_t^{VL} *(1+i)^{-t} + \sum_{t=1}^{n} E_t^{L} * GA_{R/H/S}^{VL} *(1+i)^{-t}}{\sum_{t=1}^{n} E_t^{L} *(1+i)^{-t}},$$

so dass dem Franchisenehmer in Höhe von

$$\sum_{t=1}^{n} E_t^{L} *(1+i)^{-t} * s_{VL}$$

leistungsbezogene Einnahmen verbleiben und er einen leistungsbezogenen Gewinn in Höhe von

$$\sum_{t=1}^{n} E_t^{L} * GA_{R/H/S}^{VL} *(1+i)^{-t}$$

verwirklichen kann.[669]

Sollte der Franchisegeber als Zahlungsempfänger der leistungsbezogenen Lizenzgebühr zugleich das Entgelt für die Lieferung der materiellen Leistung vergütet bekommen, so sollten beide Entgelte in Anbetracht der Auffassung der deutschen Finanzverwaltung, die eine separate Verrechnung der Lizenzgebühr nicht anerkennen wird, zu einem einheitlichen Verrechnungspreis für die materielle Leistung zusammengefasst werden.[670] Als mengenabhängiges Entgelt entspricht dieser in jedem Zeitjahr

$$\left[\frac{\sum_{t=1}^{n} E_t^{L} *(1+i)^{-t} *(1-s_{VL})}{\sum_{t=1}^{n} m_t} * m_t \right] *(1+i)^{t}.$$

4.2.2.3 Ganzheit der Marke

Ziel der Bewertung der Ganzheit der Marke ist der Lizenzwert in Höhe von

$$\sum_{t=1}^{n} E_t^{M} *(1+i)^{-t} *(1-v),$$

welcher die Bewertung der Einnahmenveränderung sowie die Ermittlung des Korrekturfaktors v verlangt und Voraussetzung für die Verrechnung der Lizenzgebühr ist.

---

[669] Diesen Gewinn kann der Franchisenehmer erzielen, wenn er alle Entgelte bereits zum Zeitpunkt der Hereinnahme der Markenlizenz i.w.S. entrichten würde. Die Zahlungsmodalitäten bleiben für seine Ermittlung unberücksichtigt.

[670] So aus den VWG-Einkunftsabgrenzung 1983, Tz. 3.1.2.3 abzuleiten.

4.2.2.3.1 Einnahmenveränderung

Ausgangspunkt der Ermittlung der markenbezogenen Einnahmenveränderung ist die Bewertung des Markenlizenzwertes unter Berücksichtigung der sachlichen, räumlichen und zeitlichen Einschränkungen des Markenfranchisevertrages.

Da sich diese nicht von der Bewertung des Markenlizenzwertes unterscheidet, die der Verrechnung der Markenlizenz i.e.S. der Höhe nach zugrunde liegt, darf auf das dazu bereits Dargelegte verwiesen werden.[671]

4.2.2.3.2 Einnahmenzurechnung

Die Markenlizenz i.w.S. begründet im Gegensatz zur Markenlizenz i.e.S. regelmäßig eine vertragliche Verpflichtung des Franchisenehmers, die markierte Leistung unter Verwertung des systematischen Absatzkonzeptes des Franchisegebers zu einer Marke entlang der Markenerfolgskette zu entwickeln. Deswegen ist neben dem für die Entstehung der wirtschaftlichen Werthaltigkeit der Marke i.r.S. ursächlichen Wertbeitrag des Franchisenehmers und seinen markenbezogenen Ausgaben auch die damit verbundene Leistung für die Aufteilung der Einnahmenveränderung und die Ermittlung des Korrekturfaktors v kausal.

Folglich sind im Unterschied zur Markenlizenz i.e.S. die markenbezogenen Einnahmenveränderung infolge der Ermittlung des Kriteriums der Ursächlichkeit aufzuteilen, anschließend die markenbezogenen Ausgaben des Franchisenehmers zu berücksichtigen und abschließend die vom Franchisenehmer erbrachte Markentransferleistung[672] zu bewerten und zu vergüten. Erst dann können die ökonomischen Markenwirkungen zwischen dem Franchisenehmer und Franchisegeber sachgerecht unter Verwendung des markenbezogenen Korrekturfaktors v aufgeteilt werden. Demnach erhält der Franchisenehmer markenbezogenen Einnahmen in Höhe von

$$\sum_{t=1}^{n} E_t^M * (1+i)^{-t} * v$$

und der Franchisegeber die verbleibenden ökonomischen Markenwirkungen in Höhe von

---

[671] Vgl. dazu die Darstellungen zur Umsetzung der Verrechnung der einheitlichen Markenlizenz der Höhe nach ab 4.2.1.1.2.

[672] Dabei wird davon ausgegangen, dass das Markenfranchising mit einem Markentransfer der Marke i.r.S. einhergeht. Übernimmt der Franchisenehmer die Tätigkeit des Franchisegebers und baut die markierte Leistung innerhalb dieses Lizenzgebietes zur Marke auf, so wird diese Leistung ebenfalls als Markentransfer betrachtet und vergütet.

$$\sum_{t=1}^{n} E_t^M * (1+i)^{-t} * (1-v).$$

4.2.2.3.2.1 Aufteilung der ökonomischen Markenwirkungen

Die Aufteilung der ökonomischen Markenwirkungen basiert auf dem Kriterium der Ursächlichkeit. Demnach erfolgt eine Zurechnung der markenbezogenen Einnahmenveränderung an denjenigen, dessen markenpolitische Bemühungen unter Berücksichtigung der operativen, finanziellen und konzeptionellen Ebene der Markenpolitik für die verhaltensbezogenen Markenwirkungen verantwortlich ist, welche Grundlage für die ökonomischen Wirkungen sind. Deswegen sind Gegenstand der Aufteilung nur die ökonomischen Markenwirkungen, für deren Verwirklichung der Wertbeitrag des Franchisenehmers auch kausal sein kann. Sie umfassen i.d.R. nur die Einnahmenveränderung in Höhe von

$$\sum_{t=1}^{n} (E_t^M - E_0^M) * (1+i)^{-t},$$

weil für die Einnahmenveränderung in Höhe von

$$\sum_{t=1}^{n} E_0^M * (1+i)^{-t} \text{ [673]}$$

außer in den Fällen der Vertragsverlängerung der Wertbeitrag des Franchisegebers verantwortlich ist.[674]

Die Ermittlung des Kriteriums der Ursächlichkeit ist Gegenstand der Analyse der Marke. Sie ist allerdings nur dann notwendig, wenn der Franchisenehmer prinzipiell geeignet ist, über die Lizenzdauer einen Wertbeitrag zu erbringen, der für die ökonomischen Markenwirkungen kausal sein kann. Davon ist nicht auszugehen, wenn dieser wie ein Eigenhändler als Routineunternehmen anzusehen ist, das nicht dafür ausgestattet ist, die mit den markenpolitischen Maßnahmen verbundenen Funktionen und Risiken zu übernehmen. Deswegen ist eine Analyse der Marke nur dann notwendig, wenn der Franchisenehmer mindestens als Hybridunternehmen zu charakterisieren ist. Für diese Beurteilung sind die Ergebnisse der Funktions- und Risikoanalyse der Markenpolitik heranzuziehen, die u.a. die in der nachfolgenden Tabelle dargestellten Kriterien untersucht.

---

[673] Diese Einnahmenveränderung wird als konstante Größe betrachtet.

[674] Vgl. dazu 4.2.1.1.3.1 Kriterium der Ursächlichkeit.

	Strategieträger	Hybridunter-nehmen	Routineunter-nehmen
Preispolitik	+	+/-	+/-
Kundendienst	+	+	+/-
Marktforschung	+	+/-	-
Marketing (Strategie und Umsetzung)	+	-	-
Werbung	+	+	+
Auswahl von lokalen Ver-triebspartnern	+	+	-

Abbildung 47: Verkürzte Darstellung der typischerweise übernommenen Funktionen der jeweiligen Unternehmensform.[675]

Sollte die Funktions- und Risikoanalyse der Markenpolitik ergeben, dass der Franchisenehmer in Abhängigkeit von seiner Funktionsdichte als Routineunternehmen anzusehen ist, oder die Analyse der Marke ergeben, dass sein Wertbeitrag als Strategieträger oder Hybridunternehmen nicht für die Entstehung und Wirkungen der Marke ursächlich ist,[676] so scheidet eine Zurechnung der ökonomischen Markenwirkungen zu Gunsten des Franchisenehmers auf Basis seiner markenpolitischen Bemühungen auf Grund der fehlenden Kausalität zwischen seinem Wertbeitrag und ihrer Verwirklichung aus.[677] Dies führt dazu, dass dem Franchisegeber die gesamten ökonomischen Markenwirkungen zugerechnet werden, obwohl der Franchisenehmer den dem Markenfranchising regelmäßig zugrunde liegenden räumlichen und/oder sachlichen Markentransfer durchgeführt hat.

Diese Zurechnung verkennt allerdings den Sachverhalt, dass der Franchisenehmer einen Markentransfer erbracht hat, für den er eine Vergütung verlangen kann. Dies gilt insbesondere für die Markentransferleistung des Franchiseneh-

---

[675] *Baumhoff, H. / Bodenmüller, R.*, (Verlagerung betrieblicher Funktionen), S. 359 f.

[676] Dafür sind insbesondere die für die Analyse der Marke getroffenen Annahmen maßgeblich, denen zufolge der Franchisenehmer in Abhängigkeit von der Entwicklungsreife des systematischen Absatzkonzeptes einen geringen Einfluss auf die konzeptionelle Ebene der Markenpolitik ausüben kann und nur für die Maßnahmen, zu deren Durchführung er vertraglich nicht verpflichtet ist, die damit verbundenen Ausgaben übernehmen wird. Vgl. dazu die nachfolgende Darstellung der Analyse der Marke.

[677] Vgl. dazu die Darstellungen zur Vermarktungslizenz, vgl. 4.2.1.2.3.2.

mers, mit denen er allein die Grundlagen für den wirtschaftlichen Erfolg der Marke durch die Verwirklichung der verhaltensbezogenen Markenwirkungen in dem relevanten Lizenzgebiet aufgebaut hat und gleichzeitig nicht von deren ökonomischen Markenwirkungen profitiert, da er nicht einmal für die von ihm in Form des Markentransfers erbrachte Leistung vergütet wird. Dass ein solcher Zurechnungsmaßstab nicht fremdvergleichskonform sein kann, ist offenkundig, weil ein ordentlicher und gewissenhafter Geschäftsleiter eine derartige Leistung nur dann erbringen würde, wenn er daraus einen wirtschaftlichen Nutzen erlangen könnte. Deswegen sollte der Franchisenehmer trotz der Gewissheit, nicht selbst für die Entstehung und Wirkung der Marke ursächlich zu sein, ein angemessenes Entgelt als Gegenleistung für die von ihm erbrachte Markentransferleistung vom Franchisegeber erhalten, weil ausschließlich dieser von den durch den Franchisenehmer aufgebauten verhaltensbezogenen Markenwirkungen infolge der Zurechnung der damit verbundenen ökonomischen Markenwirkungen profitiert.

Damit wird die in dem Markenlizenzvertrag i.w.S. enthaltene Verpflichtung, die markierte Leistung unter Nutzung des systematischen Absatzkonzeptes zu einer Marke zu entwickeln, als eine Erweiterung des Funktions- und Risikoumfangs des Franchisenehmers betrachtet, die eine Zurechnung der damit verbundenen Einnahmenveränderung zu seinen Gunsten rechtfertigt. Demnach umfasst sein Funktions- und Risikoumfang in Abhängigkeit von der vertraglichen Gestaltung neben den leistungsbezogenen Aufgaben ihrer Herstellung, Erbringung und Vermarktung auch die der Ganzheit der Marke.[678] Eine Vergütung dieser Leistung des Franchisenehmers kommt dabei grundsätzlich nicht in Betracht, wenn er als Strategieträger zu charakterisieren ist, weil er in diesen Fällen die Leistung nicht für einen anderen, sondern für sich selbst erbringt. Ist dieser als Routine- oder als Hybridunternehmen anzusehen, so ist die zusätzliche Vergütung dieser Leistung zu überprüfen. Dafür ist festzustellen, ob der Franchisenehmer diese ausschließlich auf Veranlassung des Franchisegebers in dessen betrieblichem Interesse durchführt.[679]

Zusätzlich ist für diese Fälle zu berücksichtigen, dass dem Franchisenehmer nach Beendigung des Markenfranchisevertrags i.d.R. ein Ausgleichsanspruch i.S.d. § 89 b HGB zusteht. Nach Meinung einiger Fachvertreter[680] steht auch ihm ein solcher Anspruch maximal in Höhe einer nach dem Durchschnitt der letzten

---

[678] Diese Notwendigkeit ergibt sich aufgrund der separaten Betrachtung der beiden Ganzheiten.

[679] Sie wird damit wie eine Dienstleistung, die der Franchisenehmer im Auftrag des Franchisegebers erbringt, verrechnet.

[680] U.a. *Hopt, K.* in: *Baumbach, A. / Hopt, K.*, (HGB Kommentar), § 89 b, Rn. 4, *Marx, J. F.*, (Franchising), S. 1446 unter Verweis auf *Bodewig, T.*, (Ausgleichsanspruch), S. 637 – 644.

fünf Jahre vor Beendigung der Tätigkeit des Franchisenehmers berechneten Jahresprovision oder sonstigen Jahresvergütungen in Höhe von

$$\frac{\sum_{t=1}^{5} E_t^L * GA_{R/H}^{VL} * (1+i)^{-t}}{5}$$

zu. Voraussetzung dafür ist, dass der Franchisegeber aus dem Fortbestehen der Geschäftsverbindung mit den neuen Kunden, die seiner Marke i.r.S. infolge der vom Franchisenehmer mitursächlich erzeugten verhaltensbezogenen Markenwirkungen anhaften, auch nach Beendigung des Franchise erhebliche Vorteile in Form der dadurch weiterhin erzielbaren leistungs- und markenbezogenen Einnahmen entstehen, von denen der Franchisenehmer nach Beendigung des Franchisevertrages jedoch nicht mehr profitieren kann und die Zahlung eines Ausgleichs unter Berücksichtigung aller Umstände der Billigkeit entspricht.[681]

Nachfolgend wird die Aufteilung der ökonomischen Markenwirkungen unter Berücksichtigung der markenpolitischen Wertbeiträge der Beteiligten infolge der Analyse der Marke und der damit verbundenen Ausgaben zu dem Korrekturfaktor v_1 und die Erweiterung der bisherigen Grundsätze zu dem Korrekturfaktor v_2 verdichtet, deren Summe den Faktor v ergibt. Ob die einzelnen Bestandteile im jeweiligen Einzelfall zu ermitteln sind, ist von dem Ergebnis der Funktions- und Risikoanalyse der Markenpolitik abhängig.

4.2.2.3.2.1.1 Analyse der Marke

Die Notwendigkeit für eine Analyse der Marke besteht nur dann, wenn eine Diskrepanz zwischen den ökonomischen Markenwirkungen, die ausschließlich auf Grundlage der zum Vertragsabschluss innerhalb des Geltungsbereiches vorhandenen verhaltensbezogenen Markenwirkungen verwirklicht werden können, und denen vorhanden ist, die über die gesamte Laufzeit erzielt werden können, und der Franchisenehmer mindestens als Hybridunternehmen zu charakterisieren ist.

Zielsetzung der Markenanalyse ist die verursachungsgerechte Aufteilung der anteiligen markenbezogenen Einnahmen in Höhe von

$$\sum_{t=1}^{n} (E_t^M - E_0^M) * (1+i)^{-t}$$

entsprechend der von den beteiligten Vertragspartnern erbrachten Wertbeiträge, die auf dem Wirkungszusammenhang zwischen den markenpolitischen Bemühungen der an dem Entwicklungsprozess der Marke Beteiligten, den daraus resultierenden verhaltensbezogenen und den durch sie erst möglichen ökonomi-

---

[681] Vgl. § 89 b Abs. 1 Satz 1 Nr. 1 bis 3 HGB.

schen Markenwirkungen basiert. Für die sachgerechte Ermittlung eines derartigen Aufteilungsmaßstabes ist die Marke hinsichtlich ihrer Entstehung und Erfolgsfaktoren sowie der einzelnen Beiträge der an ihrem Entwicklungsprozess Beteiligten zu analysieren.[682]

Im ersten Analyseschritt ist die Entstehung der Marke zu untersuchen, die allein durch die markenpolitischen Bemühungen der Vertragsparteien möglich ist. Ziel ist es, jede vom Franchisenehmer und Franchisegeber durchgeführte Maßnahme unter Berücksichtigung der unterschiedlichen Ebenen der Markenpolitik entweder einem von ihnen vollumfänglich oder beiden anteilig zuzurechnen. Dafür ist

- das systematische Absatzkonzept darzustellen,

- eine rechtliche Würdigung des Markenfranchisevertrags sowie

- eine Funktions- und Risikoanalyse der Markenpolitik durchzuführen und

- eine Listung aller auf die Beeinflussung der Wahrnehmung der Nachfrager gerichteten Marketinginstrumente vorzunehmen.

Diese Vorbereitungshandlungen der Markenbildungsanalyse sind für die Zurechnung der Maßnahmen und die damit verbundene Aufteilung der ökonomischen Markenwirkungen entscheidend, weil sie jene markenpolitischen Aufgaben des Franchisenehmers, zu deren Durchführung er vertraglich verpflichtet ist, seine darüber hinaus gehenden Möglichkeiten zur Erbringung eines eigenen Wertbeitrags für die Entwicklung der Marke, die Entwicklungsreife des ihm überlassenen Absatzkonzeptes sowie den Grad der Standardisierung der internationalen Markenstrategie offen legen.

Sie entscheiden maßgeblich über die Bewertung der operativen, finanziellen und konzeptionellen Ebene der Markenpolitik. Unter Berücksichtigung der bereits erarbeiteten Zuordnungsregeln

- erfolgt eine Zurechnung zu Gunsten der ausübenden Partei nur dann vollumfänglich, wenn diese auch die ihr zugrunde liegende konzeptionelle Ausarbeitung der einzelnen Maßnahme sowie die damit verbundenen Ausgaben übernommen hat.

- So kann folglich keine Zurechnung erfolgen, wenn die operative Einheit weder die finanzielle Verantwortung übernimmt, noch Einfluss auf der konzeptionellen Ebene ausübt,

- so dass eine anteilige Zurechnung notwendig ist, wenn die operative Einheit entweder

---

[682] Vgl. dazu auch ausführlich die Darstellungen unter 4.2.1.1.3.2.

    o   die Ausgaben der Maßnahmen trägt, ohne eine direkte oder indirekte Ausgabenerstattung in Anspruch zu nehmen,[683] aber keinen Einfluss auf der konzeptionellen Ebene ausübt, oder

    o   nicht die Ausgaben trägt, aber wesentlichen Einfluss auf konzeptioneller Ebene ausübt.

Für die Markenlizenz i.w.S. gelten dabei die folgenden Besonderheiten:

Während der Markenlizenzvertrag i.e.S. ausschließlich das rechtlich geschützte Unterscheidungszeichen und ggfs. markenbezogene Vereinbarungen in Form von Restriktionen umfasst, geht mit der Markenlizenz i.w.S. regelmäßig die Verpflichtung des Franchisenehmers zur Entwicklung der mit der Marke i.r.S. markierten Leistung unter Nutzung des ihm von dem Franchisegeber überlassenen Absatzkonzepts zu einer Marke einher, welche die Anforderungen an eine Marke i.S.d. Markenerfolgskettenansatzes erfüllt. Demzufolge werden die markenpolitischen Bemühungen umfänglich sein, welche der Franchisenehmer obligatorisch aufgrund der bestehenden vertraglichen Verpflichtungen erbringt.

Unter Berücksichtigung der Prämisse, dass der Franchisenehmer unabhängig davon, ob er die Ausgaben für die Maßnahmen, zu deren Durchführung er vertraglich verpflichtet ist, direkt von dem Franchisegeber erstattet bekommt oder nicht, die mit diesen verbundenen Risiken nicht übernehmen möchte, sind diese Maßnahmen unter Berücksichtigung der finanziellen Ebene vorläufig dem Franchisegeber zuzurechnen, weil allein er durch den Ausgabenersatz bzw. die Verringerung der Lizenzgebühr das damit verbundene Risiko einer Fehlinvestition auch tatsächlich trägt. Die verbleibenden Maßnahmen, die der Franchisenehmer hingegen freiwillig und auf eigenes Risiko über die für ihn bestehende vertragliche Verpflichtung hinaus erbringt, sind unter Berücksichtigung der operativen und finanziellen Ebene der Markenpolitik ihm zuzurechnen.

Die Bewertung der konzeptionellen Ebene der Markenpolitik unterliegt der Besonderheit, dass der Franchisegeber dem Franchisenehmer sein systematisches Absatzkonzept überlässt, so dass dessen Einflussnahme auf dieser Ebene insbesondere hinsichtlich

- der Markenphilosophie,

- der vier Dimensionen der Markenidentität,

- der Markenpositionierung,

- und des Branding

---

[683]   Ausgabenerstattung kann erfolgen, indem der Franchisenehmer diese direkt vom Franchisegeber ersetzt bekommt oder diese tätigt, aber die Lizenzgebühr entsprechend mindert. Folglich trägt er sie letztendlich nicht selbst.

stark eingeschränkt sein kann.

Dabei wird das Engagement des Franchisenehmers im Bereich der Markenpolitik vor allem determiniert durch

- die Entwicklungsreife des systematischen Absatzkonzeptes, die insbesondere durch den Umfang der Marketinginstrumente, die Ausarbeitung der Markenidentität und des Branding sowie die Konkretisierung der Markenpositionierung geprägt ist, und

- den Grad der Standardisierung der internationalen Markenstrategie, weil diese über die Notwendigkeit einer Anpassung des Absatzkonzeptes an die lokalen Besonderheiten des räumlichen Geltungsbereiches der Markenlizenz i.w.S. entscheidet und dem Franchisenehmer ggfs. die Möglichkeit eröffnet, dessen Konzept wesentlich zu erweitern und zu beeinflussen.

Ist das Konzept ausgereift und die internationale Markenpositionierung hochgradig standardisiert oder erfolgt die notwendige Anpassung durch den Franchisegeber selbst, so ist davon auszugehen, dass der Franchisenehmer keinen Einfluss auf der konzeptionellen Ebene der Markenpolitik ausüben kann. Soweit er jedoch die Anpassungen selbst übernimmt und/oder das Absatzkonzept wesentlich erweitert, indem er eine neue Positionierung der Marke i.r.S. anstrebt, ihre bisherige verändert oder eine neue Kommunikations-, Produkt-, Preis- und Distributionsstrategie entwickelt, die auf die Beeinflussung der Wahrnehmung der Nachfrager gerichtet ist, sind ihm die einzelnen Maßnahmen unter Berücksichtigung der operativen und finanziellen Ebene zumindest anteilig zuzurechnen.

Als Resultat können sich demnach folgende Ergebnisse einstellen:

- Soweit der Franchisenehmer seine ihm auferlegte vertragliche Verpflichtung ausschließlich unter Verwertung des systematischen Absatzkonzeptes des Franchisegebers erfüllt, können ihm die damit verbundenen Maßnahmen der Markenpolitik nicht zugerechnet werden, weil er weder die mit ihnen verbundenen Ausgaben übernimmt, noch wesentlichen Einfluss auf die konzeptionelle Ebene ihrer Durchführung ausübt.

- Sollte er für deren Durchführung jedoch eigene strategische Konzepte nutzen, die zum Aufbau der mit der Marke i.r.S. verbundenen Wissensstrukturen geeignet sind, ist eine anteilige Zurechnung der Maßnahmen auf Grund seiner konzeptionellen Einflussnahme gerechtfertigt.

- Erbringt der Franchisenehmer eigene Maßnahmen freiwillig auf eigene Verantwortung, die er konzeptionell selbst erarbeitet, ohne sie an das markenstrategische Konzept des Franchisegebers anzulehnen, sind diese ausschließlich ihm zuzurechnen. I.d.R. wird er diese allerdings in Abhängigkeit von der Entwicklungsreife des ihm überlassenen Absatzkonzeptes an dieses anlehnen, so dass diese Maßnahmen dem Franchisegeber zumindest anteilig auf Grund seiner konzeptionellen Einflussnahme zugerechnet werden.

Die für die anteilige Zurechnung der Maßnahmen notwendige Gewichtung der operativen und finanziellen Ebene im Verhältnis zur konzeptionellen Ebene muss unter Berücksichtigung der Gegebenheiten des Einzelfalls erfolgen. Dabei muss die Bedeutung der konzeptionellen Ebene in Anbetracht ihres Einflusses auf das Fremdbild der Marke bewertet werden. Ist die strategische Ausrichtung der Maßnahme für den Aufbau der Markenidentität vergleichsweise unbedeutend, ihr Sachumfang für den Aufbau der Markenbekanntheit und des Markenimages entscheidend, sollten die operative und die finanzielle Ebene im Vergleich zur konzeptionellen stärker gewichtet werden. Im umgekehrten Fall, in dem hingegen das Markenkonzept für den Erfolg der Maßnahme kausal ist, kann die konzeptionelle Ebene stärker gewichten werden.

Soweit sowohl dem Franchisenehmer als auch dem Franchisegeber Maßnahmen zuzurechnen sind, sind in einem zweiten Analyseschritt zunächst die Erfolgsfaktoren der Marke zu identifizieren sowie deren relative Bedeutung an ihrem wirtschaftlichem Erfolg zu bewerten, damit abschließend in einem dritten Schritt der Wirkungszusammenhang zwischen den Maßnahmen der Beteiligten, den durch sie verwirklichten Erfolgsfaktoren und den damit verbundenen ökonomischen Markenwirkungen herstellt werden kann. Da sich die dafür notwendige Markenerfolgsfaktoren- und Wertbeitragsanalyse nicht von denjenigen unterscheiden, die für die Verrechnung der Markenlizenz i.e.S. durchzuführen ist, darf auf das bereits Dargelegte verwiesen werden.[684]

Im Anschluss an die Analyse der Marke kann die bereinigte Ursächlichkeit der Wertbeiträge des Franchisenehmers (FN) und Franchisegebers (FG) für die Entstehung und Wirkungen der Marke in Abhängigkeit von den Ergebnissen der einzelnen Analyseschritte mit

$$u_{FG}^{ber} = l * \sum_{e=1}^{f}(a_e * (\sum_{j=1}^{z} m_{ej} * \alpha_{ej})) \text{ und } u_{FN}^{ber} = l * \sum_{e=1}^{f}(a_e * (\sum_{j=1}^{z} m_{ej} * \beta_{ej})),$$

$$\text{mit } l = \frac{\sum_{t=1}^{n}(E_t^M - E_0^M) * (1+i)^{-t}}{\sum_{t=1}^{n} E_t^M * (1+i)^{-t}}$$

abgebildet werden. Dazu werden den einzelnen Erfolgsfaktoren der Marke ihre jeweilige relative Bedeutung für die Realisierung der ökonomischen Markenwir-

---

[684] Vgl. Analyse der Marke, 4.2.1.1.3.2.

kungen beigemessen und anschließend den Beteiligten unter Berücksichtigung der für ihre Entstehung kausalen Maßnahmen ggfs. anteilig zugerechnet. Unter Verwendung des Kriteriums der Ursächlichkeit kann die gesamte marken-bezogene Einnahmenveränderung verursachungsgerecht aufgeteilt werden. Dabei erhält der Franchisegeber neben den ökonomischen Markenwirkungen, für deren Verwirklichung die verhaltensbezogenen Voraussetzungen bereits bei Vertragsabschluss vorhanden waren, die Einnahmenveränderung, für die sein Wertbeitrag über die Lizenzdauer kausal war, in Höhe von insgesamt

$$\sum_{t=1}^{n} E_0^M * (1+i)^{-t} + \sum_{t=1}^{n} (E_t^M - E_0^M) * (1+i)^{-t} * u_{FG}^{ber}$$

und der Franchisenehmer den Anteil, für den sein Wertbeitrag ursächlich ist, in Höhe von

$$\sum_{t=1}^{n} (E_t^M - E_0^M) * (1+i)^{-t} * u_{FN}^{ber}.$$

4.2.2.3.2.1.2 Berücksichtigung der markenbezogenen Ausgaben

Im Anschluss an die Aufteilung der ökonomischen Markenwirkungen sind die damit in wirtschaftlichem Zusammenhang stehenden Ausgaben des Franchise-nehmers zu berücksichtigen.

Dafür sind unter Verwertung der Ergebnisse der Bewertung des Markenlizenz-werts zunächst alle Ausgaben zu identifizieren, die mit den markenpolitischen Bemühungen in wirtschaftlichem Zusammenhang stehen und ausschließlich auf die Erzielung eines emotionalen Nutzens gerichtet sind, und von den Ausgaben abzugrenzen, die in wirtschaftlichem Zusammenhang mit den funktional notwen-digen Bestandteilen der markierten Leistung stehen. Die markenbezogenen Ausgaben können unter Verwendung der Ergebnisse der Isolierung der beiden Ganzheiten als Residualgröße aus den gesamten und den leistungsbezogenen Ausgaben in Höhe von

$$\sum_{t=1}^{n} (A_t^G - A_t^L) * (1+i)^{-t}$$

ermittelt werden.

Soweit der Franchisenehmer ausschließlich als Routineunternehmen, das nicht für die Entstehung und Wirkung der Marke ursächlich sein kann, oder als Hybridunternehmen agiert und keinerlei eigene markenpolitischen Bemühungen auf eigenes Risiko unternimmt, entsprechen diese den für die Vertriebsgesell-schaft obligatorischen markenbezogenen Ausgaben. Denn sie entstehen dem Franchisenehmer zwangsläufig für die Verwirklichung der markenbezogenen

Einnahmen, die nach den Ergebnissen der Analyse der Marke vollumfänglich dem Franchisegeber zuzurechnen sind.

Zu diesen gehören alle Ausgaben, die dem Franchisenehmer allein auf Grund der Verpflichtung, die mit der Marke i.r.S. markierte Leistung zu einer Marke zu entwickeln, und den damit verbundenen vertraglichen Restriktionen hinsichtlich der Benutzung der Marke i.r.S. entstehen. Die obligatorischen Ausgaben erfassen jene, welche dem Franchisenehmer infolge der Durchführung seiner markenpolitischen Bemühungen entstehen, von deren Wirkungen er aber auf Grund seines fehlenden Einflusses auf der konzeptionellen und finanziellen Ebene nicht profitieren kann. Somit gilt stets

$$A^{MO(R)} = \sum_{t=1}^{n} A_t^M * (1+i)^{-t} .$$

Sollte der Franchisenehmer allerdings in Gestalt eines Hybridunternehmens oder Strategieträgers agieren und über die vertragliche Verpflichtung hinaus eigene markenpolitische Bemühungen auf eigenes Risiko übernehmen, dürfen nur die Ausgaben die Einnahmenzurechnung beeinflussen, die diesem für die Verwirklichung der ökonomischen Markenwirkungen entstehen, die infolge der Analyse der Marke dem Franchisegeber zuzurechnen sind. Deswegen sind in diesen Fällen die gesamten markenbezogenen Ausgaben von jenen abzugrenzen, die im wirtschaftlichen Zusammenhang mit den nach der Analyse der Marke dem Franchisegeber zuzurechnenden ökonomischen Markenwirkungen stehen. Neben den für ihn

- grundsätzlich obligatorischen Ausgaben, die der Franchisenehmer nur auf Grund der vertraglichen Verpflichtung oder der markenbezogenen Restriktionen tätigt, gehören zu diesen

- die Ausgaben, die dem Franchisenehmer für die Verwirklichung der markenpolitischen Bemühungen, die auf der operativen und finanziellen Ebene zwar ihm, aber unter Berücksichtigung der konzeptionellen Ebene anteilig auch dem Franchisegeber zuzurechnen sind, und

- demzufolge nicht die Ausgaben, die zwar dem Grunde nach für ihn obligatorisch sind, von denen er allerdings nach Berücksichtigung der konzeptionellen Ebene der Markenpolitik infolge der anteiligen Zurechnung der ökonomischen Markenwirkungen wirtschaftlich profitieren kann. Der Höhe nach sollten die beiden zuletzt genannten Ausgabenbestandteile unter Berücksichtigung der relativen Bedeutung der konzeptionellen Ebene und des Gesamterfolgs der einzelnen Maßnahme berücksichtigt werden.[685]

---

[685] Diese werden weiterhin als obligatorische Ausgaben bezeichnet, obwohl sie auch Ausgaben enthalten, die der Franchisenehmer freiwillig tätigt, sie ihm aber zwangsläufig für die dem Franchisegeber zuzurechnenden Einnahmen entstehen.

Die über die obligatorischen Ausgaben hinausgehenden markenbezogenen Ausgaben in Höhe von

$$\sum_{t=1}^{n} (A_t^M - A_t^{MO}) * (1+i)^{-t}$$

beeinflussen nicht die Höhe des Korrekturfaktors v, sondern den markenbezogenen Gewinn des Franchisenehmers. Dabei kann ein solcher nur dann entstehen, wenn dieser Anteil an den markenbezogenen Ausgaben die ihm nach Zahlung der Lizenzgebühr verbleibenden ökonomischen Markenwirkungen der Höhe nach nicht übersteigt.

4.2.2.3.2.1.3 Bewertung der Markentransferleistung

Soweit der Markenlizenzvertrag i.w.S. den Franchisenehmer verpflichtet, den mit dem Markenfranchising verbundenen Markentransfer auszuführen und ihm dafür markenpolitische Bemühungen auferlegt, die fremde Dritte nur gegen eine angemessene Gegenleistung erbringen würden, kann der Korrekturfaktor v nicht ausschließlich auf Grundlage der Analyse der Marke ermittelt werden, weil sie diesen Wertschöpfungsbeitrag des Franchisenehmers unberücksichtigt lässt.

Dabei erfolgt die Bewertung des markenbezogenen Wertbeitrags wie die Bewertung des leistungsbezogenen Wertbeitrags unter Berücksichtigung des Tätigkeitsumfangs des Franchisenehmers und der daraus ableitbaren Unternehmenskategorisierung.[686]

Ist der Franchisenehmer als Routineunternehmen zu charakterisieren, erweitert die Vermarktung und ggfs. Herstellung der Ganzheit der Marke sowie die Markierung der Leistung seinen Funktionsumfang, der eine Anpassung der bereits vorgenommenen leistungsbezogenen Einnahmenzurechnung rechtfertigt. Unter Berücksichtigung der mit dem markenbezogenen Wertbeitrag verbundenen Ausgaben i.H.v.

$$A^M = \sum_{t=1}^{n} (A_t^{VM} + ggfs. \ A_t^{HM}) * (1+i)^{-t}$$

mit A^{VM} = Ausgaben für die Vermarktung der Ganzheit der Marke,

A^{HM} = Ausgaben für die Herstellung der Ganzheit der Marke

für die Vermarktung der Marke und ggfs. für die Herstellung der materiellen Bestandteile der Ganzheit der Marke und die damit verbundene Markierung der Leistung ist ihm als Gegenleistung ein angemessener Gewinnaufschlag zu gewähren. Grundsätzlich sollte dieser für die Vermarktung der Marke die gleiche

---

686 Vgl. dazu die Darstellungen zur Einnahmenzurechnung auf Ebene der Ganzheit der Leistung, 4.2.2.2.2.

Höhe haben wie der, der für die Vermarktung der Ganzheit der Leistung gewährt wird, ebenso wie der Aufschlagssatz für die Herstellung der Ganzheit der Marke und die Markierung der Leistung die gleiche Höhe haben sollte wie der, der für die Herstellung der Ganzheit der Leistung gewährt wird.

Ein Abweichen von diesem Grundsatz, wonach

$$GA_{FN}^{HM} = GA_{FN}^{HL} \text{ sowie } GA_{FN}^{VM} = GA_{FN}^{VL}$$

mit GA_{FN}^{HM} = Gewinnaufschlagssatz Herstellung der Ganzheit der Marke,

GA_{FN}^{VM} = Gewinnaufschlagssatz Vermarktung der Ganzheit der Marke

gilt, ist dann notwendig, wenn sich die leistungsbezogene von der markenbezogenen Funktionsdichte des Franchisenehmers wesentlich unterscheidet. Dann ist der markenbezogene Gewinnaufschlag entsprechend anzupassen, indem er bei einem erweiterten Funktions- und Risikoumfang erhöht und bei einem geringeren gesenkt wird.

Eine Anpassung könnte u.a. gerechtfertigt sein, wenn der Franchisenehmer die markenbezogenen Ausgaben selbst tätigen muss, ohne einen rechtlichen Ausgleichsanspruch gegen den Franchisegeber für den Fall erhalten zu haben, dass diese zu keinen ökonomischen Markenwirkungen führen sollten. In diesem Fall muss überprüft werden, ob der Gewinnaufschlag zusätzlich um eine Risikoprämie erhöht werden sollte. Dies dürfte zumindest für die Fälle sachgerecht sein, in denen die Marke i.r.S. bislang nicht in dem räumlichen Geltungsbereich der Lizenz verwendet wurde. Für die Berücksichtigung des mit der Marke verbundenen Risikos sind die Ergebnisse der Bewertung des Markenlizenzwertes heranzuziehen.

Eine Erstattung der Ausgaben selbst kommt nicht in Betracht, weil dem Franchisenehmer in Höhe der für ihn markenbezogenen obligatorischen Ausgaben bereits ökonomische Markenwirkungen i.H.v.

$$A^{M(R)} = \sum_{t=1}^{n}(A_t^{VM} + ggfs.\ A_t^{HM}) * (1+i)^{-t} = \sum_{t=1}^{n} A_t^{MO(R)} * (1+i)^{-t}$$

zugerechnet worden sind. Deswegen erhält der Franchisenehmer infolge der Bewertung der Markentransferleistung markenbezogenen Einnahmen in Höhe von

$$\sum_{t=1}^{n} E_t^{M} * GA_{FN}^{VM} * (1+i)^{-t} + ggfs.\sum_{t=1}^{n} A_t^{HM} * GA_{FN}^{HM} * (1+i)^{-t}$$

zugerechnet.[687]

---

[687] Die Vergütung für die Vermarktungstätigkeit erfolgt auf Basis der Einnahmen und damit erfolgsabhängig, die der Herstellung auf Grundlage der damit verbundenen

Ist der Franchisenehmer hingegen als Hybridunternehmen anzusehen, so muss überprüft werden, ob und ggfs. in welcher Höhe die Notwendigkeit für eine zusätzliche Vergütung seines markenpolitischen Wertbeitrags besteht. Diese ist nur dann zu bejahen, wenn auch ein fremder Dritter für die von dem Franchisenehmer erbrachte Leistung, ein Entgelt entrichten würde, weil sie seiner eigenen Geschäftsposition förderlich ist.[688] Da sich die Zahlungsbereitschaft des ordentlichen und gewissenhaften Geschäftsleiters allerdings auf den Anteil der immateriellen Leistung beschränkt, der ausschließlich für ihn erbracht worden ist, muss sich die zusätzliche Vergütung des Franchisenehmers auf den markenpolitischen Wertbeitrag beschränken, für den ihm bislang keine ökonomischen Markenwirkungen zugerechnet worden sind, weil für diese der Wertbeitrag des Franchisegebers ursächlich ist. Folglich können für die Bemessung des Entgelts nur dic markenbezogenen Einnahmen, für welche der Wertbeitrag des Franchisegebers ursächlich ist, sowie die darauf entfallenden anteiligen Ausgaben für die Herstellung der Marke in Höhe von

$$\sum_{t=1}^{n} A_t^{HM} * (1+i)^{-t} * \frac{\sum_{t=1}^{n} A_t^{MO(H)} * (1+i)^{-t}}{\sum_{t=1}^{n} A_t^{M} * (1+i)^{-t}}$$

maßgeblich sein, die für das Hybridunternehmen zwingend im Zusammenhang mit dem Wertbeitrag des Franchisegebers stehen. Auf die Höhe des zu gewährenden Gewinnaufschlags wirkt sich dies wie folgt aus:

$$\sum_{t=1}^{n} E_t^{M} * u_{FG} * GA_{FN}^{VM} * (1+i)^{-t} + \sum_{t=1}^{n} A_t^{HM} * (1+i)^{-t} * GA_{FN}^{HM} * \frac{\sum_{t=1}^{n} A_t^{MO(H)} * (1+i)^{-t}}{\sum_{t=1}^{n} A_t^{M} * (1+i)^{-t}}.$$

Somit erhält der Franchisenehmer ggfs. weitere markenbezogene Einnahmen in dieser Höhe, weil auch er die für ihn obligatorischen markenbezogenen Ausgaben bereits im Zuge der Analyse der Marke in Form von ökonomischen Markenwirkungen zugerechnet bekommen hat.

Ist der Franchisenehmer in Ausnahmefällen als Strategieträger zu charakterisieren, ist ihm keine zusätzliche Vergütung zu gewähren, weil er dann keine Leis-

---

Ausgaben. Vgl. dazu die Einnahmenzurechnung auf Ebene der Ganzheit der Leistung, 4.2.2.2.2.

688 Demzufolge wird diese Leistung ebenso wie eine Dienstleistung verrechnet, für die auch fremde Dritte ein Entgelt bezahlt hätten, weil sie ausschließlich im Interesse des dienstleistungsempfangenden Unternehmens erbracht wird (vgl. u.a. *Stock, F. / Kaminski, B.*, (Dienstleistungen), S. 450).

tung für einen anderen erbringt und folglich ein fremder Dritter für sie kein Entgelt entrichten würde.

Die Bewertung der Markentransferleistung wird zu dem Korrekturfaktor v_2 verdichtet. Er beträgt für Routineunternehmen

$$v_2^R = \frac{\sum_{t=1}^{n} E_t^M * GA_{FN}^{VM} * (1+i)^{-t} + ggfs. \sum_{t=1}^{n} A_t^{HM} * GA_{FN}^{HM} * (1+i)^{-t}}{\sum_{t=1}^{n} E_t^M * (1+i)^{-t}},$$

für Hybridunternehmen

$$v_2^H = \frac{\sum_{t=1}^{n} (E_t^M * u_{FG} * GA_{FN}^{VM} + ggfs. \sum_{t=1}^{n} A_t^{HM} * \frac{\sum_{t=1}^{n} A_t^{MO(H)} * (1+i)^{-t}}{\sum_{t=1}^{n} A_t^M * (1+i)^{-t}} * GA_{FN}^{HM}) * (1+i)^{-t}}{\sum_{t=1}^{n} E_t^M * (1+i)^{-t}}$$

und für Strategieträger

$$v_2^S = 0.$$

4.2.2.3.2.1.4   Mindest- und Maximalwert der Lizenz

Soweit die Analyse der Marke zu dem Ergebnis führt, dass ausschließlich der markenbezogene Wertbeitrag des Franchisegebers für die Entstehung und Wirkungen der Marke ursächlich ist, hat der Franchisenehmer dem Franchisegeber einen Lizenzwert in Höhe der um seine obligatorischen markenbezogenen Ausgaben verminderten markenbezogenen Einnahmen zu entrichten. Unter Berücksichtigung der in dem Markenlizenzvertrag i.w.S. enthaltenen Verpflichtung zur Entwicklung der markierten Leistung zur Marke ist das Lizenzentgelt ggfs. um einen angemessenen Gewinnaufschlag für die Herstellung und Vermarktung der Marke sowie die Markierung der Leistung zu verringern.

Auf Grund der Markenfähigkeit des Unterscheidungszeichens und damit der Marke[689] darf die Gegenleistung für die Markenlizenz i.e.S. der Höhe nach die ge-

---

[689]   Die Markenfähigkeit der Marke i.r.S. setzt voraus, dass sie kein funktional notwendiger Bestandteil der Leistung, sondern ein zusätzlicher Bestandteil ist, welcher von deren Wesen getrennt werden kann. Deswegen verfügt eine Leistung stets über eine Ganzheit der Leistung, welche einen funktionalen Nutzen erwirkt, und nur ggfs. über eine Ganzheit der Marke, die einen emotionalen Nutzen erzeugt. Erstere ist steter Bestandteil der Leistung, ohne welchen die Marke ihre Wirkung nicht hervorrufen kann. Daher sind die markenbezogenen im Vergleich zu den leistungsbezogenen Einnahmen nachrangig. Damit wird unterstellt, dass eine Leistung stets leistungsbezogene Einnahmen in einer bestimmten Höhe erzielen kann, welche auf die

samte Einnahmenveränderung abzüglich der obligatorischen markenbezogenen Ausgaben des Franchisenehmers, der leistungsbezogenen Einnahmen und der Vergütung für die Herstellung und Vermarktung der Ganzheit der Marke sowie die Markierung der Leistung nicht übersteigen. Folglich entspricht der Maximalwert der markenbezogenen Lizenz

$$LW_{Max} = \sum_{t=1}^{n} (E_t^G - A_t^L * (1 + GA_t^L) - A_t^{MO} - E_t^M * v_2^{R/H/S}) * (1+i)^{-t} .^{690}$$

Durch die Begrenzung der Markenlizenz der Höhe nach wird sichergestellt, dass der Franchisenehmer sich in jedem Fall durch die Hereinnahme der Markenlizenz i.w.S. wirtschaftlich nicht verschlechtert und gleichzeitig für seinen leistungs- und markenbezogenen Wertbeitrag durch die Gewährung eines angemessen Gewinns vergütet wird. Da dies unabhängig davon erfolgt, welche markenpolitischen Wertbeiträge der Franchisegeber und der Franchisenehmer im Einzelfall erbringen, hängt die Erzielung des Gewinns von den markenpolitischen Bemühungen des Franchisenehmers ab, von deren ökonomischen Erfolg er profitiert und die damit verbundenen Ausgaben trägt. Erbringt er einen solchen Wertbeitrag nicht, so führt die Zahlung des Maximalwerts der Lizenz zur Verwirklichung eines Gewinns, den er durch die Herstellung und/oder Vermarktung einer markierten Leistung erzielt, von deren ökonomischen Wirkungen er weder profitiert noch die mit ihrer Einnahmenveränderung verbundenen Ausgaben trägt.

Der Mindestwert der Lizenz garantiert, dass auch der Franchisegeber einen angemessenen Gewinn verwirklicht, selbst wenn er auf Grund seines Funktions- und Risikoumfangs nicht für die ökonomischen Wirkungen der zur Nutzung überlassenen Marke i.r.S. verantwortlich sein kann. Deswegen umfasst der Mindestwert die mit dem Halten und Verwalten der Schutzrechte sowie dem Know How in wirtschaftlichem Zusammenhang stehenden Ausgaben zuzüglich eines angemessenen Gewinnaufschlags in Höhe von

$$LW_{Min} = \sum_{t=1}^{n} A_t^{HVW} * (1 + GA_{FG}^{HVW}) * (1+i)^{-t} .$$

Damit gewährt er demjenigen Franchisegeber, der wie eine Lizenzverwertungsgesellschaft agiert, welche eine dem Grunde und der Höhe nach separat zu ver-

---

Erfolgsfaktoren der Ganzheit der Leistung zurückzuführen sind, und erst dann weitere markenbezogene Einnahmen. Deswegen entsprechen die ökonomischen Markenwirkungen der Differenz aus den gesamten und den leistungsbezogenen Einnahmen.

690 Seine Höhe unterscheidet sich danach, ob der Franchisenehmer als Routine-, als Hybridunternehmen oder als Strategieträger zu charakterisieren ist.

rechnende Dienstleistung für den Franchisenehmer erbringt, eine angemessene Vergütung für die von ihm erbrachte Leistung.[691]

Führt die Analyse der Marke jedoch zu dem Ergebnis, dass dem Franchisegeber in seiner Funktion als Lizenzverwertungsgesellschaft allein auf Grund der Überlassung eines bereits wirtschaftlich werthaltigen Unterscheidungszeichens oder des systematischen Absatzkonzeptes und der in dem Markenlizenzvertrag i.w.S. enthaltenen Verpflichtung zur Entwicklung der markierten Leistung ökonomische Markenwirkungen zuzurechnen sind, umfasst die Lizenzgebühr die ihm zuzurechnenden markenbezogenen Einnahmen abzüglich der damit verbundenen obligatorischen markenbezogenen Ausgaben des Franchisenehmers und der Gegenleistung für die Markentransferleistung zur Marke in Höhe von

$$\sum_{t=1}^{n} E_t^{M} * (1+i)^{-t} * u_{FG} - \sum_{t=1}^{n} (A_t^{MO(R/H/S)} + E_t^{M} * v_2^{R/H/S}) * (1+i)^{-t}.$$

In diesen Fällen findet der Mindestwert der Lizenz keine Anwendung, auch wenn der Franchisegeber lediglich als Lizenzverwertungsgesellschaft agiert.

4.2.2.3.2.2 Die Lizenzgebühr

Die Lizenzgebühr wird auf Grundlage des Lizenzwertes nach der Bewertung der Einnahmenveränderung und der Einnahmenzurechnung unter Berücksichtigung der Entgeltform und der Zahlungsmodalitäten verrechnet.

4.2.2.3.2.2.1 Lizenzwert

Der Lizenzwert der Markenlizenz umfasst die markenbezogene Einnahmenveränderung des Franchisenehmers abzüglich der ökonomischen Markenwirkungen, die diesem als Gegenleistung für seinen eigenen Wertbeitrag und für seine mit dem Wertbeitrag des Franchisegebers in wirtschaftlichen Zusammenhang stehende Ausgaben zuzurechnen sind, damit dieser eine angemessene Vergütung für die von ihm im Auftrag des Franchisegebers ausgeübte Tätigkeit und seinen markenbezogenen Wertbeitrag erhält.

Seine Ermittlung ist das Ergebnis der Bewertung der markenbezogenen Einnahmenveränderung und Einnahmenzurechnung,

$$\sum_{t=1}^{n} E_t^{M} * (1+i)^{-t} * (1-v).$$

---

[691] Damit wird auch die Leistung des Franchisegebers wie eine Dienstleistung verrechnet, für die auch fremde Dritte ein Entgelt bezahlt hätten, weil sie ausschließlich im Interesse des dienstleistungsempfangenden Unternehmens erbracht wird. Als Gewinnaufschlag ist mindestens die Kapitalmarktrendite anzusetzen (vgl. u.a. *Baumhoff, H.*, (Verrechnungspreise für Dienstleistungen), S. 234 sowie *Kumpf, W.*, (Verrechnungspreise), S. 249).

Der markenbezogenen Korrekturfaktor v entspricht der Summe aus

$v_1 + v_2$,

wobei sich der Faktor v_1 infolge der Analyse der Marke und der Berücksichtigung der markenbezogenen Ausgaben in Höhe von

$$v_1 = \frac{\sum_{t=1}^{n}(E_t^M - E_0^M)*(1+i)^{-t}*u_{FN}^{ber} + \sum_{t=1}^{n}A_t^{MO}*(1+i)^{-t}}{\sum_{t=1}^{n}E_t^M*(1+i)^{-t}}$$

ergibt, und der Faktor v_2 nach der Bewertung der Markentransferleistung. Er beträgt

$$v_2^R = \frac{\sum_{t=1}^{n}E_t^M*GA_{FN}^{VM}*(1+i)^{-t} + ggfs.\sum_{t=1}^{n}A_t^{HM}*GA_{FN}^{HM}*(1+i)^{-t}}{\sum_{t=1}^{n}E_t^M*(1+i)^{-t}},$$

wenn der Franchisenehmer als Routineunternehmen anzusehen ist,

$$v_2^H = \frac{\sum_{t=1}^{n}(E_t^M*u_{LG}*GA_{FN}^{VM} + ggfs.\sum_{t=1}^{n}A_t^{HM}*\frac{\sum_{t=1}^{n}A_t^{MO(H)}}{\sum_{t=1}^{n}A_t^M}*GA_{FN}^{HM})*(1+i)^{-t}}{\sum_{t=1}^{n}E_t^M*(1+i)^{-t}},$$

wenn er als Hybridunternehmen zu charakterisieren ist, und

$v_2^S = 0$

für den Franchisenehmer, der als Strategieträger agiert. Allerdings beträgt der Lizenzwert mindestens

$$LW_{Min} = \sum_{t=1}^{n}A_t^{HVW}*(1+GA_{FG}^{HVW})*(1+i)^{-t},$$

wenn die Voraussetzungen für den Ansatz des Mindestlizenzwertes erfüllt sind, und maximal

$$LW_{Max} = \sum_{t=1}^{n}(E_t^G - A_t^L*(1+GA_t^L) - A_t^{MO} - E_t^M*v_2^{R/H/S})*(1+i)^{-t}.$$

Die nachfolgende Abbildung bildet die Einnahmenzurechnung grafisch ab.

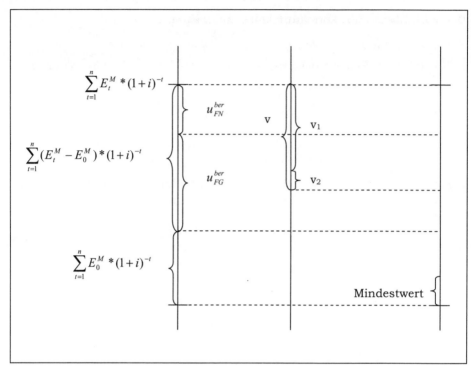

$$\sum_{t=1}^{n} E_t^M * (1+i)^{-t}$$

$$\sum_{t=1}^{n} (E_t^M - E_0^M) * (1+i)^{-t}$$

$$\sum_{t=1}^{n} E_0^M * (1+i)^{-t}$$

u_{FN}^{ber}

u_{FG}^{ber}

v

v_1

v_2

Mindestwert

Abbildung 48: Zusammenfassende Darstellung der Ermittlung des Lizenzwerts.

Dem Franchisenehmer verbleibt nach Zahlung der Lizenzgebühr als Gegenleistung für die von ihm erbrachte erfolgsverursachende Tätigkeit eine Einnahmenveränderung in Höhe

- der ökonomische Markenwirkungen als Rücklizenz, für welche sein markenpolitischer Wertbeitrag nach den Ergebnissen der Analyse der Marke ursächlich ist,

- der für ihn obligatorischen markenbezogenen Ausgaben und

- der für die von ihm erbrachte Markentransferleistung angemessenen Vergütung.

Ggfs. besteht für ihn darüber hinaus nach Beendigung des Markenlizenzvertrages i.w.S. ein Ausgleichsanspruch i.S.d. § 89 b HGB.[692]

---

[692] Diese Zurechnung der markenbezogenen Einnahmen erfolgt unter der Annahme, dass dem Franchisegeber die Nachfrager aufgrund der aufgebauten verhaltensbezogenen Markenwirkungen und der damit verbundenen Sogwirkung der Marke verbleiben.

4.2.2.3.2.2.2 Einfluss der Entgeltform

Für die Verrechnung des markenbezogenen Entgelts wird die Verrechnung einer mengenbezogenen Lizenzgebühr empfohlen, wenn ein Vertriebsfranchising vorliegt. In diesen Fällen besteht die Gefahr, dass die deutsche Finanzverwaltung eine separate Lizenzgebühr für die Nutzungsüberlassung der Markenrechte und des systematischen Absatzkonzeptes nicht anerkannt, weswegen sie als Entgeltbestandteil der materiellen Leistung verrechnet werden sollte. Da dieses Entgelt mengenabhängig gestaltet ist, sollte die Lizenzgebühr als Stücklizenz vereinbart werden.

Der Stücklizenzwert (SLW) beträgt für die einzelne Leistung im Verhältnis zur gesamten Menge, welche der Franchisenehmer infolge der Markenlizenzhereinnahme vermarkten darf,

$$SLW = \frac{1}{\sum_{t=1}^{n} m_t} * \sum_{t=1}^{n} E_t^M * (1+i)^{-t} * (1 - v_{R/H/S}).$$

Dabei beträgt der Stücklizenzwert mindestens

$$SLW_{Min} = \frac{\sum_{t=1}^{n} A_t^{HVW} * (1 + GA_{FG}^{HVW}) * (1+i)^{-t}}{\sum_{t=1}^{n} m_t},$$

wenn der Mindestwert der Lizenz zur Anwendung kommt, sowie maximal

$$SLW_{Max} = \frac{\sum_{t=1}^{n} (E_t^G - A_t^L * (1 + GA_t^L) - A_t^{MO} - E_t^M * v_2^{R/H/S}) * (1+i)^{-t}}{\sum_{t=1}^{n} m_t},$$

wenn der Maximalwert der Lizenz Anwendung findet.

Im Falle des Produkt- oder Dienstleistungsfranchising kann die Lizenzgebühr auch als umsatzabhängiges Entgelt vereinbart werden, weil ihre Verrechnung als Entgeltbestandteil der materiellen Leistung nicht notwendig ist.

4.2.2.3.2.2.3 Zahlungsmodalitäten

Die Zahlung des Stücklizenzwerts durch den Franchisenehmer wird i.d.R. nicht zu Beginn der Nutzungsüberlassung, sondern über die Lizenzdauer n erfolgen. Leistet er die Zahlung in Höhe einer gleich bleibenden Annuität, so entspricht das jährlich gleich bleibende nachschüssige Lizenzentgelt ET pro Lizenzjahr

$$ET_t = \left[SLW * \sum_{t=1}^{n} m_t \right] * ANF$$

mit $\quad SLW = \dfrac{1}{\displaystyle\sum_{t=1}^{n} m_t} * \displaystyle\sum_{t=1}^{n} E_t^M * (1+i)^{-t} * (1 - v_{R/H/S})$,

$SLW_{Min} \leq SLW \leq SLW_{Max}$,

$ANF = \dfrac{(1+i)^n * i}{(1+i)^n - 1}$.

Unter Berücksichtigung der Menge, welche der Lizenznehmer pro Zeitjahr t während der Lizenzdauer n vermarktet, entspricht das jährliche Entgelt

$$ET_t = [m_t * SLW] * (1+i)^t \quad \text{bzw.} \quad \left[\dfrac{m_t}{\displaystyle\sum_{t=1}^{n} m_t} * \displaystyle\sum_{t=1}^{n} E_t^M * (1+i)^{-t} * (1 - v_{R/H/S}) \right] * (1+i)^t.$$

4.2.2.4 Dienstleistungen

Neben den funktional notwendigen leistungs- und den funktional nicht notwendigen markenbezogenen obligatorischen Bestandteilen kann das dem Franchisenehmer überlassene Leistungspaket auch zahlreiche Unterstützungsleistungen des Franchisegebers beinhalten. Sie erbringt dieser entweder

- vor Abschluss des Markenlizenzvertrages beispielsweise durch die Entwicklung des Geschäftskonzeptes, den Aufbau einer Corporate Identity und eines Corporate Designs, Standortanalysen und Planungen, das Erstellen von Hörbüchern, den Schulungen des Franchisenehmers zur Systemeinführung

- sowie unmittelbar nach Abschluss des Vertrages zum Beispiel durch die Unterstützung bei der Lösung von Finanzierungsfragen, die Mithilfe bei der Errichtung des Geschäftslokals, die Unterstützung bei der Einführungswerbung, die Bereitstellung von Prospekten, Katalogen und Preislisten, die Mithilfe bei der Einstellung und Schulung des Personals oder

- dauerhaft über die Lizenzvertragslaufzeit u.a. durch Anpassung und Aktualisierung der Marketing- und Vertriebskonzepte, Durchführung von Weiterbildungsveranstaltungen und Marketingkampagnen, Bereitstellung gün-stiger Einkaufsmöglichkeiten mit zentraler Lagerung und Logistik sowie Schutz und die Erhaltung der Corporate Identity.[693]

---

[693] Vgl. *Marx, J. F.*, (Franchising), S. 1443.

Wenn diese die Merkmale einer auf schuldrechtlicher Basis[694] erbrachten Dienstleistung erfüllen, betrieblich veranlasst sind, weil sie dem Franchisenehmer einen wirtschaftlichen Wert verschaffen, der seiner Geschäftsposition förderlich ist,[695] da er nur durch die Inanspruchnahme der Dienstleistungen das Markenfranchising durchführen kann, und auch ein ordentlicher und gewissenhafter Geschäftsleiter die Leistungen gegen Entgelt angenommen hätte,[696] sind sie dem Grunde und der Höhe nach separat zu verrechnen.[697]

Ausgangspunkt der Verrechnung der Höhe nach sind die dem Franchisegeber durch die Erbringung der Dienstleistung entstandenen Ausgaben, weil nur wenige Vergleichsdaten auf dem Markt vorhanden sind und sie die verlässlichsten Informationen für dieses Bündel franchisespezifischer Dienstleistungen darstellen.

Die Erhöhung dieses Mindestwerts des zu verrechnenden Entgelts um einen betriebs- oder branchenüblichen Gewinnaufschlag sollte vom Zweck der Dienstleistung abhängig gemacht werden. Von einer Gewährung eines Gewinnaufschlags ist abzusehen, wenn der Franchisegeber ausschließlich Unterstützungsleistungen für das Markenfranchising erbringt, die mit der Überlassung seines Marken- und Leistungskonzeptes in unmittelbarem Zusammenhang stehen und der Franchisenehmer ohne ihre Erbringung die markierte Leistung nicht im Sinne des Markeneigners zu einer Marke entwickeln kann. Denn in diesen Fällen verbindet der Franchisegeber nicht mit der Erbringung der Dienstleistung, sondern mit dem Markenfranchising selbst eine Gewinnerzielungsabsicht. Sie werden nachfolgend als **Dienstleistungen von untergeordnetem Wert** bezeichnet. Ist die Dienstleistung jedoch nicht für die Durchführung des Markenfranchising not-

---

[694] Die hier zu betrachtenden Dienstleistungen erbringt der Franchisegeber ausschließlich auf Grundlage der schuldrechtlichen Vereinbarungen. Deswegen ist eine Abgrenzung zwischen einem gesellschaftsrechtlichen und schuldrechtlichen Leistungsaustausch an dieser Stelle nicht notwendig. Zugleich ist damit auch die Kostenumlage, die stets nur für die Verrechnung auf gesellschaftsrechtlicher Ebene anzuwenden ist, als indirekte Verrechnungsmöglichkeit der erbrachten Dienstleistungen ausgeschlossen (vgl. *Baumhoff, H.*, (Einkunftsabgrenzung), Rn. C 632).

[695] Vgl. *OECD*, (Verrechnungspreisgrundsätze), Anm. 7.6.

[696] Vgl. *Baumhoff, H.*, (Einkunftsabgrenzung), Rn. C 406.

[697] Nach der im OECD-MA enthaltenen Auffassung ist bei derartigen Mischverträgen wie einem Markenfranchisevertrag das Gesamtentgelt grundsätzlich auf die einzelnen Bestandteile aufzuteilen und diese entsprechend den jeweils anwendbaren Vorschriften zu behandeln. Andernfalls kann das gesamte Entgelt jedoch einheitlich behandelt werden, wenn eine Komponente prägend ist (vgl. *Portner, R.*, (Verrechnungspreise), S. 86). So fordert u.a. *Baumhoff* die Vereinbarungen entsprechend ihrer Bedeutung entweder als Dienstleistung oder als Nutzungsüberlassung immaterieller Wirtschaftsgüter zu bewerten, wenn entweder die erbrachte Leistung im Vergleich zur Überlassung der immateriellen Wirtschaftsgüter oder die Zurverfügungstellung des Wissens für den Franchisenehmer von größerer Bedeutung ist (vgl. *Baumhoff, H.*, (Einkunftsabgrenzung), Rn. C 701).

wendig, sondern dient der Unterstützung des wirtschaftlichen Geschäftsbetriebs des Franchisenehmers und könnte deswegen von diesem auch selbst erbracht oder fremdbezogen werden, so sind die damit verbundenen Ausgaben um einen angemessenen Gewinnaufschlag zu erhöhen. Denn in diesen Fällen ist davon auszugehen, dass ein fremder Dritter sie nur in Erwartung eines angemessenen Gewinnes erbringen würde.

Demnach sind nur die Ausgaben der nicht in unmittelbarem Zusammenhang mit dem Franchising stehenden und für die Entwicklung der markierten Leistung zu einer Marke nicht notwendigen Dienstleistungen um einen angemessenen Gewinnaufschlagssatz zu erhöhen. Sie, die nachfolgend als **Dienstleistungen von übergeordnetem Wert** in Abgrenzung zu denjenigen von untergeordnetem Wert bezeichnet werden, umfassen alle administrativen, finanziellen, technischen und kaufmännischen Leistungen in wirtschaftlichen, rechtlichen und technischen Angelegenheiten, die der Franchisenehmer auch von nicht konzerngebundenen oder anderen verbundenen Unternehmen beziehen könnte.[698] Zu ihnen gehören die Übernahme von EDV- und Rechnungswesenaufgaben, die zeitlich begrenzte Überlassung von Arbeitskräften und die Beratung in Rechts-, Steuer-, Marketing-, Finanz-, Patent-, Bau- und Ingenieursangelegenheiten, die Entwicklung von Entscheidungshilfen bei Finanz- und Organisationsangelegenheiten, die gesamten Aus- und Fortbildungsleistungen ebenso wie die Leistungen im Bereich des Transportwesens, der Informations- und Nachrichtenübermittlung, der Instandhaltung, der Reinigung und der Bewachung.[699]

Dabei sollte der Gewinnaufschlagssatz, wenn Vergleichsdaten vorhanden sind, weil der Franchisegeber die Dienstleistungen auch für fremde dritte Unternehmen erbringt oder sie auch von Dritten auf dem Markt erhältlich sind, unter Berücksichtigung dieser Vergleichsdaten bemessen werden. Dabei sollte der Gewinnaufschlag die Kapitalmarktrendite, die ggfs. um eine Risikoprämie zu erhöhen ist, nicht unterschreiten und gleichzeitig die Entscheidungssituation des Leistungsempfängers berücksichtigen.[700]

Damit umfasst das Entgelt für die Dienstleistungen folglich die Aus-gaben für die Dienstleistungen von untergeordnetem Wert sowie die um einen angemessenen

---

[698] Derartige Gestaltungen sind denkbar, wenn die Vertragspartner bezüglich immaterieller Leistungen Abnahmevereinbarungen abschließen und der Franchisenehmer diese Dienstleistungen ausschließlich vom Franchisegeber abnimmt. Vorstellbar sind überregionale Werbekampagnen, die Tätigkeiten der Buchhaltung und des Jahresabschlusses.

[699] Vgl. *Baumhoff, H.*, (Einkunftsabgrenzung), Rn. C 406.

[700] Vgl. *Baumhoff, H.*, (Einkunftsabgrenzung), Rn. C 528 und 419. Für den Leistungsempfänger besteht stets die Möglichkeit der Make-or-buy Entscheidung, wobei er neben der Eigenerstellung der Dienstleistung sie auch von einem fremden Dritten beziehen könnte.

Gewinnaufschlag erhöhten Ausgaben für die Dienstleistungen von übergeordnetem Wert. Wird dieses als gleich bleibendes jährliches[701] Entgelt an den Franchisegeber entrichtet, entspricht dieses in jedem Zeitjahr des Markenfranchising

$$ET_t^{DL} = \sum_{t=1}^{n} (A_t^{DLU} + A_t^{DL\ddot{U}} * (1 + GA_{FG}^{DL\ddot{U}})) * (1+i)^{-t} * ANF$$

mit A^{DLU} = Ausgaben für die Dienstleistungen von untergeordnetem Wert,

$A^{DL\ddot{U}}$ = Ausgaben für die Dienstleistungen von übergeordnetem Wert,

$GA_{FG}^{DL\ddot{U}}$ = Gewinnaufschlagssatz für Dienstleistungen von übergeordnetem Wert.

Durch die Verrechnung des dienstleistungsbezogenen Entgelts wird ein fremdvergleichswidriges Verhalten des Franchisegebers verhindert, für den diese Ausgaben mit einem Startgeld vergleichbar sind.[702]

Die auch als Eintrittsgebühren bezeichneten Vergütungen werden in der Praxis regelmäßig als Gegenleistung für Unterstützungsleistungen wie Standortanalysen, die Hilfe bei der Aufbereitung von Finanzierungsunterlagen, Schulungen und Überlassung von Handbüchern in Abhängigkeit von dem Investitionsvolumen, Jahresumsatz und Einkommenserwartungen des Franchisenehmers, Startgeldern ähnlicher Franchise-Systeme, dem Bekanntheitsgrad des Systems und seinem Image sowie des der Gebühr gegenüberstehenden Leistungspaketes erhoben. Damit möchte der Franchisegeber insbesondere seine Anlaufausgaben ausgleichen, die ihm für die Entwicklung des Absatzkonzeptes sowie für die anfängliche Unterstützung des Franchisenehmers entstehen.[703]

Das Startgeld stellt aus Sicht des Franchisenehmers Ausgaben dar, die seine Einnahmen mindern, weswegen er sich in dieser Höhe leistungs- und markenbezogene Einnahmen zurückbehält. Methodisch erfolgt dies, indem diese seine jeweiligen Ausgaben[704] erhöhen, die Gegenstand seiner leistungs- und markenbezogenen Korrekturfaktoren sind. Seine eigene Ergebnissituation wird dadurch nicht beeinflusst.

---

[701] Es wird unterstellt, dass dieses als Annuität gezahlt wird.

[702] Vgl. *Engler, G.* in: *Vögele, A. / Borstell, T. / Engler, G.*, (Verrechnungspreise), Rn. P 471.

[703] Vgl. *Engler, G.* in: *Vögele, A. / Borstell, T. / Engler, G.*, (Verrechnungspreise), Rn. P 471.

[704] Allerdings dürfen diese nicht um einen Gewinnaufschlag erhöht werden. Deswegen sind diese Ausgaben, von den weiteren Ausgaben der Herstellung der Leistung abzugrenzen, da diese Bemessungsgrundlage des Gewinnaufschlags sind.

4.2.2.5 Ergebnis

Im Gegensatz zur Markenlizenz i.e.S. überlässt der Franchisegeber dem Franchisenehmer neben der Marke i.r.S. eine Herstellerlizenz, sein systematisches Absatzkonzept und erbringt ggfs. Dienstleistungen sowie liefert eine materielle Leistung. Durch die Hereinnahme der Markenlizenz i.w.S. verpflichtet sich der Franchisenehmer nicht nur zur Vermarktung und ggfs. zur Herstellung der Leistung, sondern regelmäßig auch zur Entwicklung der markierten Leistung zur Marke. Deswegen führt die Vergabe des Markenfranchise, welches das Leistungspaket des Franchisegebers zum Gegenstand hat, in Abhängigkeit von der vorliegenden Art des Markenfranchising zur Verrechnung von maximal drei unterschiedlichen Entgelten.

Die Ermittlung der Entgelte für die Lieferung der materiellen Leistung, der Erbringung der Dienstleistungen sowie der Lizenzgebühr für die leistungsbezogenen und die markenbezogenen immateriellen Wirtschaftsgüter des Leistungspaketes ermöglichen dem Franchisenehmer die Erzielung eines angemessenen Gewinns. Seine Ermittlung basiert auf der Bewertung seiner erfolgsverursachenden Eigenaktivität, die in Abhängigkeit von der Art des Markenfranchising und dem damit korrespondierenden Tätigkeitsumfang des Franchisenehmers folgende Vergütungsbestandteile umfasst:

- ausschließlich für die Vermarktung der Ganzheit der Leistung, wenn der Franchisenehmer die Leistung innerhalb des Vertriebsfranchising ausschließlich vermarktet, keiner wesentlichen Verpflichtung zur Entwicklung der Leistung zur Marke unterliegt und keine eigene Investitionen in die Marke tätigt, die dazu führen, dass sein eigener Wertbeitrag für ihre ökonomischen Wirkungen ursächlich ist,

- zusätzlich für die Herstellung bzw. Erbringung der Ganzheit der Leistung, wenn er die materielle oder immaterielle Leistung im Rahmen des Produkt- oder Dienstleistungsfranchising selbst herstellt bzw. erbringt,

- darüber hinaus für die Herstellung und Vermarktung der Ganzheit der Marke, wenn die im Lizenzvertrag enthaltene Verpflichtung als eigenständiger Wertbeitrag zu betrachten ist, den ein ordentlicher und gewissenhafter Geschäftsleiter für einen fremden Dritten nur in Erwartung einer angemessenen Gegenleistung erbringen würde,

- sowie für die ökonomischen Markenwirkungen durch die Gewährung einer Rücklizenz, wenn er idealtypisch mindestens als Hybridunternehmen zu charakterisieren ist und sein eigener markenbezogener Wertbeitrag für die Entstehung der verhaltensbezogenen und für die daraus resultierenden ökonomischen Markenwirkungen ursächlich i.S.d. Analyse der Marke ist.

Sie werden zu dem leistungsbezogenen Korrekturfaktor s und dem markenbezogenen Korrekturfaktor v zusammengefasst, welche die Aufteilung der leistungs- und markenbezogenen Einnahmenveränderung im Anschluss an die Einnahmenzurechnung ermöglichen. Die nachfolgende Abbildung stellt dies exemplarisch am Beispiel des Vertriebsfranchising dar. Für die Höhe der Korrekturfaktoren und damit des Gewinns des Franchisenehmers sind insbesondere sein leistungs- und markenbezogener Funktions- und Risikoumfang, die Entwicklungsreife des ihm überlassenen systematischen Absatzkonzeptes, der mit der internationalen Markenstrategie verbundene Grad der Standardisierung sowie die im Lizenzvertrag enthaltenen Verpflichtungen zur Entwicklung der Leistung zur Marke maßgeblich. Rechnerisch ergibt sich sein Gewinn aus der Residualgröße der ihm infolge der Einnahmenzurechnung zuzurechnenden leistungs- und markenbezogenen Einnahmenveränderung und seiner damit verbundenen Ausgaben in Höhe von

$$\sum_{t=1}^{n}(E_t^L*s - E_t^M*v - A_t^G)*(1+i)^{-t}.$$

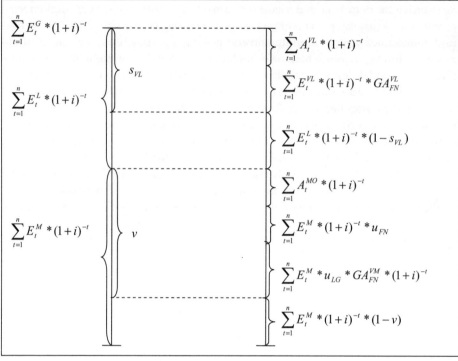

Abbildung 49: Aufteilung der marken- und leistungsbezogenen Einnahmen beim Vertriebsfranchising.

Ist der Franchisenehmer als Routineunternehmen anzusehen, so erzielt er einen Gewinn in Höhe von

$$\sum_{t=1}^{n} E_t^{L} * (1+i)^{-t} * GA_R^{VL} \,,$$

wenn ein Vertriebsfranchising vorliegt, in Höhe von

$$\sum_{t=1}^{n} A_t^{HL} * GA_{FN}^{HL} * (1+i)^{-t} + \sum_{t=1}^{n} E_t^{L} * GA_R^{VL} * (1+i)^{-t}$$

wenn ein Produkt- oder Dienstleistungsfranchising vorliegt, welcher im ersten Fall um

$$\sum_{t=1}^{n} A_t^{HM} * (1+i)^{-t} * GA_{FN}^{HM} \,,$$

und im zweiten Fall um

$$\sum_{t=1}^{n} A_t^{HM} * (1+i)^{-t} * GA_{FN}^{HM} + \sum_{t=1}^{n} E_t^{M} * (1+i)^{-t} * GA_{FN}^{VM}$$

zu erhöhen ist, wenn er über die Herstellung und/oder Vermarktung der Ganzheit der Leistung auch die der Ganzheit der Marke auf Veranlassung des Franchisegebers durchführt. Nach Beendigung der Markenlizenzvertrages i.w.S. steht dem Routineunternehmen darüber hinaus ein Ausgleichsanspruch i.S.d. § 89 b HGB zu, wenn der Franchisenehmer für die Kunden, die dem Franchisegeber infolge der Sogwirkung der Marke auch nach Beendigung des Vertragsverhältnisses verbleiben wesentliche wirtschaftliche Vorteile erzielen kann und sein Wertbeitrag für den Aufbau der dafür notwendigen verhaltensbezogenen Wirkungen mitursächlich ist.

Agiert der Franchisenehmer als Hybridunternehmen, der ebenfalls zur Entwicklung der Leistung zur Marke verpflichtet ist, steht ihm die Vergütung für die von ihm erbrachte Markentransferleistung neben derjenigen für die Herstellung und/oder Vermarktung der Ganzheit der Leistung nur anteilig zu, wenn auch sein Wertbeitrag für die markenbezogene Einnahmenveränderung kausal ist. Sie beträgt im Falle des Vertriebsfranchising

$$\sum_{t=1}^{n} E_t^M * u_{FG} * GA_{FN}^{VM} * (1+i)^{-t}$$

und im Falle des Produkt- und Dienstleistungsfranchising

$$\sum_{t=1}^{n} E_t^M * u_{FG} * GA_{FN}^{VM} * (1+i)^{-t} + \sum_{t=1}^{n} A_t^{HM} * (1+i)^{-t} * GA_{FN}^{HM} * \frac{\sum_{t=1}^{n} A_t^{MO(H)} * (1+i)^{-t}}{\sum_{t=1}^{n} A_t^M * (1+i)^{-t}}.$$

Darüber hinaus sind dem Hybridunternehmen, die ökonomischen Markenwirkungen zuzurechnen, für deren Verwirklichung sein Wertbeitrag ursächlich ist. Da er für diese Einnahmen die Ausgaben selbst trägt und damit das Risiko übernimmt, dass

$$\sum_{t=1}^{n} (E_t^M - E_0^M) * (1+i)^{-t} * u_{FN}^{ber} < \sum_{t=1}^{n} (A_t^M - A_t^{MO}) * (1+i)^{-t}$$

mit $\quad u_{FN}^{ber} = l * \sum_{e=1}^{f} (a_e * (\sum_{j=1}^{z} m_{ej} * \beta_{ej}))$ und $l = \dfrac{\sum_{t=1}^{n} (E_t^M - E_0^M) * (1+i)^{-t}}{\sum_{t=1}^{n} E_t^M * (1+i)^{-t}}$

ist, kann er einen Gewinn nur dann erzielen, wenn diese Ausgaben seinen übrigen Gewinn nicht übersteigen,[705] vgl.

---

[705] Die erste Zeile gilt nur, wenn kein Vertriebsfranchising vorliegt.

$$\sum_{t=1}^{n} A_t^{HL} * GA_{FN}^{HL} * (1+i)^{-t} + \sum_{t=1}^{n} A_t^{HM} * (1+i)^{-t} * GA_{FN}^{HM} * \frac{\sum_{t=1}^{n} A_t^{MO(H)} * (1+i)^{-t}}{\sum_{t=1}^{n} A_t^{M} * (1+i)^{-t}}$$

$$+ \sum_{t=1}^{n} E_t^{L} * GA_{H}^{VL} * (1+i)^{-t} + \sum_{t=1}^{n} E_t^{M} * u_{FG} * GA_{FN}^{VM} * (1+i)^{-t}$$

$$+ \sum_{t=1}^{n} (E_t^{M} - E_0^{M}) * (1+i)^{-t} * u_{FN}^{ber} > \sum_{t=1}^{n} (A_t^{M} - A_t^{MO}) * (1+i)^{-t}.$$

Dies gilt entsprechend für die Fälle, in denen der Franchisenehmer als Strategieträger anzusehen ist. Allerdings erhält er dann keine Gegenleistung für die von ihm erbrachte Markentransferleistung, weil er selbst von dieser durch die Zurechnung der ökonomischen Markenwirkungen profitiert.

Der Franchisegeber kann einen Gewinn erzielen, wenn die ihm zuzurechnende Einnahmenveränderung[706] in Höhe von

$$\sum_{t=1}^{n} (E_t^{L} * (1-s) + E_t^{M} * (1-v)) * (1+i)^{-t}$$

seine gesamten damit einhergehenden Ausgaben übersteigen. Agiert er als Lizenzverwertungsgesellschaft im Auftrag des Franchisenehmers erzielt er einen Gewinn aus dem Halten und Verwalten der Schutzrechte in Höhe von

$$\sum_{t=1}^{n} A_t^{HVW} * GA_{FG}^{HVW} * (1+i)^{-t},$$

welcher ihm durch den Ansatz der Mindestlizenz garantiert wird. Somit untersteht der Franchisegeber ebenso wie der Franchisenehmer der Gefahr, einen Verlust zu erwirtschaften, wenn sie nicht in Gestalt einer Routineunternehmung agieren und markenpolitische Bemühungen auf eigene Veranlassung tätigen.

Die auf Grundlage der Einnahmenveränderung und Einnahmenzurechnung zu verrechnenden Entgelte zahlt der Franchisenehmer im Rahmen des Produkt- oder Dienstleistungsfranchising in jedem Lizenzjahr als Gegenleistung für die **Dienstleistungen** in Höhe von

$$ET_t^{DL} = \left[\sum_{t=1}^{n} (A_t^{DLU} + A_t^{DL\ddot{U}} * (1 + GA_{FG}^{DL\ddot{U}})) * (1+i)^{-t} \right] * ANF,$$

für die Herstellerlizenz in Höhe von

---

706 Diese beinhalten neben dem leistungs- und dienstleistungsbezogenen Entgelt die markenbezogenen Einnahmen, für die sein markenpolitischer Wertbeitrag ursächlich ist, abzüglich der damit verbundenen Ausgaben des Franchisenehmers und ggfs. der zusätzlichen Vergütung für die von diesem erbrachte Markentransferleistung.

$$ET_t^L = \left[\frac{m_t}{\sum\limits_{t=1}^{n} m_t} * \sum_{t=1}^{n} E_t^M * (1+i)^{-t} * (1 - s_{R/H/S}) \right] * (1+i)^t$$

und für die Markenlizenz i.e.S. in Höhe von

$$ET_t^M = \left[\frac{m_t}{\sum\limits_{t=1}^{n} m_t} * \sum_{t=1}^{n} E_t^M * (1+i)^{-t} * (1 - v) \right] * (1+i)^t.$$

Dabei können die Lizenzgebühren, d.h. die Gegenleistung für die Hersteller- und die Markenlizenz i.e.S., einheitlich verrechnet werden. Liegt hingegen ein Vertriebsfranchising oder ein Produktfranchising vor, bei welchem der Franchisenehmer die materielle Leistung vom Franchisegeber bezieht, so zahlt der Franchisenehmer neben den Entgelten für die Dienstleistungen und die Markenlizenz eines für die materielle Leistung in Höhe von

$$\left[\frac{\sum\limits_{t=1}^{n} ET_t^{FL} * (1+i)^{-t}}{\sum\limits_{t=1}^{n} m_t} * m_t \right] * (1+i)^t$$

und ggfs. für die Herstellerlizenz in Höhe von

$$\left[\frac{\sum\limits_{t=1}^{n} E_t^L * (1 - s_{VL}) * (1+i)^{-t}}{\sum\limits_{t=1}^{n} m_t} * m_t \right] * (1+i)^t.$$

In Anbetracht der Auffassung der deutschen Finanzverwaltung, sollten die drei letztgenannten Entgelte zu einem Verrechnungspreis für die materielle Leistung in Höhe von

$$ET_t^{ML} = \left[\frac{m_t}{\sum\limits_{t=1}^{n} m_t} * \left(\sum_{t=1}^{n} E_t^L * (1+i)^{-t} * (1 - s) + \sum_{t=1}^{n} E_t^M * (1+i)^{-t} * (1 - v) \right) \right] * (1+i)^t$$

zusammengefasst und unter Angabe des darin enthaltenen prozentualen Lizenzanteils verrechnet werden.

4.3 Erkenntnisse und Anwendungsmöglichkeiten

Mit der Vergabe einer Markenlizenz innerhalb des Konzerns können unterschiedliche Sachverhaltskonstellationen verbunden sein, deren jeweilige Beschreibung ihren Ausgangspunkt in der rechtlichen Beurteilung der vertraglichen Vereinbarungen findet.

Stellen die Verträge ausschließlich auf die Nutzungsüberlassung der positiven Benutzungsrechte an dem rechtlich geschützten Unterscheidungszeichen und die mit der Nutzung verbundenen produkt- und markenbezogenen Restriktionen ab, so liegt eine Markenlizenz i.e.S. vor. Soweit sie sowohl das Recht zur Produktmarkierung und Vermarktung der markierten Leistung umfasst, handelt es sich um eine einheitliche Markenlizenz, andernfalls entweder um eine Produktmarkierungs- oder Vermarktungslizenz.

Sollten die vertraglichen Vereinbarungen über eine derartige Benutzungserlaubnis hinaus das systematische Absatzkonzept des Markeneigners, eine Herstellerlizenz, marken- und leistungsbezogenes Know How sowie ggfs. die Erbringung von Dienstleistungen und die Lieferung der materiellen Leistung beinhalten, so liegt hingegen eine. Markenlizenz i.w.S. vor. Da derartige Verträge regelmäßig auf die Reproduktion der Marke abstellen, sind diese Sachverhalte mit dem Markenfranchising vergleichbar, welches in Gestalt eines Dienstleistungs-, Vertriebs- und Produktfranchising ausgestaltet sein kann.

Dem Grunde nach sind die vertraglichen Vereinbarungen einer Markenlizenz i.r.S., die zwingender Bestandteil der Markenlizenz i.w.S. ist, immer dann steuerlich entgeltpflichtig, wenn die positiven Benutzungsrechte an dem Unterscheidungszeichen selbst rechtlich werthaltig sind, weil die negativen Verbietungsrechte des Markeneigners noch nicht erschöpft sind. Die weiteren Bestandteile der Markenlizenz i.w.S. sind entgeltpflichtig, wenn das in der Herstellerlizenz enthaltene Wissen für den Franchisenehmer zum Zeitpunkt der Überlassung noch nicht bekannt und zugänglich ist, und die Erbringung der Dienstleistungen sowie die Lieferung der materiellen Leistung auf schuldrechtlicher Basis im betrieblichen Interesse des Lizenz- bzw. Franchisenehmers geleistet werden.

Die vertraglichen Gestaltungen der Markenlizenzarten unterscheiden sich hinsichtlich ihrer Zielsetzung. Während die Markenlizenz i.w.S. sowie die Produktmarkierungs- und Vermarktungslizenz regelmäßig auf die Vermarktung der Leistung des Lizenz- bzw. Franchisegebers gerichtet sind, zielen die Vergabe der einheitlichen Marken- sowie der Vermarktungslizenz, bei der der Lizenznehmer als Strategieträger zu charakterisieren ist, auf die Vermarktung seiner materiellen Leistung ab. Deswegen beauftragt der Markeneigner den Lizenz- bzw. Franchisenehmer nur mit der Vergabe der erstgenannten Lizenzarten konkludent mit der Vermarktung seiner Leistung und im Falle des Franchising zusätzlich mit der Entwicklung der markierten Leistung zur Marke. Folglich bestimmt die Lizenzart den Tätigkeitsbereich des Lizenz- bzw. Franchisenehmers, der entweder ausschließlich die Herstellung oder Vermarktung der materiellen Leistung oder sowohl die Herstellung bzw. Erbringung, Markierung und anschließende Vermarktung der materiellen oder immateriellen Leistung umfasst, und damit seinen Vergütungsanspruch auf eine angemessene Gegenleistung für deren Erbringung.

Damit steht der Entgeltforderung des Lizenz- bzw. Franchisegebers als Gegenleistung für die Markenlizenz i.e.S. oder i.w.S. ein Vergütungsanspruch des Lizenz- bzw. Franchisenehmers gegenüber, welchen er einerseits als Gegenleistung für die Tätigkeiten verlangt, mit denen er beauftragt wurde, und andererseits für seinen eigenen Wertbeitrag für die Entstehung und Wirkung der Marke.

Methodisch werden diese Ansprüche durch eine Aufteilung der leistungs- und markenbezogenen Einnahmenveränderung des Lizenz- bzw. Franchisenehmers zwischen den Vertragsparteien vergütet, welche die erfolgsverursachende Tätigkeit des Lizenz- bzw. Franchisenehmers und die damit verbundenen Ausgaben berücksichtigt. Die Einnahmenzurechnung erfolgt im Anschluss an die Bewertung der Einnahmenveränderung durch die Ermittlung des leistungsbezogenen Korrekturfaktors s und des markenbezogenen Faktors v, welche die von ihm an den Lizenz- bzw. Franchisegeber zu entrichtenden Vergütungen mindern.

Basis der Vergütungen sind damit die leistungsbezogene Einnahmenveränderung

$$\sum_{t=1}^{n} E_t^L * (1+i)^{-t} * (1-s)$$

sowie die markenbezogene

$$\sum_{t=1}^{n} E_t^M * (1+i)^{-t} * (1-v),$$

welche unter Berücksichtigung der Entgeltform und der Zahlungsmodalitäten anschließend an die Einnahmenveränderung und Einnahmenzurechnung als Entgelte verrechnet werden können.

Entscheidenden Einfluss für die Aufteilung der Einnahmenveränderung erlangt der Funktions- und Risikoumfang des Lizenz- bzw. Franchisenehmers, welcher durch die Unternehmenscharakterisierung seine Kategorisierung entweder als Routine-, als Hybridunternehmen oder als Strategieträger ermöglicht. Diese Einstufung determiniert sowohl die Höhe der ihm als Gegenleistung für die Herstellung, Markierung und Vermarktung der Leistung und Marke zu gewährenden Gewinnanteile als auch die Notwendigkeit, die Ursächlichkeit seines markenpolitischen Wertbeitrags für die Entstehung und Wirkung der Marke zu überprüfen, weil diese nur dann gegeben ist, wenn er mindestens als Hybridunternehmen zu charakterisieren ist.

Dabei ist die Ermittlung der Ursächlichkeit seines Wertbeitrags Gegenstand der Analyse der Marke hinsichtlich ihrer Bildung, Erfolgsfaktoren und der Wertbeiträge der Beteiligten. Die Durchführung der Markenanalysen erscheint nur dann notwendig, wenn der Lizenz- bzw. Franchisenehmer nicht in Gestalt eines Routineunternehmens agiert[707] und eine Diskrepanz zwischen den ökonomischen Markenwirkungen gegeben ist, die allein auf Grundlage der verhaltensbezogenen Markenwirkungen, die bereits zum Zeitpunkt der Lizenzvergabe innerhalb des sachlichen, räumlichen und zeitlichen Geltungsbereichs der Lizenz hätten verwirklicht werden können, und denen, die über die Lizenzdauer unter Berücksichtigung der noch zu verwirklichenden verhaltensbezogenen Zielgrößen realisiert werden können.

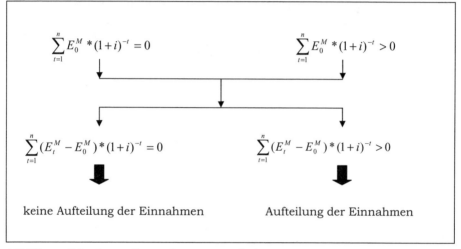

Abbildung 50: Beurteilung der Notwendigkeit der Aufteilung der markenbezogenen Einnahmen.

Dafür untersucht die Analyse der Marke unter Berücksichtigung der operativen, finanziellen und konzeptionellen Ebene der Markenpolitik den aus der Integration der wirkungs- und erfolgsbezogenen Betrachtungsweise der Marke abgeleiteten Wirkungszusammenhang zwischen den markenpolitischen Bemühungen der am Wertschöpfungsprozess Beteiligten, den daraus resultierenden verhaltensbezogenen und den erst durch sie möglichen ökonomischen Markenwirkungen.

---

[707] Denn in diesen Fällen sind die Ergebnisse der Analyse auch ohne ihre Durchführung offenkundig. Dies gilt für alle Fälle, in denen der Lizenz- bzw. Franchisenehmer aufgrund seines geringen Funktions- und Risikobereiches keinen eigenen Wertbeitrag zur Entwicklung und Wirkung der Marke leisten kann, und solche, in denen der Lizenz- bzw. Franchisegeber ausschließlich in Gestalt einer Lizenzverwertungsgesellschaft agiert, keinerlei Einfluss auf die konzeptionelle Ebene der Markenpolitik ausübt und die Marke i.r.S. zum Zeitpunkt der Lizenzvergabe lediglich rechtlich werthaltig ist.

Im Ergebnis werden zunächst die markenpolitischen Bemühungen den beteiligten Vertragspartner entweder einem vollumfänglich oder beiden anteilig zugerechnet, anschließend diesen Maßnahmen ihre relative Bedeutung für die Verwirklichung der erst durch sie möglichen Erfolgsfaktoren der Marke bestimmt und abschließend deren relativer Beitrag zum ökonomischen Erfolg der Marke festgelegt. Grafisch können diese Schritte wie folgt abgebildet werden:

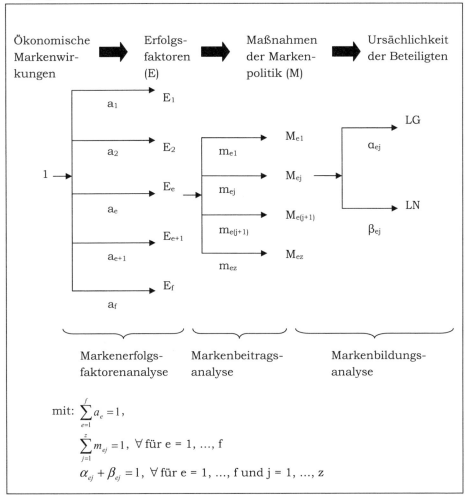

Abbildung 51: Darstellung der Ergebnisse der Markenanalyse.

Nachdem die Kausalität der Wertbeiträge des Lizenz- bzw. Franchisenehmers sowie des Lizenz- bzw. Franchisegebers für die Entstehung und Wirkung der Marke bekannt und zu dem Kriterium der Ursächlichkeit zusammengefasst sind, können die ökonomischen Markenwirkungen aufgeteilt werden, welche der gesamten markenbezogenen Einnahmenveränderung des Lizenz- bzw. Franchisenehmers infolge der Hereinnahme der Markenlizenz i.e.S. bzw. i.w.S. entsprechen,

$$u_{LN/FN}^{ber} = l * \sum_{e=1}^{f}(a_e * (\sum_{j=1}^{z}m_{ej} * \beta_{ej})) \text{ und } u_{LG/FG}^{ber} = \sum_{e=1}^{f}(a_e * (\sum_{j=1}^{z}m_{ej} * \alpha_{ej})),$$

$$l = \frac{\sum_{t=1}^{n}(E_t^M - E_0^M) * (1+i)^{-t}}{\sum_{t=1}^{n}E_t^M * (1+i)^{-t}}.$$

Maximal kann sich im Zuge der Aufteilung der ökonomischen Markenwirkungen eine Dreiteilung der gesamten Einnahmenveränderung ergeben, wenn die Marke i.r.s. zum Zeitpunkt der Lizenzvergabe nicht nur rechtlich, sondern bereits wirtschaftlich werthaltig ist (WB 1),[708] und sowohl der Lizenz- bzw. Franchisegeber (WB 2) als auch der Lizenz- bzw. Franchisenehmer (WB 3) auf Grund ihrer markenpolitischen Bemühungen über die Lizenzlaufzeit für die Entstehung und Wirkung der Marke ursächlich sind.

Insgesamt sind in Abhängigkeit von der Ausprägung der einzelnen Wertbeiträge 8 unterschiedliche Ergebniskonstellationen möglich, die in der nachfolgenden Tabelle dargestellt sind.

Ergebnisse	1	2	3	4	5	6	7	8
WB 1	X	X	O	O	X	X	O	O
WB 2	X	X	X	O	O	O	X	O
WB 3	X	O	X	X	X	O	O	O

Abbildung 52: Übersicht über die denkbaren Lösungen.

In der nachfolgenden Abbildung ist als Beispiel die erste Variante abgebildet.

---

[708] Dieser ist i.d.R. dem Lizenz- bzw. Franchisegeber zuzurechnen, weil der Wertbeitrag des Lizenz- bzw. Franchisenehmers vor der Lizenzvergabe nicht für den Aufbau der verhaltensbezogenen Markenwirkungen kausal sein kann. Eine Ausnahme davon kommt nur dann in Betracht, wenn eine Vertragsverlängerung vorliegt.

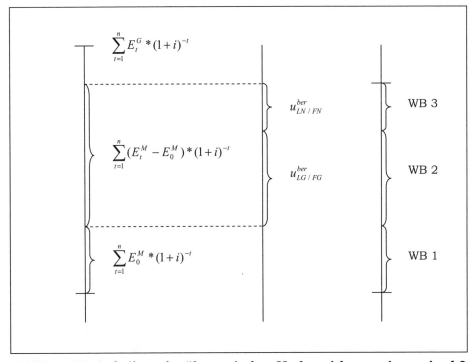

Abbildung 53: Aufteilung der ökonomischen Markenwirkungen in maximal 3 Wertbeiträge.

Im Anschluss an die Aufteilung der markenbezogenen Einnahmenveränderung sind die markenbezogenen Ausgaben des Lizenz- bzw. Franchisenehmers in die Betrachtung einzubeziehen. Von diesen beeinflussen nur diejenigen Ausgaben die Einnahmenzurechnung, die dem Lizenz- bzw. Franchisenehmer zwangsläufig für die Verwirklichung der ökonomischen Markenwirkungen entstehen, die nach den Ergebnissen der Analyse der Marke dem Lizenz- bzw. Franchisegeber zuzurechnen sind. Diese obligatorischen Ausgaben fließen ebenso wie die ökonomischen Markenwirkungen, für die der Wertbeitrag des Lizenz- bzw. Franchisenehmers ursächlich ist, sowie die zusätzliche Vergütung des Franchisenehmers für die Markentransferleistung in den Korrekturfaktor v ein, so dass der markenbezogene Lizenzwert

$$\sum_{t=1}^{n} E_t^M * (1+i)^{-t} * (1-v)$$

entspricht.

Dabei darf der Lizenzwert weder seinen Mindestwert unter- noch Maximalwert überschreiten, damit sich beide an diesem Wertschöpfungsprozess Beteiligten nicht allein durch die Unterstützung des Wertbeitrags des anderen wirtschaftlich verschlechtern, obwohl sie von den daraus resultierenden ökonomischen Markenwirkungen nicht profitieren können.

Dies gilt für den Lizenz- bzw. Franchisegeber insbesondere dann, wenn er ausschließlich in Gestalt einer Lizenzverwertungsgesellschaft agiert, ohne für die Entstehung und Wirkung der Marke ursächlich zu sein, und für den Lizenz- bzw. Franchisenehmer, wenn er keine eigenen Investitionen in die Marke tätigt und ausschließlich die markenpolitischen Bemühungen des Lizenz- bzw. Franchisegebers unterstützt, ohne für deren Wirkungen ursächlich zu sein.

Zugleich garantiert der Maximalwert der Lizenz die Berücksichtigung der Markenfähigkeit der Marke i.r.S. als rechtlich geschütztes Unterscheidungszeichen sowie daraus abgeleitet auch die der Ganzheit der Marke. Da die Marke der funktional nicht notwendige, zusätzliche Bestandteil der Leistung ist, welcher auf die Erzielung eines emotionalen Nutzens abstellt, ist sie im Vergleich zur Ganzheit der Leistung nachrangig. Deswegen resultieren aus der Vermarktung der Leistung stets leistungsbezogene Einnahmen, welche der Ganzheit der Leistung als funktional notwendigem Bestandteil zuzurechnen sind, und nur ggfs. darüber hinaus markenbezogene Einnahmen.

Die leistungsbezogenen Einnahmen, die durch eine Bewertung des Grundnutzens der Leistung identifiziert werden können, sind entweder wie im Fall der einheitlichen Markenlizenz, die nicht auf die Vermarktung der Leistung des Lizenzgebers gerichtet ist, nicht in die Betrachtung einzubeziehen, weil sie allein dem Lizenznehmer zuzurechnen sind,[709] oder unter Berücksichtigung der leistungsbezogenen Ausgaben des Lizenz- bzw. Franchisenehmers und seiner erfolgsverursachenden Eigenaktivität zwischen den Beteiligten aufzuteilen.

Methodisch erfolgt die Aufteilung zwischen den Vertragspartnern, indem dem Lizenz- bzw. Franchisenehmer als dem beauftragten Unternehmen in Anbetracht seiner Funktionsdichte eine angemessene Vergütung zugerechnet wird. Unter Berücksichtigung seiner Unternehmenscharakterisierung sowie Kategorisierung als Strategieträger, Hybrid- oder Routineunternehmen und im Falle einer Vermarktungslizenz seiner handelsrechtlichen Ausgestaltung als Handelsvertreter, Kommissionär oder Eigenhändler sind diesem entsprechende Einnahmen zuzurechnen.

Im Ergebnis verbleiben dem Lizenz- bzw. Franchisenehmer anteilig markenbezogene Einnahmen in Höhe von

$$\sum_{t=1}^{n} E_t^M * (1+i)^{-t} * v,$$

---

[709] Für die nachfolgende Darstellung kann demnach unterstellt werden, dass s=1 ist.

die neben seinen obligatorischen markenbezogenen Ausgaben, die ihm zwangsläufig für die Unterstützung des markenbezogenen Wertbeitrags des Lizenz- bzw. Franchisegebers oder im Zuge der Erbringung der Dienstleistungen entstehen, ggfs. die ökonomischen Markenwirkungen, für die sein Wertbeitrag nach den Ergebnissen der Analyse der Marke ursächlich ist, sowie im Falle eines Markenfranchising die Vergütung für seinen Wertbeitrag zur Entwicklung der markierten Leistung zur Marke beinhalten. Sie führen dann zu einem markenbezogenen Gewinn, wenn seine markenbezogenen Ausgaben die ihm zuzurechnenden ökonomischen Markenwirkungen unterschreiten, vgl.

$$\sum_{t=1}^{n}(E_t^M - E_0^M) * (1+i)^{-t} * u_{LN\,/\,FN}^{ber} + A_t^{MO} * (1+i)^{-t} > \sum_{t=1}^{n} A_t^M * (1+i)^{-t}.\text{[710]}$$

Dabei hängt die Entstehung des markenbezogenen Gewinns einzig vom Verhältnis zwischen den markenbezogenen Ausgaben, die nicht in die Bemessung des Korrekturfaktors v eingehen, weil sie für die markenpolitischen Bemühungen des Lizenz- bzw. Franchisenehmers entstanden sind, die er auf eigenes Risiko erbringt, und den daraus resultierenden ökonomischen Markenwirkungen ab, weil die für ihn obligatorischen Ausgaben zugleich Bestandteil des Korrekturfaktors v sind.

Darüber hinaus sind ihm leistungsbezogene Einnahmen in Höhe von

$$\sum_{t=1}^{n} E_t^L * (1+i)^{-t} * s$$

zuzurechnen, die seine leistungsbezogenen Ausgaben abdecken und ihm darüber hinaus einen angemessenen Gewinn unter Berücksichtigung seiner Funktionsdichte entweder für die Herstellung, Markierung und Vermarktung der Leistung oder seines jeweiligen Tätigkeitsbereiches garantieren.

Ob der Lizenz- bzw. Franchisenehmer insgesamt einen Gewinn aus dem mit der Lizenzhereinnahme verbundenen Wertschöpfungsprozess verwirklichen kann, ist von dem Verhältnis zwischen dem leistungs- und dem markenbezogenen Ergebnis abhängig.

Die nachfolgende Abbildung zeigt die Aufteilung der gesamten Einnahmenveränderung des Lizenz- bzw. Franchisenehmers abschließend exemplarisch für die Vermarktungslizenz auf.

---

[710] Im Falle des Franchising sind die markenbezogenen Einnahmen anteilig i.H.d. Faktors v_2 zu erhöhen.

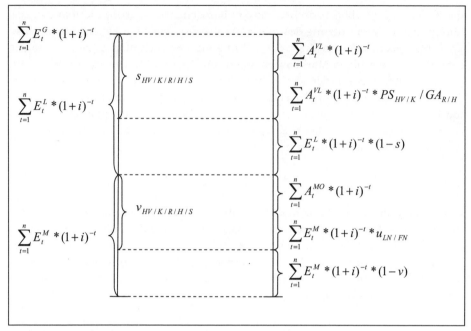

Abbildung 54: Aufteilung der gesamten leistungs- und markenbezogenen Einnahmen.

Der Lizenz- bzw. Franchisegeber kann durch die Vergabe der Markenlizenz i.e.S. bzw. i.w.S. einen Gewinn erwirtschaften, wenn die ihm zuzurechnenden leistungs- und markenbezogenen Einnahmen sowie ggfs. das dienstleistungsbezogene Entgelt seine damit verbundenen Ausgaben übersteigen, vgl.

$$\sum_{t=1}^{n} (E_t^L * (1-s) + E_t^M * (1-v) + ggfs.\ ET_t^{DL}) * (1+i)^{-t} > \sum_{t=1}^{n} A_t^{G(LG\,/\,FG)} * (1+i)^{-t}.$$

Abschließend sind in der nachfolgenden Tabelle die wesentlichen Merkmale der unterschiedlichen Verrechnungspreisobjekte zusammengefasst.

	Markenlizenz i.e.S.			Markenlizenz i.w.S.		
	Einheitliche Markenlizenz	Produktmarkierungslizenz	Vermarktungslizenz	Produktfranchising	Dienstleistungsfranchising	Vertriebsfranchising
Gegenstand des Lizenzvertrages	positiven Benutzungsrechte	Produktmarkierungsrecht	Vermarktungsrecht Lieferung der materiellen Leistung	Markenlizenz i.e.S. Herstellerlizenz Systematische Absatzkonzept Dienstleistungen Lieferung der materiellen Leistung	Markenlizenz i.e.S. Herstellerlizenz Systematische Absatzkonzept Dienstleistungen	Markenlizenz i.e.S. Herstellerlizenz Systematische Absatzkonzept Dienstleistungen Lieferung der materiellen Leistung
Zielrichtung Vermarktung der Leistung des …	LN	LG	LN/LG	FG	FG	FG
Tätigkeitsbereiche des LN bzw. FN		Herstellung und Markierung der materiellen Leistung	Vermarktung der materiellen Leistung	Herstellung, Markierung und Vermarktung der materiellen	Erbringung, Markierung, Vermarktung der immateriellen Leistung	Vermarktung der materiellen Leistung Entwicklung der markierten

				Leistung Entwicklung der markierten Leistung zu einer Marke	Entwicklung der markierten Leistung zu einer Marke	Leistung zu einer Marke
Zu verrechnende Entgelte	Lizenzgebühr	Keine Lizenzgebühr	Lizenzgebühr Ggfs. Entgelt für die Lieferung der materiellen Leistung	Marken- und leistungsbezogene Lizenzgebühr Ggfs. Entgelt für die Lieferung der materiellen Leistung und die Erbringung der Dienstleistungen	Marken- und leistungsbezogene Lizenzgebühr Ggfs. Entgelt für die Lieferung der materiellen Leistung und die Erbringung der Dienstleistungen	Marken- und leistungsbezogene Lizenzgebühr Ggfs. Entgelt für die Lieferung der materiellen Leistung und die Erbringung der Dienstleistungen
Gegenstand der Einnahmenzurechnung des LN	Aufbau der verhaltensbezogenen Markenwirkungen	Herstellung und Markierung der Leistung	Vermarktung der Leistung Aufbau der verhaltensbezogenen Markenwirkungen	Herstellung und Markierung der Leistung Vermarktung der Leistung	Erbringung, Markierung, Vermarktung der immateriellen Leistung	Vermarktung der Leistung Aufbau der verhaltensbezogenen Markenwirkungen

Wesentliche Einflussfaktoren	
Ursächlichkeit des LN für die Entstehung und Wirkungen der Marke	Entwicklung der markierten Leistung zu einer Marke
Funktionsumfang des Produktionsunternehmens	Aufbau der verhaltensbezogenen Markenwirkungen; Entwicklung der markierten Leistung zu einer Marke
Charakterisierung der Vertriebsgesellschaft als Routine-, Hybridunternehmen oder Strategieträger	Aufbau der verhaltensbezogenen Markenwirkungen; Entwicklung der markierten Leistung zu einer Marke
Charakterisierung des Franchisenehmers als Routine-, Hybridunternehmen oder Strategieträger; Ursächlichkeit des FN für die Entstehung und Wirkungen der Marke unter Berücksichtigung der Entwicklungsreife des systematischen Absatzkonzeptes und dem Grad der Standardisierung der internationalen Markenstrategie; Eigener Wertbeitrag durch die Entwicklung der markierten Leistung zu einer Marke	Entwicklung der markierten Leistung zu einer Marke

5 Die ertragsteuerliche Behandlung der Lizenzgebühr

Die nachfolgende Darstellung der ertragsteuerlichen Behandlung der Lizenzgebühr erfolgt ausschließlich für die Überlassung immaterieller Werte im Konzern durch einen Lizenzgeber, der, unabhängig von der Belegenheit des Schutzrechts, Steuerinländer ist. Damit ist er mit seinem gesamten Welteinkommen im Inland unbeschränkt einkommen- oder körperschaftsteuerpflichtig, so dass die Lizenzgebühren abzüglich der mit ihnen verbundenen Ausgaben als Einkünfte aus Gewerbebetrieb[711] der Einkommen- oder Körperschaftsteuer unterliegen.

In Abhängigkeit der in dem jeweiligen Ausland gegebenen Tatbestandsvoraussetzungen begründet die Zahlung der markenbezogenen Lizenzgebühr regelmäßig die beschränkte Steuerpflicht des Lizenzgebers in dem Staat, in dem das Schutzrecht belegen ist, weil es in ein öffentliches Buch bzw. Register eingetragen ist, oder von dem Lizenznehmer in einer Betriebsstätte verwertet wird.[712] Dabei erfolgt die Besteuerung dieser Einkünfte entweder durch einen Quellensteuerabzug[713] oder im Wege der Veranlagung.[714]

Wenn zwischen dem Ansässigkeitsstaat des Lizenznehmers und der Bundesrepublik Deutschland kein Doppelbesteuerungsabkommen besteht, dessen Regelungen die Anwendung der unilateralen Maßnahmen als leges speciales verdrängen, finden die Regelungen des § 34 c Abs. 1 bis 3 EStG zur Vermeidung der Doppelbesteuerung Anwendung.

Demnach kann die im Ausland festgesetzte, gezahlte und um einen eventuell entstandenen Ermäßigungsanspruch gekürzte ausländische Steuer gem. § 34 c Abs. 1 EStG auf die deutsche Steuer angerechnet werden, die auf die ausländischen Einkünfte i.S.d. § 34 d Nr. 7 EStG aus Vermietung und Verpachtung[715]

---

[711] Die Qualifikation der Einkünfte als gewerbliche erfolgt entweder aufgrund des § 8 Abs. 2 KStG oder des Subsidiaritätsprinzips des § 21 Abs. 3 EStG.

[712] Durch eine § 1 Abs. 4 EStG i.V.m. § 49 Abs. 1 Nr. 6 EStG vergleichbare Regelung im Steuerausland.

[713] Sofern die Zahlung innerhalb der Europäischen Union erfolgt, kann auf Antrag die Erhebung einer Quellensteuer durch die Anwendung einer § 50 g EStG vergleichbaren Norm vermieden werden. Die Einführung dieser Norm ist Ergebnis der sog. Zins- und Lizenzrichtlinie, vgl. Richtlinie 2003/49/EG des Rates v. 03.06.2003 über eine gemeinsame steuerliche Regelung für Zahlungen von Zinsen und Lizenzgebühren zwischen verbundenen Unternehmen verschiedener Mitgliedstaaten.

[714] Vgl. *Fischer, L. / Kleineidam, H.-J. / Warneke, P.*, (Internationale Steuerlehre), S. 268 f.

[715] Obwohl die isolierende Betrachtungsweise gem. § 49 Abs. 2 EStG nur für die Besteuerung der inländischen Einkünfte beschränkt Steuerpflichtiger anzuwenden ist, ist sie auch für die ausländischen Einkünfte unbeschränkt Steuerpflichtiger maßgebend. Vgl. *Fischer, L. / Kleineidam, H.-J. / Warneke, P.*, (Internationale Steu-

entfällt, die aus der Nutzung der in einem ausländischen Staat überlassen Rechte erzielt worden sind. Dabei sind für die Ermittlung der ausländischen Einkünfte gem. § 34 c Abs. 1 Satz 4 EStG die damit verbundenen Betriebsausgaben und Betriebsvermögensminderungen zu berücksichtigen, weil diese zu dem Gewinn eines inländischen Betriebs gehören. Sollte infolge dessen ein Verlust entstehen, ist auf diesen die Verlustabzugsbeschränkung des § 2 a EStG nicht anzuwenden, weil dessen Abs. 1 Satz 1 Nr. 6 a EStG die negativen Einkünfte aus der Nutzungsüberlassung von Rechten gerade nicht umfasst.

Alternativ kann die ausländische Steuer gem. § 34 c Abs. 2 EStG auf Antrag bei der Ermittlung der Einkünfte abgezogen werden, wenn die ausländischen Einkünfte nicht im Inland steuerfrei sind und alle Voraussetzungen des Abs. 1 vorliegen. Die Ausübung des damit verbundenen Wahlrechts erscheint dann vorteilhaft, wenn die ausländische Steuer im Wege des Quellensteuerabzugs auf den Bruttobetrag erhoben wird, allerdings ihre Anrechnung im Inland ausschließlich auf Grundlage des Nettobetrags erfolgt und zu Anrechnungsüberhängen führen sollte.

Soweit weder eine Anrechnung nach Abs. 1 noch ein Abzug nach Abs. 2 möglich ist, weil die ausländische Steuer nicht der deutschen Steuer entspricht oder nicht in dem Staat erhoben wird, aus dem die Einkünfte stammen, ist diese gem. § 34 c Abs. 3 EStG bei der Ermittlung der Einkünfte abzuziehen.

Wenn zwischen dem Ansässigkeitsstaat des Lizenznehmers und der Bundesrepublik Deutschland hingen ein Doppelbesteuerungsabkommen bestehen sollte, so wird die Besteuerungsbefugnis entweder durch eine Art. 12 OECD-MA vergleichbare Regelung als Ausgleich für die vorangegangenen Entwicklungs- und Forschungskosten vollumfänglich oder unter Anrechnung einer der Höhe nach beschränkten Quellensteuer, die im Belegenheitsstaat des Schutzrechts erhobenen werden darf und im Ansässigkeitsstaat des Lizenzgebers gem. einer Art. 23 B OECD-MA vergleichbaren Regelung anzurechnen ist, dem Ansässigkeitsstaat des Lizenzgebers zugewiesen.[716]

Dabei gehen die Verteilungsnormen für Lizenzgebühren, die aus einem Vertragsstaat stammen und deren Nutzungsberechtigter eine im anderen Vertragsstaat ansässige Person ist, denen für Unternehmensgewinne[717] grundsätzlich vor, wenn der Lizenzgeber nicht in dem Staat, aus dem die Lizenzgebühren stammen,

---

erlehre), S. 268 unter Verweis auf *Schaumburg, H.*, (Internationales Steuerrecht), S. 632.

[716] Vgl. *Schaumburg, H.*, (Internationales Steuerrecht), Rn. 16.371.

[717] Vergleiche die Regelungen des Art. 7 OECD-MA. Demnach können Unternehmensgewinne nur in dem Ansässigkeitsstaat des Unternehmens besteuert werden, soweit dieses nicht in dem anderen Staat eine Betriebsstätte unterhält (Betriebsstättenvorbehalt).

eine Geschäftstätigkeit durch eine dort belegene Betriebsstätte ausübt und die Rechte, für die die Lizenzgebühr gezahlt werden, nicht tatsächlich zu dieser Betriebsstätte gehören. Denn nur in diesen Ausnahmefällen schreibt Art. 12 Abs. 3 OECD-MA den Anwendungsvorrang des Betriebsstättenvorbehaltes i.S.d. Art. 7 Abs. 1 Satz 1 2. HS OECD-MA vor. Eine Zuordnung zu der im Ausland belegenen Betriebsstätte des Lizenzgebers wäre auf Grund des Betriebsstättenvorbehalts i.S.d. Art. 7 Abs. 2 OECD-MA immer dann vorteilhaft, wenn die steuerliche Belastung im Ausland niedriger als die in Deutschland ist.[718] Allerdings gelten diese Grundsätze gem. Art. 12 Abs. 4 OECD-MA nur für den der Höhe nach angemessenen Teil der Lizenzgebühren, so dass der übersteigende, unangemessene Betrag entweder nach Art. 7 OECD-MA als Unternehmensgewinn oder nach Art. 10 OECD-MA als Dividende zu besteuern ist.[719]

Die Lizenzgebühren mindern als Betriebsausgabe den steuerlichen Gewinn des Lizenznehmers.

---

[718] Vgl. *Fischer, L. / Kleineidam, H.-J. / Warneke, P.*, (Internationale Steuerlehre), S. 269.

[719] Vgl. *Schaumburg, H.*, (Internationales Steuerrecht), Rn. 16.373.

6 Erfüllung der Dokumentationsanforderungen

Die nachfolgende Darstellung integriert die Untersuchungsergebnisse der vorliegenden Arbeit in die konzerninterne Verrechnungspreispraxis, indem sie aufzeigt, wie die Ergebnisse der Verrechnung der Markenlizenz dem Grunde und der Höhe nach für die Erfüllung der damit einhergehenden Dokumentationsanforderungen genutzt werden können.

6.1 Die besonderen Mitwirkungspflichten i.S.d. § 90 Abs. 3 AO

Für grenzüberschreitende Sachverhalte zwischen nahe stehenden Unternehmen i.S.d. § 1 Abs. 2 AStG[720] bestehen gem. § 90 Abs. 3 AO besondere Mitwirkungspflichten. Danach sind diese Sachverhalte mit Auslandsbezug so darzustellen, dass es einem sachverständigen Dritten möglich ist, innerhalb einer angemessenen Zeit den Sachverhalt zu erfassen und die Fremdvergleichskonformität seiner Durchführung zu überprüfen.[721] Obwohl die weiteren Mitwirkungspflichten i.S.d. § 90 Abs. 1 und 2 AO davon unberührt bleiben, bewirkt dies faktisch eine Umkehr der Beweislast, weil allein der Steuerpflichtige zeitnah eine Sachverhalts- und Angemessenheitsdokumentation zu erstellen hat, die auf Verlangen der Finanzbehörde[722] innerhalb von 60 und bei außergewöhnlichen Geschäftsvorfällen innerhalb von 30 Tagen vorzulegen ist und die Angemessenheit seiner Verrechnungspreise zu beweisen hat.[723]

Dabei müssen die geschäftsvorfallbezogenen Aufzeichnungen das ernsthafte Bemühen des Steuerpflichtigen belegen, seine Beziehungen zu nahe stehenden Personen im Ausland unter Beachtung des Fremdvergleichsgrundsatzes zu gestalten,[724] und sollten den formalen Anforderungen der Finanzverwaltung entsprechen, deren diesbezüglichen Erwartungen über Art, Inhalt und Umfang der zu

---

[720] Demnach sind die Beteiligten durch wesentliche Beteiligung, beherrschenden Einfluss, besondere Einflussmöglichkeiten oder Interessenidentität miteinander verflochten.

[721] § 2 Abs. 1 Satz 2 GAufzV.

[722] Das soll i.d.R. durch eine Außenprüfung begründet werden.

[723] Vgl. *Wellens, L.*, (Dokumentation), S. 655 sowie *Joecks, W. / Kaminski, B.*, (Verrechnungspreise), S. 70. In der Begründung zu § 1 GAufzV stellt der Gesetzgeber jedoch klar, dass die Verpflichtung nach § 90 Abs. 3 und der Verordnung nicht zu einer Beweislastumkehr führen (vgl. dazu *Baumhoff, H. / Ditz, X. / Greinert, M.*, (Dokumentation), S. 159 unter Verweis auf die Begründung, BR-Drs. 583/03). An der faktischen Umkehr ändert sich aufgrund der Befugnis zur Erhebung von Strafzuschlägen und Schätzungen im Falle der Missachtung der Pflichten nichts. Sie ebenso in diesen Fällen befürchtend *Kleineidam, H.-J.*, (Steuermitwirkungslasten), M 1.

[724] § 1 Abs. 1 Satz 2 GAufzV.

erstellenden Verrechnungspreisdokumentation in der dazu ergangenen Gewinn-abgrenzungsaufzeichnungsverordnung (GAufzV)[725] enthalten sind.[726]

Demnach werden die allgemeinen Informationen über Beteiligungsverhältnisse, Geschäftsbetrieb und Organisationsaufbau, Geschäftsbeziehungen zu nahe stehenden Personen, Funktions- und Risikoanalysen der Steuerpflichtigen und nahe stehenden Personen sowie Verrechnungspreisanalysen als allgemein erforderliche Unterlagen betrachtet, soweit sie für die Prüfung von Geschäftsbeziehungen i.S.d. § 90 Abs. 3 AO wesentlich sind.[727]

Der Pflichtenkatalog des § 4 GAufzV verlangt von dem Steuerpflichtigen eine Sammlung aller Daten über die Beteiligungsverhältnisse, die sonstigen Umstände von nahe Stehenden, die Konzernstruktur, ihre Tätigkeitsbereiche, die Darstellung ihrer wesentlichen Geschäftsbeziehungen sowie der zwischen ihnen abgeschlossenen Verträge, eine Listung der wesentlichen immateriellen Wirtschaftsgüter, Informationen über die von ihnen übernommenen Funktionen und Risiken, eine Beschreibung der Wertschöpfungskette und der relativen Wertschöpfungsbeiträge und bezüglich der Verrechnungspreisanalyse eine Darstellung der gewählten Methode, eine Begründung ihrer Geeignetheit, Unterlagen über die Berechnungen bei der Anwendung der Methode, eine Aufbereitung der zum Vergleich herangezogenen Preise sowie die Begründung der durchgeführten Anpassungsrechnungen. In besonderen Fällen, so zum Beispiel bei der Änderung von Geschäftsstrategien, bei Maßnahmen eines Vorteilsausgleiches, bei Abschluss von Umlageverträgen oder Verrechnungspreiszusagen und Preisanpassungen, sind weitere ergänzende Aufzeichnungen erforderlich.[728]

Dem Schreiben des Bundesfinanzministeriums vom 12.04.2005,[729] das die Anforderungen an die zu erstellende Verrechnungspreisdokumentation aus Sicht der Finanzverwaltung konkretisiert, können die Grundsätze für die Prüfung der Einkunftsabgrenzung zwischen nahe stehenden Personen mit grenzüberschreitenden Geschäftsbeziehungen in Bezug auf die Ermittlungs- und Mitwirkungspflichten, Berichtigungen sowie Verständigungs- und EU-Schiedsverfahren entnommen werden.

---

[725] Gewinnabgrenzungsaufzeichnungsverordnung: Verordnung zu Art, Inhalt und Umfang von Aufzeichnungen im Sinne des § 90 Abs. 3 Abgabenordnung vom 28. Oktober 2003, BGBl. I 2003, S. 2296. Für eine umfassende Würdigung der Verordnung, vgl. *Kaminski, B. / Strunk, G.,* (Gewinnaufzeichnungsverordnung), S. 1 – 10 sowie 29 – 35.

[726] Vgl. *Wellens, L.,* (Dokumentation), S. 656.

[727] § 4 GAufzV.

[728] § 5 GAufzV.

[729] BMF Schreiben vom 14.05.2005, IV B 4 – S 1341 – 1/ 05), (VWG-Verfahren), BStBl. I 2005, S. 570 – 599.

Für den Steuerpflichtigen bedeutsam sind insbesondere die darin enthaltenen Regelungen zur Prüfung und Dokumentation der Angemessenheit von Verrechnungspreisen (vgl. Tz. 3.4.12), weil darin dargestellt wird, welche Fremdvergleichsdaten darzulegen sind, was als ernsthaftes Bemühen des Steuerpflichtigen anerkannt wird, unter welchen Umständen Aufzeichnungen aus Datenbanken den Dokumentationsanforderungen genügen, wie mit bestehenden Bandbreiten umzugehen ist, unter welchen Bedingungen Verrechnungspreise auf Basis von Plandaten ermittelt werden können, was unter dem Kriterium der Vergleichbarkeit zu verstehen ist, unter welchen Bedingungen eine nachträgliche Preisanpassung fremdvergleichskonform sowie eine Mehrjahresanalyse grundsätzlich zweckmäßig ist.

Da die Verrechnungspreisdokumentation grundsätzlich[730] geschäftsvorfallbezogen und zeitnah zu erfolgen hat, ist eine solche auch für die Vergabe der Markenlizenz zu erstellen, soweit dieser Sachverhalt zwischen nahe stehenden Personen i.S.d. § 1 Abs. 2 AStG und mit Auslandsbezug vollzogen wird. Für die Bewältigung dieser Aufgabe ist ein Dokumentationsmanagement aufzubauen oder ein bereits implementiertes zu nutzen, um die bei Verletzung der Mitwirkungspflichten drohenden Sanktionen i.S.d. § 162 Abs. 3 und 4 AO zu vermeiden.[731] Diese gewähren der Finanzverwaltung im Falle der Missachtung der Dokumentationsgrundsätze Strafzuschlags- und Schätzungsbefugnisse.[732]

---

[730] Vgl. § 2 Abs. 3 GAufzV. Als Alternative zur geschäftsvorfallbezogenen Betrachtungsweise ist eine sog. Palettenbetrachtung möglich, wenn die in Absatz 3 genannten Voraussetzungen erfüllt sind.

[731] Zur Möglichkeit des Einsatzes von Datenbanken, vgl. *Buchwald, C.*, (Expertensysteme), S. 159 ff.

[732] Vgl. *Baumhoff, H. / Ditz, X. / Greinert, M.*, (Dokumentation), S. 157.

6.2 Aufbau eines Dokumentationsmanagements

Für den Aufbau eines Dokumentationsmanagements sind die folgenden Prozessschritte notwendig:

1. Planung der Dokumentationsanforderung,

2. Schaffung interner Strukturen,

3. Erhebung der relevanten Daten,

4. Auswertung der relevanten Informationen,

5. Erstellung der notwendigen Aufzeichnungen,

6. Sicherstellung der fortlaufenden Dokumentation.[733]

Diese werden nachfolgend dargestellt.

6.2.1 Planung der Dokumentationsaufgabe

Die Konzeption des Dokumentationsmanagements sollte sowohl die externen, vom Gesetzgeber festgeschriebenen Anforderungen an die Dokumentation von Auslandssachverhalten erfüllen, als auch die internen, zur Bewältigung der Aufgabe notwendigen Rahmenbedingungen wie beispielsweise die freien Ressourcen, die Risikoneigung hinsichtlich der denkbaren Strafzuschläge bei nicht sachgerechter Erfüllung der Anforderungen, die Befürwortung einer einmaligen oder laufenden Dokumentation berücksichtigen und dabei stets den Mindestanforderungen der Finanzverwaltung entsprechen.

Gegebenenfalls ist für die Planung eines derartig ausgerichteten Managements ein Projektplan zu erstellen.[734]

6.2.2 Schaffung interner Strukturen

Für den Aufbau eines konzerninternen Dokumentationsmanagements sind die dafür notwendigen Strukturen herzustellen. Übernimmt diese Aufgabe beispielsweise eine konzerninterne zentrale Steuerabteilung, so erfordert dies die unternehmens- und ggfs. grenzüberschreitende Zusammenarbeit zwischen dieser und den einzelnen Konzerneinheiten. Da die Erfüllung dieser Obliegenheit jedoch

---

[733] Vgl. *Wellens, L.*, (Dokumentation), S. 656 f.

[734] Vgl. *Wellens, L.*, (Dokumentation), S. 657. Zum Aufbau und zur Erstellung eines Projektplans vergleiche ebd.

maßgeblich von der Zusammenarbeit mit den jeweiligen Entscheidungsträgern abhängt, empfiehlt sich zumindest eine dezentrale Sammlung und Auswertung der relevanten Daten.[735]

Dies bedeutet, dass im Idealfall jeder Markeneigner, die sich in seinem Eigentum befindliche Marke i.r.S. und die damit verbundenen auslandsbezogenen Rechtsgeschäfte selbst dokumentieren oder zumindest die Dokumentation selbst vorbereiten und die relevanten Daten zur Verfügung stellen sollte.

6.2.3 Erhebung der relevanten Daten

In Abhängigkeit von den zu dokumentierenden Sachverhalten sind die dafür in qualitativer und quantitativer Hinsicht notwendigen Daten zu erheben. Diese umfassen insbesondere die Basisinformationen über die beteiligten Konzerngesellschaften im In- und Ausland, die zwischen ihnen bestehenden Transaktionen sowie die von ihnen wahrgenommenen Funktionen und Risiken.

In einem ersten Schritt ist eine grundlegende Charakterisierung der Konzerngesellschaften im In- und Ausland vorzunehmen, die insbesondere ihre Geschäftstätigkeiten und wirtschaftlichen Umfelder beschreibt. Dafür sind alle Einheiten entsprechend ihrer Tätigkeitsbereiche in die Kategorien Forschung und Entwicklung, Produktion, Vertrieb und andere Dienstleistungen einzuordnen. Anschließend sind deren Geschäftsbeziehungen unter Darstellung der zwischen ihnen bestehenden schuldrechtlichen Vereinbarungen zu beschreiben und im abschließenden dritten Schritt, die sich daraus ergebenden Funktionen und Risiken der beteiligten Konzerneinheiten darzustellen.

Für die Dokumentation der Vergabe der konzerninternen Markenlizenz i.e.S. oder i.w.S. bedeutet dies, dass zunächst der Lizenz- bzw. Franchisegeber sowie Lizenz- bzw. Franchisenehmer grundlegend unter Berücksichtigung ihrer jeweiligen Geschäftstätigkeiten, ihres wirtschaftlichen Umfeldes und der zwischen ihnen bestehenden vertraglichen Beziehungen zu charakterisieren sind. Anschließend sind sie entsprechend der von ihnen jeweils übernommenen Funktionen der Herstellung und Markierung der Leistung, der Produktion und Vermarktung der markierten Leistung, dem Vertrieb der bereits markierten Leistung in Gestalt eines Handelsvertreters, Kommissionärs oder Eigenhändlers, dem Halten und Verwalten der Schutzrechte als Routine-, Hybridunternehmen oder Strategieträger[736] zu kategorisieren.

---

[735] Vgl. *Wellens, L.*, (Dokumentation), S. 657.

[736] Insoweit wird die Kategorisierung in die Kategorien Forschung und Entwicklung, Produktion, Vertrieb und andere Dienstleistungen erweitert, womit gleichzeitig eine Auswertung der gesammelten Daten einhergeht.
Die Unternehmenscharakterisierung erfolgt als Routine-, Hybridunternehmer oder Strategieträger gemäß den VWG-Verfahren, Tz. 3.4.10.2 entsprechend den Ergeb-

Anschließend ist anhand der Anwendungsvoraussetzungen zu überprüfen, ob ein tatsächlicher oder ein hypothetischer Fremdvergleich vorzunehmen ist.

6.2.4 Auswertung der relevanten Daten

Nach Sammlung aller notwendigen quantitativen und qualitativen Daten ist deren Auswertung möglich, auf der die tatsächliche Ermittlung der Verrechnungspreise gründet. Dafür ist nach Möglichkeit ein Schema herauszuarbeiten, welches die Auswahl der gewählten Verrechnungspreismethode begründen und zugleich die Angemessenheit des festgesetzten Fremdpreises gewährleisten kann.[737]

Nachfolgend wird durch die Überprüfung der Anwendbarkeit der Verrechnungspreismethoden unter Verwertung aller bekannten Informationen ein solches Muster für die Erteilung einer konzerninternen Markenlizenz i.e.S. und i.w.S. herausgearbeitet. Anschließend wird aufgezeigt, wie die Angemessenheit der vereinbarten Verrechnungspreise belegt werden kann.

6.2.4.1 Anwendbarkeit der Verrechnungspreismethoden

Unter Berücksichtigung der Ergebnisse der Verrechnung der Markenlizenz i.e.S. und i.w.S. dem Grunde und der Höhe nach werden anschließend die Methoden zur Ermittlung der Verrechnungspreise für die Nutzungsüberlassung immaterieller Wirtschaftsgüter dargestellt. Dabei beschränkt sich diese Ausführung auf die Verrechnung der markenbezogenen Lizenzgebühr der Höhe nach.

Dabei soll die Bestimmung des Fremdpreises unter Zuhilfenahme der Verrechnungspreismethoden erfolgen, die der Festsetzung oder Verprobung der konzerninternen Preise dienen.[738] International anerkannt sind die geschäftsfallbezogenen Standardmethoden, zu denen die Preisvergleichs-, die Wiederverkaufs- und

---

nissen der Funktions- und Risikoanalyse. Für die Vertriebs- und Produktionsgesellschaft ist eine solche Kategorisierung in Abhängigkeit von dem gewählten Vertriebsmodell bereits dargestellt worden (vgl. Abbildungen 36, 37 und 50). *Brem* und *Tucha* bezeichnen diesen Schritt als Funktions- und Risikoanalyse im weiteren Sinne, deren Ziel es ist, die Funktionsart und die Funktionsdichte zu bestimmen (vgl. *Brem, M. / Tucha, T.*, (Dokumentation), S. 501, 504).

[737] Vgl. *Wellens, L.*, (Dokumentation), S. 658 f.

[738] *Eigelshoven, A.* in: *Vogel, K. / Lehner, M.*, (DBA), Art. 9, Rn. 94. Die *OECD* Verrechnungspreisgrundsätze dienen der Ausgestaltung des Maßstabs der internationalen Verrechnungspreisgestaltung wie er sowohl von den Steuerverwaltungen als auch den multinationalen Unternehmen angewendet werden soll. Insoweit dienen die Methoden sowohl der Festsetzung als auch der Verprobung. Die Verwaltungsgrundsätze der deutschen Finanzverwaltung dienen lediglich der Prüfung der Verrechnungspreise (vgl. VWG-Einkunftsabgrenzung 1983, Tz. 2.2.1).

die Kostenaufschlagsmethode zählen.[739] Eine für die Standardmethoden allgemeingültige Rangfolge existiert nicht.[740] Die deutsche Finanzverwaltung geht davon aus, dass ein ordentlicher und gewissenhafter Geschäftsleiter sich an derjenigen Methode orientiert, die den Verhältnissen am ehesten entspricht, unter denen sich die Preise zwischen unabhängigen Dritten auf wirtschaftlich vergleichbaren Märkten bilden, und sich im Zweifelsfall für diejenige Methode entscheidet, für welche ihm aus dem tatsächlichen Verhalten der beteiligten verbundenen Geschäftspartner die zuverlässigsten preisrelevanten Daten zur Verfügung stehen.[741] Dabei können die Marktverhältnisse auch eine Konkretisierung, Vermischung oder Ergänzung der Standardmethoden erfordern.[742] Darüber hinaus ist die deutsche Finanzverwaltung bereit, die von dem Steuerpflichtigen verwendeten Berechnungssysteme anzuerkennen, die sich auf allgemeine Kosten-, Kalkulations- und ähnlichen Berechnungsvorgaben oder Datensammlungen stützen, wenn sie mit angemessener Genauigkeiten zu fremdvergleichskonformen Ergebnissen führen. Für die Fälle, in denen keine Referenztransaktionen zur Verfügung stehen, d.h. wenn die Anwendung der Standardmethoden zu keinem sachgerechten Ergebnis führt, erlaubt die Finanzverwaltung den Rückgriff auf innerbetriebliche oder außerbetriebliche Ergebnisse aus vergleichbaren Geschäften und die Aufteilung des Gesamtergebnisses zusammenhängender Geschäftsbereiche auf die beteiligten Unternehmensbereiche. In besonderen Fällen, in denen ein Fremdvergleich auf Grund abweichender Vereinbarungen, die so unter fremden Dritten nicht vereinbart worden wären oder nur mit einem wesentlich anderen wirtschaftlichen Gehalt zustande gekommen wären, kann die Einkunftsabgrenzung durch eine angemessene Aufteilung der Einkünfte aus der Geschäftsbeziehung allerdings immer unter Beachtung der Referenzfigur des ordentlichen und gewissenhaften Geschäftsleiters erfolgen.[743]

Die *OECD* benennt diese Methoden, die als letzter Ausweg in solchen Fällen Anwendung finden, in denen die Standardmethoden zu keinem zuverlässigen Er-

---

[739] So enthalten u.a. die *OECD* Richtlinie, die deutschen Verwaltungsgrundsätze und auch die US-amerikanischen Verrechnungspreis-Richtlinien zu Sec. 482 IRS diese Standardmethoden.

[740] Vgl. VWG-Einkunftsabgrenzung 1983, Tz. 2.4.1. Die *OECD* räumt der Preisvergleichsmethode den Vorrang ein, wenn ihre Anwendungsvoraussetzungen erfüllt sind (vgl. *OECD*, (Verrechnungspreisgrundsätze), Anm. 2.7). Für die Prüfung der festgesetzten Fremdpreise hat die Finanzverwaltung von den im Konzern tatsächlich ausgeübten Funktionen auszugehen. Der Steuerpflichtige darf sich nur dann auf eine der Standardmethoden berufen, soweit er die erforderlichen Unterlagen eingereicht hat und diese nicht den Gegebenheiten des Unternehmens und des Marktes widersprechen (vgl. VWG-Einkunftsabgrenzung 1983, Tz. 2.4.3 f.).

[741] Vgl. VWG-Einkunftsabgrenzung 1983, Tz. 2.4.1.

[742] Vgl. VWG-Einkunftsabgrenzung 1983, Tz. 2.4.2.

[743] Vgl. VWG-Einkunftsabgrenzung 1983, Tz. 2.4.5 f.

gebnis führen oder nicht angewendet werden können, als „andere Methoden" und subsumiert darunter die geschäftsfallbezogenen Gewinnmethoden, von denen lediglich die Gewinnaufteilungsmethode (profit split method) und die geschäftsfallbezogene Nettomargenmethode als fremdvergleichskonform beurteilt werden und lehnt damit insbesondere die globale formelhafte Gewinnaufteilung ab[744].[745]

6.2.4.1.1 Preisvergleichsmethode

Die Preisvergleichsmethode ist in all jenen Fällen anwendbar, in denen entweder fremde Dritte vergleichbare Lizenzverträge über vergleichbare rechtlich geschützte Unterscheidungszeichen unter vergleichbaren wirtschaftlichen Gegebenheiten vereinbaren oder der konzerngebundene Lizenzgeber vergleichbare Lizenzen nicht nur an konzerngebundene, sondern auch an ungebundene fremde Unternehmen vergibt.

Folglich dienen die zwischen fremden Dritten vereinbarten Preise für den äußeren und die mit unabhängigen Dritten ausgehandelten Lizenzgebühren für den inneren Preisvergleich als Vergleichsbasis, wobei die zu vergleichenden Geschäfte möglichst gleichartig sein sollen. Ungleichartige Geschäfte können nur dann herangezogen werden, wenn der Einfluss abweichender Faktoren eliminiert und die Preise entsprechend angepasst werden können.[746]

Die Durchführung eines inneren und äußeren Preisvergleichs scheitert in der Praxis regelmäßig, weil fremde Dritte untereinander sowie an nicht konzerngebundenen Unternehmen keine separaten Vermarktungslizenzen vergeben werden, sondern die Erteilung der Nutzungserlaubnis konkludent mit der Lieferung der materiellen Leistung erklärt und mit dem Entgelt für die Lieferung der materiellen Leistung vergütet wird oder die tatsächlich verrechneten Lizenzentgelte öffentlich nicht zugänglich sind.

Dafür sind die Auffassung der Finanzverwaltung, die eine separate Lizenzgebühr für den anschließenden Erwerb der Waren nicht anerkennen will, wenn bereits deren Herstellung unter Nutzung desselben Schutzrechts erfolgte,[747] und die mit der Frage der Erschöpfung des Markenrechts verbundenen Probleme verantwort-

---

744 Für die Begründung, vgl. *OECD*, (Verrechnungspreisgrundsätze), Anm. 3.61 ff.

745 Vgl. *OECD*, (Verrechnungspreisgrundsätze), Anm. 3.1 f. Auch wenn die deutsche Finanzverwaltung die Verrechnungspreismethoden nicht explizit in ihren Grundsätzen der Einkunftsabgrenzung benennt, so kann davon ausgegangen werden, dass sie angewendet werden dürfen. Allerdings unter dem Vorbehalt, dass sie gegenüber den Standardmethoden nicht gleichberechtigt sind und daher nur in Ausnahmefällen Anwendung finden dürfen (vgl. *Baumhoff, H.*, (Einkunftsabgrenzung), Rn. C 365 f.).

746 Vgl. VWG-Einkunftsabgrenzung 1983, Tz. 2.1.1.

747 Vgl. VWG-Einkunftsabgrenzung 1983, Tz. 3.1.2.3.

lich. Denn nach der herrschenden Meinung in Rechtsprechung und Literatur führen zwar konzerninterne Veräußerungen nicht zu einer markenrechtlichen Erschöpfung des Schutzrechtes,[748] aber Veräußerungen an betriebsfremde Unternehmen i.d.R. schon. Gleichwohl setzt die Erschöpfungswirkung grundsätzlich eine Willensentscheidung des Markeneigners voraus, die markierte Leistung in den Verkehr zu entlassen sowie gleichzeitig seine tatsächliche und rechtliche Verfügungsgewalt hinsichtlich der Marke i.r.S. aufzugeben. Kommt dieser Wille zum Beispiel durch die Vergabe einer separaten Produktmarkierungs- oder Vermarktungslizenz nicht zum Ausdruck, ist das Markenrecht nicht erschöpft und kann prinzipiell Gegenstand einer dem Grunde nach steuerpflichtigen Markenlizenz sein.[749]

Für einen äußeren Preisvergleich können Vergleichsdaten ggfs. abgeleitet werden aus

- den regelmäßig an Vertriebsgesellschaften übertragenen[750] (Exklusiv-) Vertriebsrechten,[751] die zwar gegenüber der Vermarktungslizenz rechtlich unterschiedlich ausgestaltet sind, aber insoweit mit diesen übereinstimmen können, dass sich der Inhaber der (markierten) Leistung bzw. der Markeneigner im Falle der Vergabe einer ausschließlichen Vermarktungslizenz verpflichtet, diese an kein weiteres Vertriebsunternehmen innerhalb des sachlichen, räumlichen und zeitlichen Geltungsbereiches des Vertrages zu liefern und auch selbst innerhalb dieses Gebietes keine weitere Vermarktung dieser Leistung vorzunehmen,

- der Rechtsprechung zu Schadensersatzansprüchen aus der Verletzung gewerblicher Schutzrechte,[752]

---

[748] Vgl. u.a. *Sack, R.,* (Erschöpfungsgrundsatz), S. 553. Ebenso *Hacker, F.* in: *Ströbel, P. / Hacker, F.,* (MarkenG), § 24, Rn. 23, *Engler, G.* in: *Vögele, A. / Borstell, T. / Engler, G.,* (Verrechnungspreise), Rn. P 317 und 329.

[749] Vgl. *Fezer, K.-H.,* (MarkenG), § 24, Rn. 7 d.

[750] Vgl. *Borstell, T.,* (Konzerninterne Lieferungsbeziehungen), S. 333.

[751] Die *OECD* bezeichnet derartige Rechte in ihren Verrechnungspreisgrundsätzen als ausschließliche Wiederverkaufsrechte, deren Einfluss auf die Höhe der Handelsspanne sorgfältig zu prüfen ist (vgl. *OECD,* (Verrechnungspreisgrundsätze), Anm. 2.27).

[752] Der Schaden kann unter Anwendung dreier Methoden bemessen werden. Entweder wird der unmittelbar entstandene Schaden zuzüglich eines Gewinns oder es wird der Gewinn des Verletzers ermittelt oder es findet die Lizenzanalogie Anwendung. Demnach ist fiktiv eine Lizenzgebühr zu bestimmen, die der Schutzrechtsverletzende hätte zahlen müssen, wenn er das positive Benutzungsrecht legal erworben hätte. Sofern die dritte Berechnungsvariante in der ergangenen Rechtsprechung angewendet worden ist, können dieser Vergleichswerte entnommen werden. Für eine Übersicht der bisher ergangenen Urteile, vgl. *Engler, G.* in: *Vögele, A. / Borstell, T. / Engler, G.,* (Verrechnungspreise), Rn. P 402.

- den Lizenzsätzen des Merchandisings,[753]

- der Anwendung der Lizenzpreisanalogie,[754] soweit diese vergleichbare Unternehmen für die Bewertung ihrer vergleichbaren Marke verwenden, oder

- den veröffentlichten Lizenzgebührensätzen wie beispielsweise den in der Literatur einschlägig verkündeten Lizenzsätzen von *Böcker* und *Gross*.[755] Gleichwohl nutzt die deutsche Finanzverwaltung selbst für die Durchführung des äußeren Preisvergleiches als weitere Quelle die Lizenzkartei des Bundeszentralamtes für Steuern. Zwar ist die Finanzverwaltung gem. § 88a AO zur Sammlung und Verwendung von geschützten Daten rechtlich befugt,[756] die sie zur Gewinnung von Vergleichsdaten, Dateien oder Akten benötigt. Sie hat diese allerdings auf Grund des Steuergeheimnisses zu schützen, so dass sie für die Durchführung eines Preisvergleichs nicht zugänglich sind.

Allerdings fehlt den inneren und äußeren Vergleichsdaten regelmäßig die erforderliche Vergleichbarkeit.[757] In deren Prüfung sind neben der rechtlichen Ausgestaltung der i.d.R. sachlich, räumlich, zeitlich und personal beschränkten Lizenz die Ausgestaltung der Rechte, Pflichten, Chancen und Risiken der Ver-

---

[753] Beim Merchandising wird das Unterscheidungszeichen zumeist an konzernfremde Unternehmen überlassen, die zumeist einen Markentransfer anstreben. Nach Aussage von *Engler* liegen die Lizenzsätze zwischen 5 – 10 % (vgl. *Engler, G.* in: *Vögele, A. / Borstell, T. / Engler, G.*, (Verrechnungspreise), Rn. P 404).

[754] Die Methodik der Lizenzpreisanalogie setzt den Markenwert anhand der Bewertung einer fiktiven Alternative fest. Für die Werteermittlung ist festzustellen, wie hoch die Entgelte für die Nutzung dieser oder einer nutzenäquivalenten Marke wären, wenn sich diese im Eigentum eines fremden Dritten befinden würden oder tatsächlich befinden. Die Ersparnis soll den Wert der Marke widerspiegeln (vgl. *IDW*, (IDW S 5), Rn. 31 ff.). Die Ermittlung der fiktiven Kosten soll unter Anwendung des Fremdvergleichsgrundsatzes zu einem angemessenen Ergebnis führen, das allerdings vergleichbare Vermögenswerte voraussetzt, die Gegenstand von Lizenzverträgen zwischen unabhängigen Geschäftspartnern sind, sowie öffentlich zugängliche Daten, aus denen eine Gebühr abgeleitet werden kann. Da beide Anforderungskriterien nur selten erfüllt sein werden, scheitert diese Methode ebenso wie die marktpreisorientierten Verfahren vor allem an dem Vorhandensein eines aktiven Marktes und ist daher eher für die Bestimmung erster Anhaltspunkte möglicher Bandbreiten als für die Bestimmung des tatsächlichen Markenwertes geeignet. Vgl. *IDW*, (IDW S 5), Rn. 19 f. und 48.

[755] Vgl. *Baumhoff, H.* in: *Flick, H. / Wassermeyer, F. / Baumhoff, H.*, (Außensteuerrecht), § 1, Anm. 711 unter Verweis auf die Veröffentlichung von *Gross, M.*, (Lizenzgebühren), S. 885 sowie *Böcker, H.*, (Lizenzzahlungen), S. 73.

[756] Der BFH hatte bereits mit Urteil v. 27.10.1993 diese Vorgehensweise legitimiert, vgl. BFH v. 27.10.1993, I R 25/92, BStBl. II 1994, S. 210 - 212.

[757] Dies gilt insbesondere für den äußeren Preisvergleich, vgl. *Kaminski, B.* in: *Strunk, G. / Kaminski, B. / Köhler, S.*, (Außensteuergesetz), § 1, Rn. 414.

tragspartner einzubeziehen.[758] Dabei können die Preise nur dann vergleichbar sein, wenn neben der rechtlichen Ausgestaltung des Lizenzvertrages einerseits die Wirkungen der Marke i.r.s. in Form der ökonomischen Markenwirkungen und andererseits die für ihre Entstehung und Wirkung kausalen Wertbeiträge des Lizenznehmers und Lizenzgebers hinreichend ähnlich sind oder andernfalls die zwischen den Geschäftsbeziehungen bestehenden Unterschiede durch eine Anpassungsrechnung ausgeglichen werden können. In Anbetracht der vielseitigen Erscheinungsformen der Marke i.r.s., der Gestaltungsmöglichkeiten der Markenlizenz i.e.S. und i.w.S., der damit verbundenen Tätigkeitsbereiche des Lizenz- bzw. Franchisenehmers, der Ausgestaltung der markenpolitischen Bemühungen der Parteien, der ökonomischen Markenwirkungen in Form von Mengen- und/oder Preiseffekten und der Abhängigkeit des wirtschaftlichen Werts der Marke i.r.s. von ihrem personellen Wirkungskreis, kann die Vergleichbarkeit nur selten erfüllt sein.

Nur in den wenigen Fällen der Existenz ausreichender Vergleichsdaten können die intern oder extern vorhandenen Preise ausnahmsweise auf Grundlage eines tatsächlich möglichen Preisvergleichs als Lizenzgebühr festgesetzt werden.[759]

6.2.4.1.2 Wiederverkaufspreismethode

Die Anwendung der Wiederverkaufspreismethode ist nur möglich, soweit der konzerngebundene Lizenznehmer einem fremden Dritten an seinem positiven Benutzungsrecht eine (Unter-)Lizenz erteilt. In diesen Fällen kann die fremdvergleichskonforme Lizenzgebühr durch Rückrechnung des mit diesem vereinbarten Entgelts abzüglich einer angemessenen Handelsspanne für den Lizenzgeber der Unterlizenz ermittelt werden.

Innerhalb des Konzerns sind solche Gestaltungen anzutreffen, wenn die Gesamtunternehmung über Lizenzverwertungsgesellschaften verfügt, die einzig mit der Verwaltung und Verwertung der gewerblichen Schutzrechte des Konzerns beschäftigt sind.[760] In allen anderen Fällen fehlt es am Tatbestand der Weiterveräußerung, an welchen die Anwendung der Wiederverkaufspreismethode gebunden ist.

---

[758] Vgl. *Becker, M.*, (Überlassung von Marken), S. 121.

[759] Vgl. u.a. *Markham, M.*, (Transfer Pricing), S. 97 ff. Gleichwohl wird sie in der Praxis für die Verrechnung der immateriellen Wirtschaftsgüter am häufigsten angewendet (*Wehnert, O.*, (Verrechnungspreise), S. 560).

[760] Vgl. *Baumhoff, H.*, (Einkunftsabgrenzung), Rn. C 401.

6.2.4.1.3 Kostenaufschlagsmethode

Eingeschränkt ist ebenfalls der Anwendungsbereich der Kostenaufschlagsmethode,[761] weil sie nur dann zu sachgerechten Ergebnissen führt, wenn der Markeninhaber ausschließlich das Markenrecht im Auftrag des Lizenz- bzw. Franchisenehmers hält und verwaltet. Denn in allen anderen Fällen wird sich der Markeneigener auf Grund der wirtschaftlichen Werthaltigkeit des Markenrechtes und/oder der Kausalität seines Wertbeitrags für die Entstehung und Wirkung der Marke nicht mit der Erstattung seiner Ausgaben begnügen. Vielmehr will er als ordentlicher und gewissenhafter Geschäftsleiter am ökonomischen Erfolg der Marke i.r.S. partizipieren, für den sein eigener Wertbeitrag mitursächlich ist.

Im Fall der Anwendung der Kostenaufschlagsmethode sind als Kosten und damit als Bemessungsgrundlage des Gewinnaufschlages alle mit dem Halten und Verwalten des Schutzrechtes in Zusammenhang stehenden Ausgaben zu erfassen. Zu diesen zählen vor allem die Kosten zur Verlängerung und Aufrechterhaltung des Markenrechtes, die letztlich die rechtliche Werthaltigkeit des Schutzrechtes garantieren. Als Gewinnaufschlag selbst ist unter Berücksichtigung der mit dem Halten und Verwalten verbundenen Funktionen und Risiken mindestens die Kapitalmarktrendite anzusetzen.[762]

Damit findet die Kostenaufschlagsmethode Anwendung, wenn der Mindestwert der Lizenz anzusetzen ist.

6.2.4.1.4 Gewinnaufteilungsmethode

Die Anwendungsvoraussetzungen der Standardmethoden sind hoch und auf Grund der Individualität der immateriellen Wirtschaftsgüter in den wenigsten der zu untersuchenden Sachverhalte erfüllt, so dass alternativ die Gewinnaufteilungsmethode als gewinnorientierte Verrechnungspreismethode angewendet werden muss.[763]

Bei dieser Methode steht nicht die Ermittlung eines fremdvergleichskonformen Entgeltes für die Nutzungsüberlassung der Marke i.r.S., sondern die Aufteilung des aus der Nutzung der Marke i.r.S. transaktionsbezogen erzielten Gesamtgewinns entsprechend der von den Beteiligten übernommenen Funktionen und Ri-

---

[761] Auch die deutsche Finanzverwaltung erkennt in ihren Verrechnungspreisgrundsätzen an, dass die Kostenaufschlagsmethode nur in Ausnahmefällen Anwendung finden kann (vgl. VWG-Einkunftsabgrenzung 1983, Tz. 5.2.4).

[762] Vgl. u.a. *Baumhoff, H.*, (Verrechnungspreise für Dienstleistungen), S. 234.

[763] Diese Feststellung beruht auf der Tatsache, dass die *OECD* lediglich die Gewinnaufteilungsmethode und die transaktionsbezogene Nettomargenmethode als fremdvergleichskonform ansieht (vgl. *OECD*, (Verrechnungspreisgrundsätze), Anm. 3.61 ff.).

siken im Vordergrund.[764] Als Ergebnis wird die Lizenzgebühr mit dem Gewinnanteil des Lizenzgebers gleichgesetzt.

Deswegen sollte sich die Anwendung der Profit Split Methode auf die Sachverhalte beschränken, in denen sowohl der Lizenznehmer als auch der Lizenzgeber wesentlich zum Aufbau der Marke beigetragen haben, weil ausschließlich dieser Wertbeitrag ihre jeweilige Beteiligung am wirtschaftlichen Erfolg der Marke rechtfertigt. Demnach richtet sich die Höhe der Lizenzgebühr ausschließlich nach rein wirtschaftlichen Gesichtspunkten, die nach Auffassung von *Knoppe* Grundlage der Entgeltbestimmung sein müssen. Dieser Zusammenhang hat nach seiner Auffassung in der Bewertungspraxis dazu geführt, Lizenzgebühren grundsätzlich als angemessen zu bewerten, die 25 – 33,33 % des vorkalkulierten Gewinns des Lizenznehmers entsprechen.[765] Die Anwendung der in der Literatur als „Knoppe Formel" benannten pauschalen Aufteilungsformel durch die Betriebsprüfer zeigt zugleich die grundsätzliche Bereitschaft der Finanzverwaltung zur Anerkennung der gewinnorientierten Verrechnungspreismethoden auf.[766] Denn auch die deutsche Finanzverwaltung stellt in ihren Verwaltungsgrundsätzen auf den Gewinn des Lizenznehmers ab. Zwar seien die Fremdpreise für die Überlassung der immateriellen Wirtschaftsgüter grundsätzlich durch den Ansatz von Nutzungsentgelten auf Grund einer sachgerechten Bemessungsgrundlage zu verrechnen. Dies gilt allerdings nur insoweit, als dem Lizenznehmer nach Zahlung der Lizenzgebühr ein angemessener Gewinn aus dem lizenzierten Produkt verbleibt. Für die Begründung ihrer Auffassung zieht die Finanzverwaltung die Leitfigur des ordentlichen und gewissenhaften Geschäftsleiters heran, der nicht zur Zahlung einer darüber hinausgehenden Lizenzgebühr bereit wäre und für die Festlegung seiner Preisgrenze eine Analyse über die Einnahmen und Ausgaben durchführen würde, die durch die Lizenzhereinnahme des immateriellen Wirtschaftsgutes entstehen.[767] Damit widerspricht die Finanzverwaltung selbst der Anwendbarkeit der Knoppe Formel. Während der ordentliche und gewissenhafte Geschäftsleiter nach Auffassung der Finanzverwaltung eine Analyse vornehmen und seine Ent-

---

[764] Auch der ‚commensurate with income standard', der 1986 als Sec. 482 in das Internal Revenue Code eingeführt wurde, stellt unabhängig von der Auswahl der geeigneten Verrechnungspreismethode für die Ermittlung einer angemessenen Nutzungsgebühr auf den Gewinn des Lizenznehmers ab (vgl. dazu *Diessner, C.* in: *Vögele, A. / Borstell, T. / Engler, G.*, (Verrechnungspreise), Rn. S 111 ff.). Problematisch ist die mit dieser Regelung in Verbindung stehende Verpflichtung der Vertragsparteien, die vereinbarte Lizenzgebühr dann anzupassen, wenn der tatsächliche Gewinn aus der Nutzung des immateriellen Wirtschaftsgutes den prognostizierten Gewinn um mehr als 20 % übersteigt. Denn diese Regelung knüpft entgegen dem Fremdvergleichsgrundsatz an eine ex-post und nicht an eine ex-ante Betrachtung an (vgl. *Baumhoff, H.*, (Einkunftsabgrenzung), Rn. C 403).

[765] Vgl. *Knoppe, H.*, (Lizenz- und know-how-Verträge), S. 102.

[766] Vgl. *Dürrfeld, A. / Wingendorf, P.*, (Lizenzierung), S. 465.

[767] Vgl. VWG-Einkunftsabgrenzung 1983, Tz. 5.2.2 und 5.2.3.

scheidung auf diese gründen soll, würde er unter Anwendung der Knoppe Formel die analytisch begründete Entscheidung durch die pauschale Festsetzung der Lizenzgebühr ersetzen. Deswegen kann diese Formel nicht der Festsetzung einer angemessenen Lizenzgebühr dienen, sondern allenfalls deren erster Überprüfung.

Die Aufteilung des Gewinnes kann nach der vergleichenden Gewinnaufteilung bzw. Beitragsanalyse[768] sowie nach der Restgewinnmethode erfolgen, wobei der tatsächliche, gemeinsam erwirtschaftete Gewinn entweder als gesamter Gewinn oder als Restgewinn aus den Geschäften ermittelt wird.[769]

Wenn die Wechselseitigkeit der Geschäftsbeziehung zwischen den verbundenen Parteien eine Einzelbewertung der von ihnen erbrachten Wertschöpfungsbeiträge verhindert, kann eine angemessene Verrechnung durch die Aufteilung des gemeinsam erzielten Gewinnes in der Weise erfolgen, dass der gemeinsam erzielte Gewinn nach der relativen Bedeutung ihrer jeweils übernommen Funktionen und Risiken aufgeteilt wird. Die Aufteilung sollte, um ein angemessenes Ergebnis garantieren zu können, mit den Verteilungen verglichen werden, die unabhängige Dritte in vergleichbaren Situationen durchgeführt haben. Dadurch wird die Frage der Vergleichbarkeit des verwendeten und des tatsächlich existierenden Aufteilungsmaßstabes zur wesentlichen Streitfrage der Angemessenheitsbeurteilung. Nicht nur die Vergleichbarkeit der Leistung, der übernommenen Funktionen und Risiken, sondern auch die Zusammensetzung des Betriebsvermögens, dessen Verhältnis zum Gewinn sowie die verwendeten Rechnungslegungs- und Kostenrechnungspraktiken sind dafür in die Analyse einzubeziehen.[770] Dabei ist der aufzuteilende Gewinn regelmäßig eine Nettogröße, wodurch gewährleistet ist, dass die Einnahmen und Ausgaben zwischen den beteiligten konzernverbundenen Unternehmen sachgerecht entsprechend den Ergebnissen der Funktionsanalyse zugerechnet werden. In Ausnahmefällen kann allerdings auch die Aufteilung einer Bruttogröße zweckmäßig sein, die ebenso wie die gesamten Ausgaben einheitlich entsprechend der relativen Bedeutung der übernommenen Funk-

---

[768] In den Verrechnungspreisgrundsätzen der *OECD* wird die vergleichende Gewinnaufteilungsmethode als Beitragsanalyse bezeichnet, die neben der Restgewinnmethode anwendbar ist (vgl. *OECD*, (Verrechnungspreisgrundsätze), Anm. 3.15).

[769] Vgl. *OECD*, (Verrechnungspreisgrundsätze), Anm. 3.5. Alternativ wäre die Methode des eingesetzten Kapitals anwendbar. Danach erlangt jedes Unternehmen, das an dem konzerninternen Geschäft beteiligt ist, eine gleich hohe Rendite für das jeweils eingesetzte Kapital. Damit unterstellt diese Methode für beide Unternehmen ein gleich hohes Risiko. Die *OECD* weist daraufhin, dass diese Methode, da sie die tatsächlich übernommenen Funktionen und Risiken nicht berücksichtigt, mit äußerster Vorsicht anzuwenden ist und wenn möglich durch die Anwendung der anderen Gewinnaufteilungsmethode ersetzt werden soll (vgl. *OECD*, (Verrechnungspreisgrundsätze), Anm. 3.24).

[770] Vgl. *Borstell, T.* in: *Vögele, A. / Borstell, T. / Engler, G.*, (Verrechnungspreise), Rn. D 312 ff.

tionen und Risiken aufgeteilt wird. Eine solche Vorgehensweise empfiehlt sich in Fällen, in denen die Ausgabenaufteilung zwischen den beteiligten Unternehmen sehr schwierig ist.[771] *Borstell* nennt als Beispiel hoch integrierte weltweite Handels- und Vertriebstätigkeiten, in denen eine Zuordnung der Kosten fast unmöglich ist.[772]

Während sich der Anwendungsbereich der vergleichenden Gewinnaufteilungsmethode im Wesentlichen auf Transaktionen beschränkt, in denen die starke Wechselbeziehung der Geschäftsparteien eine getrennte Einkunftszurechnung verhindert, erstreckt sich der Anwendungsbereich der Restgewinnmethode unter anderem auf Transaktionen, die unter Verwendung eines bedeutenden immateriellen Wirtschaftsgutes erfolgen.[773] Dabei basiert die Gewinnaufteilung bei dieser Methode auf einem zweistufigen Prozess.

In einem ersten Schritt sind die routinemäßigen Beiträge der Unternehmen entsprechend ihres relativen Wertbeitrages durch die Zuordnung des Basisgewinnes abzugelten und in einem zweiten Schritt der verbleibende Gewinn, der spezifisch auf die Verwendung des immateriellen Wirtschaftsgutes zurückzuführen ist, als Restgewinn entsprechend ihrer relativen Wertbeiträge an dem immateriellen Wirtschaftsgut aufzuteilen.

Nach Auffassung der *OECD* kann für die Ermittlung eines ausreichenden Basisgewinnes auf den Marktwert der erbrachten Leistungen abgestellt werden, der dem leistenden Unternehmen eine angemessene Mindestrendite garantiert, die auch fremde dritte Unternehmen für gleichartige Geschäfte erzielen. Dabei stellt die Mindestrendite, die unter Anwendung der Standardmethoden ermittelt werden kann, nicht auf die anteiligen Gewinne ab, die auf die Nutzung des immateriellen Wirtschaftsgutes zurückgehen. Deswegen ist sie von dem Restgewinn oder Restverlust abzugrenzen, der spezifisch durch dessen Einsatz erwirtschaftet worden ist.

Die angemessene Aufteilung des Restgewinns oder -verlusts sollte grundsätzlich so erfolgen wie unabhängige Unternehmen sie ex-ante auf Grund der erwarteten Gewinnentwicklung vollzogen hätten. Deswegen können insbesondere Daten förderlich sein, die über die von den beteiligten Unternehmen eingebrachten imma-

---

[771]   Vgl. *OECD,* (Verrechnungspreisgrundsätze), Anm. 3.17.

[772]   Vgl. *Borstell, T.* in: *Vögele, A. / Borstell, T. / Engler, G.,* (Verrechnungspreise), Rn. D 316.

[773]   Da diese Voraussetzung im Rahmen der zu untersuchenden Betrachtung gegeben ist, wird sich die weitere Betrachtung auf die Anwendung der Restgewinnmethode als Ausprägung der Gewinnaufteilungsmethode beschränken. Die Anwendung der Gewinnaufteilungsmethode ist in der Literatur für die Lizenzierung hochrentierlicher immaterieller Wirtschaftsgüter anerkannt (vgl. *Schuch, J. / Toifl, G.* in: *Becker, H. / Kroppen, H.-K.* (Hrsg.), (Handbuch Verrechnungspreise), OECD-Verrechnungspreisgrundsätze, Tz. 3.5, Anm. 6 f.).

teriellen Wirtschaftsgüter, ihre Verhandlungsposition sowie darüber, wer maßgeblich zur Bekanntheit sowie zum Erhalt der Marke beigetragen hat und welchen Nutzen die beteiligten Vertragesparteien aus dem Einsatz der Marke erzielen können,[774] Aufschluss geben.[775]

Der Restgewinn ist unter Berücksichtigung der Untersuchungsergebnisse zu verteilen. Dafür ist die Durchführung der Gewinnaufteilungsmethode zu **modifizieren**, weil der Lizenz- bzw. Franchisenehmer sowie der Lizenz- bzw. der Franchisegeber im Zuge der Restgewinnmethode jeweils einen markenbezogenen Gewinn in Höhe von

$$b_{LN/FN/LG/FG} * \sum_{t=1}^{n} (E_t^M - A_t^{M(LN/FN)} - A_t^{M(LG/FG)}) * (1+i)^{-t} \, , \; b_{LN/FN} + b_{LG/FG} = 1$$

zugerechnet bekommen, dessen jeweilige Höhe von dem anzuwendenden Gewinnaufteilungsschlüssel b abhängig ist. Die Untersuchungsergebnisse haben jedoch gezeigt, dass keine Aufteilung des gemeinsam erwirtschaftete Gewinns unter Berücksichtigung der Ausgaben beider Parteien erfolgt, sondern eine Aufteilung der markenbezogenen Einnahmenveränderung des Lizenz- bzw. Franchisenehmers entsprechend der von beiden Beteiligten für die Entwicklung und Wirkung der Marke geleisteten markenpolitischen Wertbeiträge unter anschließender Berücksichtigung der für den Lizenz- bzw. Franchisenehmer obligatorischen markenbezogenen Ausgaben.

Deswegen führt die Modifizierung der Restgewinnmethode infolge der Zurechnung der ökonomischen Markenwirkungen entsprechend der Wertbeiträge der Beteiligten und der Ausgaben des Lizenznehmers, die diesem für die Verwirklichung des Wertbeitrages des Lizenz- bzw. Franchisegebers entstehen, an den Lizenz- bzw. Franchisegeber in Höhe von

$$\sum_{t=1}^{n} E_t^M * (1+i)^{-t} * u_{LG/FG} - A_t^{MO} * (1+i)^{-t}$$

und an den Lizenz- bzw. Franchisenehmer in Höhe von

$$\sum_{t=1}^{n} E_t^M * (1+i)^{-t} * u_{LN/FN} + A_t^{MO} * (1+i)^{-t} \, ,$$

nur dann zu einer Gewinnaufteilung, wenn deren jeweils damit verbundenen markenbezogenen Ausgaben die ihnen zugerechneten ökonomischen Markenwir-

---

[774] Vgl. BFH v. 09.08.2000, I R 12/99, BStBl. II 2004, S. 171: Firmennamensgleiches Warenzeichen hat vermarktungsfähigen Eigenwert, IStR 2001, S. 56.

[775] Vgl. *OECD*, (Verrechnungspreisgrundsätze), Anm. 3.19 ff. *Schreiber* und *Kuckhoff* verwenden das Verhältnis der Werte der jeweils eingebrachten Wirtschaftsgüter als Aufteilungsmaßstab (vgl. *Kuckhoff, H. / Schreiber, R.*, (Verrechnungspreise), S. 63).

kungen unterschreiten. Dementsprechend wird der insgesamt mögliche marken-bezogene Gewinn der beiden Parteien in Höhe von

$$\sum_{t=1}^{n} (E_t^M * (1+i)^{-t} * u_{LG/FG} - A_t^{MO} * (1+i)^{-t} - A_t^{M(LG/FG)} * (1+i)^{-t})$$

und

$$\sum_{t=1}^{n} (E_t^M * (1+i)^{-t} * u_{LN/FN} + A_t^{MO} * (1+i)^{-t} - A_t^{M(LN/FN)} * (1+i)^{-t})$$

nicht als der gemeinsam erzielte Gewinn, sondern als markenbezogener Gewinn bzw. ggfs. Verlust des einzelnen Vertragspartners betrachtet.[776]

Die einzelnen Wertbeiträge der Beteiligten, die sachgerecht auf erster Stufe der Restgewinnmethode zu berücksichtigen sind, werden durch eine entsprechende Zurechnung der leistungs- und ausnahmsweise im Falle eines Markenfranchising auch der markenbezogenen Einnahmen gewährleistet. Methodisch wird diese Aufteilung der marken- und leistungsbezogenen Einnahmen durch die Ermittlung der Korrekturfaktoren s für die Ganzheit der Leistung und v für die Ganzheit der Marke durchgeführt, die den Wertbeitrag des Lizenz- bzw. Franchisenehmers unter Berücksichtigung seiner Ausgaben umfassen.[777]

Die nachfolgende Abbildung verdeutlicht die Anwendung der modifizierten Gewinnaufteilungsmethode grafisch und zeigt dadurch zugleich die wesentlichen Verschiedenheiten der beiden Methoden auf. Dabei unterscheiden sich die Methoden einerseits hinsichtlich des Aufteilungsmaßstabes, der auf die markenbezogenen Einnahmen und Ausgaben Anwendung findet, sowie andererseits hinsichtlich der Berücksichtigung der markenbezogenen Ausgaben des Lizenzgebers, die im Rahmen der modifizierten Gewinnaufteilungsmethode nur ausnahmsweise bereits bei der Aufteilung der ökonomischen Markenwirkungen mit berücksichtigt werden.

---

[776] Anders als die ursprüngliche Form der Gewinnaufteilungsmethode geht die modifizierte Methode nicht von einer „Art Mitunternehmerschaft" der beteiligten Konzernunternehmen aus (*Klein, M.*, (Verrechnungspreise), S. 472).

[777] Vgl. dazu das Kapitel 4.2.

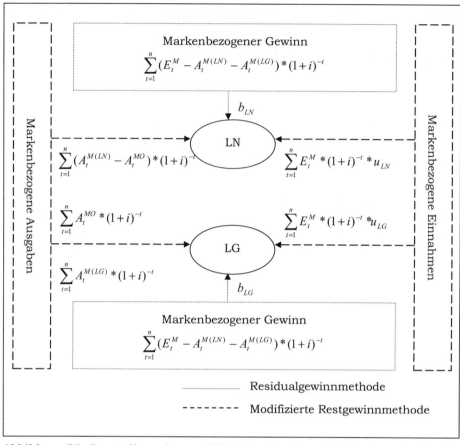

Abbildung 55: Darstellung der modifizierten Gewinnaufteilungsmethode.[778]

In Ausnahmefällen kann alternativ die transaktionsbezogene Nettomargenmethode Anwendung finden, wenn eine vergleichbare Nettomarge aus der Überlassung einer Marke i.r.S. identifiziert werden kann. Allerdings wird auch diese Methode regelmäßig am Fehlen einer tatsächlichen Vergleichsbasis scheitern.[779]

6.2.4.2 Muster zur Anwendung der Verrechnungspreismethoden

Regelmäßig ist die Vergabe einer Markenlizenz i.e.S. innerhalb des Konzerns unter Anwendung der Gewinnaufteilungsmethode in Gestalt der Restgewinnmethode zu verrechnen, wenn sie dem Grunde nach steuerlich entgeltpflichtig ist. Nur

---

[778] Das Symbol LG steht hier für den Franchisegeber und den Lizenzgeber sowie das Symbol LN für den Franchisenehmer und den Lizenznehmer.

[779] Vgl. *Sieker, L.* in : *Debatin, H. / Wassermeyer, F.*, (DBA), Art. 9 MA, Rn. 307.

in Ausnahmefällen kann davon abweichend eine Standardmethode verwendet werden, obwohl deren Anwendung grundsätzlich vorrangig ist.

Dabei kann die Preisvergleichsmethode nur Anwendung finden, wenn entweder voneinander unabhängige Unternehmen vergleichbare Lizenzverträge über vergleichbare hoheitlich geschützte Unterscheidungszeichen i.S.d. Markengesetzes unter vergleichbaren wirtschaftlichen Gegebenheiten vereinbaren und diese verrechneten Lizenzsätze auch öffentlich zugänglich sind oder der konzerngebundene Lizenzgeber vergleichbare Lizenzen nicht nur an konzerngebundene, sondern auch an ungebundene fremde Unternehmen vergibt.

Die Wiederverkaufspreismethode kommt lediglich dann zur Anwendung, wenn der konzerngebundene Lizenznehmer zugleich Lizenzgeber ist, dessen Tätigkeitsbereich sich auf das Verwalten der Lizenzrechte selbst und ihre Vergabe an nicht konzerngebundene Dritte beschränkt. Sofern sich der Tätigkeitsbereich des Lizenzgebers selbst ausschließlich auf das Halten und Verwalten des Schutzrechtes beschränkt und er auf Grund der Beurteilung der konzeptionellen Ebene der Markenpolitik keinen Anspruch auf die Zurechnung der damit verbundenen ökonomischen Markenwirkungen hat, so dass ihm ausschließlich der Anspruch auf den Mindestwert der Markenlizenz zusteht, kann ausnahmsweise die Kostenaufschlagsmethode Anwendung finden.

In allen anderen Fällen, in denen keine vergleichbaren Preise vorhanden sind und der Lizenznehmer nicht ausschließlich Unterlizenzen an konzernfremde Unternehmen vergibt oder der Lizenzgeber ausschließlich die Schutzrechte hält und verwaltet, ist demnach die Gewinnaufteilungsmethode in Gestalt der Restgewinnmethode anzuwenden.

Aus dem soeben Dargestellten ergibt sich folgendes Schema zur Anwendbarkeit der Verrechnungspreismethoden für die Nutzungsüberlassung der Marke i.r.S. des Konzerns, durch das die anzuwendende Methode ermittelt und ihre Auswahl begründet werden kann:

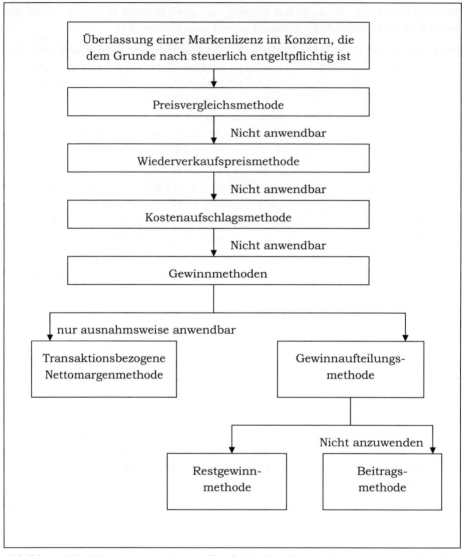

Abbildung 56: Muster zur Anwendbarkeit der Verrechnungspreismethoden für die Nutzungsüberlassung einer Marke.

6.2.5 Dokumentation der Angemessenheit der Verrechnungspreise

Neben den allgemeinen Informationen über die Beteiligungsverhältnisse, den Geschäftsbetrieb und Organisationsaufbau des Konzerns, die Geschäftsbeziehungen zu den nahe stehenden Personen und der Funktions- und Risikoanalyse der Beteiligten sollen nach § 4 GAufzV die für die Dokumentation allgemein erforderlichen Aufzeichnungen auch eine Verrechnungspreisanalyse enthalten. Diese soll neben der Darstellung der angewandten Verrechnungspreismethoden, der Geeignetheit der angewandten Methode auch die Unterlagen über die Berechnungen bei der gewählten Methoden sowie die Aufbereitung der zum Vergleich herangezogenen Preise bzw. Finanzdaten unabhängiger Unternehmen sowie Unterlagen über die vorgenommenen Anpassungsrechnungen umfassen.

Ziel dieser Analyse ist die Dokumentation der Angemessenheit der festgesetzten Verrechnungspreise, deren Umfang von der anzuwendenden Methode abhängig ist. Dabei soll die Darlegung der rechtlichen und wirtschaftlichen Grundlagen verdeutlichen, dass der Steuerpflichtige den Grundsatz des Fremdvergleichs bei der Abgrenzung der Einkünfte beachtet hat.[780] Dafür hat dieser die Prämissen seiner Entscheidung bezüglich der Preisfestsetzung zu dokumentieren und zu begründen.[781]

Deswegen wird für die Angemessenheitsdokumentation der für die konzerninterne Verrechnung der Markenlizenz dem Grunde und der Höhe nach festgesetzten Verrechnungspreise vorgeschlagen, die für ihre Verrechnung kausalen

- rechtlichen Grundlagen durch die rechtliche Würdigung der Geschäftsbeziehung sowie

- wirtschaftlichen Grundlagen durch die Darstellung der Einnahmenveränderung und die Begründung der Einnahmenzurechnung zu gewährleisten.

Dies gilt insbesondere für die Sachverhalte, in denen die Gewinnaufteilungsmethode zur Anwendung kommen kann. Soweit hingegen die Standardmethoden angewendet werden können, sind davon abweichend im Falle

- der Preisvergleichsmethode neben den vertraglichen Beziehungen die internen und externen Quellen der Vergleichsdaten, ihre Entstehung und die Umstände ihrer Verwirklichung darzulegen sowie ihre Vergleichbarkeit und die ggfs. notwendigen Anpassungsrechnungen zu begründen;

- im Falle der Wiederverkaufspreismethode neben den rechtlichen Beziehungen zwischen dem Markeneigner und dem konzerngebundenen Lizenznehmer, der für die konzernexternen Lizenzvergaben selbst zum Lizenzgeber wird, die von diesem wahrgenommenen Funktionen und Risiken darzulegen sowie die Höhe der ihm zu gewährenden Handelsspanne zu begründen; und

---

[780] Vgl. VWG-Verfahren, Tz. 3.4.12.

[781] So die Begründung des Bundestages zum Entwurf des Steuervergünstigungsabbaugesetzes (BT-Drs. 15/119), vgl. *Schreiber, R.* in: *Becker, H. / Kroppen, H.-K.* (Hrsg.), (Handbuch Verrechnungspreise), VerwGr.Verf, Anm. 184.

- im Falle der Kostenaufschlagsmethode neben der rechtlichen Beziehung zwischen dem Lizenznehmer und Lizenzgeber der Funktions- und Risikobereich des Lizenzgebers, seine Ausgaben sowie der ihm zu gewährenden Gewinnaufschlag ausführlich darzustellen und insbesondere die Höhe des Aufschlagssatzes zu begründen.

Nachfolgend werden die für die Dokumentation der Angemessenheit der infolge der Anwendung der modifizierten Gewinnaufteilungsmethode festgesetzten Verrechnungspreise als wesentlich erachteten rechtlichen und wirtschaftlichen Grundlagen dargestellt.

6.2.5.1 Rechtliche Würdigung der Transaktion

Voraussetzung für die Verrechnung der Markenlizenz i.e.S. und i.w.S. dem Grunde und der Höhe nach ist die rechtliche Würdigung der zwischen dem Lizenzbzw. Franchisenehmer und dem Lizenz- bzw. Franchisegeber bestehenden Geschäftsbeziehungen.

Infolge der rechtlichen Betrachtung der zwischen ihnen bestehenden schuldrechtlichen Vereinbarungen ist darzulegen,

- welcher Markenlizenzvertrag (einheitliche, Vermarktungs-, Produktmarkierungslizenz, Vertriebs-, Produkt- oder Dienstleistungsfranchising) vorliegt,[782]

- welche Funktionen und Risiken daraus für den Lizenz- bzw. Franchisenehmer (Herstellung und/oder Vermarktung der Ganzheit der Leistung und/oder der Ganzheit der Marke, Entwicklung der markierten Leistung zu einer Marke) resultieren[783] und

- wie viele verschiedene Entgeltformen (marken- und leistungsbezogene Lizenzgebühr, Entgelt für die Lieferung oder Herstellung der materiellen Leistung, für die Erbringung der Dienstleistung) zwischen den Beteiligten verrechnet werden müssen.[784]

Da Voraussetzung für die Verrechnung der Marke i.r.S. dem Grunde nach ihre rechtliche Werthaltigkeit ist, muss der dafür notwendige hoheitliche Schutz belegt werden.

6.2.5.2 Bewertung der Einnahmenveränderung

Grundlage der Anwendung der Gewinnaufteilungsmethode ist die Bewertung der Einnahmenveränderung des Lizenz- bzw. Franchisenehmers, die in Abhängigkeit

---

[782] Vgl. dazu Kapitel 3.

[783] Vgl. dazu die jeweiligen Sachverhaltsanalysen, Kapitel 4.2.1.1.1, 4.2.1.2.1,4.2.2.1.

[784] Vgl. dazu die jeweiligen Sachverhaltsanalysen, Kapitel 4.2.1.1.1, 4.2.1.2.1,4.2.2.1.

von der vorliegenden Markenlizenzart die Bewertung der leistungs- und markenbezogenen monetären Wirkungen verlangt.

Für die Begründung der Bewertung der leistungsbezogenen Einnahmenveränderung ist der funktionale Nutzen der Leistung zu beschreiben und dieser anschließend zu bewerten. Gleichzeitig ist die Abgrenzung der beiden Ganzheiten
voneinander ebenso zu begründen wie die Höhe des festgesetzten leistungsbezogenen Gewinnaufschlags.

Für die Dokumentation der Bewertung der markenbezogenen Einnahmenveränderung ist die dafür notwendige Bewertung der Marke darzustellen sowie die
Auswahl des gewählten Bewertungsverfahrens zu begründen. Dabei sollten für
die Bewertung der ökonomischen Markenwirkungen Verfahren ausgewählt werden, die auf die Bewertung des Markenlizenzwertes gerichtet sind und zugleich
die wirkungs- und erfolgsbezogene Betrachtungsweise der Marke berücksichtigen. Als Ergebnis sind sowohl die markenbezogenen Ein- als auch Ausgaben darzustellen.

6.2.5.3 Begründung der Einnahmenzurechnung

Wie bereits dargestellt, liegt der Durchführung der Restgewinnmethode ein zwei-
stufiger Prozess zugrunde. Dabei sind grundsätzlich in einem ersten Schritt die
routinemäßigen Beiträge der Unternehmen entsprechend ihres relativen Wertbeitrages durch die Zuordnung der Basisgewinne abzugelten und in einem zweiten
Schritt der verbleibende Gewinn, der spezifisch auf die Verwendung des immateriellen Wirtschaftsgutes zurückgeht, als Restgewinn entsprechend ihrer relativen
Wertbeiträge aufzuteilen.

Unter Verwendung der Untersuchungsergebnisse umfasst die erste Stufe der
Restgewinnmethode die leistungs- und markenbezogene Einnahmenzurechnung
des Lizenz- bzw. Franchisenehmers auf Grundlage der von ihm erbrachten Funktionen, die sich hauptsächlich in der Bemessung des Korrekturfaktors s und nur
im Falle eines Markenfranchise, bei dem der Franchisenehmer in Gestalt eines
Routine- oder Hybridunternehmens auf Grund einer vertraglichen Verpflichtung
die markierte Leistung zu einer Marke entwickelt, auch in dem Korrekturfaktor v
widerspiegeln.

Für die Dokumentation der Angemessenheit dieser Korrekturfaktoren sind insbesondere die Ausgaben des Lizenz- bzw. Franchisenehmers, die diesem für die
Herstellung und/oder Vermarktung der Ganzheit der Leistung und/oder der der
Marke entstehen, zu belegen sowie die Höhe des ihm als Gegenleistung zu gewährenden Gewinnaufschlags unter Berücksichtigung der Unternehmenskategorisierung des Lizenz- bzw. Franchisenehmers zu begründen.

Auf der zweiten Stufe der Gewinnaufteilungsmethode ist die ausschließlich durch
den Einsatz der Marke i.r.S. resultierende Einnahmenveränderung unter Be-

rücksichtigung der damit verbundenen Ausgaben des Lizenz- bzw. Franchisenehmers zwischen den Beteiligten auf Grundlage der relativen Bedeutung ihrer Wertbeiträge für die Entstehung und Entwicklung der wirtschaftlichen Werthaltigkeit der Marke i.r.S. aufzuteilen.

Für die Dokumentation der Aufteilung der ökonomischen Markenwirkungen ist zunächst die Entwicklung der verhaltensbezogenen Markenwirkungen innerhalb des sachlichen, räumlichen und zeitlichen Geltungsbereiches der Lizenz darzulegen, damit daraus die Entwicklung der ökonomischen Markenwirkungen über die Lizenzdauer abgeleitet werden kann. Denn diese stellt die Begründung für die grundsätzliche Notwendigkeit der Aufteilung der ökonomischen Markenwirkungen dar.

Soweit diese gegeben sein sollte und sowohl der Lizenz- bzw. Franchisenehmer als auch der Lizenz- bzw. Franchisegeber einen Wertbeitrag zur Entstehung und Wirkung der Marke i.r.S. geleistet haben, ist im Anschluss daran die Analyse der Marke hinsichtlich ihrer Bildung, Erfolgsfaktoren und der Wertbeiträge der Beteiligten darzulegen. Als Ergebnis sind die gesamten markenpolitischen Bemühungen der beiden Parteien unter Berücksichtigung der operativen, finanziellen und konzeptionellen Ebene der Markenpolitik ihnen einzeln oder beiden anteilig zuzurechnen, deren relative Bedeutung für die jeweiligen Erfolgsfaktoren sowie deren relative Bedeutung für den ökonomischen Erfolg der Marke grafisch darzustellen[785] und zu dem Kriterium der Ursächlichkeit zu verdichten.

Anschließend an die Zurechnung der ökonomischen Markenwirkungen sind die markenbezogenen Ausgaben des Lizenz- bzw. Franchisenehmers zu berücksichtigen. Dabei fließen von seinen gesamten Ausgaben nur diejenigen in die Ermittlung der markenbezogenen Lizenzgebühr ein, die ihm zwangsläufig für die ökonomischen Markenwirkungen entstanden sind, die ausschließlich dem Lizenz- bzw. Franchisegeber auf Grund der Ursächlichkeit seines Wertbeitrags für die Entstehung und Wirkungen der Marke zuzurechnen sind. Die dafür notwendige Abgrenzung der markenbezogenen Ausgaben ist ebenfalls zu begründen.

Im Ergebnis unterscheidet sich die Durchführung der Restgewinnmethode unter Berücksichtigung der Untersuchungsergebnisse von dem theoretischen Ansatz dadurch, dass nicht der von den Beteiligten markenbezogene Gesamtgewinn, sondern die markenbezogenen Einnahmen unter Berücksichtigung der damit verbundenen Ausgaben des Lizenz- bzw. Franchisenehmers zwischen ihnen aufgeteilt werden. Ob demnach ein Gesamtgewinn entstehen kann, ist von den weiteren markenbezogenen Ausgaben des Lizenz- bzw. Franchisenehmers und des Lizenz- bzw. Franchisegebers abhängig.

---

[785] Vgl. dazu u.a. die Abbildung 24.

Abschließend sind die Ergebnisse der Einnahmenzurechnung unter Berücksichtigung der ersten und zweiten Stufe der Residualgewinnmethode systematisch zusammenzufassen, indem die einzelnen zu verrechnende Entgelte dargestellt werden.

6.2.6 Erstellung der notwendigen Dokumentation

Die gesammelten und ausgewerteten Informationen sind abschließend in der Form zusammenzustellen, in der sie die Anforderungen an eine Dokumentation i.S.d. Gewinnaufzeichnungsabgrenzungsverordnung erfüllen.[786] Deshalb umfasst die Zusammenstellung eine Beschreibung des Konzerns und seines wirtschaftlichen Betätigungsumfeldes, eine transaktionsbezogene Funktions- und Risikoanalyse aller konzerngebundener Unternehmen, die an dem Wertschöpfungsprozess beteiligt sind, sowie eine Darstellung der angewandten Verrechnungspreismethoden.[787]

6.2.7 Sicherstellung der fortlaufenden Dokumentation

Das erarbeitete Dokumentationsmanagement kann für die Erarbeitung einer Richtlinie, der sog. Verrechnungspreis-Policy, genutzt werden, die eine wiederkehrende Verrechnungspreisermittlung und zugleich eine fortlaufende Dokumentation gewährleistet.[788]

Für die Dokumentation der Markenlizenz ist dies insbesondere dann von Vorteil, wenn die vertraglichen Beziehungen verlängert oder geändert und/oder neue Lizenzgebühren festgesetzt werden. Denn auf Grundlage des erstellten Musters zur Anwendbarkeit der Verrechnungspreismethoden und unter Berücksichtigung der Untersuchungsergebnisse können auf Basis der veränderten Informationen immer die neu festgesetzten Verrechnungspreise dokumentiert und ihre Angemessenheit belegt werden.

Die nachfolgende Abbildung bereitet eine solche Richtlinie für die wiederkehrende Verrechnung der konzerinternen Markenlizenz auf. Sie dient als Leitfaden für die Bemessung des Verrechnungspreises, indem sie die anzuwendende Verrechnungspreismethode in Abhängigkeit von den Wertbeiträgen der Beteiligten zur Entstehung und Wirkung der Marke festschreibt und ihre Ergebnisse die An-

---

[786] Vgl. *Kuckhoff, H.*, (Kernaussagen), S. 25.
[787] Vgl. *Wellens, L.*, (Dokumentation), S. 659.
[788] Vgl. *Wellens, L.*, (Dokumentation), S. 659.

forderungen und den Sachumfang der Sachverhalts- und Angemessenheitsdokumentation vorgeben.

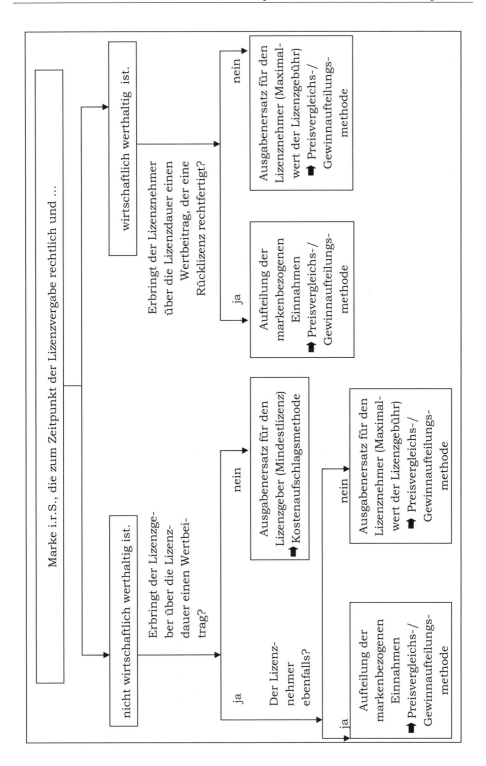

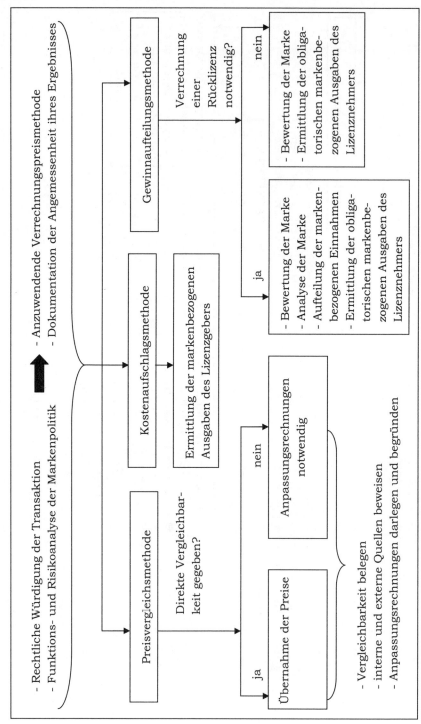

Abbildung 57: Verrechnungspreis-Policy für die Lizenzierung der Marke im Konzern.

Literaturverzeichnis

I. Sammelwerke, Kommentare, Hand- und Wörterbücher

Albers, S. / Herrmann, A. (Hrsg.), (Produktmanagement), Handbuch Produktmanagement: Strategieentwicklung – Produktplanung – Organisation - Kontrolle, 3. Auflage, Wiesbaden 2007.

Backhaus, K. / Meffert, H. / Meffert, J. / Perrey, J. / Schröder, J. (Hrsg.), (Markenstärke), Arbeitspapiere Nr. 2, Münster 2002.

Baier, D. / Brusch, M., (Conjointanalyse), Conjointanalyse: Methoden, Anwendungen, Praxisbeispiele, Berlin / Heidelberg 2009.

Baumbach, A. / Hopt, K., (HGB Kommentar), Handelsgesetzbuch, 34. Auflage, München 2009.

Becker, H. / Kroppen, H.-K. (Hrsg.), (Handbuch Verrechnungspreise), Handbuch Internationale Verrechnungspreise, Loseblatt (Stand: Juni 2009), Köln 1997.

Bruhn, M. (Hrsg.), (Markenführung), Handbuch der Markenführung, 2. Auflage, Wiesbaden 2004.

Debatin, H. / Wassermeyer, F., (DBA), Doppelbesteuerung Kommentar zu allen deutschen Doppelbesteuerungsabkommen, Loseblatt (Stand: Oktober 2009), München 1997.

Endres, D. (Hrsg.), (Verwaltungsgrundsätze-Verfahren), Dokumentation von Verrechnungspreisen Brennpunkte der neuen Verwaltungsgrundsätze-Verfahren, Frankfurt am Main 2005.

Endres, D. / Oestreicher, A. / Scheffler, W. / Schreiber, U. / Spengel, C. (Hrsg.), (Internationale Unternehmensbesteuerung), Die internationale Unternehmensbesteuerung im Wandel, München 2005.

Esch, R., (Moderne Markenführung), Moderne Markenführung, 4. Auflage, Wiesbaden 2008.

Federmann, R. / Kußmaul, H. / Müller, S. (Hrsg.), Handbuch der Bilanzierung, Loseblatt (Stand: Januar 2009), Freiburg i. Br. 1960.

Fezer, K.-H., (Markenrecht), Markenrecht, 4. Auflage, München 2009.

Flick, H. / Wassermeyer, F. / Baumhoff, H., (Außensteuerrecht), Außensteuerrecht Kommentar, Loseblatt (Stand: Oktober 2009), Köln 1983.

Giesler, P. / Nauschütt, J. (Hrsg.), (Franchiserecht), Franchiserecht: Handbuch für die anwaltliche und gerichtliche Praxis, 2.Auflage, Neuwied 2007.

Grotherr, S. (Hrsg.), (Internationale Steuerplanung), Handbuch der internationalen Steuerplanung, 2. Auflage, Herne / Berlin 2003.

Grotherr, S. / Herfort, C. / Strunk, G., (Internationales Steuerrecht), Internationales Steuerrecht, 3. Auflage, Achim 2010.

Guntz, D. (Hrsg.), Creifelds Rechtswörterbuch, 19. Auflage, München 2007.

GWA (Hrsg.), (Geldwert), Der Geldwert der Marke. Erfolgsfaktor für Marketing und Kommunikation, Frankfurt am Main 2002.

GWA (Hrsg.), (Key Driver), Key Driver Starker Marken, Frankfurt am Main 2001.

Hüffer, U., (Aktiengesetz), Aktiengesetz, 8. Auflage, München 2008.

Ingerl, R. / Rohnke, C., (MarkenG), Markengesetz: Gesetz über den Schutz von Marken und sonstigen Kennzeichen, 2. Auflage, München 2003.

Klein, F. / Stihl, H. P. / Wassermeyer, F. (Hrsg.), (Festschrift Hans Flick), Festschrift für Hans Flick zum 70. Geburtstag, Köln 1997.

Kleineidam, H.-J. (Hrsg.), (Festschrift Lutz Fischer), Unternehmenspolitik und Internationale Besteuerung: Festschrift für Lutz Fischer, Köln 1999.

Martinek, M. / Semler, F.-J. / Habermeier, S. (Hrsg.), (Vertriebsrecht), Handbuch des Vertriebsrechts, 2. Auflage, München 2003.

Matzler, K. / Hinterhuber, H. H. / Renzl, B. / Rothenberger, S. (Hrsg.), (Immaterielle Vermögenswerte), Immaterielle Vermögenswerte Handbuch der Intangible Assets, Berlin 2006.

Mössner, J. M. (Hrsg.), (Steuerrecht internationaler Unternehmen), 3. Auflage, Köln 2005.

Nebel, J. / Schulz, A. / Flohr, E., (Franchise), Das Franchise System, 4. Auflage, München 2008.

Nieschlag, R. / Dichtl, E. / Hörschgen, H., (Marketing), Marketing, 19. Auflage, Berlin 2002.

Oestreicher, A. (Hrsg.), (Internationale Verrechnungspreise), Internationale Verrechnungspreise, Herne / Berlin 2003.

Oestreicher, A. (Hrsg.), (Konzernbesteuerung), Konzernbesteuerung, Herne / Berlin 2005.

Piltz, D. J. / Schaumburg, H. (Hrsg.), (Internationale Einkünfteabgrenzung), Internationale Einkünfteabgrenzung, Köln 2003.

PWC / Sattler, H. / GfK (Hrsg.), (Markenbewertung), Praxis von Markenbewertung und Markenmanagement in deutschen Unternehmen Neue Befragung 2005, Frankfurt am Main 2006.

Schaumburg, H. / Piltz, D. (Hrsg.), (Vertrieb im Ausland), Steuerfolgen von Produktion und Vertrieb im Ausland, Köln 2000.

Schaumburg, H. (Hrsg.), (Internationale Verrechnungspreise), Internationale Verrechnungspreise zwischen Kapitalgesellschaften, Köln 1994.

Schmidt, K. (Hrsg.), (HGB), Münchener Kommentar zum Handelsgesetzbuch, 2. Auflage, München 2009.

Schmidt, K., (Handelsrecht), Handelsrecht, 5. Auflage, Köln 1999.

Sonnenberger, H. J. (Hrsg.), (Internationales Wirtschaftsrecht), Münchener Kommentar zum Bürgerlichen Gesetzbuch, Band 11, Internationales Wirtschaftsrecht Einführungsgesetz zum Bürgerlichen Gesetzbuch (Art. 50 - 245), 4. Auflage, München 2006.

Ströbele, P. / Hacker, F., (MarkenG), Markengesetz, 9. Auflage, Köln 2009.

Strunk, G. / Kaminski, B. / Köhler, S. (Hrsg.), (Außensteuergesetz), Außensteuergesetz / Doppelbesteuerungsabkommen, Loseblatt (Stand: Oktober 2009), Bonn 2004.

Tomczak, T. / Rudolph, T. / Roosdorp, A. (Hrsg.), (Positionierung), Positionierung Kernentscheidung des Marketing, St. Gallen 1996.

Vogel, K. / Lehner, M., (DBA), Doppelbesteuerungskommentar, 5. Auflage, München 2008.

Vögele, A. / Borstell, T. / Engler, G. (Hrsg.), (Verrechnungspreise), Handbuch der Verrechnungspreise, 2. Auflage, München 2004.

Zerres, C. (Hrsg.), (Markenforschung), Analyse aktueller Ansätze in Wissenschaft und Praxis, München 2004.

II. Monographien

Adam, D., (Investitionscontrolling), Investitionscontrolling, 3. Auflage, München 2000.

Baumgarth, C., (Markenpolitik 2004), Markenpolitik, 2. Auflage, Wiesbaden 2004.

Baumgarth, C., (Markenpolitik), Markenpolitik, 3. Auflage, Wiesbaden 2008.

Baumhoff, H., (Verrechnungspreise für Dienstleistungen), Verrechnungspreise für Dienstleistungen, Köln / Berlin / Bonn / München 1986.

Bentele, G. / Buchele, M.-S. / Hoepfner, J. / Liebert, T., (Markenwert), Markenwert und Markenwerteermittlung. Eine systematische Modelluntersuchung und –bewertung, 3. Auflage, Wiesbaden 2009.

Berekoven, L., (Werbung), Die Werbung für Investitions- und Produktionsgüter, ihre Möglichkeiten und Grenzen, München 1961.

Berekoven, L., (Absatzwirtschaft), Grundlagen der Absatzwirtschaft, Herne / Berlin 1978.

Boos, M., (Intangible), International Transfer Pricing: The Valuation of Intangible Assets, The Hague, London, New York 2003, Diss.

Bruhn, M., (Grundlagen), Marketing: Grundlagen für Studium und Praxis, 9. Auflage, Wiesbaden 2009.

Buchwald, C., (Expertensysteme), Expertensysteme für das Steuermanagement im internationalen Konzern, Berlin 2007.

Diller, H., (Preispolitik), Preispolitik, 4. Auflage, Stuttgart 2008.

Dvorak, J., (Franchising), Der Lizenzvertrag im Franchising, Frankfurt am Main 2006.

Esch, R., (Markenführung), Strategie und Technik der Markenführung, 6. Auflage, München 2010.

Fammler, M., (Markenlizenzvertrag), Der Markenlizenzvertrag, München 2000.

Fischer, L. / Kleineidam, H.-J. / Warneke, P., (Internationale Steuerlehre), Internationale Betriebswirtschaftliche Steuerlehre, 5. Auflage, Berlin 2005.

Giefers, H.-W., (Markenschutz), Markenschutz: Warenzeichen und Dienstleistungsmarken in der Unternehmenspraxis, Freiburg i. Br. 1980.

Heinen, E., (Betriebswirtschaftslehre), Einführung in die Betriebswirtschaftslehre, 9. Auflage, Wiesbaden 1985.

Hering, T., (Investitionstheorie), Investitionstheorie, 3. Auflage, München 2008.

Jacobs, O. H., (Internationale Unternehmensbesteuerung), Internationale Unternehmensbesteuerung, 6. Auflage, München 2007.

Kaminski, B., (Verrechnungspreisbestimmung), Verrechnungspreisbestimmung bei fehlendem Fremdverrechnungspreis, Neuwied 2001.

Kleineidam, H.-J., (Internationale Betriebswirtschaftliche Steuerlehre), Die internationale betriebswirtschaftliche Steuerlehre: Ein Vorschlag zur Weiterentwicklung der betriebswirtschaftlichen Steuerlehre, München 1968.

Kleineidam, H.-J., (Rechnungslegung), Rechnungslegung bei Auslandsbeziehungen nach Handels- und Steuerrecht, Freiburg i.Br. 1992.

Knoppe, H., (Lizenz- und know-how-Verträge), Die Besteuerung der Lizenz- und know-how-Verträge, 2. Auflage, Köln 1972.

Kotler, P. / Armstrong, G. / Saunders, J. / Wong, V., (Marketing), Grundlagen des Marketing, 4. Auflage, München 2007.

Kuckhoff, H. / Schreiber, R., (Verrechnungspreise), Verrechnungspreise in der Betriebsprüfung, München 1997.

Kuebart, J., (Verrechnungspreise), Verrechnungspreise im internationalen Lizenzgeschäft: Grundlagen der Ermittlung steuerlich angemessener Lizenzgebühren bei Verträgen zwischen international verbundenen Unternehmen und Entwicklung eines ganzheitlichen Preisermittlungsmodells, Berlin 1995.

Kühn, R., (Marketing), Marketing Analyse und Strategien, Zürich 1994.

Kriegbaum, C., (Markenbewertung), Markencontrolling, München 2001.

Kroeber-Riel, W. / Weinberg, P. / Gröppel-Klein, A., (Konsumentenverhalten), Konsumentenverhalten, 9. Auflage, München 2009.

Kumpf, W., (Verrechnungspreise), Steuerliche Verrechnungspreise in internationalen Konzernen, Frankfurt am Main 1976.

Kutz, O., (Lizenzmarken-Management), Strategisches Lizenzmarken-Management: Eine empirische Analyse unter besonderer Berücksichtigung der kritischen Erfolgsfaktoren, München 2000.

Langner, T., (Branding), Integriertes Branding, Wiesbaden 2003.

Lev, B., (Intangibles), Intangibles-Management, Measurement and Reporting, Washington Dc. 2001.

Ludewig, D., (Markenlizenzwert), Markenlizenzwert: Charakterisierung und Ebenenbetrachtung unter besonderer empirischer Berücksichtigung von markenlizenzspezifischen Rückwirkungen, Göttingen 2006.

Markham, M., (Transfer Pricing), The transfer pricing of intangibles, The Haque 2005.

Martinek, M., (Moderne Vertragstypen), Moderne Vertragstypen Band II: Franchising, Know How Verträge, Management- und Consultingverträge, München 1992.

Nitschke, A., (Marke), Event-Marken-fit und Kommunikationswirkung: Eine Längsschnittbetrachtung am Beispiel der Sponsoren der FIFA Fußballweltmeisterschaft 2006, Wiesbaden 2006.

Oestreicher, A., (Gewinnabgrenzung), Konzern-Gewinnabgrenzung, München 2000.

Pepels, W., (Markenpolitik), Produktmanagement, 5. Auflage, München 2006.

Perridon, L. / Steiner, M. / Rathgeber, A., (Finanzwirtschaft), Finanzwirtschaft der Unternehmung, 15. Auflage, München 2009.

Repenn, W. / Weidenhiller, G., (Marke), Markenbewertung und Markenverwertung, 2. Auflage, München 2005.

Sattler, H., (State of Art 2005), Markenbewertung: State of Art, überarbeitete Version in: Research Papers on Marketing and Retailing University of Hamburg 2005.

Sattler, H., (Markenpolitik), Markenpolitik, Stuttgart 2001.

Sattler, H. / Völckner, F., (Markenpolitik), Markenpolitik, 2. Auflage, Stuttgart 2007.

Schaumburg, H., (Internationales Steuerrecht), Internationales Steuerrecht, 2. Auflage, Köln 1998.

Schneider, D., (Betriebswirtschaftslehre II), Betriebswirtschaftslehre, Band 3: Theorie der Unternehmung, 2. Auflage, München 1997.

Scholz, K., (Dienstleistungen), Konzernverrechnungspreise für Dienstleistungen, Wien 1999.

Schultz, A.-M., (Gebühren), Gebührenbemessung bei internationalen Lizenz- und Know-how-Verträgen, St. Gallen 1980.

Steinmann, S., (Marken), Marken entstehen im Kopf des Verbrauchers – Eine kritische Analyse, München 2002.

Stumpf, H. / Groß, M., (Lizenzvertrag), Der Lizenzvertrag, 8. Auflage, Frankfurt am Main 2005.

Wehnert, O. / Wellens, L., (Verrechnungspreise), Verrechnungspreise. Dokumentationsmanagement nach den neuen Mitwirkungspflichten, Bonn / Berlin 2003.

Wöhe, G., (Grundlagen), Einführung in die allgemeine Betriebswirtschaftslehre, 23. Auflage, München 2008.

Wündisch, K., (International Transfer Pricing), International Transfer Pricing in the ethical pharmaceutical industry, Second Edition, Amsterdam 2003.

III. Beiträge in Sammelwerken, Zeitschriften und Zeitungen

Arbeitskreis „Immaterielle Werte im Rechnungswesen" Schmalenbach-Gesellschaft für Betriebswirtschaft e.v., (Immaterielle Werte), Kategorisierung und bilanzielle Erfassung immaterieller Werte, DB 2002, S. 989 - 995.

Baumhoff, H., (Lizenzzahlungen), Lizenzzahlungen bei Identität von Firmennamen und Markenrecht, IStR 1999, S. 533 – 534.

Baumhoff, H., (Einheitlicher Fremdvergleichsgrundsatz), Plädoyer für einen einheitlichen Fremdvergleichmaßstab im deutschen Außensteuerrecht zur Beurteilung internationaler Verrechnungspreise in: *Klein, F. / Stihl, H. P. / Wassermeyer, F.* (Hrsg.), (Festschrift Hans Flick), S. 633 – 646.

Baumhoff, H., (Einkunftsabgrenzung), Einkunftsabgrenzung bei international verbundenen Unternehmen in: *Mössner, J. M.* (Hrsg.), (Steuerrecht internationaler Unternehmen), S. 403 – 590.

Baumhoff, H., (Eigenproduzent versus Lohnveredler), Eigenproduzent versus Lohnveredler in: *Schaumburg, H. / Piltz, D.* (Hrsg.), (Vertrieb im Ausland), S. 53 – 82.

Baumhoff, H. / Bodenmüller, R., (Verlagerung betrieblicher Funktionen), Verrechnungspreispolitik bei der Verlagerung betrieblicher Funktionen ins Ausland in: *Grotherr, S.* (Hrsg.), (Internationale Steuerplanung), S. 345 - 384.

Baumhoff, H. / Ditz, X. / Greinert, M., (Funktionsverlagerung), Die Besteuerung von Funktionsverlagerungen nach der Funktionsverlagerungsverordnung vom 12.8. 2008, DStR 2008, S. 1946 – 1952.

Baumhoff, H. / Ditz, X. / Greinert, M., (Dokumentation), Grundsätze der Dokumentation internationaler Verrechnungspreise nach der Gewinnaufzeichnungsverordnung (GAufzV), DStR 2008, S. 157 – 164.

Bayreuther, F., (Erschöpfung), Rechtsprobleme im Zusammenhang mit dem Schutz von Vertriebssystemen nach Markenrecht, WRP 2000, S. 349 – 362.

Bechthold, R. / Buntscheck, M., (Kartellrecht), Die 7. GWB-Novelle und die Entwicklung des deutschen Kartellrechts 2003 bis 2005, NJW 2005, S. 2966 - 2974.

Becker, J., (Markenstrategien), Typen von Markenstrategien in: *Bruhn, M.* (Hrsg.), (Markenführung), S. 638 - 675.

Becker, J., (Positionierung), Positionierung in: *Tomczak, T. / Rudolph, T. / Roosdorp, A.* (Hrsg.), (Positionierung), S. 12 - 26.

Becker, H., (Besteuerung), Die Besteuerung von Betriebsstätten, DB 1989, S. 10 - 16.

Becker, H., (Funktionsnutzen), Funktionsnutzen und Erwirtschaftungsgrundsatz, DB 1990, S. 392 – 395.

Becker, M., (Überlassung von Marken), Die Verrechnung von Entgelten für die Überlassung von Namen und Marken in: *Oestreicher, A.* (Hrsg.), (Internationale Verrechnungspreise), S. 95 – 130.

Beier, F.-K., (Internationale Markenlizenzverträge), Das auf internationale Markenlizenzverträge anwendbare Recht, GRURInt 1981, S. 299 – 309.

Berekoven, L., (Marke), Zum Verständnis und Selbstverständnis des Markenwesens, Markenartikel heute: Marke, Markt und Marketing 1978, S. 35 – 48.

Beschorner, D. / Stehr, C., (Internationalisierung), Internationalisierungsstrategien für kleine und mittlere Unternehmen, BB 2007, S. 315 – 321.

Beuchert, T., (Verrechnungspreissystem), Entwicklungen im Verrechnungspreissystem der USA am Beispiel der Verfahren DHL, Glaxo und Xilinx – Modell für Deutschland?, IStR 2006, S. 605 - 612.

Bodewig, T., (Ausgleichsanspruch), Der Ausgleichsanspruch des Franchisenehmers nach Beendigung des Vertragsverhältnisses, BB 1997, S. 637 – 644.

Böcker, H., (Internationale Lizenzen), Internationale Lizenzen Verrechnung dem Grunde und der Höhe nach in: *Piltz, D. J. /Schaumburg, H.* (Hrsg.), (Internationale Einkünfteabgrenzung), S. 155 - 181.

Böcker, H., (Lizenzzahlungen), Steuerliche Prüfung und Behandlungen von Lizenzzahlungen an verbundene ausländische Unternehmen, StBp 1991, S. 73.

Böhler, H. / Scigliano, D., (Conjointanalyse), Traditionelle Conjointanalyse in: *Baier, D. / Brusch, M.*, (Conjointanalyse), S. 101 – 112.

Borstell, T., (Konzerninterne Lieferungsbeziehungen), Verrechnungspreispolitik bei konzerninternen Lieferungsbeziehungen in: *Grotherr, S.* (Hrsg.), (Internationale Steuerplanung), S. 323 - 344.

Borstell, T. / Wehnert, O., (Lizenzzahlungen), Lizenzzahlungen im Konzern, IStR 2001, S. 127 – 128.

Brem, M. / Tucha, T., (Dokumentation), Dokumentation von Verrechnungspreisen: zur Strukturierung der Angemessenheitsanalyse, IStR 2006, S. 499 – 504.

Bruhn, M., (Begriffsabgrenzung), Begriffsabgrenzungen und Erscheinungsformen von Marken in: *Bruhn, M.* (Hrsg.), (Markenführung), S. 3 – 49.

Bruhn, M., (Marke), Was ist eine Marke – Aktualisierung der Markendefinition, Jahrbuch der Absatz- und Verbraucherforschung 2004, S. 4 - 30.

Bruhn, M., (Markenpolitik), Markenpolitik – Ein Überblick zum „State of Art", DBW 2003, S. 179 - 202.

Castedello, M. / Schmusch, M, (Markenbewertung), Markenbewertung nach IDW S 5, WPg 2008, S. 350 - 356.

Dahnke, H., (Lizenzzahlungen), Lizenzzahlungen neben dem Warenbezugspreis durch eine inländische Vertriebsgesellschaft an die ausländische Produktions-Muttergesellschaft, IStR 1993, S. 167 - 168.

Damji, S. / Raab, J., (Sturmwarnung), Sturmwarnung für die Verrechnungspreise, http://www2.eycom.ch/library/items/fuw_20060927/20060927_fuw_damji_raab _verrechnungspreise_d.pdf, Datum: 20.05.2009.

Dürrfeld, A. / Wingendorf, P., (Lizenzierung), Lizenzierung von Markenrechten im Konzern, IStR 2005, S. 464 - 468.

Echterling, J. / Fischer, M. / Kranz, M., (Markenstärke), Die Erfassung der Markenstärke und des Markenpotenzials als Grundlage der Markenführung in: *Backhaus, K. / Meffert, H. / Meffert, J. / Perrey, J. / Schröder, J.* (Hrsg.), (Markenstärke), S. 1 – 42.

Esch, F.-R., (Markenpositionierung), Markenpositionierung als Grundlage der Markenführung in: *Esch, F.-R.* (Hrsg.), (Moderne Markenführung), S. 131 - 165.

Emde, R., (Ausgleichsanspruch 2003), Ausgleichsanspruch analog § 89 b HGB für Markenlizenznehmer?, WRP 2003, S. 468 – 477.

Emde, R., (Ausgleichsanspruch 2006), Der Ausgleichsanspruch des Lizenznehmers analog § 89 b HGB, WRP 2006, S. 449 – 452.

Endres, D., (Vertreterbetriebsstätte), Die Vertreterbetriebsstätte im Konzern, IStR 1996, S. 1 – 5.

Endres, D. / Oestreicher, A., (Ergebnisabgrenzung), Grenzüberschreitende Ergebnisabgrenzung: Verrechnungspreise, Konzernumlagen, Betriebsstättengewinnermittlung, IStR 2003, Beihefter zu Heft 15, S. 1 – 16.

Faix, F. / Wangler, C., (Vertriebsstrukturen), Steuerliche Risiken anlässlich des Wechsels einer deutschen Tochtergesellschaft vom Vertragshändler zum Kommissionär, IStR 2001, S. 65 – 71.

Farsky, M. / Sattler, H., (Bewertung), Markenbewertung in: *Albers, S. / Herrmann, A.*, (Produktmanagement), S. 220 – 250.

Fezer, K.-H., (Zeichen), Was macht ein Zeichen zur Marke?, WRP 2000, S. 1 – 8.

Fiehler, K., (Funktions- und risikoarme Vertriebsgesellschaften), Vergütungsformen von funktions- und risikoarmen Vertriebsgesellschaften, IStR 2007, S. 464 – 472.

Finsterwalder, O., (Funktionsverteilung), Einführung von Dokumentationssystemen bei internationalen Verrechnungspreisen - Anlass zur Prüfung grenzüberschreitender Risiko- und Funktionsverlagerungen -, IStR 2004, S. 763 – 768.

Finsterwalder, O., (Verrechnungspreise), Bemessung von Verrechnungspreisen bei grenzüberschreitenden Know-how-Überlassungen im Konzern, IStR 2006, S. 355 – 360.

Fischer, M. / Meffert, H. / Perry, J., (Markenpolitik), Markenpolitik: Ist sie für jedes Unternehmen gleichermaßen relevant?, DBW 2003, S. 333 – 356.

Fischer, M. / Völckner, F. / Sattler, H., (Measuring), Measuring brand relevance. A cross cultural analys in: Research Papers on Marketing and Retailing, University of Hamburg 2008.

Flohr, E. / Schulz, A. / Wessels, A.M., (Franchisevertrag), Der Franchisevertrag in: *Nebel, J. / Schulz, A. / Flohr, E.*, (Franchise), S. 180 – 225.

Giesler, P. / Nauschütt, J., (Typologisierung), Typologisierung der Franchisesysteme in: *Giesler, P. / Nauschütt, J.* (Hrsg.), (Franchiserecht), S. 1 – 28.

Giesler, P. / Nauschütt, J., (Grundlagen Franchise), Einleitung in: *Giesler, P. / Nauschütt, J.* (Hrsg.), (Franchiserecht), S. 1 – 28.

Gosch, D., (BFH und Fremdvergleich), Der BFH und der Fremdvergleich, DStZ 1997, S. 1 – 10.

Gundel, G., (Vertriebsgesellschaften), Verrechnungspreise bei grenzüberschreitenden Lieferbeziehungen mit konzerngebundenen Vertriebsgesellschaften in: *Klein, F. / Stihl, H. P. / Wassermeyer, F.* (Hrsg.), (Festschrift Hans Flick), S. 781 – 803.

Gross, M., (Lizenzgebühren), Aktuelle Lizenzgebühren in Patentlizenz-, Know-how- und Computerprogrammlizenzverträgen, BB 1995, S. 885 – 891.

Haller, P., (Geldwert), Der Geldwert der Marke als Erfolgsfaktor für Marketing und Kommunikation in: *GWA* (Hrsg.), (Geldwert), S. 7 – 16.

Hommel, M. / Buhleier, C. / Pauly, D., (Bewertung von Marken), Bewertung von Marken in der Rechnungslegung – eine kritische Analyse des IDW ES 5, BB 2006, S. 371 – 377.

Högl, S. / Twardawa, W. / Hupp, O., (Key Driver), Key Driver Starker Marken in: *GWA* (Hrsg.), (Key Driver), S. 15 – 63.

Högl, S. / Hupp, O. / Maul, K. H. / Sattler, H., (Geldwert), Der Geldwert der Marke als Erfolgsfaktor für Marketing und Kommunikation in: *GWA* (Hrsg.), (Geldwert), S. 37 – 78.

IDW, (Entwurf immaterielle Vermögenswerte), Entwurf IDW Standard: Grundsätze der Bewertung immaterieller Vermögenswerte (IDW ES 5), in der Fassung vom 25.08. 2006, WPg 2006, S. 1306 – 1314.

IDW, (IDW S 1), IDW Standard: Grundsätze zur Durchführung von Unternehmensbewertungen (IDW S 1), WPg 2005, S. 1303 – 1321.

IDW, (IDW S 5), IDW Standard: Grundsätze zur Bewertung immaterieller Vermögenswerte, Wpg Supplement 2007, S. 64 – 75.

Isensee, T., (Konzernvertriebsgesellschaften), Die Ermittlung des Verrechnungspreises bei Konzernvertriebsunternehmen, IStR 2001, S. 693 – 696.

Joecks, W. / Kaminski, B., (Verrechnungspreise), Dokumentations- und Sanktionsvorschriften für Verrechnungspreise in Deutschland - Eine rechtliche Würdigung -, IStR 2004, S. 65 – 72.

Joppich, B. / Nestler, A., (Lizenzpreisanalogie), Die Lizenzanalogie bei Markenverletzungen auf dem Prüfstand: Rechtliche Anforderungen und betriebswirtschaftliche Anwendung, WRP 2003, S. 1409 – 1417.

Kaminski, B. / Strunk, G., (Gewinnaufzeichnungsverordnung), Die „Gewinnaufzeichnungsverordnung" – Eine Würdigung – Teil I, StBp 2004, S. 1 – 10.

Kaminski, B. / Strunk, G., (Gewinnaufzeichnungsverordnung), Die „Gewinnaufzeichnungsverordnung" – Eine Würdigung – Teil II, StBg 2004, S. 29 – 35.

Kaminski, B., (Verrechnungspreisprobleme), Verrechnungspreisprobleme bei Vertriebs-strukturänderungen in: *Kleineidam, H-J.* (Hrsg.), (Festschrift Lutz Fischer), S. 665 – 690.

Kaufmann, G. / Sattler, H. / Völckner, F., (Markenstrategische Optionen), Markenstrategische Optionen, DBW 2006, S. 245 – 249.

Kaufmann, L. / Schneider, Y., (Intangibles), Intangible Unternehmenswerte als internationales Forschungsgebiet der Unternehmensforschung – Literaturübersicht, Schwerpunkte und Forschungslücken in: *Matzler, K. / Hinterhuber, H.H. / Renzl, B. / Rothenberger, S.* (Hrsg.), (Immaterielle Vermögenswerte), S. 23 – 42.

Keller, K. L., (Markenwert), Kundenorientierte Messung des Markenwerts in: *Esch, R.* (Hrsg.), (Moderne Markenführung), S. 1309 – 1327.

Kieser, W., (Franchising), Standardisierung beim Franchising in: *Nebel, J. / Schulz, A. / Flohr, E.*, (Franchise), S. 112 – 116.

Klein, M., (Verrechnungspreise), Neues bei steuerlichen Verrechnungspreisen durch das Unternehmensteuerreformgesetz 2008, SWI 2008, S. 468 – 474.

Kleineidam, H.-J., (Internationale Einkunftsabgrenzung), Perspektiven der internationalen Einkunftsabgrenzung im Lichte globaler Unternehmensstrategien in: *Klein, F. / Stihl, H. P. / Wassermeyer, F.* (Hrsg.), (Festschrift Hans Flick), S. 857 – 872.

Kleineidam, H.-J., (Fremdvergleichsgrundsatz), Fremdvergleichsgrundsatz und strategische Rente globaler Unternehmenspolitik, IStR 2001, S. 724 – 728.

Kleineidam, H.-J., (Lizenzen), Verrechnungspreise für immaterielle Wirtschaftsgüter in: *Schaumburg, H.* (Hrsg.), (Internationale Verrechnungspreise), S. 103 – 121.

Kleineidam, H.-J., (Steuermitwirkungslasten), Standortattraktivität und Steuermitwirkungspflichten, StBg 2005, Editorial zu 2005/02, M 1.

Kroppen, H.-K., (Gewinnermittlung), Betriebsstättengewinnermittlung, IStR 2005, S. 74 – 76.

Kubitschek, C., (Erfolgsfaktoren), Erfolgsfaktoren für das Franchising: Ein Effizienzvergleich mit Filial- und Lizenzsystemen, DBW 2001, S. 671 – 685.

Kuckhoff, H., (Kernaussagen), Kernaussagen der Verwaltungsgrundsätze-Verfahren in: *Endres, D.* (Hrsg.), (Verwaltungsgrundsätze-Verfahren), S. 20 – 33.

Kumpf, W., (Ergebnis- und Vermögenszuordnung), Ergebnis- und Vermögenszuordnung bei Betriebsstätten, StBJb 1988 / 89, S. 399 – 422.

Kutz, O., (Lizenzmarkenmanagement), Lizenzmarkenmanagement in: *Zerres, C.* (Hrsg.), (Markenforschung), S. 115 - 133.

Kußmaul, H., (Immaterielles), Immaterielles Vermögen in: *Federmann, R. / Kußmaul, H. / Müller, S.* (Hrsg.), Handbuch der Bilanzierung, Freiburg i. Br. 1960 ff., Stichwort 73.

Levey, M. M. / v. Herksen, M. / Schnorberg, S. / Breckenridge, S. / Taguchi, K. / Dougherty, J. / Russo, A., (Marketing Intangibles), The Quest of Marketing Intangibles, Intertax 2006, S. 1 – 9.

Martinek, M, / Wimmer-Leonhardt, S., (Markenlizenzvertrag), Steht dem Markenlizenznehmer der vertriebsrechtliche Ausgleichsanspruch analog dem § 89 b HGB zu?, WRP 2006, S. 204 – 219.

Marx, J. F., (Franchising), Bilanzierungsprobleme des Franchising, DStR 1998, S. 1441 – 1448.

Meffert, H., (Markenführung), Identitätsorientierter Ansatz der Markenführung – eine entscheidungsorientierte Perspektive in: *Bruhn, M.* (Hrsg.), (Markenführung), S. 293 – 320.

Müller, C., (Intangibles), Wissen, intangible Assets oder intellektuelles Kapital – eine Begriffswelt in Diskussion in: *Matzler, K. / Hinterhuber, H.H. / Renzl, B. / Rothenberger, S.* (Hrsg.), (Immaterielle Vermögenswerte), S. 3 – 22.

Nestler, A., (Lizenzentgelte), Ermittlung von Lizenzentgelten, BB 2008, S. 2002 – 2006.

Nicolai, A. / Keiser, A., (Erfolgsfaktorenforschung), Trotz eklatanter Erfolglosigkeit: Die Erfolgsfaktorenforschung weiter auf Erfolgskurs, DBW 2002, S. 579 – 596.

Oestreicher, A., (Gewinnaufteilung), Gewinnaufteilung in: *Endres, D. / Oestreicher, A. / Scheffler, W. / Schreiber, U. / Spengel, C.* (Hrsg.), (Internationale Unternehmensbesteuerung), S. 73 – 91.

Oestreicher, A., (Spannungsfeld), Konzernbesteuerung im Spannungsfeld zwischen wirtschaftlicher und rechtlicher Vielheit in: *Oestreicher, A.*, (Konzernbesteuerung), S. 1 – 33.

Plaß, G., (Rechtsstellung), Die Rechtsstellung des Lizenznehmers nach § 30 III und IV MarkenG, GRUR 2002, S. 1029 – 1033.

Portner, R., (Gewinnabgrenzung), Zwischenstaatliche Gewinnabgrenzung – Profit Split in Sonderbereichen, IStR 1995, S. 356 – 360.

Portner, R., (Verrechnungspreise), Verrechnungspreise für immaterielle Wirtschaftsgüter: Grundsätze in: *Schaumburg, H.* (Hrsg.), (Internationale Verrechnungspreise), S. 78 – 102.

Prinz, U., (Vertriebsmodelle), Besteuerungsfragen inländischer Vertriebsmodelle bei international tätigen Unternehmen, FR 1996, S. 479 – 578.

Prinz, U., (Vertriebsstrukturen), Steueroptimierte Vertriebsstrukturen im Outbound-Geschäft, FR 1997, S. 517 – 525.

Rasch, S., (Unternehmenscharakterisierung), Aktuelle Fragen der Verrechnungspreisdokumentation: Unternehmenscharakterisierung und Methodenwahl in den Verwaltungsgrundsätze-Verfahren, BB 2007, S. 353 – 358.

Roser, F., (Vertriebskonzepte), Steuerfolgen unterschiedlicher Vertriebskonzepte in: *Schaumburg, H. / Piltz, D.* (Hrsg.), (Vertrieb im Ausland), S. 139 -169.

Sack, R., (Erschöpfungsgrundsatz), Der markenrechtliche Erschöpfungsgrundsatz im deutschen und europäischen Recht, WRP 1998, S. 549 – 576.

Sattler, H., (Grundlagen), Grundlagen und praktische Umsetzung der Bewertung von Marken aus Sicht des Marketings in: *GWA* (Hrsg.), (Geldwert), S. 17 - 34.

Sattler, H., (Markentransfer), Beurteilung der Erfolgschancen von Markentransfers, ZfB 1998, S. 475 – 495.

Sattler, H., (State of the Art), Markenbewertung: State-of-the-Art, ZfB-Special Issue 2 / 2005, S. 33 – 58.

Schaumburg, H., (Grundsätze), Grundsätze internationaler Einkünfteabgrenzung in: *Schaumburg, H.* (Hrsg.), (Internationale Verrechnungspreise), S. 1 – 14.

Schmidt, L., (Vertriebstochtergesellschaft), Bundesfinanzhof: Angemessene Verrechnungspreise einer inländischen Vertriebstochtergesellschaft, PISTB 2002, S. 3 - 7.

Schnorberger, S., (Verfahrensgrundsätzen), Statement zu den neuen Verfahrensgrundsätzen aus Sicht der Beratung in: *Endres, D.* (Hrsg.), (Verwaltungsgrundsätze-Verfahren), S. 12 – 13.

Sieker, K., (Fremdvergleichsgrundsatz), Betriebsstättengewinn und Fremdvergleichsgrundsatz, DB 1996, S. 110 – 113.

Skaupy, W., (Franchising), Das „Franchising" als zeitgerechte Vertriebskonzeption, DB 1982, S. 2446 – 2450.

Skaupy, W., (Franchise-Vertrag), Der Franchise-Vertrag ein neuer Vertragstyp, BB 1969, S. 113 – 117.

Stock, F. / Kaminski, B., (Dienstleistungen), Die Ermittlung von Verrechnungspreise für konzerninterne fremdbeziehbare Dienstleistungen im internationalen Konzern, S. 449 – 455.

Völckner, F. / Sattler, H., (Markentransfererfolg), Markentransfererfolgsanalysen bei kurzlebigen Konsumgütern unter Berücksichtigung von Konsumentenheterogenität, ZfBf 2005, S. 669 – 688.

Waldens, S., (Verlagerung der Vertriebsfunktion), Steuerliche Aspekte der Verlagerung von Distributionsfunktionen, PISTB 2004, S. 73 – 81.

Wassermeyer, F., (Der Fremdvergleich), Der Fremdvergleich als Tatbestandsmerkmal der verdeckten Gewinnausschüttung, DB 1994, S. 1105 – 1109.

Wassermeyer, F., (Einkünftekorrekturnormen), Einkünftekorrekturnormen im Steuersystem, IStR 2001, S. 633 - 638.

Wassermeyer, F., (Fremdvergleichsmaßstäbe), Mehrere Fremdvergleichsgrundsätze im Steuerrecht, Steuerberaterjahrbuch 1998/99, S. 157 – 172.

Wassermeyer, F., (Grundsatzüberlegungen), Grundsatzüberlegungen zur verdeckten Gewinnausschüttung, GmbHR 1998, S. 157 – 163.

Wassermeyer, F., (Verdeckte Gewinnausschüttung), Verdeckte Gewinnausschüttung: Veranlassung, Fremdvergleich und Beweisrisikoverteilung, DB 2001, S. 2465 – 2469.

Wassermeyer, F., (Justitiable Verrechnungspreise), Sind Verrechnungspreise justitiabel? in: *Schaumburg, H.* (Hrsg.), (Internationale Verrechnungspreise), S. 123 – 135.

Wassermeyer, F., (Verrechnungspreise), Verrechnungspreise in: *Endres, D. / Oestreicher, A. / Scheffler, W. / Schreiber, U. / Spengel, C.* (Hrsg.), (Internationale Unternehmensbesteuerung), S. 63 – 72.

Wehnert, O., (Verrechnungspreise), Generalthema I: Immaterielle Wirtschaftsgüter und Verrechnungspreise, IStR 2007, S. 558 – 561.

Wellens, L., (Dokumentation), Dokumentation von Verrechnungspreisen, IStR 2004, S. 655 – 660.

Entscheidungsverzeichnis

I. BGH

BGH v. 31.01.1958, I ZR 182/56, NJW 1958, S. 789.

BGH v. 14.04.1983, I ZR 20/81, NJW 1983, S. 2877 – 2879.

BGH v. 20.02.1986, I ZR 105/84, MDR 1986, S. 730.

BGH v. 02.07.1987, I ZR 188/85, MDR 1988, S. 112 – 113.

BGH v. 12.03.1992, I ZR 117/90, MDR 1992, S. 950 – 951.

BGH v. 23.09.1993, III ZR 139/92, DB 1993, S. 2525.

BGH v. 09.05.2003, VIII ZR 263/02, NJW RR 2003, S. 1340 - 1341.

BGH v. 12.09.2007, VIII ZR 194/06, WRP 2007, S. 1480 - 1487

BGH v. 17.12.2008, VIII ZR 159/07, WRP 2009, S. 326 – 330.

II. BFH

BFH v. 16.03.1967, I 261/63, BStBl. III 1967, S. 626.

BFH v. 27.04.1977, I R 211/74, BStBl. II 1977, S. 623.

BFH v. 16.04.1980, I R 75/78, BStBl. II 1981, S. 492.

BFH v. 27.07.1988, I R 130/84, BStBl. II 1989, S. 101 – 103.

BFH v. 17.02.1993, I R 3 /92, BStBl. II 1993, S. 457 – 459.

BFH v. 27.10.1993, I R 25/92, BStBl. II 1994, S. 210 - 212.

BFH v. 14.09.1994, I R 116/93, BStBl. II 1995, S. 238.

BFH v. 17.05.1995, I R 147/93, BStBl. II 1996, S. 204.

BFH v. 09.08.2000, I R 12/99, BStBl. II 2001, S. 140 – 142.

BFH v. 17.10.2001, I R 103/00, BStBl. II 2004, S. 171.

III. Oberlandesgerichte

OLG Köln v. 23. 2. 1996, 19 U 114/95, MDR 1996, S. 689 – 691.

IV. Finanzgerichte

FG München v. 01.03.2005, 6 K 696/02, FG Report 2005, S. 34.

Verzeichnis der Verwaltungsanweisungen

BMF v. 23.02.1983, I V C 5 – S 1341 – 4/83, (VWG-Einkunftsabgrenzung 1983), BStBl. I 1983, S. 218 - 233.

BMF v. 14.05.2005, IV B 4 – S 1341 – 1/05, (VWG-Verfahren), BStBl. I 2005, S. 570 – 599.

Stichwortverzeichnis